东方学术文库

庆祝新中国成立70周年
学术论文集

上海市社会科学界联合会　编

第五十三卷

上海市社会科学界第十七届学术年会文集
（2019年度）

上海人民出版社

前　言

　　上海市社会科学界学术年会由上海市社会科学界联合会于2003年发起创办,至今已是第十七届。年会一直秉承这样的宗旨:聚焦经典学术,构筑交流平台,展示文化魅力,繁荣社会科学,营造公正、开放、活跃、民主的学术氛围,为上海市社会科学界构筑高层次、权威性、品牌化的学术文化公共平台。年会充分发挥大型学术论坛参与广泛、学术规范、形式多样的特色和优势,在繁荣发展上海城市文化、促进社会科学界的交流融合以及服务专家学者的理论研讨等方面,发挥了积极作用。

　　本届学术年会文集聚焦新中国成立70周年,全部论文经专家评审从本年度全市应征、推荐论文中遴选产生,内容涵盖马克思主义研究、哲学、历史、人文、文学、政治、法律、社会、经济、管理、国际关系等学科领域。真诚感谢在学术年会筹备过程中给予大力支持的本市有关学会和各高校社科科研单位,感谢所有关心、支持和参与学术年会工作的各位领导和专家学者。同时,感谢上海人民出版社的同志为文集出版工作所付出的辛勤劳动!

目　录

1

社会主义的制度演进中的普遍性与特殊性

孙　力　蒋　瑛

纵观一百多年的社会主义运动,处理好普遍性与特殊性的关系具有十分重要的意义,而这又同社会主义制度的演进紧密相关,牵动着社会主义的兴衰成败。中国特色社会主义旗帜的确立,毫无疑问是对特殊性认识的历史性升华,体现社会主义制度演进的丰硕成果。然而,特殊性认识的升华,恰恰又为普遍性开辟了道路。中国特色社会主义不仅有"特",更有"普",不认识这一普遍性价值,就不能够真正理解其特殊性,以及真正理解中国特色社会主义的时代价值,无法认识到它所把握的当代社会主义运动的基本规律和所代表的当代社会主义运动的基本方向。

一

对科学社会主义原理普遍性的认识,极大地推动了社会主义运动的迅速发展。从列宁领导的十月革命中,不仅中国共产党人意识到应该走俄国人的路,实际上也昭示了人类社会发展的新路。苏俄所代表的社会主义国家出现之前,人类的现代化道路都是由资本主义引导的。社会主义国家的出现和对现代化道路的开拓,创造了社会发展的奇迹,从而极大影响了民族国家对发展道路的选择。在苏联的感召和引领下,一个社会主义阵营横空出世。

社会主义的影响还不仅仅在于社会主义阵营的出现。据统计,1955年到1988年,在93个民族独立国家中共有55个民族独立国家的执政党提出要走社会主义道路,占民族独立国家总数的59%。①几十年后,布热津斯基在《大失败》

---

① 高放主编:《科学社会主义的理论与实践》(修订本),中国人民大学出版社1994年版,第364页。

的书中感叹:"在第二次世界大战结束后的十年中,已有 10 多亿人生活在共产主义制度下,整个欧洲大陆几乎都成了共产主义的天下。"①西方国家受到强烈冲击,"在整个 50 年代,甚至进入 60 年代后,许多西方大学中,流行的社会观点都是某种形式的'左派观点'"。结果是"几乎把 20 世纪变成了一个以共产主义的崛起和影响为主的时代"②。一时间,可以说资本主义现代化道路是相形见绌。

社会主义运动取得如此巨大成就,相当程度上要归功于第一个社会主义国家苏联的引领,准确地说,是社会主义制度的普遍性引领。从十月革命开始完成的社会主义从理想到现实的飞跃,是一个了不起的进步。这一飞跃绝不仅仅是把理论运用到现实中就行了。理论本身具有抽象性和原则性,实践是现实的存在,是活生生的运行,就像需要接活无数条生命的血脉和神经,才能够使社会主义的巨人行走于世一样。

马克思、恩格斯在完成社会主义从空想到科学的第一次飞跃以后,深知其后理论到实践飞跃的艰难。所以,他们从来不对现实社会主义作具体的阐述。恩格斯直到去世前两年在回答《费加罗报》记者时还说:"关于未来社会组织方面的详细情况的预定看法吗?您在我们这里连它们的影子也找不到。当我们把生产资料转交到整个社会的手里时,我们就会心满意足了。"③

十月革命以及苏联社会主义建设的成功,使苏联成为社会主义革命和建设的模特儿。苏联不仅贡献了无产阶级暴力革命的方略和模式,而且提供了社会主义国家治理的现实模式,社会主义国家的不断出现和迅速发展,苏联的贡献是极为重要的原因。中国能够取得无产阶级革命的成功,也是如此。

苏联模式的复制在客观上加快了社会主义运动的发展,这毫无疑义具有积极的正面意义。社会主义运动在苏联模式牵引下从一国到多国的迅速发展,被普遍认为是社会主义运动的第三次飞跃,与社会主义从空想到科学、从理论到实践的前两大飞跃并列。到 20 世纪 80 年代末 90 年代初,苏东剧变连带整个

---

① 〔美〕兹·布热津斯基:《大失败——二十世纪共产主义的兴亡》,军事科学出版社 1989 年版,第 10 页。

② 同上书,第 13 页。

③ 《马克思恩格斯文集》第 4 卷,人民出版社 2009 年版,第 561 页。

社会主义运动的大倒退。西方政治家额手称庆,"历史终结论"一时间甚嚣尘上。①

苏东剧变值得分析的深层次问题,并不在于社会主义是否会出现问题和被颠覆,而在于为什么会出现苏东地区普遍性的崩溃?这种背后包蕴着什么样的深刻教训?坚持并发展了的中国特色社会主义与以苏联模式为代表的社会主义具有什么样的区别?思考和回答这些问题对于当代社会主义运动具有重要意义。

二

社会主义运动无论是取得巨大成就,还是遭遇巨大挫折,都包孕着深刻的内在原因。20世纪社会主义运动的大发展,从理论与实践结合的层面上来说,既证明了科学社会主义思想的科学性,也证明了它具有的普遍性。然而,这种科学性和普遍性不是没有边界的,它必然要受到时间空间条件的限定,在普遍性的背后,不能够忽略特殊性的规律。20世纪社会主义运动的大挫折,恰恰证明的就是对特殊性的忽略。

透视20世纪社会主义运动大发展时的社会主义样式,可以清楚地看到,这时社会主义国家的扩展,基本上就是苏联模式的增量,所谓的完成了一国向多国的飞跃,其实并没有在社会主义国家的质量上有明显的创新和发展,把这种数量的增加称之为"飞跃"其实是很勉强的,应该说这时的社会主义运动依然处在从理论到实践飞跃的进程中,在寻找它在各个国家的实践形式。遗憾的是,作为一度是主导全球社会主义运动中心领导力量的苏共中央,固化乃至神化了苏联模式,认为社会主义就是应该按照苏联的样式来实施。

苏共十分强调社会主义的普遍性。在中国革命取得胜利以后,苏共专门发文批评以毛泽东为代表的中国共产党人主张的马克思主义"中国化",强调马克思主义一般规律的重要性和根本性:"东方国家和西方国家社会发展的一般规律是相同的。人们只能说这种发展在速度和特定形式上有差别。在这个意义上

---

① [美]福山:《历史的终结及最后的人》,黄胜强、许铭原译,中国社会科学出版社2003年版。

说,东方的人民民主就其基本要点来说,与西方是相同的。"①苏共的理论家完全用斯大林的理论来阐释中国革命:"斯大林同志的著作,特别是关于中国问题的著作,对党制定正确的马克思列宁主义的政策具有重大意义。斯大林同志在这些著作中,根据对中国形势所作的深刻的理论分析,阐明了中国革命所具有的特点,英明地预示了它的进程并指出了它能取胜的条件。"②

苏共完全抹杀了社会主义运动的特殊性,不仅对中国是如此,对其他国家的社会主义运动也是如此。南斯拉夫是较早开始提出和探索具有民族特色社会主义发展道路的国家,苏共中央对其进行了严厉的批判和打压。由苏联主导的共产党和工人党情报局机关报激烈批判南斯拉夫的"民族主义",指责其"用他们独具的'南斯拉夫的社会主义'来与苏联抗衡,说"只有感染上资产阶级民族主义要素的人才会上钩",断言"人民民主国家特殊发展的'可怜理论'",是"违背与歪曲列宁主义的、无视苏联历史经验的理论",其倡导者是"隐蔽与公开的民族主义者、马克思主义的叛徒"。并且还威胁说,谁还要谈论"我们自己的社会主义道路",那便是"堕落到反苏立场",那就要遭到南共领导的同样下场。③

在这样的背景下,社会主义国家的发展基本上是按照"一锅煮"和"一刀切"的路径展开的。这种模式化的生产、机械化的复制,好处就在于大大加快了苏式社会主义的发展进程,很快创造出一批与苏联类似的社会主义国家,东欧的社会主义国家就是典型。这种与本土实践远离、排斥了民族特性的社会主义能否真正站得住脚,还需要经过历史的检验。

苏东剧变对社会主义运动的教训是极为深刻的。社会主义是作为先进制度出现而取代资本主义的,如同资本主义对封建主义的取代,总体上是一个不可阻挡的进程,也是一个不可逆的过程。但为什么会出现阶段性的开倒车?

一般认为,新制度取代旧制度要经过多次反复、经历曲折迂回,最后才能够完成。

---

① [西]费尔南多·克劳丁:《共产主义运动——从共产国际到共产党情报局》,求实出版社1982年版,第266—267页。

② 同上书,第267页。

③ 转引自姜琪、张月明:《悲剧悄悄来临:东欧政治大地震的征兆》,华东师范大学出版社2001年版,第16页。

——其实这是一个缺乏对成长中的新制度进行深入分析的说法！

制度被颠覆，首先应该从制度本身找原因，无论这制度是旧制度还是新制度！

一个满足社会治理需求的制度是不会被推翻的。不能够简单地把新制度等同于满足于社会治理的制度。取代旧制度的新制度在价值追求、基本制度架构方面毫无疑义是先进的，但它是完善的吗？能够很好地满足社会治理的需求吗？事实证明并不一定。

从人类制度的演进中可以看到，新制度的成长成熟绝不是一蹴而就的。要经过反复的锻造、不断的形塑，才能够达到比较完善的地步，从而作为比较稳定的制度确立起来。此前均为不成熟的、过渡性的制度。

处在不成熟的、过渡性时期的新制度，不能够很好地满足社会治理的需求，因此而被旧制度复辟其实并不奇怪。仅将之归结于旧制度的顽固、旧势力的强大是有失偏颇的。实际上这时候的旧制度和旧势力已走向没落，将退出历史舞台，很难说有多么强大。其根本原因还是在于新制度本身并没有满足好社会治理的需求。我们完全应该从这一宏观的视角来分析包括苏东剧变在内的制度替代问题。

从制度演进和替代的角度对苏东剧变分析透视必须提出的一个问题是：俄罗斯或东欧还回得去原来的社会主义模式吗？如果仅仅是西方国家侵蚀、颠覆等外部的原因，抑或戈尔巴乔夫等人的背离等缘由，那么，如果俄罗斯以及东欧人民一旦拨乱反正，一定会重新推出原来的社会主义模式，一定——但这可能吗？正如普京曾经说过的：如果谁对苏联解体无动于衷，那是傻子；如果有谁要重新回到苏联，那是疯子。①

必须认真、谨慎、科学地定位苏东剧变中的制度功能。如果将其放大，认为苏东剧变就是社会主义制度的失败，鼓吹历史终结论，这无疑是痴人说梦——已经被证明；然而，如果排斥其制度因素，就等于是在声称苏联模式在它解体时仍然适应于社会治理和社会发展，这也是不折不扣的痴人说梦，完全不符合历史的

———————————
① 张明扬、丁雄飞：《冯绍雷：普京式"威权主义"会否让俄罗斯走向独裁？》，《东方早报》2012 年 3 月 4 日。

逻辑。

苏东剧变是苏联模式的失败,必须认识到这一点。这样的制度建构已经不适应于社会发展的需求,不能够成功地治理现代化的社会主义。社会主义的制度必须有新的跃进。如果不能够从苏东剧变中解读出制度演进的意蕴,那就白白浪费了这一代价沉重的历史教训。

从历史的大视角来看,旧制度的复辟,恰恰是新制度成长的重要环节。它暴露出新制度的重大缺陷,它预示着新制度接下来的成长方向。在新制度不断地弥补好自己的重大缺陷后,旧制度就再也不可能复辟了。

英国的资产阶级革命中,詹姆斯二世的复辟,深刻地揭示了资产阶级议会制的不成熟和不完善。克伦威尔主宰下的议会,实行护国主制度。1653年为克伦威尔举行的护国主就职仪式,其规模和隆重程度不亚于国王的登基大典。当1654年议会要求护国主不要干涉议会特权和自由,并实行护国主选举制时,克伦威尔马上下令封锁了议会大厅,把议员们集中起来进行训斥。①实际上,克伦威尔的确确想接受有些人的劝进登基称王,由于受到军官集团的反对只好放弃。但这样的护国主控制下的议会制,实际上同1640年革命前的封建王权没有什么区别。保皇势力趁机而起,王朝复辟绝非偶然。

等到1688年资产阶级再次革命,议会夺回的不仅仅是权力,而是在制度上扎扎实实进了一大步。1689年颁布的《权利法案》,为英国的现代议会制奠定了坚实的基础。其第一条就明确规定:"凡未经国会同意,以国王权威停止法律或停止法律实施之僭越权力,为非法权力。"最后一条为"为申雪一切诉冤,并为修正、加强与维护法律起见,议会应时常集会"②。虽然依然保留了王位,但议会将威廉三世即位的誓词做了关键性的改动,删去了国王保证维护"先王批准的法律和习惯",改为要求国王"根据议会同意的法规"进行统治。③1701年议会颁布的《王位继承法》更进一步明确:王位的继承是由议会来决定的,而非君主本人。如此等等的一系列法律规定,无疑是把封建君主制钉死在了棺材之中,夯实了议会制的根基——封建王朝的君主制度还能够复辟吗?

---

① 程汉大:《英国政治制度史》,中国社会科学出版社1995年版,第192页。

② 董云虎、刘云萍:《世界人权约法总览》,四川人民出版社1991年版,第241—242页。

③ 程汉大:《英国政治制度史》,中国社会科学出版社1995年版,第202页。

由此必须强调的是,新制度决不是简单的恢复,而是在制度创新上的重建。如果意识不到此前议会制的严重缺陷,不把护国主之类的东西彻底拿掉,英国的现代议会制度能够确立起来吗?被复辟了的曾经的新制度,尽管有不可磨灭的历史功绩,但依然只能够进入历史的陈列馆。这就是制度演进的无情的客观规律!

新制度的成长要经过否定的环节,应该认识到这是制度演进的客观规律。法国现代议会民主制的建立,被认为是新制度确立最为艰难曲折的典范,却也可以看成是制度演进阶段性最为明显的典范。法国大革命首先诞生了法兰西第一共和国,后被拿破仑的法兰西第一帝国所取代,在经历了波旁王朝、拿破仑百日帝制以及七月王朝的一再复辟后,1848 年革命诞生了法兰西第二共和国,又再一次被马克思深刻分析和批判过的路易·波拿巴颠覆,经历所谓法兰西第二帝国。普法战争和巴黎公社革命后,确立起法兰西第三共和国,议会民主制度才算基本上确立起来。实际上其后还有两次重大变革,才稳定下至今的法兰西第五共和国体制。值得强调的是,每一个共和国体制的确立都不是简单地回到从前——旧制度是在复辟,新制度是在演进!五个共和国犹如五大阶梯,把法国推进到现代议会共和制度。

社会主义的制度演进同样要经过否定的环节,苏东剧变就是其典型。甭忌讳苏联模式的被否定。作为发展的环节,被否定的仅仅是外在的形式,是新制度跃升后留下的历史架构,其制度的灵魂和崇高目标是无法否定的!这就是否定的价值,它使社会主义制度又登上了新的一级历史阶梯!相反,如果看不到这一否定的环节,怀念过去的、僵化的体制,那就不懂得制度演进,更无法推动制度的演进。

为什么在苏东剧变的社会主义大退潮中,中国的社会主义没有像西方预料的那样,像多米诺骨牌倒掉一样跟着崩塌,反而愈发坚强,风景还这边独好?

实际上并不奇怪。中国特色社会主义道路的开拓,已经完成了从苏联模式中的凤凰涅槃,这是伴随着告别苏联模式而升华的社会主义新境界,是完成了否定后的新发展。不懂得这种否定和涅槃的人,才会断定中国也会走上苏东剧变的覆辙;看不到苏联模式的落伍和僵化的人,同样也读不懂中国对社会主义制度演进的贡献!

三

制度演进的逻辑告诉我们,中国特色社会主义的宝贵贡献不仅仅在其社会主义在中国的成功,甚至最重要的还不在中国的成功,最重要的在于:它是新的时代条件下社会主义最本质的体现,其特殊性中有不可忽略的普遍价值。为什么?

中国特色社会主义首要的普遍价值就在于:民族特色社会主义道路的开拓已经成为当代社会主义运动的必然选择。

中国共产党当然首先是由于国情的原因,选择和开拓了中国特色社会主义的道路,这是从社会主义运动的特殊性角度提出的重大命题,但它同样也叩问着、内含着普遍性的意蕴,即:当代社会主义运动从总体上讲是否应该强调民族特色,开拓具有不同民族特色的社会主义道路? 这就不仅仅是中国的问题了,也不仅仅是个别社会主义国家的发展问题了。

这牵涉到对社会主义运动基本特性的认识问题。

马克思、恩格斯是强调社会主义运动的统一性的。这一结论来源于对现代社会发展基本特性的分析,即资本主义大市场带来的全球化态势(尽管马恩没有用全球化的概念)。他们深刻地分析了这一人类社会发展前所未有的态势:"资产阶级,由于开拓了世界市场,使一切国家的生产和消费都成为世界性的了。……过去那种地方的和民族的自给自足和闭关自守状态,被各民族的各方面的互相往来和各方面的互相依赖所代替了。物质的生产是如此,精神的生产也是如此。各民族的精神产品成了公共的财产。民族的片面性和局限性日益成为不可能……"①社会主义运动必须适应于这样的态势。由此《共产党宣言》提出了"全世界无产者联合起来!"②的口号,并宣告:"工人没有祖国。"③并强调指出:"联合的行动,至少是各文明国家的联合的行动,是无产阶级获得解放的首要条件之一。"④

---

① 《马克思恩格斯文集》第 1 卷,人民出版社 2009 年版,第 35 页。
② 《马克思恩格斯全集》第 43 卷,人民出版社 1982 年版,第 484 页。
③④ 《马克思恩格斯选集》第 1 卷,人民出版社 1995 年版,第 291 页。

在这样的时代背景下,社会主义运动是祛除了民族特征而按照统一行动的原则来加以推动的。第一国际、第二国际以及列宁创立的第三国际就是在全世界协调社会主义运动的无产阶级国际组织。在1913年3月制定的《共产国际纲领》指出:"共产国际要使所谓国家利益服从国际公民的利益,它要体现各国无产阶级的相互支援;无产阶级没有经济方面和其他方面的相互支援,就不能组织新的社会。"①

列宁亲自为共产国际第二次代表大会拟定了各个国家无产阶级政党加入共产国际的二十一项条件。明确规定共产国际实行民主集中制原则,也就是说,是按照一个统一的无产阶级政党来建设共产国际。这其中包含着一个重要的内涵,即:全世界的社会主义运动应当由一个统一的无产阶级政党组织来领导。这一文件在第十七条强调了加入共产国际的无产阶级政党的统一协调行动问题:"共产国际代表大会及其执行委员会的一切决定,所有加入共产国际的党都必须执行。共产国际是在非常激烈的国内战争的情况下进行活动的,它应当比第二国际组织得更加集中。同时共产国际及其执行委员会在一切工作中,当然必须考虑各党斗争和活动的种种不同的条件,因此,作出全体必须执行的决定的仅限于此类决定可行的问题。"②

1943年共产国际的解散,实际上已经凸显了时代的变化,资本主义带来的全球化越来越显示出它的不均衡性。但由苏共主导的国际社会主义运动没有关注这一特性,依然在普遍性认识的基础上强调社会主义运动的统一属性,以至于毛泽东强调反对教条主义,提出"马克思主义中国化"③这一重大理论命题时,随即受到苏共中央的打压和批评。共产国际驻延安的联络员向共产国际反映:"教条主义者这个叫法,体现出中共领导对苏联、马克思列宁主义和国际主义的公开厌恶。"④为顾全大局,后来公开出版的《毛泽东选集》将这一表述改为"马克思主义

---

① 中共中央党史研究室第一研究部编:《共产国际、联共(布)与中国革命文献资料选辑:1917—1925》,北京图书馆出版社1997年版,第63页。

② 《列宁选集》第4卷,人民出版社1995年版,第254页。

③ 毛泽东:《论新阶段》,《中共中央文件选集》(第11册),中央档案馆编,中共中央党校出版社1991年版,第658页。

④ 曹军:《中国共产党和共产国际关系史研究》,陕西人民出版社2001年版,第430页。

在中国具体化"①。但显然"马克思主义中国化"命题更具有理论的高度和深刻的内涵。

苏共中央并没有因为共产国际的解散而重视社会主义运动的特殊性,反而进一步把苏联的经验和理论推而广之和过度拔高,在取得了社会主义建设的较大成功以及第二次世界大战的胜利后达到顶峰。正如西班牙学者克劳丁所说:"苏联在第二次世界大战中的胜利,在政治上和思想上提供出一些新的理由,可以用来为斯大林的教条主义和强求一致的做法辩解"②。

正是在这样的背景和原则指导下,苏联模式成为社会主义国家的普遍做法。然而,这种并没有深深扎根于国情的社会主义,已经被 20 世纪后半叶的实践证明是经不住风浪和难以可持续发展的。

由此可见,社会主义在中国的发展,绝不仅仅是社会主义的中国路径问题,而是直接反映出社会主义在世界范围内究竟如何展开的问题,即如何认识社会主义的普遍性和特殊性的问题。

20 世纪后半叶的社会主义运动是按照两条基本的路径在全球范围内展开的,一条是苏联模式的路径,即只强调社会主义的普遍性,推行按照苏联模式统一的、格式化的做法;另一条是重视社会主义的特殊性,以中国为代表,形成民族特色社会主义的路径,包括当初的南斯拉夫和今天的越南和古巴等,都在一定程度上强调了社会主义的民族特色。

这两条路径基于对社会主义普遍性原理和特殊性原理及其关系的不同把握,体现了社会主义运动不同的历史哲学。苏联模式是把在特定时空条件下形成的社会主义体制机制、成功经验作为社会主义的普遍原理。中国共产党则将社会主义的本质同社会主义的运行模式区分开来——邓小平对此作出重大贡献。认为本质是其最核心的东西,才具有普遍性的意义,只要是社会主义就必须坚持,而运行模式则应该各具特色,即依据国情而定。

这两条路径的发展已经有了半个世纪的实践检验,以中国道路为代表的民

---

① 《毛泽东选集》第 2 卷,人民出版社 1991 年版,第 534 页。

② [西]费尔南多·克劳丁:《共产主义运动——从共产国际到共产党情报局》,求实出版社 1982 年版,第 7 页。

族特色社会主义的发展取得了历史性的胜利,即必须重视社会主义运动的特殊性。但特殊性并没有脱离普遍性,正确认识这一道路的内在价值和普遍性意义对于当代社会主义运动的发展极为重要。只有揭示出特殊性中包含的普遍性,才能够明白特殊性如何为普遍性开拓道路。

中国特色社会主义对当代社会主义运动的普遍性价值有三大贡献:

从理论成长上来说,中国特色社会主义意味着:科学社会主义在奠定了它的基本原理以后,必须致力于科学社会主义基本原理的本土化问题。如果说马克思主义经典作家完成的是科学社会主义的基本原理篇的话,当代各国的无产阶级政党就应该继续写好科学社会主义的国别篇。应该避免动辄把一国或一定范围内形成的经验和做法上升为普遍原理、作为范式推而广之。就如同马克思批评过的一样:"他一定要把我关于西欧资本主义起源的历史概述彻底变成一般发展道路的历史哲学理论,一切民族,不管它们所处的历史环境如何,都注定要走这条道路,——以便最后都达到在保证社会劳动生产力极高度发展的同时又保证每个生产者个人最全面的发展的这样一种经济形态。但是我要请他原谅。他这样做,会给我过多的荣誉,同时也会给我过多的侮辱。"[①]

当代的科学社会主义应该有丰富的本土化发展,诸多具有民族特色的科学社会主义理论,才能够解决好不同时空条件下当代社会主义发展的复杂问题,保证不同国情条件下契合实际需求的理论供给。

从实践进程上来说,中国特色社会主义意味着:当代社会主义运动决不是一个统一性的进程,而是按照不同的民族国家或者地区特色而分别展开的进程。社会主义民族特色的进程,并不把全世界无产者联合起来等同于社会主义运动的联合行动。从推进的步骤上看,它是一个星星之火逐步燎原的过程,而不是过去时刻萦怀的,实现世界社会主义的总体性革命,以埋葬整个资本主义。它致力于一个国家范围内社会主义革命和建设的成功推进,立足于社会主义在一个一个国家的逐步胜利,而不是全世界的一次性胜利。社会主义运动的进程是由量的积累到质的飞跃,最终成为主导人类文明的制度形式。

从推进机制上看,它否定了以某一个中心为主导,指挥其他国家和地区社会

---

① 《马克思恩格斯文集》第3卷,人民出版社2009年版,第466页。

主义运动的做法。苏联解体后,中国坚持了社会主义道路并取得伟大胜利。在这样的态势下,中国是否会是继苏联之后的世界社会主义运动的中心和主导呢?答案是否定的!因为,如果中国谋求世界社会主义运动的中心和主导,就违背了民族特色社会主义的道路,回到了苏联模式。实际上,邓小平对中国特色社会主义命题的阐述,包含了对国际共产主义运动和世界格局的判断,包含了对"中心"追求的否定。1990 年,邓小平告诫其他中央领导同志说:"我们千万不要当头,这是一个根本国策。"①苏东剧变后,邓小平又进一步提出"冷静观察、沉着应付、绝不当头、有所作为"②的十六字方针。从"不要当头",到"绝不当头",分量越来越重,并且强调这是"根本国策"。否定当中心,就是尊重各个国家无产阶级政党的自主探索,使其把科学社会主义的基本原理同本国国情相结合,走出自符合自己民族特色的社会主义道路。

四

在中国特色社会主义进入新时代的历史背景下,阐释民族特色社会主义的普遍性价值显得越来越重要。

首先,只有深刻地阐述中国特色社会主义包含的科学社会主义的普遍性真理,才能更好地认识中国特色社会主义对当代人类社会发展的价值。

2013 年 1 月 5 日,在新进中央委员会的委员、候补委员学习贯彻党的十八大精神研讨班上,习近平同志指出:"中国特色社会主义是社会主义而不是其他什么主义,科学社会主义基本原则不能丢,丢了就不是社会主义。"③强调这两者之间的内在关联,是理论承担的对伟大实践不可或缺的回应。

具有民族特色社会主义道路的开拓,是社会主义运动历史上的伟大事件。苏共中央曾经否定这样的发展方向,认为这违背科学社会主义的基本原理。此外,无论国内还是国外,对中国共产党的这一开拓也都存在着各种质疑。值得注意的是,无论右的还是"左"的质疑,都否定中国特色社会主义的科学社会主义属

---

① 《邓小平文选》第 3 卷,人民出版社 1993 年版,第 363 页。
② 转引自《江泽民文选》第 3 卷,人民出版社 2006 年版,第 157 页。
③ 《习近平谈治国理政》,外文出版社 2014 年版,第 22 页。

性,将其攻击为实用主义、权贵资本主义、民主社会主义等等。

阐明中国特色社会主义的科学社会主义属性,其实不仅仅是一个理论问题,甚至主要不是理论问题,实践呈现出的社会发展成果是最好的证明。从邓小平在党的十二大开幕词上提出中国特色社会主义命题以来,四十年开拓的丰硕成果,展现的是社会主义,而且只可能是社会主义方向的追求才会有的成果。

中国特色社会主义的宝贵价值不仅仅在于它的民族特色,更在于它的社会主义方向,这关系到人类的社会发展问题。马克思、恩格斯高度肯定了资本主义对现代生产力的贡献,十月革命之所以开辟了人类社会发展的新纪元,是因为它开辟了不同于资本主义的社会主义现代化道路,而苏东剧变以后西方政治家的狂喜,也是在于发展道路问题,他们认为社会主义现代化道路的历史终结了,资本主义的发展将一统天下。中国特色社会主义代表的不仅仅是一个民族国家的发展和崛起,而是社会主义现代化道路的重塑和再开拓。资本主义的发展不仅不可能一统天下,而且会被证明终将被社会主义的发展道路所取代。因此,中国特色社会主义道路以社会主义的发展方向开拓了人类现代化的新篇章。

其次,只有深刻地阐述中国特色社会主义包含的科学社会主义的普遍性真理,才能更好地认识社会主义发展的客观规律。

社会主义是人类有史以来按照社会发展客观规律主动改造社会、推动社会发展的最伟大的运动。社会主义通过它从空想到科学、从理论到实践的两次伟大飞跃,极大地改变了人类社会的面貌。社会主义运动的飞跃,是同人类社会的巨大进步联系在一起的。社会主义运动的再次飞跃应该在哪里? 如前所述,本文并不认为从一国到多国的社会主义发展是一次飞跃,最根本的在于这仅仅是量的扩张,是苏联模式的复制,而且实践证明这次"飞跃"没有经得起历史的检验。

中国特色社会主义回答了社会主义发展中的一个根本性问题,即:只有民族特色的社会主义道路,才能够汇聚成科学社会主义的世界洪流。这一道路的开拓,使当年马克思对"东方社会"的思考有了明确的答案,实际上也比较成功地回答了一般历史哲学与特殊发展道路之间关系的问题,由此真正揭示了社会主义运动第三次飞跃的理论逻辑。

从方法论上来说,中国共产党精彩地阐释和演绎了社会主义发展中的普遍性和特殊性的关系。社会发展是以特殊性为普遍性开拓道路的,20 世纪以苏联模式为代表的社会主义的扩展恰恰没有尊重这一规律。以中国道路为代表的具有民族特色的社会主义,不是某一社会主义模式的机械化复制,由于紧密契合于国情,把握特定历史背景下的社会发展规律,因此能够使社会主义再一次展现出前所未有的优越性。认识和尊重了这一规律的中国共产党人,不仅坚持了社会主义的发展道路,而且通过民族特色社会主义道路的开拓,超越了苏联模式时代社会主义的发展水平,使社会主义的现代化达到新的历史高度,真正完成了马克思当年跨越卡夫丁峡谷的设想。以中国道路为代表的社会主义展现出极为强大的生机和活力,因此,也当然代表了新世纪社会主义的发展方向。

再次,只有深刻地阐述中国特色社会主义包含的科学社会主义的普遍性真理,才能以科学的态度推动和迎来中华民族以及社会主义运动的双重复兴。

认识中国特色社会主义包含的科学社会主义的普遍性原理,就是认识当代社会主义运动发展的时代规律,不仅仅中国要强调社会主义的民族特色,这一时代的社会主义运动都应该尊重民族特色,否则就难以推进。懂得民族特色的普遍性意蕴,就应该懂得科学社会主义的理论不会定于一尊,除了其基本的原理、原则外,还有其丰富的民族特色的理论内容。不仅有中国特色社会主义的理论体系,也应该有其他国家特色的社会主义理论体系。这就提出了如何科学对待其他国家无产阶级政党对社会主义道路探索的态度问题。

中国共产党对社会主义道路的探索当然是成就斐然的、成功的,但这种成功造就的决不是像当年的苏联模式那样的中国模式,将之作为模特儿、标准,去评价、考量其他的社会主义。我们将中国特色社会主义的探索和开拓,称之为中国道路,也就是要承认其他国家的社会主义道路,而决不会将自己的做法强加给别的国家、别的无产阶级政党。对此,习近平深刻指出:"世界上不存在完全相同的政治制度,也不存在适用于一切国家的政治制度模式。'物之不齐,物之情也。'各国国情不同,每个国家的政治制度都是独特的,都是由这个国家的人民决定的,都是在这个国家历史传承、文化传统、经济社会发展的基础上长期发展、渐进改进、内生性演化的结果。"①

① 习近平:《在庆祝全国人民代表大会成立 60 周年大会上的讲话》,中国人大网 http://www.npc.gov.cn/npc/xinwen/2014-09/06/content_1877767.htm。

　　因此,中国特色社会主义的普遍性意义,恰恰在于它否定了脱离特殊性的普遍性,而真正用特殊性为普遍性开辟道路,用具有民族特色的社会主义,为世界社会主义运动开辟道路,用民族复兴为社会主义复兴开辟道路。

　　懂得中国特色社会主义的普遍性意义,也才能够真正懂得民族复兴对于世界社会主义运动的重要意义——就是直接的当代社会主义运动的伟大成就——社会主义运动的世界性进展只能够通过民族性进展体现出来,中华民族的伟大复兴,以及不同国家在民族特色社会主义道路上的开拓创新,必将迎来 21 世纪社会主义运动的伟大复兴。借助这样的分析和观察视角,我们才能够更加深刻地认识中国特色社会主义的普遍性价值。

　　(第一作者为国防大学政治学院教授,第二作者为国防大学政治学院副教授)

美好生活：中国共产党人初心使命的理性升华与实践自觉

刘 芳

习近平总书记在庆祝改革开放 40 周年大会上的重要讲话中指出："前进道路上,我们必须始终把人民对美好生活的向往作为我们的奋斗目标。"党的十八大后习近平总书记提出的"美好生活",是一个具有里程碑意义的价值观,在其后党的文献里一直是一个高频词。其中在十九大报告里一共出现了 14 处,特别是在报告的开篇和结尾,也都落脚在"美好生活"这个时代范畴上。这既是党对时代特征和当代中国发展目标导向的历史性把握,也是把执政党先进性建设落实到"以人民为中心"发展价值取向的实践性提升;既标志着中国共产党初心使命在新时代的理性升华,又彰显着我们党坚定践履初心使命、奋力满足广大人民群众热切期待的高度自觉。

一、 美好生活是所有社会成员个人的 全面而自由发展的生活状态

从人类思想史来看,对美好生活本质内涵的诠释,既是一个理论问题,也是一个实践课题。对美好生活的热切追求,是人类亘古不变的理想憧憬和矢志期盼,古今中外,概莫能外。从"理想国"到"乌托邦",从"太阳城"到"新和谐公社",从"世外桃源"到"大同社会",这些对于理想社会蓝图的描绘都在一定程度上反映了人类对美好生活的永续向往和执着追求。事实上,一部人类思想史就是对未来理想生活形态的探索过程。西方历史上苏格拉底的"至善的生活"、柏拉图的"理想国"、亚里士多德的"沉思生活",中国传统文化中儒家的"大同世界"等等,都是人类先哲对追求更高生活质量及其"理想生活境界"的构想和概括。放眼中国思想史尤其如此,从《礼记·礼运》的中"大道之行也,天下为公"

到以孔子为代表的儒家"大同"社会的设想，再到晋代陶渊明的《桃花源记》所憧憬的"世外桃源"，乃至到中国近代洪秀全的"太平天国"、康有为的"大同"、孙中山的"天下为公"。几千年来，中国人民从来就没有停止对美好生活理想的期盼与追求。在中国大地上，之所以人们矢志不移地追寻美好生活理想的实现，是与中国传统文化上的"大同"思想、"均贫富"、"等贵贱"思想，以及"民本"思想有着千丝万缕的联系。与以往中外所有思想家不同，马克思、恩格斯走向历史的深处，他们不是从思辨哲学或者抽象伦理道德原则出发主观建构未来美好社会，而是把社会历史的发展和美好生活的实现视为是一个合乎社会发展规律的自然历史过程。马克思、恩格斯在科学揭示社会历史发展的客观规律特别是资本主义产生、发展、灭亡规律的基础上，科学预见且指明了未来美好社会发展的前途和道路，并且把变革资本主义旧世界、建设美好的社会主义和共产主义新世界的历史使命与社会力量赋予无产阶级和广大劳动群众。

从马克思恩格斯的著述来看，他们关于美好生活的思想最终落脚到人的自由与全面发展上来，即使他们没有直接提出美好生活这个概念，但在他们的著作中，我们能够找到许多关于美好生活思想的论述。在《共产党宣言》中马克思恩格斯就提出了"自由人的联合体"思想："代替那存在着阶级和阶级对立的资产阶级旧社会的，将是这样一个联合体，在那里，每个人的自由发展是一切人的自由发展的条件。"①毫无疑问，在这个"自由人的联合体"里，美好生活与社会和谐达到了高度而完美的结合。在《哥达纲领批判》中，马克思就预言在共产主义社会高级阶段，在奴役性的分工消失以及脑力劳动和体力劳动对立消失之后，随着个人的全面发展，生产力也增长起来，集体财富的一切源泉都充分涌流之后，社会就会各尽所能，按需分配，从而人人过上幸福美好的生活。在怎样实现美好生活的问题上，马克思恩格斯强调了发展生产力的重要性。在 1857—1858 年《政治经济学批判》中提出了因社会生产力迅速发展，最后导致生产以所有人过上富裕幸福美好生活为目的的思想。在《反杜林论》中恩格斯指出："通过社会生产，不仅可能保证一切社会成员有富足的和一天比一天充裕的物质生活，还可能保

---

① 《马克思恩格斯选集》第 1 卷，人民出版社 1995 年版，第 294 页。

证他们的体力和智力获得充分的自由的发展和运用。"①马克思恩格斯的美好生活思想为未来社会主义社会基本特征描绘了一个初步轮廓,也为后来的社会主义国家的建设、共产党人初心使命的实现指明了方向。

从上可见,马克思主义关于人民美好生活是一种动态发展与提升的生活状态,这种状态就是所有社会成员个人的全面而自由发展。马克思、恩格斯在《德意志意识形态》中曾用非常生动形象的语言描述了未来共产主义社会个人的美好生活状态:"在共产主义社会里,任何人都没有特殊的活动范围,而是都可以在任何部门发展,社会调节着整个生产,因而使我有可能随自己的兴趣今天干这事,明天干那事,上午打猎,下午捕鱼,傍晚从事畜牧,晚饭后从事批判,这样就不会使我老是一个猎人、渔夫、牧人或批判者。"②具体来看,这种美好生活状态表现为:一是克服了由于旧的社会分工造成的强制性限制的状态,使人不再是马尔库塞所说的以固定分工铸成的单面人。二是克服了生产力不发达、物质生活资料匮乏所造成的限制的状态,马克思在《哥达纲领批判》中强调,只有在"集体财富的一切源泉都充分涌流之后"③,社会才能在自己的旗帜上写上"各尽所能、按需分配"④。三是建立在人的全面发展基础上的自由个性的发展状态,即"每个人的自由发展是一切人的自由发展的条件"⑤。也就是每个人的天赋、才能、志趣、情感和意向在没有外来"异己力量"的干涉下,得到充分而自由的发展。按照马克思的说法,这是"人的本质力量的充分发挥"。从马克思主义经典作家的论述看,他们认为美好生活的本质特征就是人的"自由全面发展",所以他们也把未来理想社会称为"自由王国"⑥。

按照马克思恩格斯的设想,共产主义社会是其社会成员普遍获得全面而自由发展的社会,作为共产主义初级阶段的社会主义社会,应当将这一理想作为其终极价值目标。在当代社会条件下,全面而自由发展既意味着人的潜能得到尽

---

① 《马克思恩格斯选集》第 3 卷,人民出版社 1995 年版,第 633 页。

② 《马克思恩格斯选集》第 1 卷,人民出版社 1995 年版,第 85 页。

③ 同上书,第 305 页。

④ 同上书,第 306 页。

⑤ 同上书,第 294 页。

⑥ 《马克思恩格斯选集》第 3 卷,人民出版社 1995 年版,第 634 页。

可能充分的开发和发挥，也意味着生存需要、发展需要（特别是精神需要）和享受需要得到尽可能好的满足。显然，人的全面自由发展状态就是人民的美好生活状态，是人民历史活动中不断追求美好生活的状态。据此可以说，一个全面而自由发展的人能通过努力奋斗逐步使其人性闪耀善和美的光辉，人格健全完善而高尚，个性获得健康而丰富的发展，生活充满乐趣、创意和魅力。

马克思主义认为，人是灵与肉的二重性存在，人的这种存在境遇决定了人必须超越物质追求而达到精神文化的充实，真正实现身心平衡的幸福人生。由此观之，美好生活就是人们在物质需求基本满足之后进一步追求的一种人生幸福、精神充实、体现自由情怀、富有意义的实践生活。没有一定物质基础作支撑的生活不是美好生活，但光有物质上的富裕没有精神充实的生活也不是美好生活。马克思曾经指出，人是按照美的规律来塑造自己的。人作为生活实践的主体，必然要从自己的目的性出发，并以自己物种的全面素质为衡量尺度去认识和改造对象世界，使客体满足自己的物质生活与精神生活需求，从而实现自我的生存和发展。也就是说，人作为一种目的性存在，需要文化价值创造，需要心智的健全与升华、人性的拓展与完善，需要精神世界的充实。显然，人作为这种目的性存在，人生的全部意义就在于超越物质经验层面的追求而达到精神体验层面的充实满足，即谋求物质与精神的动态平衡。美好生活孕育着希望与追求，承载着憧憬与期盼。生存是活着，而生活则是不断地提升品质，不断追求精神世界的充盈与丰富，内心需求的提升与满足，追求有意义的生存才是生活。正是在此意义上，德国哲学家海德格尔说，人生的意义就在于把"生存"提升为"生活"。这里，"生活"与"生存"的重要区别，其本质要义就在于生活是一种"有意义"的生存，且是赋予了生存以超验的维度，即实现了人生的自我淬炼、自我提升和自我超越。

二、 美好生活的价值意蕴

习近平总书记提出的"美好生活"与对其意义蕴涵的论述，充分体现出我们党对全国各族人民群众美好生活需求的密切关注与高度重视，昭示着我们党带领人民群众共创美好生活的神圣使命与责任担当，彰显出不断满足人民群众日益增长的美好生活需要的巨大价值意蕴。

首先,美好生活秉承人民至上的根本原则,彰显唯物史观的价值导向。人民史观是历史唯物主义的基本观点,其核心内容是坚持人民主体地位、人民至上原则,笃信人民是历史的创造者。习近平总书记指出的"人民对美好生活的向往,就是我们的奋斗目标"[①],就是我们党在新时代始终坚持唯物史观的庄严承诺和价值宣示。我们党自创立之日起,就始终坚持全心全意为人民服务的宗旨,不忘初心,牢记使命,始终坚持人民立场,秉承人民至上的原则,践行党的根本宗旨,践行以人民为中心的发展理念。在长期的革命建设和改革发展中,自觉"贯彻党的群众路线,尊重人民主体地位,尊重人民群众在实践活动中所表达的意愿、所创造的经验、所拥有的权利、所发挥的作用,充分激发蕴藏在人民群众中的创造伟力"。

党的十九大对新时代社会主要矛盾转化的睿智判断和深刻总结,委实是对当前国情的客观分析和准确把握。而把人民对美好生活的需要作为主要矛盾的一方,把解决发展的不平衡不充分这一根本制约因素作为满足人民美好生活需要的主要任务,正是唯物史观在社会主要矛盾的科学把握和正确解决中的价值表达。这不仅体现了我们党以人民为中心的发展思想以及立党为公、执政为民的执政理念,而且彰显了唯物史观所要求的一切为了人民、一切依靠人民的根本原则。为更好地满足人民美好生活需要,我们党在深化改革开放、推进国家发展征程中及时准确了解人民群众的所思、所盼、所忧、所急,切实解决好与老百姓生活息息相关的民生问题,真正做到老百姓关心什么、期盼什么,改革就抓住什么、推进什么,使人民的获得感、幸福感、安全感更加充实、更有保障、更可持续。特别是高度重视关乎民生、连接民心的改革,关注群众多方面、多层次需求,多谋民生之利、多解民生之忧,在为社会提供更多更好更优的公共服务、不断满足人民的更高需求中,切实体现马克思主义唯物史观的根本价值目标导向。

其次,美好生活把满足人民群众的时代需求作为主要任务,宣示"共享发展"的价值追求。马克思主义经典作家把人的需要分为依次递进的三个层次:生存需要、享受需要和发展需要。生存需要是人维持其生命活动的需要;享受需

---

① 《习近平谈治国理政》,外文出版社 2014 年版,第 3 页。

要是在生存需要得到满足的基础上对舒适与幸福生活的追求；发展需要则是人的最高层次的需要，它是人对于克服自身的局限性、不断超越和完善自我的期望与诉求，如自我升华、自我超越、自我实现的需要、自由全面发展的需要，等等。

经过改革开放40年的发展，我国总体上实现了小康，不久将全面建成小康社会，人民的"物质文化需要"已经得到较大程度满足，需要的内容必将向更高层次拓展与迈进，并在新时代呈现出升级态势，"人民对美好生活的需要"在社会主要矛盾的动态发展中正式出场。即不仅包括客观性的物质文化生活需要，亦将人民获得感、幸福感、安全感等主观性的需求纳入考量范围。迈向新时代，人民不仅在经济需求上由原来的基本生活满足型转向综合发展型和富裕提升型，更是在政治生活上要求民主法治，在文化生活上要求精神文明，在社会生活上要求公平正义，在生态文明上追求美丽中国。唯其如此，习近平总书记指出："面对人民过上更好生活的新期待，我们不能有丝毫自满和懈怠，必须再接再厉，使发展成果更多更公平惠及全体人民，朝着共同富裕方向稳步前进。"①这是我们党对共享发展价值理念的坚守和弘扬。共享发展不仅是一种价值理念，更是一种价值追求，只有遵循共享发展这一价值理念，才能在共建中发展，在发展中共享，在共享中共建，切实解决发展不平衡不充分的矛盾，化发展的短板为发展的动力，真正让全体人民"共享经济、政治、文化、社会、生态等各方面发展成果，有更多、更直接、更实在的获得感、幸福感、安全感"，进而最终使全体人民实现共同富裕，过上美好生活。

最后，美好生活把实现人的全面发展作为根本目标导向，承载"以人民为中心"的价值担当。习近平总书记指出："必须坚持以人民为中心的发展思想，不断促进人的全面发展、全体人民共同富裕"②，不断实现"人民对美好生活的向往。""美好生活"价值观最核心的思想内涵，是人的全面发展。我们党把人民对美好生活的需要作为社会主要矛盾的一方，要求我们必须继续贯彻以人民为中心的发展思想，把人民对美好生活的向往作为奋斗目标，把人民的各种美好生活的需

---

① 《习近平谈治国理政》，外文出版社2014年版，第28页。
② 习近平：《决胜全面建成小康社会 夺取新时代中国特色社会主义伟大胜利——在中国共产党第十九次全国代表大会上的报告》，人民出版社2017年版，第19页。

要作为制定政策的客观依据,把实现好、维护好、发展好最广大人民根本利益作为改革发展的根本目的,把增进人民福祉、提高人民生活水平和质量、促进人的全面发展作为根本出发点和落脚点,自觉做到发展为了人民,发展依靠人民。即发展成果由人民共享,且使之真正惠及全体人民,不断满足和提升人民的幸福指数,切实促进人的全面发展,逐步实现共同富裕。这是中国特色社会主义的本质使然,也是对"发展为了谁"这一核心命题的时代解答。

美好生活是人的全面发展的本质诉求和显著标志,二者具有紧密的关联性、契合性和内在统一性。"美好生活需要"内容更为广泛,涵盖更为宽广、层次更为丰富、跨域更为多维:即不仅包括从吃饱穿暖到吃好穿好行好住好,从数量满足到品质享受,从衣食住行到人的全面发展。这些既有在"日益增长的物质文化需要"等方面的客观"硬需求",也包括在此基础上衍生出来的诸如民主、法治、公平、正义、安全、环境等获得感、幸福感、安全感等更具主观色彩的"软需求"。创造美好生活不仅是为了满足人民对物质文化生活的更高要求,也是为了满足人民在民主、法治、公平、正义、安全、环境等方面日益增长的发展诉求;美好生活创造需要依靠人,即充分发挥人的主动性、积极性、创造性实现各方面发展;美好生活是激励"大众创业、万众创新"的内在动力,能够引导"人民从实践创造和发展要求中获得前进动力",充分发挥人的潜能,实现人的发展。人的需要构成了人的全面发展的基本前提、基本内容或基本参数、基本样式。人民追求美好生活需要正是人的全面发展的基本前提和现实基础,而人民在追求美好生活的创造创新过程中,不断发展自己、完善自我,超越自我,最终过上有品质高质量的美好生活,真正实现人的自由而全面的发展。

三、 美好生活实现的基本路径

美好生活是人们在物质生活相对富裕后追求的更加民主自由平等和有尊严有美德高品位的生活,它的实现既有赖于一定的社会条件,又离不开个人能动性的充分发挥。中国特色社会主义新时代为人民美好生活的追求和实现提供了前所未有的有利条件,使人民能够通过自身的实践活动创造,不断把对美好生活的向往变成现实。

（一）坚持"发展是第一要务"的理念，夯实人民群众追求美好生活的物质基础

唯物史观认为，实现美好生活，离不开雄厚的物质基础，更离不开奠定这一条件的生产力大解放。在制约人们实现美好生活的各种要素当中，物质生活资料具有决定性作用。一定的物质生活条件，是人民过上美好生活的基础性条件。经过改革开放 40 年的发展，党领导全国人民使中国这个世界上最大的发展中国家逐步摆脱贫困并跃升为世界第二大经济体，稳定解决了十几亿人的温饱问题。中国的人均预期寿命、人均受教育水平等得到大幅提升，与发达国家水平的差距越来越小。但随着经济的高速增长，发展的不平衡不协调不持续的问题接连出现，贫富差距、人口老龄化、环境资源危机尤为突出。围绕土地使用、财产补偿的纠纷等日益增加，食品药品安全事件、生产安全事件频发。这一切都是与美好生活格格不入的，其有效稳妥解决，归根到底只能建立在创造巨大的物质财富的基础之上。而这就要靠高质量发展，"发展仍是现阶段解决所有问题的关键"。这也是习近平总书记在各种场合反复强调，中国"必须坚持发展是硬道理的战略思想，决不能有丝毫动摇"的根本原因所在。唯其如此，党的十九大根据我国社会主要矛盾的变化，紧扣满足人民日益增长的美好生活需要，立足于统筹推进"五位一体"总体布局，协调推进"四个全面"战略布局，对新时代坚持和发展中国特色社会主义作出重大部署，提出了许多新的思路、新的战略、新的举措，为新时代推进中国特色社会主义事业提供了施工图，为不断满足人民对美好生活的向往、推进人的全面发展和社会全面进步下达了任务书。只要我们紧跟"时"和"势"的发展变化，树立与新时代相适应的新理念，贯彻新时代要求的大战略，"撸起袖子加油干"，就一定能走稳走实走好高质量发展之路，真正实现更高质量、更有效率、更加公平、更可持续的发展，夯实人民群众追求美好生活的物质基础。

（二）坚持"生态优先、绿色发展"的战略定位，筑牢实现美好生活的生态屏障

生态环境是美好生活的重要依托，生态文明是构成美好生活的重要向度，绿水青山、蓝天碧水、清新空气是美好生活的本质诉求。马克思和恩格斯认为，人的自然本质和社会本质紧密联系在一起。人的自然本质体现了人的生命存在和人的自然属性，是人的社会本质的前提和基础，人的社会本质反映了人的社会属

庆祝新中国成立 70 周年学术论文集

性和社会关系,直接决定和支配人的自然本质。人的本质复归和实现美好生活都无法离开整个外部自然界,都必须以其作为重要的前提和基础,自然界是人的对象性的本质力量,也是美好生活不可或缺的对象和载体。马克思和恩格斯将自然观和社会历史观紧密结合起来,揭示出人类是自然界长期发展的产物,人类社会发展是一个合目的性与合规律性的自然历史过程。人类社会发展和人的生存发展,都与生态环境息息相关,并由此影响人的生存质量和美好生活。然而,也只有着力解决社会基本矛盾,彻底消灭那些阻碍人的本质复归的各种社会现象和自然现象,才能在人的真正解放基础上实现人与自然和解、人与社会和解的美好生活。

当今,中国特色社会主义进入新时代,中国共产党的历史使命就是要努力消除人与社会不和解、人与自然不和解导致的社会矛盾和生态矛盾,重构人与人和谐相处的"社会共同体"和人与自然和谐共生的"生命共同体",使人民群众能够在"诗意般栖居"的美好生活中达到自由而全面发展。良好生态环境是最公平的公共产品,是最普惠的民生福祉。对人的生存来说,金山银山固然重要,但绿水青山是人民幸福生活的重要内容,是金钱不能代替的。环境就是民生,青山就是美丽,蓝天也是幸福。为此,党的十八大把生态文明建设放在十分突出的位置,形成了经济建设、政治建设、文化建设、社会建设、生态文明建设"五位一体"的中国特色社会主义事业的总体布局;十九大把"美丽"与"富强民主文明和谐"一起作为建设社会主义现代化强国的目标。在 2019 年 3 月的全国两会上,习近平总书记在参加他所在的十三届全国人大二次会议内蒙古代表团审议时首次以"四个一"深入阐发生态文明思想,为高质量发展进一步树立起绿色的导向——即"在'五位一体'总体布局中生态文明建设是其中一位,在新时代坚持和发展中国特色社会主义基本方略中坚持人与自然和谐共生是其中一条基本方略,在新发展理念中绿色是其中一大理念,在三大攻坚战中污染防治是其中一大攻坚战"。这"四个一",昭示着我们党对生态文明建设规律的把握,彰显着生态文明建设在新时代党和国家事业发展中的地位,体现了党对建设生态文明的部署和要求。因此,当前在满足人民对美好生活的追求中,尤其要做到:一是要树立和践行绿水青山就是金山银山的理念,形成绿色发展方式和生活方式,坚定走生产发展、生活富裕、生态良好的文明发展道路,建设美丽中国,为人民创造良好的生产生活环境。对于与人民美好生活向往最直接关联的生活用水、食物和空气，要"坚持全民共治、源头防治"，"倡导简约适度、绿色低碳的生活方式，反对奢侈浪费和不合理消费"，"提高污染排放标准，强化排污者责任"①。要大力鼓励、扶持具有市场导向和市场潜力的绿色技术创新，"推动自然资本大量增值，让良好生态环境成为人民生活的增长点、成为经济社会持续健康发展的支撑点、成为展现我国良好形象的发力点"，进而让人民群众切实感受到经济发展带来的实实在在的环境效益，实现生活水平的提高和生态环保的双赢。

二是要牢固树立保护生态环境就是保护生产力、改善生态环境就是发展生产力的理念。要把生态环境保护放在更加突出位置，像保护眼睛一样保护生态环境，像对待生命一样对待生态环境，在生态环境保护上一定要算大账、算长远账、算整体账、算综合账，不能因小失大、顾此失彼、寅吃卯粮、急功近利。为此，一方面，坚持节约资源和保护环境的基本国策，坚持节约优先、保护优先、自然恢复为主的方针，形成节约资源和保护环境的空间格局、产业结构、生产方式、生活方式，真正提供"让人诗意地栖居在大地上"的优美环境。另一方面，要按照人口资源环境相均衡、经济社会生态效益相统一的原则，整体谋划国土空间开发，统筹人口分布、经济布局、国土利用、生态环境保护，科学布局生产空间、生活空间、生态空间，给自然留下更多修复空间，给农业留下更多良田，下大决心、花大气力改变不合理的产业结构、资源利用方式、能源结构、空间布局、生活方式，更加自觉地推动绿色发展、循环发展、低碳发展，决不以牺牲环境、浪费资源为代价换取一时的经济增长，决不走"先污染后治理"的老路，探索走出一条环境保护新路，实现经济社会发展与生态环境保护的共赢，为子孙后代留下可持续发展的"绿色银行"，给子孙后代留下天蓝、地绿、水净的美好家园。

（三）坚持弘扬崇尚诚实劳动精神，为实现美好生活提供强大动力

马克思曾在 1875 年指出："只要社会还没有围绕着劳动这个太阳旋转，它就绝不可能达到均衡"②。在这里，马克思把劳动比作太阳，足以看出劳动在马克思思想中的地位——劳动是马克思主义范式和体系的核心。马克思主义认为，

----

① 习近平：《决胜全面建成小康社会　夺取新时代中国特色社会主义伟大胜利——在中国共产党第十九次全国代表大会上的报告》，人民出版社 2017 年版，第 51 页。

② 《马克思恩格斯全集》第 18 卷，人民出版社 1964 年版，第 627 页。

劳动作为一种自由自觉的生产活动和能动的类生活,是人确证自己类存在的根本方式,在《资本论》中,马克思系统论证了劳动是人的自我确证与自我实现,是其体力和智力的表现。在劳动这一真正的活动中,人使自己得到了发展,便成为人自身;进而言之,劳动不仅是达到目的(即产品)的手段,而且也是目的本身,是人的本质力量的外在表现,因而劳动是真正的享受,而不仅仅是谋生的手段。在此意义上可以说,劳动既是美好生活的真谛,也是实现美好生活内在动力和基本路径。

美好生活不是等来的,不是靠来的,更不是别人恩赐施舍的,而是靠奋斗出来的,靠辛勤劳动才能实现。自由与幸福都不可能从天而降,它们需要通过人们的辛勤劳动去实现与创造。正如习近平总书记所说:"人世间的一切幸福都需要靠辛勤的劳动来创造。"①美好生活不是缥缈的空中楼阁,不仅是实实在在的生活,也是人在现实社会劳动中的获得感和幸福感的满足。人世间的美好梦想,只有通过诚实劳动才能实现;发展中的各种难题,只有通过诚实劳动才能破解;生命里的一切辉煌,只有通过诚实劳动才能铸就。人离不开劳动,只有劳动才能成就美好生活。在共产主义社会,人民共同占有生产资料,劳动既是手段又是目的,"已经积累起来的劳动只是扩大、丰富和提高工人生活的一种手段"②。劳动成为人的一种需要,就像人去健身,劳动既促进身体机能的新陈代谢,也成为一种生活方式,个人的需要与人民的需要实现了一致,劳动真正开创美好生活。正因如此,习近平总书记同全国劳动模范代表座谈时指出:"劳动是推动人类社会进步的根本力量。幸福不会从天而降,梦想不会自动成真。实现我们的奋斗目标,开创我们的美好未来,必须紧紧依靠人民、始终为了人民,必须依靠辛勤劳动、诚实劳动、创造性劳动。"③在中国共产党的带领下,全国人民辛勤劳动,艰苦奋斗,中华民族迎来了从站起来、富起来到强起来的伟大飞跃,中国特色社会主义迎来了从创立、发展到完善的伟大飞跃,中国人民迎来了从温饱不足到小康富裕的伟大飞跃,中华民族正以崭新姿态屹立于世界的东方。劳动使得人民的物质生活越来越丰裕,精神生活越来越丰盈,总体生活越来越美好。在中国共产党

---

① 《习近平谈治国理政》,外文出版社 2014 年版,第 4 页。
② 《马克思恩格斯选集》第 1 卷,人民出版社 1995 年版,第 287 页。
③ 《习近平谈治国理政》,外文出版社 2014 年版,第 44 页。

引领中华民族从站起来到富起来的伟大历史进程中,劳动发挥了中流砥柱的重要作用;同样,在中国共产党引领中国人民从富起来到强起来、创造属于人民的美好生活的新时代伟大征程中,劳动仍然是最根本的力量源泉。用劳动创造新时代的美好生活,这是历史的必然逻辑,也是现实的内在诉求,更是未来的热切召唤。因此,这就要大力弘扬崇尚诚实劳动精神,使全体人民通过践行辛勤劳动、诚实劳动、创造性劳动创造更丰富的物质生活和精神文化生活。一方面,要彰显崇尚劳动的主流价值观,牢固树立劳动最关荣、劳动最高尚、劳动最伟大、劳动最美丽的观念,形成以劳动为荣,好逸恶劳为耻的好风气,让劳动圆梦、劳动快乐、幸福成为每个人的人生信条。另一方面,在全社会形成尊重劳动、最重知识、尊重人才、尊重创造,维护和发展劳动者利益和权利的浓厚氛围。当前,尤其是要坚持公平正义,破除劳动者参与发展、分享发展的体制机制障碍,切实让劳动者实现体面劳动、全面发展,让每一个劳动者都享有出彩的机会。这样,才能真正使各族人民进一步激发劳动热情,释放创造潜能,用涓涓不息的汗水浇灌美好生活,共同创造更加民主自由平等和有尊严有美德高品质的美好生活。

(作者为国防大学政治学院教授、博士生导师)

构建人类命运共同体：引领新型经济全球化的中国方案[*]

王公龙

近年来,习近平总书记在一系列重大国际场合频繁纵论经济全球化,明确提出"引导好经济全球化走向"①的历史任务,并向国际社会阐明了中国关于推动全球化发展的根本指向:"构建人类命运共同体,实现共赢共享。"②这是新时代中国领导人在遵循人类历史发展规律,吸收借鉴人类文明优秀成果基础上,为解决当今世界面临的突出问题而贡献的中国智慧和中国方案。中国不仅是新型经济全球化理念的倡导者,也是当今世界的引领者和主要推动者。在经济全球化面临何去何从的十字路口,中国的理念和行动必将对世界的和平发展和人类的前途命运产生广泛而深刻的影响。

一、 经济全球化的困境

经济全球化是指资本、技术、产品、劳动力在全球流动和配置的过程,反映了世界在经济上日益相互联系、相互依存的发展趋势。经济全球化起始于资本主义在全球的扩张。资本逐利的本性驱使它永不停息地对外开辟市场。经过几百年的发展,经济全球化已经成为时代发展的潮流和当今世界最显著的特征。然而,作为一种世界历史发展的阶段性现象,经济全球化也是动态的发展过程,在世界无政府状态下,经济全球化进程容易受到各国特别是大国内外政策的影响。

* 【基金项目】国家社科基金项目"构建人类命运共同体思想对马克思世界历史理论的继承和发展研究"(编号:18BKS026)。

① 习近平:《共担时代责任　共促全球发展——在世界经济论坛 2017 年年会开幕式上的主旨演讲》,《人民日报》2017 年 1 月 18 日。

② 习近平:《共同构建人类命运共同体——在联合国日内瓦总部的演讲》,《人民日报》2017 年 1 月 20 日。

由于经济全球化是把"双刃剑",其前行的道路从来就不平坦。当质疑或反对经济全球化的思潮或行动一旦影响到国际制度层面并作用于行为体的跨国活动时,经济全球化进程就会放慢甚至受阻。①2008 年金融危机后尤其是近年来,一股强大的"逆全球化"思潮在西方世界甚嚣尘上。经济上保护主义、政治上民粹主义、社会上排外主义、外交上孤立主义都将矛头对准了经济全球化,经济危机、社会危机、政治危机、价值危机、道德危机集中爆发,相互交织,彼此联动。这表明,西方社会已经陷入危机的"综合征",经济全球化已身陷困境。

第一,发展的失衡。经济全球化虽然在总体上促进了世界经济的发展,但也带来诸多层面发展的失衡。首先,全球财富分配失衡。世界财富越来越积聚到极少数资本家手中,大多数民众并未充分享受到全球化的红利,部分民众的处境反而日益艰难。据统计,当今世界最富有的百分之一的人口拥有的财富量超过其余百分之九十九人口财富的总和。财富的非均衡分配,"是当今世界面临的最大挑战,也是一些国家社会动荡的重要原因"。②其次,不同地域间发展失衡。经济全球化造就统一的世界市场,但传统的经济全球化主要依托海洋而展开,海运成为货物运输的主要方式,世界经济增长的80%发生在沿海地带,造成沿海地区的发达和内陆地区的落后。再次,国家间发展失衡。在经济全球化进程中,发达国家凭借自身的优势攫取了大部分红利,实现跨越式发展。而广大发展中国家被作为原料供应地和产品倾销市场的地位并未根本改变,依然处在依附于核心国家的边缘地位。最后,阶层间发展失衡。经济全球化虽然给参与的各国带来了巨大的财富,但财富的分配并非均衡,主权国家范围内出现严重的分配不均问题。③西方发达国家无疑是经济全球化的主要获益者,但来势汹汹的科技进步及自动化浪潮也造成了国内的大规模失业;经济过度金融化和虚拟化造成的产业空心化,又使不同阶层收入差距成倍拉大。利益受损的阶层和团体很容易把各种经济社会问题归咎于经济全球化,并取得了超乎寻常的社会关注和支持。

---

① 陈伟光:《全球化逆动与中国的应对:基于全球化和全球治理关系的思考》,《教学与研究》2017 年第 4 期。

② 习近平:《共担时代责任 共促全球发展——在世界经济论坛 2017 年年会开幕式上的主旨演讲》,《人民日报》2017 年 1 月 18 日。

③ 俞可平:《论全球化与国家主权》,《马克思主义与现实》2004 年第 1 期。

第二，治理的失效。全球治理是与全球化相伴而生的概念，指的是全球化风险的管理和防控、全球化缺陷的弥补和矫正、全球性问题的处理和解决，强调的是全球化进程中共同利益的协调、交易成本减少，是顺应全球化发展、协调全球化利益、规范跨国行为的过程，有目的和有意向的全球秩序塑造。①由于在制度、机制的顶层设计上存在先天不足和后天失调，现存的全球治理体系难以对经济全球化引发的全球性问题进行及时、有效的治理。日益严峻的恐怖主义、贸易不公平、国际移民、跨国犯罪、全球生态危机等诸多全球性问题，单靠一国的力量无法解决，需要世界各国相互协作和共同应对，但西方世界无人愿意担此重任，国际社会至今尚无良策。与此同时，在经济全球化时代，全球治理与国家治理的高度依赖性和相互渗透性越来越明显。国内治理失败的国家会对外部世界的秩序构成明显挑战。②2008 年爆发的全球金融危机起因于美国自身国内治理的缺失，但为了摆脱困境，特朗普政府扛起"美国优先"旗号，通过征收高额关税、回迁制造业等措施加以应对，其结果不仅提高了生产成本，削弱了制造业竞争力，还导致进口产品价格上涨，加重中下收入者生活负担，成为国内族群对抗的诱因。此外，国内治理的困境还会造成外溢效应，冲击国际贸易体系和国际贸易秩序，进而对全球治理造成巨大压力，加重全球治理的危机。

第三，规则的滞后。经济全球化有序运转离不开国际规则的引导、规范、约束和调节。但国际规则只有不断发展和完善才能发挥应有作用。各种全球性问题的集中爆发表明，当今国际规则已经明显滞后于经济全球化的发展。一是滞后于经济形势的发展。从产业看，全球产业布局在不断调整，新的产业链、价值链、供应链日益形成，而贸易和投资规则未能跟上形势，机制封闭化、规则碎片化十分突出。③从金融看，全球金融市场需要增强抗风险能力，而全球金融治理机制未能适应新需求，难以有效化解国际金融市场频繁动荡、资产泡沫积聚等问题。④二是滞后于国际力量的变化。目前，"新兴市场国家和发展中国家对全球经济增长的贡献已经达到百分之八十，而全球治理体系未能反映新格局，代表性

---

① ［美］詹姆斯·罗西瑙：《没有政府的治理》，江西人民出版社 2001 年版，第 8 页。

② 陈志敏：《国家治理、全球治理与世界秩序建构》，《中国社会科学》2016 年第 6 期。

③④ 习近平：《共担时代责任 共促全球发展——在世界经济论坛 2017 年年会开幕式上的主旨演讲》，《人民日报》2017 年 1 月 18 日。

和包容性很不够"。①面对发达国家与新兴发展中国家的利益冲突，现行的国际规则已经无能为力。任其发展下去，经济全球化进程势必遭受更大挫折。目前，新兴经济体和发达国家在多个领域内都在围绕投票权与话语权进行激烈的交锋。协调好它们的关系将是解决全球治理制度公平的关键。②

第四，价值的"失义"。所谓"失义"就是国际制度和国际体系缺乏道义性，不公正、不平等、不包容问题突出。第二次世界大战后建立的布雷顿森林体系是按照美国意愿而制定的，包括国际货币基金组织（IMF）、世界贸易组织（WTO）以及世界银行（WB）等在内的国际经济制度体系，牢牢地确立了美国的主导地位，为美国在全球逐利提供了极大的便利。对于广大发展中国家或落后国家而言，这些国际规则缺乏应有的道义性。经济全球化成了西方化甚至是美国化。如何克服经济全球化的上述弊端，建立基于公平、平等和包容的利益共同体和命运共同体，实现世界各国的共同发展和互利共赢，已经成为世界各国人民的普遍愿望和共同呼声。

二、 人类命运共同体：经济全球化前行的历史正道

人类命运共同体是中国共产党人在经济全球化深入发展的背景下，提出的关于未来世界发展的美好蓝图和伟大构想。在经济全球化进程中推动构建人类命运共同体、以构建人类命运共同体统领经济全球化发展，不是中国领导人的凭空想象的产物，它深深植根于马克思主义理论基础，遵循着不以人意志为转移的人类历史发展规律，反映了当今世界对传统经济全球化弊端的深刻反思。

经济全球化具有无法摆脱的二重性。马克思对资本主义社会的分析是从商品和资本开始的。在马克思看来，作为生产力和生产关系的统一体，资本具有二重性：一方面，资本是一种历史的生产关系，即资本主义生产关系；另一方面，资本也具有作为生产要素的物质载体的一面，具有生产力的性质。资本生产过程

---

① 习近平：《共担时代责任 共促全球发展——在世界经济论坛2017年年会开幕式上的主旨演讲》，《人民日报》2017年1月18日。

② 陈伟光、郭晴：《逆全球化机理分析与新型全球化及其治理重塑》，《南开学报》（哲学社会科学版）2017年第5期。

的实质在于价值增值。为了追求剩余价值最大化,资本可以不择手段,甚至铤而走险。当作为生产关系的资本统摄作为生产力的资本时,资本便成为"资产阶级社会的支配一切的经济权力"。①资本的两重性决定了经济全球化具有两重性。一方面,经济全球化有其历史进步性,它极大地推动了社会生产力和科学技术的进步,促进了人类文明的进步和发展。但经济全球化也有其消极的一面。放任的资本逻辑也是现代社会诸多灾难产生的根源。战乱、冲突和地区动荡的背后总有有资本逻辑的驱使;国际金融危机也与金融资本过度逐利、金融监管缺失脱不了干系;日益严重的全球性生态危机则是因为资本的无止境扩张超越了自然界的承受限度。随着经济全球化的不断演进,增长和分配、资本和劳动、效率和公平等矛盾更加突出,发达国家和发展中国家的分化进一步加深,"现代的灾难"使人类生存和发展面临着深刻的危机。②而且,资本逻辑越是发展,这些矛盾就越是尖锐,危机就越是深重。资本的扩张推动了经济全球化,但放任的资本逻辑却很可能会毁掉经济全球化。经济全球化的起因是资本的力量,但经济全球化的前途恰恰可能丧失于不加约束的资本的力量。

克服经济全球化的弊端必须推动经济全球化转型。经济全球化的两重性预示着它未来发展的两条路向。一条是继续放任资本逻辑恣意横行,导致全球性问题日益加剧,最终给整个人类带来无法承受的灾难,这是一条走向毁灭的"死路"。另一条是发挥资本的正向作用,对资本的力量进行规制,缓解乃至消解经济全球化所引发的各种社会危机,让其在正确的方向上展现出旺盛的生机与活力。当今世界正处在"经济全球化向何处去"的十字路口。人类要么选择在本国"优先"的口号下,通过高筑贸易保护主义谋取利益最大化。要么选择推动经济全球化转型,扩大各国间利益汇合点,构建不同形式不同内容的全方位利益共同体。鉴于经济全球化已经将全球所有国家和地区纳入一个彼此相依、荣辱与共的风险共同体之中,经济全球化必然呼唤人类共同命运体意识,③在构建人类命运共同体的引导下,实现自身的深刻转型,从传统的经济全球化迈向新型经济全

---

① 《马克思恩格斯文集》第 8 卷,人民出版社 2009 年版,第 31—32 页。
② 张三元:《人类命运共同体:经济全球化的中国方案》,《观察与思考》2017 年第 6 期。
③ [德]乌尔里希·贝克:《自由与资本主义——与著名社会学家乌尔里希·贝克对话》,浙江人民出版社 2001 年版,第 6 页。

球化。更何况,资本的贪婪与自私,已经使人类陷入各种深刻的危机之中,并给整个人类的未来罩上浓重的阴影。矫正经济全球化的路向,让其转向人类命运共同体,这是一条既依据资本逻辑、又超越资本逻辑,有可能化解经济全球化的内在矛盾,缓解当今世界各种社会矛盾与危机的新路,也是能够给人类创造美好前途的必由之路。惟有闯出这条新路,经济全球化才能沿着历史正道,实现自我更新,迈入崭新的境界。

经济全球化转型需要实践主体的有力推动。毋庸置疑,经济全球化"正呼唤一个重大转折点的到来"。①但正确道路既需要科学理论的指引,又需要实践主体的有力推动。社会历史发展是合规律性和合目的性相统一的过程。社会规律虽然有其发展的内在规定性,但它不是可以自我实现的,而是需要社会主体的有力牵引或推动。在经济全球化面临何去何从的重大历史关口,当代中国共产党人以胸怀天下、造福人类的情怀和担当,积极倡导国际社会树立人类命运共同体意识,携手国际社会同舟共济、共渡难关,致力于推动经济全球化的深刻转型,催生新型经济全球化的到来,"让经济全球化的正面效应更多地释放出来",②"让经济全球化进程更有活力、更加包容、更可持续"。③从这一意义上说,人类命运共同体不可能是经济全球化自然而然的发展结果,只能是中国携手国际社会对经济全球化进行纠偏和引导的结果。

三、 人类命运共同体视野下的新型经济全球化

构建人类命运共同体,就是要坚持对话协商,建设一个持久和平的世界;坚持共建共享,建设一个普遍安全的世界;坚持合作共赢,建设一个共同繁荣的世界;坚持交流互鉴,建设一个开放包容的世界;坚持绿色低碳,建设一个清洁美丽的世界。④经济全球化是人类命运共同体形成的基础,人类命运共同体只能在经

①　郑必坚:《共建"一带一路"和中国历史性新机遇》,《人民日报》2018 年 11 月 15 日。

②③　习近平:《共担时代责任　共促全球发展——在世界经济论坛 2017 年年会开幕式上的主旨演讲》,《人民日报》2017 年 1 月 18 日。

④　习近平:《共同构建人类命运共同体——在联合国日内瓦总部的演讲》,《人民日报》2017 年 1 月 19 日。

济全球化的历史进程中才会实现。但有利于人类命运共同体构建的经济全球化不是传统的经济全球化，而是促进人类整体利益、反映世界各国人民普遍愿望的新型经济全球化，即向着"更加开放、包容、普惠、平衡、共赢的方向发展"的经济全球化，①是促进形成利益共同体和命运共同体的经济全球化。

第一，开放的经济全球化。经济全球化本质上就是一个开放的发展体系。构建开放的经济全球化就是回归经济全球化的本质要求。所谓开放既体现为全球经济体系和贸易体系的开放性，也体现为一国经济和贸易政策的开放性。要维护经济全球化的开放性，各国就必须以开放的姿态参与经济全球化。任何形式的"逆全球化"、保护主义政策都是与经济全球化开放的本质要求格格不入的。正如习近平总书记所指出的，"世界经济的大海，你要是不要，都在那儿，是回避不了的。想人为切断各国经济的资金流、技术流、产品流、人员流，让世界经济的大海退回到一个一个孤立的小湖泊、小河流，是不可能的，也是不符合历史潮流的"。②鉴于"逆全球化"思潮和保护主义行为是经济全球化最大的挑战，要顺应经济全球化的潮流，就应该旗帜鲜明反对保护主义、单边主义，维护以世界贸易组织为核心的多边贸易体制，"在开放中扩大共同利益，在合作中实现机遇共享。"③

第二，包容的经济全球化。推动包容发展既是经济全球化持续推进的根本保证，也是国际社会的道义责任。所谓包容的经济全球化主要体现在：首先，包容各国的发展。经济全球化是全球性的经济互动过程，各国都应获得参与经济全球化的机会，每个国家都有发展权利。参与性原则被一些学者视为"核心操作原则"，必须被置于"核心地位"，这"不单单是因为公平，也因为效率"。④否则，全球治理就始终是"霸权治理""治理全球"，全球治理结构也始终存在"中心——外围"的二元对立。⑤同时，"各国应该超越差异和分歧，发挥各自优势，推动包容

---

① 习近平：《在庆祝改革开放 40 周年大会上的讲话》，《人民日报》2018 年 12 月 19 日。

② 习近平：《共担时代责任 共促全球发展——在世界经济论坛 2017 年年会开幕式上的主旨演讲》，《人民日报》2017 年 1 月 18 日。

③ 习近平：《共建创新包容的开放型世界经济——在首届中国国际进口博览会开幕式上的主旨演讲》，《人民日报》2018 年 11 月 6 日。

④ ［英］戴维·赫尔德、凯文·扬：《有效全球治理的原则》，朱旭译，《南开学报》（哲学社会科学版）2012 年第 5 期。

⑤ 李丹：《论全球治理改革的中国方案》，《马克思主义研究》2018 年第 4 期。

发展"。①其次，包容各国对发展道路的选择。经济全球化是世界发展潮流，也是一项普惠性的存在，如何选择合适的发展道路和模式去顺应潮流，是主权国家立足自身国情做出的选择，没有统一的模板，也不可能做到千篇一律。各国理应充分理解和尊重他国独立作出的选择，不能以社会制度和意识形态为标准决定好恶和亲疏冷热，更不能搞排他性的区域经济集团，人为地分割经济全球化，并使之碎片化。基于此，习近平总书记强调坚持主权平等的原则，主张各国"都有权自主选择社会制度和发展道路"。②主权平等原则既是构建人类命运共同体的首要原则，也是维护经济全球化包容性的政治基础。

第三，普惠的经济全球化。所谓普惠是指所有国家和所有人都应该成为经济全球化的受益者，"让不同国家、不同阶层、不同人群共享经济全球化的好处"。③首先，世界各国都能受益。必须看到，当今经济全球化的主要获益者是西方国家，要实现全球范围的普惠性发展，就必须广泛动员参与全球化的国家，在相互协商与合作的基础上对经济全球化的相关制度和机制做出调整，照顾那些在参与经济全球化进程中利益受损的国家，通过集体协作的方式实现非零和博弈，最终让经济全球化成果惠及全球公民。④其次，不同阶层的民众都能受益。毫无疑问，经济全球化有利于资本的拥有者，会造成一国内部不同社会阶层利益的非均衡发展，加速社会分化，加剧社会矛盾和紧张。为此，在国内治理上，所有国家都应主动应对经济全球化时代的挑战，及时制定有效对策，处理好全球化成果在本国的公平分配问题。这就需要各国政府优化国内治理，做好顶层制度设计，完善分配制度，给予那些在经济全球化过程中利益受损的民众以更多的制度保障和经济扶持，增强广大民众参与感、获得感、幸福感。

第四，平衡的经济全球化。所谓平衡是针对经济全球化不平衡性而言的。

① 习近平：《共建创新包容的开放型世界经济——在首届中国国际进口博览会开幕式上的主旨演讲》，《人民日报》2018 年 11 月 6 日。

② 习近平：《共同构建人类命运共同体——在联合国日内瓦总部的演讲》，《人民日报》2017 年 1 月 19 日。

③ 习近平：《共担时代责任　共促全球发展——在世界经济论坛 2017 年年会开幕式上的主旨演讲》，《人民日报》2017 年 1 月 18 日。

④ 陈伟光、郭晴：《逆全球化机理分析与新型全球化及其治理重塑》，《南开学报》（哲学社会科学版）2017 年第 5 期。

长期以来,西方发达国家在经济全球化进程中始终处于主导地位,当今国际体系和规则主要由它们制定,有利于维护它们的利益和需求,而发展中国家的利益和需求却没有得到应有的重视。随着新兴市场国家和发展中国家力量的崛起,这些国家改变国际经济体系和秩序的呼声渐高,解决经济全球化不平衡性问题已不容回避。为此,中国主张,新型经济全球化注重平衡性。参与经济全球化的国家不分大小、强弱、贫富状况,都应平等地享有参与国际事务决策、共同履行职责义务的权利。同时,新型经济全球化还应充分反映发展中国家和新兴市场国家的重要地位,逐步形成凸显上述国家重要地位的全球化新格局。为此,应该"增加新兴市场国家和发展中国家代表性和发言权,确保各国在国际经济合作中权利平等、机会平等、规则平等"。①

第五,共赢的经济全球化。强调共赢是针对传统的经济全球化往往造成"单赢"的结果而言的。国际经济关系通常表现为你输我赢的零和博弈。所谓共赢就是让各国人民共享经济全球化和世界经济增长的成果。当前,经济全球化、区域一体化快速发展,不同国家和地区结成了一荣俱荣、一损俱损的关系。树立互利共赢的理念已经成为当今国际社会的必然选择,"在处理国际关系时必须摒弃过时的零和思维,不能只追求你少我多、损人利己,更不能搞你输我赢、一家通吃。只有义利兼顾才能义利兼得,只有义利平衡才能义利共赢"。②"在经济全球化深入发展的今天,弱肉强食、赢者通吃是一条越走越窄的死胡同,包容普惠、互利共赢才是越走越宽的人间正道。"③

四、 中国引领新型经济全球化的实践路向

进入新时代,随着日益走近世界舞台的中央,中国更加主动地从人类前途命运的高度思考自己的使命,并致力于为人类做出新的更大的贡献。习近平总书

---

① 习近平:《中国发展新起点　全球增长新蓝图——在二十国集团工商峰会开幕式上的主旨演讲》2016 年 9 月 4 日。

② 习近平:《共创中韩合作未来　同襄亚洲振兴繁荣——在韩国国立首尔大学的演讲》,《人民日报》2014 年 7 月 5 日。

③ 习近平:《共建创新包容的开放型世界经济——在首届中国国际进口博览会开幕式上的主旨演讲》,《人民日报》2018 年 11 月 6 日。

记指出，今天的中国"被认为是世界上推动贸易和投资自由化便利化的最大旗手"，不仅"主动顺应世界发展潮流"，而且"引领世界发展潮流"。①

第一，倡导建设开放型世界经济。当前，世界各经济体之间不断出现人为的"藩篱"，保持全球经济社会最基本的信任正在流失，秩序正在遭受冲击，国际社会亟须探寻维护世界经济秩序的根本之道。近年来，针对国际经济环境的新变化，中国向世界发出推动建设开放型世界经济、营造开放的世界经济大环境的最强音，致力于推动经济全球化"向着构建人类命运共同体的目标不断迈进"。②在国家层面上，中方主张各国应该坚持开放的政策取向，"提升多边和双边开放水平，推动各国经济联动融通，共同建设开放型世界经济"。③在国际层面上，中方着眼于维持开放的经济秩序，维护国际多边制度的合法性和有效性，主张在维护现行国际经济体系的前提下，"支持开放、透明、包容、非歧视性的多边贸易体制，促进贸易投资自由化便利化"。④为促进世界经济的开放性，继在海南博鳌论坛2018年年会提出大幅度放宽市场准入、创造更有吸引力的投资环境、加强知识产权保护、主动扩大进口等一系列重大举措后，习近平总书记在2018年11月举办的中国首届国际进口博览会期间提出各国应该坚持开放融通，拓展互利合作空间；坚持创新引领，加快新旧动能转换；坚持包容普惠，推动各国共同发展等三项倡议。

第二，推动完善全球治理。在全球治理问题上，中国的方案是："构建人类命运共同体，实现共赢共享。"⑤这是中国对于全球治理的顶层设计。要实现共赢共享，就必须完善全球治理，弥补全球治理的"赤字"。在推动完善全球治理的实践探索中，中国逐步形成了自己的全球经济治理观，即全球经济治理应该以平等

---

①　《习近平在省部级主要领导干部学习贯彻党的十八届五中全会精神专题研讨班上的讲话》，《人民日报》2016年5月10日。

②　习近平：《开放共创繁荣，创新引领发展——在博鳌亚洲论坛2018年年会开幕式上的主旨演讲》，2018年4月11日。

③　习近平：《共建创新包容的开放型世界经济——在首届中国国际进口博览会开幕式上的主旨演讲》，《人民日报》2018年11月6日。

④　习近平：《在庆祝改革开放40周年大会上的讲话》，《人民日报》2018年12月19日。

⑤　习近平：《共同构建人类命运共同体——在联合国日内瓦总部的演讲》，《人民日报》2017年1月19日。

为基础、以开放为导向、以合作为动力、以共享为目标,建设创新型、开放型、联动型、包容型世界经济,推动构建人类命运共同体。在治理原则上,中国强调平等参与,反对一国独霸或几方共治,主张"国家不分大小、强弱、贫富,都是国际社会平等成员,理应平等参与决策、享受权利、履行义务"。①在治理的手段上,中国主张把发展作为解决一切问题的总钥匙,推动实现国际货币基金组织和世界银行份额改革,设立面向发展的丝路基金、亚洲基础设施投资银行、金砖国家新发展银行等机构,不断完善全球治理体系。在治理的规则上,中国认为,"以规则为基础加强全球治理是实现稳定发展的必要前提"。②现行的全球经济治理体系虽然总体上更有利于发达国家的国家利益,但也确保了新兴国家和发展中国家在开放中获得秩序保障,实现经济发展。在美欧发达国家质疑并否定既定秩序体系的背景下,国际社会的理性选择不是推倒重来,另起炉灶,而只能是修复、升级和完善原有的多边秩序体系,寻求回归基于秩序和国际多边主义精神的良性竞合关系,推动全球治理体系朝着更加公正合理有效的方向发展。为此,中方主张秉持共商共建共享理念,推动全球经济治理体系变革和改良。在治理平台上,中国主张新旧机制并用,推动全球治理机制的改革和完善。在继续重视联合国为中心的全球治理体系重要作用的同时,支持二十国集团(G20)在全球经济治理上发挥重要作用,重视上合组织、博鳌论坛、亚信会议等区域性制度安排。为切实推动全球治理的进程,近年来,中国先后主办亚太经合组织领导人非正式会议、"一带一路"国际合作高峰论坛、二十国集团领导人杭州峰会、金砖国家领导人厦门会晤、上海合作组织青岛峰会、首届中国国际进口博览会等主场外交,深入参与各种多边合作机制,致力于为全球治理进程注入新的活力。

第三,提出并实施"一带一路"倡议。"一带一路"既是推动构建人类命运共同体的重要实践平台,也是推动新型经济全球化的重大创新举措,目的是在全球更大范围内整合经济要素和发展资源,形成强大合力,促进世界和平安宁和共同发展。一是提倡共同发展的新原则,"一带一路"建设强调各方秉持共商共建共

① 习近平:《共担时代责任　共促全球发展——在世界经济论坛 2017 年年会开幕式上的主旨演讲》,《人民日报》2017 年 1 月 18 日。

② 习近平:《同舟共济创造美好未来——在亚太经合组织工商领导人峰会上的主旨演讲》,《人民日报》2018 年 11 月 18 日。

享原则,争取"一加一大于二"的效果,实现共同发展,彰显的就是同舟共济、权责共担的命运共同体意识。所谓共商,"就是集思广益,好事大家商量着办,使'一带一路'建设兼顾双方利益和关切,体现双方智慧和创意"。共建,"就是各施所长,各尽所能,把双方优势和潜能充分发挥出来,聚沙成塔,积水成渊,持之以恒加以推进"。①共享,就是让建设成果更多更公平惠及各国人民,打造利益共同体和命运共同体。二是开创经济合作新模式。"丝绸之路经济带"最先就是着眼于构建经济全球化时代经济合作新模式而提出的概念。2013 年 9 月习近平总书记在访问哈萨克斯坦时倡议:"为了使我们欧亚各国经济联系更加紧密、相互合作更加深入、发展空间更加广阔,我们可以用创新的合作模式,共同建设'丝绸之路经济带'"。②作为一种新型合作模式,"一带一路"建设以沿线各国发展规划对接为基础,以贸易和投资自由化便利化为纽带,以互联互通、产能合作、人文交流为支柱,以金融互利合作为重要保障,积极开展双边和区域合作,让各国经济更加紧密结合起来。三是催生共同发展的新动力。中国积极促进"一带一路"国际合作,打造国际合作新平台,目的就是增添共同发展新动力。"一带一路"源自中国,属于世界。通过建设"一带一路",快速发展的中国正在"张开双臂欢迎各国人民搭乘中国发展的'快车'、'便车'",③致力于把"一带一路"打造成实现各国共享发展的新平台。借助这一平台,中国主动为广大发展中国家提供新的合作机会,完善基础设施建设,促进相关生产要素有序流动、资源高效配置、市场深度融合,努力做大共同利益蛋糕,促进整个世界实现共享共赢,走向共同繁荣。四是推动形成"陆""海"并行发展的新阶段。历史上的经济全球化基本上都是从大西洋到太平洋,是海洋经济的全球化,给海洋型国家带来巨大发展机遇。而"一带一路"倡议的提出及其实施则标志着经济全球化正在由海洋经济全球化,大步迈向海陆经济全面打通、齐头并进、共同发展的经济全球化新阶段。"一带一路"全方位打通海洋经济和内陆经济,使得内陆经济以巨大体量成为经济全球

---

① 习近平:《弘扬丝路精神　深化中阿合作——在中阿合作论坛第六届部长级会议开幕式上的讲话》,《人民日报》2014 年 6 月 6 日。

② 《弘扬人民友谊　共创美好未来——在纳扎尔巴耶夫大学的演讲》,《人民日报》2013 年 9 月 8 日。

③ 习近平:《共担时代责任　共促全球发展——在世界经济论坛 2017 年年会开幕式上的主旨演讲》,《人民日报》2017 年 1 月 18 日。

化的新主体,并获得了前所未有的发展和合作的机会,促进了世界经济的平衡发展。这是经济全球化新阶段最大的历史特点。"一带一路"也已成为经济全球化转型过渡的重要标志。①五是营造开放包容的新范式。历史上,西方少数国家组成利益集团主导并推动经济全球化,并视之为谋取政治利益的工具。而"一带一路"则不同,它是开放、共享、共赢的合作平台。中国提出"一带一路"倡议,没有地缘政治目的,不针对谁也不排除谁,不会关起门来搞小圈子,也不是所谓"陷阱","而是中国同世界共享机遇、共谋发展的阳光大道"。②

第四,全方位扩大对外开放。进入新时代,在构建人类命运共同体总目标的引领下,根据党的十九大报告指出的"中国开放的大门不会关闭,只会越开越大",要"形成陆海内外联动、东西双向互济的开放格局"③的新要求,中国全面深化改革开放,致力于塑造对外开放的新态势。首先,主动扩大开放。为推动构建全方位、立体化、网络状的开放系统,近年来中国积极建设一批自由贸易区。在首届中国国际进口博览会期间,中国决定将增设中国上海自由贸易试验区的新片区,鼓励和支持上海在推进投资和贸易自由化便利化方面大胆创新探索,为全国积累更多可复制可推广经验。中国主动举办首届中国国际进口博览会,就是为世界各国开辟中国市场搭建合作的新平台。其次,双向扩大开放。经过 40 年的改革开放,我国经济正在实行从"引进来"到"引进来"和"走出去"并重的重大转变,对外开放不仅是在中国自己的国土上对外来资本、产业、人员等要素的开放,更是推动中国元素走向世界,实现中国与世界的互相开放、双向融合。再次,全面扩大开放。在开放对象上,坚持向发达国家开放和向发展中国家开放并重,实现出口市场、进口来源、投资合作伙伴多元化。通过构建对外开放新格局,中国努力实现全球的双赢、多赢、共赢。

总之,新型经济全球化是在全球化面临困境的背景下中国提出的推动经济

---

① 郑必坚:《共建"一带一路"和中国历史性新机遇》,《人民日报》2018 年 11 月 15 日。

② 习近平:《同舟共济创造美好未来——在亚太经合组织工商领导人峰会上的主旨演讲》,《人民日报》2018 年 11 月 18 日。

③ 习近平:《决胜全面建成小康社会 夺取新时代中国特色社会主义伟大胜利——在中国共产党第十九次全国代表大会上的报告》,《人民日报》2017 年 10 月 19 日。

全球化转型的中国方案。新型经济全球化以构建人类命运共同体为目标指引，旨在克服传统全球化放任资本逻辑的弊端，为经济全球化开辟新路。构建人类命运共同体是中华民族在世界大发展大变革大调整时期提出的关于未来世界发展的伟大构想，引领新型经济全球化则是推动构建人类命运共同体的具有实质性意义的重大举措和有效抓手。尽管推动新型经济全球化意味着告别几百年来西方国家主导的传统经济全球化，实现的是经济全球化自形成以来最深刻的一次转型，必将遭遇各种挑战、阻力和风险，但推动新型经济全球化关乎经济全球化的前途和人类的未来，顺应了历史发展的规律，反映了世界各国人民的普遍愿望。走向伟大复兴的中华民族有理由、也有信心同世界各国人民一道，同心协力，和衷共济，引领经济全球化驶向构建人类命运共同体的历史大道。

（作者为中共上海市委党校马克思主义学院执行院长、教授）

三个"完全正确":马克思主义
为什么"行"的历史逻辑

黄力之

在庆祝中华人民共和国成立 70 周年的日子里,中国共产党和中国人民有必要重温中国成功之思想根源,那就是毛泽东在 1949 年 9 月所说,"俄国革命唤醒了中国人,中国人学得了一样新的东西,这就是马克思列宁主义……果然一学就灵。"①在 2018 年纪念马克思诞辰 200 周年大会上的重要讲话中,习近平也指出:"马克思主义为中国革命、建设、改革提供了强大思想武器,使中国这个古老的东方大国创造了人类历史上前所未有的发展奇迹。历史和人民选择马克思主义是完全正确的,中国共产党把马克思主义写在自己的旗帜上是完全正确的,坚持马克思主义基本原理同中国具体实际相结合、不断推进马克思主义中国化时代化是完全正确的!"②应该说,这三个"完全正确"乃基于一种宏伟的大历史观,全面深入地揭示了马克思主义为什么"行"的历史逻辑,肯定了马克思主义的历史与现实意义,有助于增强马克思主义理想信念,亦值得进行深入的学术探讨。

一、 基于世界史视野的"历史和人民的选择"

关于"历史和人民选择马克思主义是完全正确的"这个论断,是从马克思主义对世界文明史的推进着眼的,揭示了马克思主义与其他思想体系的不同之处:自诞生以来,便与历史同行,与人民的事业同在,而不是作为纯粹的学术成果躺在图书馆。

历史和人民为什么要选择马克思主义?必须关注马克思主义诞生的时间和

---

① 《毛泽东选集》第 4 卷,人民出版社 1991 年版,第 1514 页。

② 习近平:《在纪念马克思诞辰 200 周年大会上的讲话》,《人民日报》2018 年 5 月 5 日。

空间的特殊性:这是 19 世纪中期在欧洲诞生的一个思想体系。这样一个时间段和这样一个地方诞生的思想之所以能够影响文明的进程,能够成为直到今天我们依然要去坚守的思想,答案只能是:当时的欧洲是世界上发展最快、最先进的地方,开启了工业化、现代化的历程,开启了人类文明的大转型,马克思主义不仅反映了这个文明转型的必然性,而且预见到了此后的发展,即由资本主义现代文明提升到社会主义、共产主义文明。

与文明转型发展相适应的是,人类思想的成熟恰逢其时。以时代之精华——哲学而论,在马克思的故乡德国,恩格斯在他的著作里使用了一个词,即"德国古典哲学的终结"。站在启蒙时代思想高峰上的德国古典哲学已达其顶峰:康德完成了对人的主体性的研究,证明了人的价值来源;黑格尔完善了辩证法的研究,将自然、社会、人本身置于统一的辩证过程,揭示了万物演化的共同规律,提供了观察世界的新方法论;费尔巴哈将文艺复兴以来的人本主义推向最高潮,宣布人的价值对上帝的超越。

如此高峰之思想为什么又意味着一种终结呢?以恩格斯对黑格尔学说的评价可以回答之,"黑格尔本人设置了界限,它们象堤坝一样拦蓄从他学说中得出的强有力的、有如急流般的结论,这部分地决定于他所处的时代,部分地决定于他的个性。早在 1810 年以前,这一体系已经具备自己的基本特征;到 1820 年,黑格尔的世界观已经彻底形成了。他的政治观点、他在英国制度的影响下形成的国家学说,明显地带有复辟王朝时期的烙印,这也使他无法理解七月革命的世界历史必然性。可见,黑格尔本身也是受自己这句名言支配的:任何哲学只不过是在思想上反映出来的时代内容。"①按照辩证法本身的规律,德国古典哲学的高峰期也就意味着进入了终结期,这个终结意味着一个新思想的出现,这个新思想首先是马克思主义哲学。

马克思主义的文明史意义在于:在论证资本主义历史命运的过程中,马克思一方面肯定资本主义本身就推动了文明的发展,改变了几千年农业文明的滞后性。但由于私人占有和社会化生产的内在矛盾,资本主义迟早有一天难以为继,资本主义的丧钟必然会敲响。

---

① 《马克思恩格斯全集》第 41 卷,人民出版社 1982 年版,第 211 页。

但历史是人的历史,没有人的行为,资本主义的丧钟是不会自行敲响的。马克思非常赞赏意大利哲学家维柯的一句话:自然的历史只是它自己的历史,而人类社会的历史是人创造的历史。即使资本主义按其逻辑会有不能再走下去的那一天,但先进社会一定是需要人来创造的,事情总是要人来做的。

这样一个创造性的历史过程,是由受马克思主义影响的共产主义者、革命者来做的。《共产党宣言》诞生以后,170 多年过去了,可以确认马克思主义在整个文明史进程中,的确发生了巨大的影响,这种影响,必须以一种存在的形态加以证明,而不只是说停留在一个概念上。

马克思主义的最大存在形态,那就是社会主义国家的存在,中国特色社会主义本身就是证明,本文将在下面进行集中讨论。对一些人来说,比较难以回答的问题是:马克思主义为什么在当今的欧美世界"走得慢"——这个词来自毛泽东1945 年在中共七大上的讲话,毛泽东认为,"马克思、恩格斯创立马克思主义学说始于一八四三年(鸦片战争后三年),但由一八四三年到一九一七年,七十四年之久,影响主要限于欧洲,全世界大多数人还不知道有所谓马克思主义。马克思主义产生于欧洲,开始在欧洲走路,走得比较慢。那时我们中国除极少数留学生以外,一般人就不知道,我也不知道世界上有马克思其人……七十多年马克思主义走得那样慢,十月革命以后就走得这样快。"①

所谓"走得慢",就是指马克思主义对欧美发达资本主义社会的改造范围及其程度(俄罗斯的社会主义问题当另行论述),显得有限。问题是,是否可以说从20 世纪到 21 世纪,马克思主义对发达资本主义国家没有影响力呢? 面对这样的疑问,需要改变线性的思维模式,即那种简单、直接的因果联系的思维方式。如果因为今天的欧洲没有一个社会主义国家,就是说马克思主义不符合欧洲实际,对发达资本主义社会没有作用,这就是简单的线性思维。

跳出简单的线性思维,进行复杂性问题的深入研究,就可以有一个更加辩证的看法了。法国学者米歇尔·博德在《资本主义史(1500—1980)》中,以 1913 年为例,提醒人们注意:在马克思主义的影响下,当时全世界约有 1 500 万工会工人。到处是群众抗议、大选活动中的街头宣传、工会组织的罢工和流血、职业介

---

① 《毛泽东文集》第 3 卷,人民出版社 1996 年版,第 290 页。

绍所、合作社、互助组等活动,这就改变了每个国家内部社会力量的对比,"仅这一点,就能解释19世纪末和20世纪初劳动界的收获和为他们所有的新利益"。①实际上,这就回答了今天在欧美所看到的被人们称为福利制度之由来,其与马克思主义存在一种潜在的复杂联系。

美籍华裔历史学家黄仁宇在1999年的国际研讨会上亦说:"在二十世纪的末叶,社会主义已是任何的开明之资本主义的体系所必需。今日去《共产党宣言》已一百五十年,资本主义能够依然存在,主要由于它能纠正自己的错误,补救本身缺陷。比如说,《共产党宣言》里面所主张的废止童工,施行累进税制,提倡义务教育,和由政府管制信用等在当日看来都有社会主义性格的措施,今日已为资本主义体制内之家常便饭。美国可算资本主义最发达的国家,她预算内最大的支出项目则为社会福利性质的开销,及于养老金、退休金和资助贫苦人众的医疗等等。"②《共产党宣言》之主张,"今日已为资本主义体制内之家常便饭",难道说不是马克思主义之力量吗?

进入21世纪后被称为怪才的以色列学者尤瓦尔·赫拉利,在其《未来简史》中也提出了一种看法:"随着社会主义的火炬逐渐得到拥护而壮大,资本家开始有所警觉,也细读了《资本论》,并采用了马克思的许多分析工具和见解。20世纪,从街头的年轻人到各国总统都接受了马克思对经济和历史的思考方式。""当人们采用了马克思主义的判断时,就会随之改变自己的行为。英法等国的资本家开始改善工人待遇,增强他们的民族意识,并让工人参与政治。"③

实际上这是指两个层面的问题:其一,当今资本主义发达社会的社会政策,它是受到马克思主义工人运动的冲击而发生的,这就是所谓资本家读了《资本论》以后他要来思考的问题;其二,马克思主义作为一种分析的框架,在社会的各个阶级、阶层当中都会有所接受。并不是说,某人不是一个马克思主义者,他就在任何意义上都不会受到马克思主义思想影响,没有这么简单和绝对。

关于马克思主义对世界文明史的意义,毛泽东有一高度评价,他说:"历史上

---

① [法]米歇尔·博德:《资本主义史(1500—1980)》,吴艾美等译,东方出版社1986年版,第165页。

② [美]黄仁宇:《我相信中国的前途》,中华书局2015年版,第157页。

③ [以]尤瓦尔·赫拉利:《未来简史》,林俊宏译,中信出版社2017年版,第51页。

最大的几次文化大革命是发明火,发明蒸汽机和建立马克思列宁主义。"①这里,火的使用和发明蒸汽机都是实体性的事物,唯有马克思主义是一个思想体系、观念形态。正是由于马克思主义既在改造着资本主义文明,又在构建着新型的社会主义文明,推进了文明的转型和发展,使得这一思想体系同样具有文明史意义,这就是历史和人民选择了马克思主义之真实内涵。

二、 中国选择马克思主义之历史必然

提出"中国共产党把马克思主义写在自己的旗帜上是完全正确的"论断,使得马克思主义正确性问题从一般的人类社会视角转向中国,这是对 20 世纪以来中国问题进行理解的核心所在。今天,中国特色社会主义最大的特征就是中国共产党的领导。

首先需要回答的是,20 世纪初期为什么出现中国共产党? 看得见的直接因素有:十月革命以后俄国革命势力在中国的活动,马克思主义著作在中国的翻译出版,这就发生了美籍学者邹谠提出问题:"为什么苏俄的几个使节,和不易瞭解的马克思著作,能够在思想上、组织上影响和支配当时中国最杰出的思想家和行动家?"他自己的回答是,"马克思主义是解释和解决全面危机的学说,不论中国知识分子和政治行动家,是否真正瞭解马克思主义学说,但是他们的危机感,使他们很容易被一个全面危机的学说所吸引。"②

邹谠显然认为这里存在一种双向的吻合关系——马克思主义是一种解释和解决全面危机的学说,而从中国先进知识分子的角度来说,这些人身上有着强烈的危机感,这就是毛泽东 1949 年《论人民民主专政》中所说,国家的情况一天一天坏,环境迫使人们活不下去了。怀疑产生了,增长了,发展了。

1921 年,中国共产党在上海的诞生。关于这一必然性,美国学者莫里斯·迈斯纳的分析非常有见地,他说:"对于中国的知识分子来说,既要否定中国过去的

---

① 《毛泽东年谱》第 6 卷,中央文献出版社 2013 年版,第 186 页。此处的"文化大革命"应该解读为文明史意义的革命,而非中国 20 世纪 60 年代发生过的"文革"运动。

② [美]邹谠:《20 世纪中国政治》,香港牛津大学出版社 2000 年版,第 271 页。

传统，又要否定西方对中国现在的统治，因而出路只能是成为马克思主义者。并且，接受俄国革命的经验从而变成共产主义者，是寻求改变中国社会的具体政治行动方针的出路所在，也是在国际范围内的革命变革进程中为中华民族谋求一席之地的出路所在。"①

迈斯纳解释出，对当时的中国来讲，必须承认传统文化的保守性导致了中国近代以来的衰落，所以必须借助外来的新思想，而西方的思想里包含了诸多的要素，既有一般意义上的科学、民主，也有西方资本主义乃至帝国主义、殖民主义的思想。因此，当中国人在接受西方思想的时候，还得批判西方对中国现在的统治，也就是说要对西方的思想再一次进行筛选，而筛选出来的思想就是马克思主义。

中共把马克思主义作为解决中国问题（即习近平所说"站起来、富起来、强起来"三大任务或者使命）的唯一选择，但是，马克思主义到底行还是不行呢？当时并不容易回答。由于自彼时选择至今已经有了几代人的时间，这就有了一个足以检验的机会，顺着历史的过程，可以把这个检验分成两段。

第一阶段——"站起来"。毛泽东在1949年的文章里，对于马克思主义，用了"果然一学就灵"的说法，应该说，所谓"一学就灵"，其实隐去了复杂的历史内涵，但其合理性在于它是从结果着眼的。试想，第一部马克思主义的著作《共产党宣言》1920年在上海翻译出版，第二年中国共产党在上海成立。此后，中共中央一直在上海工作，直到1933年被迫撤离至江西苏区。16年以后，人民解放军豪情满怀，以胜利者的姿态回到了这座城市，这是中国共产党事业的起点。毛泽东此时写下了《别了，司徒雷登》一文，隐喻着中国告别了西方列强，走上民族自立之路。

从1921年算起，28年的时间，一代人的时间证明了共产党以马克思主义为指导，使当时最需要解决的社会危机状态终于得到解决了，这是中国共产党选择马克思主义的第一次验证。

第二阶段——"富起来"与"强起来"。应该说，1949年共和国成立以后，客

① ［美］莫里斯·迈斯纳：《毛泽东的中国及后毛泽东的中国》，杜蒲等译，四川人民出版社1992年版，第23页。

观上就进入一个"富起来"与"强起来"的历史阶段,本质上是经济建设的阶段。不解决中国经济落后的问题,国家统一和民族独立就不可能持久,人民也会因获得感甚微而不可能体会到革命的意义。在 70 年的时间里,国家经历了一些艰难曲折,但总体上是一条线索到底,那就是共产党的领导——共产党建立的基本国家体制和机制,以及马克思主义作为指导思想的存在。

今天,我们有幸站到了中国自鸦片战争以来最好的历史点位上。21 世纪对中国最重要的第一个标志性的大事是:2011 年 2 月 14 日,日本内阁府公布数据显示,2010 年日本名义国内生产总值(GDP)折合美元为 5.474 2 万亿美元,比中国同期名义 GDP 少大约 4 000 亿美元,让出了自 1968 年以来的"第二经济大国"之位,中国成为世界第二大经济体。在这个历史点位上,中国人有了富起来的感觉。当然,中华民族的全面复兴,社会主义现代化强国的目标,将在 21 世纪的中期最后实现,无论如何,我们已经达到了历史的高位。

中国强大和崛起的过程,依然跟 1921 年开始的历史线索是相联系的,这就是共产党的领导,以及马克思主义的指导。英国 48 家集团俱乐部主席斯蒂芬·佩里有一段话,他说中国在 40 年里实现了经济的现代化,而美国花了 100 年、英国花了 200 年,这样一个以比较短的时间来实现现代化,不是靠机遇和运气,而是运用了科学方法,这种方法和马克思主义有关,即确认想要做的事,进行不同的实验,然后调整,再形成政策。①佩里所说即马克思主义的方法论。

在五四运动一百周年之际,习近平指出:"要坚持大历史观,把五四运动放到中华民族 5 000 多年文明史、中国人民近代以来 170 多年斗争史、中国共产党 90 多年奋斗史中来认识和把握。"②这里有三个时间节点,一是 5 000 多年(中华民族文明史),一是 170 多年(中国近代史),一是 90 多年(中国共产党的历史),实质是在 5 000 年的时间长度中关注近 170 多年,特别是近 90 多年的变化。

5 000 年文明史何等之悠久漫长,为什么要强调近 170 年多年、特别是近 90 多年发生的巨变呢?乃是因为这一巨变的结果即世人今日所目睹之中国:一个基本统一的、稳定安全的、现代化的、强大的中国,彻底终结了中国积弱积贫的落

---

① 参阅《英国 48 家集团俱乐部主席斯蒂芬·佩里谈改革开放》,《环球时报》2018 年 5 月 25 日。
② 新华社:《加强对五四运动和五四精神的研究 激励广大青年为民族复兴不懈奋斗》,《人民日报》2019 年 4 月 21 日。

后面貌,也彻底改变了中国发展缓慢而滞后的传统农耕文明形式,达到中国文明史之高峰,可以说是超越历史上一切变化的巨变。

当习近平强调从5 000年文明史看中国共产党的业绩时,这不免令人想起毛泽东1936年脍炙人口的那首词《沁园春·雪》,云"惜秦皇汉武,略输文采;唐宗宋祖,稍逊风骚。一代天骄,成吉思汗,只识弯弓射大雕。俱往矣,数风流人物,还看今朝"。毛泽东后来解释对中国历史上的帝王之批判态度,乃是"反封建主义,批判二千年封建主义的一个反动侧面。"①要旨其实是最后一句"俱往矣,数风流人物,还看今朝",这实际上也是大历史观视野,强调中国共产党的业绩超越于一切古之英雄豪杰——超越数千年的封建主义文明而进入社会主义现代化文明,深谙唯物史观的毛泽东能够在1936年预见到21世纪中国之崛起。正如习近平所说,"可以告慰马克思的是,马克思主义指引中国成功走上了全面建设社会主义现代化强国的康庄大道"。②

应该说,习近平的大历史观能够在史学研究领域中得到证明。美籍华裔历史学家黄仁宇亦有"中国大历史"一语,他解释为,"中国过去150年内经过人类历史上规模最大的一次革命,从一个闭关自守中世纪的国家蜕变而为一个现代国家,影响到10亿人口的思想信仰、婚姻教育与衣食住行,其情形不容许我们用寻常尺度衡量"。他描述为,"对中国人和世界,这是一段良好时光。数以百万计观光者就此也可以往西安始皇陵寝去看陶制兵马俑,或在北京天安门广场前散步,都可以体会到中国长期革命之确实情形,而同时欣赏它之圆满结束"。③须知,黄仁宇的话是1993年说的,离今日之中国尚有20多年的时间,但当下中国的辉煌已远远超过1993年的状态,此间之关系确实"不容许我们用寻常尺度衡量",唯有"大历史观"才可领略之。

20世纪初至今的全部的历史——党的历史和新中国成立以来的历史,已经完全证明了中国从历史上最糟糕的状态进入到一个最好的状态时,马克思主义为什么"行"的问题就得到了完全的证明,这个非常清晰的、不可否认的事实,也就是第二个"完全正确"之历史内涵。

---

① 《毛泽东年谱(1949—1976)》第3卷,中央文献出版社2013年版,第561页。
② 习近平:《在纪念马克思诞辰200周年大会上的讲话》,《人民日报》2018年5月5日。
③ [美]黄仁宇:《中国大历史》,三联书店1997年版,自序第7页,正文第309页。

三、 马克思主义为什么"行"之复杂内涵：中国化时代化

提出"坚持马克思主义基本原理同中国具体实际相结合、不断推进马克思主义中国化时代化是完全正确的"至此，"三个完全正确"就有了一个非常完整的逻辑结构。当我们说以马克思主义为指导，把马克思主义写在我们旗帜上完全正确的时候，只是就一般的指导意义而言，没有深入到历史细节，正像毛泽东当年说"马克思主义一学就灵"一样，也是省略了复杂的历史内涵。实际上，要把这个过程讲清楚，必须深入最后一个"完全正确"，那就是马克思主义的中国化、时代化，即马克思主义基本原理与中国实际情况相结合。只有这样，才能进一步从历史细节的角度出发，非常清晰地把马克思主义为什么"行"讲清楚。

20 世纪初期，马克思主义进入中国。1920 年，毛泽东初次读了《共产党宣言》，按他自己的说法，从此他就相信马克思主义，就没有动摇过了。但就在这个过程中，毛泽东发现了一个细节，即马克思主义经典文本与中国实际之间就存在一种复杂的差异性关系，他说，"记得我在 1920 年，第一次看了考茨基著的《阶级斗争》，陈望道翻译的《共产党宣言》，和一个英国人作的《社会主义史》，我才知道人类自有史以来就有阶级斗争，阶级斗争是社会发展的原动力，初步地得到认识问题的方法论。可是这些书上，并没有中国的湖南、湖北，也没有中国的蒋介石和陈独秀。"①所谓"没有中国的湖南、湖北，也没有中国的蒋介石与陈独秀"，意味着《共产党宣言》的确是一个基于欧洲历史和现实的文本，它并没有关注也没有提及中国，而中国当时跟欧洲相比，应该还是有相当的距离，还是一个落后的农业国。毛泽东已经意识到，马克思主义真正进入中国运用时，必须与中国的实际情况相结合，不能直接拿来就用，直接用不一定管用。

中共事业的大致线索是：成立伊始，中共从马克思主义经典文本那里理解自己所要进行的革命，即推翻资本主义，建立社会主义和共产主义社会，这意味着，中共此时把中国定位于一个资本主义国家；1922 年，在列宁主义的殖民地革命理论的影响下，中共在相关文献中改变了前面的说法，承认中国目前的最大敌人不

---

① 《毛泽东文集》第 2 卷，人民出版社 1993 年版，第 378—379 页。

是资本家，而是国际帝国主义和国内封建军阀；1924 年至 1927 年 7 月，共产国际促成第一次国共合作，也就确认中国革命的民主主义性质，而非社会主义革命；国共分裂以后，中国共产党从城市退守农村，走了一条不同于俄国革命经验的道路；20 世纪 40 年代，毛泽东创建新民主主义理论；1949 年革命成功，中国自我定位为人民民主主义国家；1956 年进行社会主义改造，宣布为社会主义国家；1978 年改革开放，逐步实行社会主义市场经济，以及公有制为主体，多种所有制并存的经济体制，命名为"中国特色社会主义"。从这一历史线索可以看出，中共的成功，在于逐渐摆脱了完全按马克思书本办事的思路，转为从中国的国情出发，将马克思主义基本原理与中国的实际相结合。

十年土地革命战争时期，毛泽东代表着从中国实际情况出发去运用马克思主义的思路，而相反的一些人，被毛泽东称为"洋房子先生""洋房子马克思主义"，即那些从苏联莫斯科回来的，洋墨水喝了很多的人，他们之间发生了一个"土洋之争"。"土洋之争"的实质是，中国问题的实际状况与马克思主义的文本、与俄国经验一定会出现缝隙，实际生活证明，只依靠书本上的马克思主义，依靠俄国的经验来解决中国的问题，是不行的。最大的不行是时间来证明的，1934 年第五次"反围剿"失败，红军被迫进行了长征。

这一切都证明，马克思主义作为一般的原理，当它要进入中国这样一个跟欧洲社会不一样的社会时，必须要本土化，必须要与中国的实际情况相结合，必须要适合中国人的民族历史文化的心理特征。1938 年 10 月，毛泽东在中共六届六中全会的政治报告《论新阶段》中指出："马克思主义必须和我国的具体特点相结合并通过一定的民族形式才能实现……离开中国特点来谈马克思主义，只是抽象的空洞的马克思主义。因此，马克思主义在中国具体化，使之在每一表现中带着必须有的中国的特性，即是说，按照中国的特点去应用它，成为全党亟待了解并亟待解决的问题。"①

1959 年 10 月，毛泽东会见新西兰共产党总书记威尔科克斯时，说自己不是什么天才的军事家和战略家，"我只是比那些死背教条的人多懂得三条道理：人要吃饭，走路要用脚，子弹能打死人"。后来，毛泽东再次与威尔科克斯见面，他

---

① 《毛泽东选集》第 2 卷，人民出版社 1991 年版，第 534 页。

解释了当时所说三条道理:"人要吃饭"的意思是:军人也是人,要是没有饭吃,不仅没法打仗,而且根本活不下去。所以指挥员一定要重视后勤工作。可是第五次反"围剿"时,指挥红军的"左"倾机会主义领导却不懂得这样一个基本常识,只知道要部队打仗,不知道要保证前方的战士有饭吃,有衣穿。由他们指挥打仗,怎么能不失败?"走路要用脚"的意思是:当时红军没有汽车、飞机,部队调动完全靠步行。部队常常要翻山越岭,冒着敌机的轰炸扫射赶路。可是当时的指挥者却不明白这点,他们看着地图指挥,把代表部队的小旗子从一个地方拔下来,插到另一个地方,就认为已经完成了调动部队的任务。他们在地图上不费吹灰之力就能把一支部队"调动"出几十里甚至上百里,而按照他们命令转移的部队却要徒步跋涉好多个小时,甚至好多天。等赶到目的地时,已经疲惫不堪,敌人却在以逸待劳,怎么会不打败仗?"子弹能打死人"的意思是:这些脱离实际的军事指挥官似乎认为敌人的子弹打不死红军战士。一支部队在前线同敌人苦战了几天几夜之后,需要撤下来休整。可是指挥官们却仍然把这支部队当做生力军使用,命令他们"猛攻猛打,乘胜追击"。在这样糟糕的指挥下,第五次反"围剿"怎么能够取得胜利?①

可以说,共产党提出的马克思主义中国化,提出马克思主义的基本原理与中国的具体实际情况相结合,是用鲜血和生命换来的。此一命题是中共的命脉所在。

新中国成立以后,由于历史条件的制约,中共在如何进行社会主义革命和建设的问题上,最初实行了对苏联的"一边倒"政策,既包括了硬件的引进,也包括了对其经验与做法的学习、仿效,推进了新中国的建设。但是,由此也产生出一个问题,那就是教条主义的倾向再度复活。1956 年苏共二十大以后,苏联自身的问题和弊端暴露出来,毛泽东敏锐地觉察到又一次面临了马克思主义中国化的机遇,他在一次会议上说:我们"最重要的是要独立思考,把马列主义的基本原理同中国革命和建设的具体实际相结合。民主革命时期,我们吃了大亏之后才成功地实现了这种结合,取得了新民主主义革命的胜利。现在是社会主义革命和

---

① 参阅《毛泽东与外国首脑及记者会谈录》编辑组:《毛泽东与外国首脑及记者会谈录》,台海出版社 2012 年版,第 180、219—220 页。

建设时期，我们要进行第二次结合，找出在中国怎样建设社会主义的道路。这个问题，我几年前就开始考虑。先在农业合作化问题上考虑怎样把合作社办得又多又快又好，后来又在建设上考虑能否不用或者少用苏联的拐杖，不像第一个五年计划那样搬苏联的一套，自己根据中国的国情，建设得又多又快又好又省。现在感谢赫鲁晓夫揭开了盖子，我们应该从各方面考虑如何按照中国的情况办事，不要再像过去那样迷信了。其实，我们过去也不是完全迷信，有自己的独创。现在更要努力找到中国建设社会主义的具体道路。"①

可以说，此时毛泽东接续上了中共在 20 世纪 30 年代形成的马克思主义中国化主题，超越性地为后来改革开放创建中国特色社会主义理论体系作了奠基，意义巨大。习近平就指出："我们当代中国的伟大社会变革，不是简单延续我国历史文化的母版，不是简单套用马克思主义经典作家思想的模板，不是其他国家社会主义实践的再版，也不是国外现代化发展的翻版。社会主义并没有定于一尊、一成不变的套路。"②

习近平同志在新的历史条件下，延续了毛泽东在历史上的命题，他在党的十九大报告中指出："实践没有止境，理论创新也没有止境。世界每时每刻都在发生变化，中国也每时每刻都在发生变化，我们必须在理论上跟上时代，不断认识规律，不断推进理论创新、实践创新、制度创新、文化创新以及其他各方面创新。""时代是思想之母，实践是理论之源。只要我们善于聆听时代声音，勇于坚持真理、修正错误，二十一世纪中国的马克思主义一定能够展现出更强大、更有说服力的真理力量！"③这是新一代中国共产党的领袖对马克思主义真理性的坚守与当代推进。在马克思主义中国化时代化的引领下，中国社会主义现代化强国的目标一定会实现。

（作者为中共上海市委党校马克思主义学院教授）

---

① 《毛泽东年谱（1949—1976）》第 2 卷，中央文献出版社 2013 年版，第 557 页。

② 习近平：《在纪念马克思诞辰 200 周年大会上的讲话》，《人民日报》2018 年 5 月 5 日。

③ 习近平：《决胜全面建成小康社会　夺取新时代中国特色社会主义伟大胜利》，人民出版社 2017 年版，第 26 页。

新中国七十年历史性成就蕴藏的内在逻辑：
全面增强党的执政本领[*]

周敬青

新中国 70 年砥砺奋进，取得了举世瞩目的伟大成就，中国发生了天翻地覆的变化。在中华民族历史和世界历史上，创作出一部感天动地的奋斗史诗。人们试图通过回顾和总结这段历史，揭示新中国发展道路的成功"奥秘"所在。2019 年 3 月 4 日，习近平总书记在看望参加政协会议的文艺界社科界委员的讲话中提出要深刻解读新中国 70 年历史性变革中所蕴藏的内在逻辑。"中国共产党为什么能"？提高执政本领实现党的坚强领导是新中国取得历史性成就所蕴藏的最根本、最关键的内在逻辑。执政本领关系党的事业兴衰成败。新时代新征程新使命，对党的执政本领提出了新要求。党的十九大报告强调要"全面增强执政本领""领导十三亿多人的社会主义大国，我们党既要政治过硬，也要本领高强"。[①]并从增强学习本领、政治领导本领、改革创新本领等八个方面，提出了具体要求。这是站在锻造中国特色社会主义坚强领导核心，提高党的长期执政能力和领导水平，巩固党的长期执政地位，实现中华民族伟大复兴的中国梦的全局和战略高度，对全党提出的一项重大政治任务。为新时代全面增强党的执政本领和领导水平指明了奋斗方向。

---

[*] 本文系国家社科基金委托项目、中宣部重大项目、习近平新时代中国特色社会主义思想研究中心(院)重大项目《习近平总书记关于改革开放重要论述研究》(2018XZD06)子课题《习近平关于改革开放必须坚持党的领导重要论述研究》阶段性成果。上海哲学社会科学规划课题"中外比较视域下中国共产党依规治党历史演进及启示研究"(2017BHC008)阶段性成果。

[①] 习近平:《决胜全面建成小康社会　夺取新时代中国特色社会主义伟大胜利——在中国共产党第十九次全国代表大会上的报告》，人民出版社 2017 年版，第 68 页。

一、逻辑理路：新时代新形势新使命新目标迫切 需要全面增强全党执政本领

（一）复杂严峻的国际形势，日新月异的科技革命，要求党必须全面增强执政本领

当今世界正处于百年未有之大变局。中国如何走好和平发展的强国之路，世界人民都注目。随着我国不断发展壮大，对世界的影响力、感召力、塑造力大幅提高。习近平指出，中国的发展"给世界上那些既希望加快发展又希望保持自身独立性的国家和民族提供了全新选择，为解决人类问题贡献了中国智慧和中国方案"。①中国共产党的执政本领建设越来越具有世界意义。现实世界，总有一些国家和国际势力对我国的发展壮大感到忧惧。更有甚者，视我国发展强大是对其价值观和制度模式的颠覆和挑战，大肆渲染"中国威胁论""中国崩溃论""中国妖魔论"，想方设法对我国进行"抹黑""谩骂""攻击""围堵"，不断在政治、经济、军事等领域找茬挑事。只要中国坚持共产党的领导，离民族复兴目标越近，离世界舞台中央越近，他们对我国进行"弱化""分化""西化"的图谋就会更加猖狂；对我国进行意识形态、价值观渗透，妄想发动"颜色革命"的心情就更加急切；对我国台湾、西藏、新疆、香港等地就会进行大肆挑斗捣乱，妄图扰乱我国改革稳定发展大局；对我国高新技术产业就会进行大肆打压，妄想阻断我国可持续发展的命脉。面对复杂严峻的国际形势，党只有全面增强执政本领，才能驾驭各种重大风险，才能应对"守成大国"的压制，打破"修昔底德陷阱"所谓"铁律"，确保伟大复兴之路不被中途打断。此外，当代大国之间的综合国力竞争越来越决定于执政党引领改革创新、科学发展的执政本领强弱。新一轮科技革命日新月异，正不断催生新产业新业态。信息技术、生物技术等一系列新技术广泛渗透到几乎所有领域，深入推进了以智能、泛在等为特征的群体性重大科技变革，为全世界社会生产力的发展和劳动生产率的提高提供了广阔空间。科技革命也推动知识更新周期大大缩短，各种新知识、新情况、新事物层出不穷。要赢

---

① 《党的十九大报告辅导读本》，人民出版社 2017 年版，第 10—11 页。

得主动、赢得优势、赢得未来,领导干部就必须提高政治站位,把握发展大势,踏着科技革命的节拍,学习、学习、再学习,实践、实践、再实践,加快知识更新步伐,不断提高知识素养,切实增强执政能力和领导水平。

（二）稍纵即逝的历史机遇,艰巨繁重的发展任务,要求党必须全面增强执政本领

邓小平曾多次告诫我们,我国历史上失去机遇太多,如果再不抓住机遇,后果不堪设想。他曾说:"对我们有利的条件存在着,机遇存在着,问题是要善于把握。"①中国特色社会主义进入了新时代。中华民族伟大复兴迎来了一个千年不遇的历史机遇期。习近平强调:"当前我们正处于一个大有可为的历史机遇期,发展形势总的是好的,但前进道路不可能一帆风顺,越是取得成绩的时候,越是要有如履薄冰的谨慎,越是要有居安思危的忧患,绝不能犯战略性、颠覆性错误。"②处于并将长期处于社会主义初级阶段是中国最大的国情。党的十九大描绘的宏伟蓝图绝不是唱唱歌、跳跳舞、敲敲锣、打打鼓轻轻松松就能实现的。要抓住稍纵即逝的历史机遇,坚定不移推进科学发展是党执政兴国的第一要务。紧紧抓住大有可为的历史机遇期,需要各级领导干部用习近平新时代中国特色社会主义思想武装头脑、增强本领、指导实践、推动工作。我们党既然揽下了实现中华民族伟大复兴中国梦这个"瓷器活",就必须具备抓牢历史机遇的过硬政治领导本领这个"金刚钻"。这也是中国人民、中华民族赋予我们党义不容辞的历史责任。如果小富即安,麻木大意,稍有懈怠,将会遗恨千古,我国就会再次与难得的历史机遇失之交臂,再次陷入"空留遗恨"、"落后挨打"的屈辱境地。要兑现向人民、向历史作出的庄严承诺,党要继续自我革命推进伟大社会革命,以政治过硬的常态、风雨无阻的心态、本领高强的状态,不断把中国特色社会主义现代化事业推向前进。

（三）伟大梦想的使命召唤,本领恐慌的政治清醒,要求党必须全面增强执政本领

中国共产党人的初心和使命,就是为中国人民谋幸福,为中华民族

---

①　《邓小平文选》第 3 卷,人民出版社 1993 年版,第 354 页。

②　习近平:《在学习贯彻党的十九大精神研讨班开班式上发表重要讲话强调　以时不我待只争朝夕的精神投入工作　开创新时代中国特色社会主义事业新局面》,《人民日报》2018 年 1 月 6 日。

谋复兴。①党的十九大报告指出："实现中华民族伟大复兴是近代以来中华民族最伟大的梦想""我们比历史上任何时期都更接近、更有信心和能力实现中华民族伟大复兴的目标"。②办好中国的事情，关键在党，关键在人。新时代新征程新使命，落实全面深化改革各项任务，决胜全面建成小康社会，实现中华民族从富起来到强起来的伟大飞跃，都需要我们党政治过硬、本领高强。党要团结带领人民进行伟大斗争、推进伟大事业、实现伟大梦想，就必须毫不动摇坚持和完善党的领导，把党建设得更加坚强有力，不断提高党的政治领导力、思想引领力、群众组织力、社会号召力；③必须苦练内功、补齐短板，提高各方面的素质和能力，永葆党的顽强生命力和强大战斗力。当前，"本领恐慌"问题依然存在。主要表现为：有些干部学习本领不强，工作缺乏科学性、预见性和实效性；政治领导本领不强，总揽全局、协调各方能力亟待提高；改革创新本领不强，习惯用老思路、老套路解决问题，缺乏改革创新精神；科学发展本领不强，落实新发展理念，推动科学发展能力不足；依法执政本领不强，法治意识淡薄，法治思维欠缺，不懂规矩、不守规矩问题严重；群众工作本领不强，形式主义、官僚主义等老百姓深恶痛绝的"四风"问题屡禁不止；狠抓落实本领不强，分散主义、保护主义和本位主义屡禁不止；驾驭风险本领不强，底线思维薄弱，工作缺乏前瞻性和主动性。习近平曾把"本领恐慌"现状形象地概括为"新办法不会用，老办法不管用，硬办法不敢用，软办法不顶用"，他认为"本领恐慌""这种状态，在党内相当一个范围、相对一个时期都是存在的"，他要求"全党同志特别是各级领导干部，都要有本领不够的危机感，都要努力增强本领，都要一刻不停地增强本领"。④他强调："要把新时代坚持和发展中国特色社会主义这场伟大社会革命进行好，我们党必须勇于进行自我革命，把党建设得更加坚强有力"。⑤党因领导中国之兴而兴，因领导中国之强而强。经过党的十八大以来全力推进党的建设新的伟大工程，消除了党和国家内部存在的严重隐患，党内政治生活气象更新，党内政治生态明显好转，党的创

① 《党的十九大报告辅导读本》，人民出版社 2017 年版，第 1—2 页。
② 同上书，第 13—15 页。
③ 同上书，第 16 页。
④ 《习近平谈治国理政》第 1 卷，外文出版社 2018 年版，第 403 页。
⑤ 习近平：《在全国组织工作会议上的讲话》，人民出版社 2018 年版，第 12 页。

造力、凝聚力、战斗力显著增强,党的团结统一更加巩固,党群关系明显改善,党在革命性锻造中更加坚强,焕发出新的强大生机活力,为新时代改革开放再出发提供了坚强政治保证。新中国 70 年的历史是一部党领导人民改天换地的社会革命史,也是一部党在自我革命中不断发展壮大史。在新时代赶考路上,全党要务必时刻保持"本领恐慌"的政治警醒,不断全面增强执政本领,不忘初心,牢记使命,砥砺前行,真正担当好中国人民的主心骨。

二、 逻辑体系:全面增强八大执政本领环环相扣、相互关联、结构严密,要准确把握蕴含其间的基本内涵和运行机理

党的十九大报告提出的全面增强执政的八项本领,是环环相扣、相互关联、结构严密的逻辑体系。其中,学习本领是前提基础,政治领导本领是方向引领,改革创新本领是动力驱动,科学发展本领是时代标准,依法执政本领是长效保障,群众工作本领是核心归依,狠抓落实本领是关键环节,驾驭风险本领是落脚目标。体现出中国共产党对执政规律和自身建设规律的深刻认识。

(一) 增强学习本领,有效应对本领恐慌;增强政治领导本领,提高把方向、谋大局、定政策、促改革的能力和定力

学习是增强本领的基本途径。延安时期,毛泽东曾指出,"我们队伍里边有一种恐慌,不是经济恐慌,也不是政治恐慌,而是本领恐慌","过去学的本领只有一点点,今天用一些,明天用一些,渐渐告罄了。好像一个铺子,本来东西不多,一卖就完,空空如也,再开下去就不成了,再开就一定要进货。我们干部的'进货',就是学习本领"。①改革开放初期,邓小平强调:"在不断出现的新问题面前,我们党总是要学,我们共产党人总是要学,我们中国人民总是要学。谁也不能安于落后,落后就不能生存。"②面对中华民族伟大复兴的艰巨任务,习近平强调:"全党同志一定要善于学习,善于重新学习。"③领导干部要认真学好马克思主义理论这个看家本领;要学习党的路线方针政策和国家法律法规提高政治素养;要

---

① 《毛泽东文集》第 2 卷,人民出版社 1993 年版,第 178 页。
② 《邓小平文选》第 2 卷,人民出版社 1994 年版,第 270 页。
③ 《习近平谈治国理政》第 1 卷,外文出版社 2018 年版,第 401 页。

结合工作需要学习各方面专业知识，不断提高自己的知识化、专业化水平；要通过加强学习，增强工作本领，不断提高解决实际问题的水平；要做到干中学、学中干，学以致用、用以促学、学用相长、知行合一。

领导干部政治领导本领主要体现在把方向、谋大局、定政策、促改革的能力和定力上。毛泽东曾形象地指出，"只有当着还没有出现大量的明显的东西的时候去，当桅杆顶刚刚露出的时候，就能看出这是要发展成为大量的普遍的东西，并能掌握住它，这才叫领导"。①也正是采用了与革命、建设社会条件基本相适应的政治领导，才"实现了中国从几千年封建专制政治向人民民主的伟大飞跃""实现了中华民族由近代不断衰落到根本扭转命运、持续走向繁荣富强的伟大飞跃"。②新中国 70 年，成功开辟了一条中国特色社会主义道路。这条道路既不是"传统的"，也不是"外来的"，更不是"西化的"，而是我们"独创的"，是一条人间正道，是实现中华民族伟大复兴的必由之路。党的十八大以来，改革进入关键期、攻坚期和深水区，多种矛盾交织叠加、多种诉求繁杂碰撞、多种思潮暗流汹涌、多种杂音混淆视听，改革的复杂程度和敏感程度前所未有。各级领导干部一定要坚定"四个自信"，增强"四个意识"，做到"两个维护"。要严明党的政治规矩和政治纪律，严肃党内政治生活，层层落实管党治党的政治责任；要"坚持战略思维、创新思维、辩证思维、法治思维、底线思维，科学制定和坚决执行党的路线方针政策，把党总揽全局、协调各方落到实处"；③要旗帜鲜明讲政治，敢于同一切错误言行作斗争，在大是大非面前态度坚决，在大风大浪面前永不畏惧，在名利诱惑面前立场坚定。只有这样，才能在"乱花渐欲迷人眼"的干扰面前，保持"乱云飞渡仍从容"的政治定力，驾驭好安定团结的政治局面、防范好重大政治风险。

（二）增强改革创新本领，用"创新智慧"领航中国行稳致远；增强科学发展本领，探索科学发展路径，破解发展难题

创新决胜未来，改革关乎国运。党的十八大以来，以习近平同志为核心的党中央引领经济发展新常态，把改革创新摆在更加突出地位抓紧落实。习近平在不同场合多次强调创新对全面深化改革和发展的重大意义，用"创新智慧"领航

---

① 《毛泽东文集》第 3 卷，人民出版社 1996 年版，第 394—395 页。
② 《党的十九大报告辅导读本》，人民出版社 2017 年版，第 14 页。
③ 同上书，第 67 页。

中国行稳致远。他强调:"创新是一个民族进步的灵魂,是一个国家兴旺发达的不竭动力,也是中华民族最深沉的民族禀赋。在激烈的国际竞争中,惟创新者进,惟创新者强,惟创新者胜。"①"变革创新是推动人类社会向前发展的根本动力。谁排斥变革,谁拒绝创新,谁就会落后于时代,谁就会被历史淘汰"。②各级领导干部要深化对改革创新的认识,把握改革创新的规律,坚持改革创新的原则方向,贯彻改革创新的总体要求;要保持锐意进取的精神风貌,凝聚改革创新共识,统筹改革创新中涉及的重大关系;要善于结合实际创造性推动工作,善于运用互联网技术和信息化手段开展工作。只有这样,才能抓住发展机遇,破解难题,不断激发社会活力。

习近平指出:"发展是解决我国一切问题的基础和关键,必须坚定不移贯彻创新、协调、绿色、开放、共享的发展理念。"③新时代,我国经济已由高速增长阶段转向高质量发展阶段,正处在转变发展方式、优化经济结构、转换增长动力的攻坚期。党的十九大报告指出:"实现'两个一百年'奋斗目标、实现中华民族伟大复兴的中国梦,不断提高人民生活水平,必须坚定不移把发展作为党执政兴国的第一要务。"④各级领导干部要保持高度的战略定力和发展自信,紧扣社会主要矛盾,善于贯彻新发展理念,不断增强科学发展本领;要坚持以人民为中心的政治立场,始终把人民对美好生活的向往作为奋斗目标;要统筹兼顾,理顺利益关系,更加注重社会公平;要探索科学发展路径,加强薄弱环节,解决突出矛盾,破解发展难题。只有这样,才能赢得最广大人民的拥护,不断夯实党的长期执政基础,巩固党的长期执政地位。

(三)增强依法执政本领,运用法治思维和法治方式深化改革、推动发展、化解矛盾、维护稳定;增强群众工作本领,始终把人民群众对美好生活的向往作为奋斗目标

"'鞋子合不合脚,自己穿了才知道'。一个国家的发展道路合不合适,只有

---

① 《习近平在欧美同学会成立 100 周年庆祝大会上的讲话》,《人民日报》2013 年 10 月 22 日。
② 《习近平出席博鳌亚洲论坛 2018 年年会开幕式并发表主旨演讲》,《人民日报》2018 年 4 月 11 日。
③ 《党的十九大报告辅导读本》,人民出版社 2017 年版,第 21 页。
④ 同上书,第 29 页。

这个国家的人民才最有发言权。"①中国特色社会主义制度,坚持把根本政治制度、基本政治制度同基本经济制度以及各方面体制机制等具体制度有机结合起来,坚持把党的领导、人民当家作主、依法治国有机结合起来,符合我国国情,是具有鲜明中国特色、明显制度优势、强大自我完善能力的先进制度,是中国发展进步的根本制度保障。在中国特色社会主义制度中,党的领导具有独特的地位和优势。中国特色社会主义最本质的特征是中国共产党领导,中国特色社会主义制度的最大优势是中国共产党领导,党是最高政治领导力量。党政军民学,东西南北中,党是领导一切的。新时代要抓住完善和发展中国特色社会主义制度这个关键,坚持以实践基础上的理论创新推动制度创新,构建系统完备、科学规范、运行有效的制度体系,实现国家治理体系和治理能力现代化,推动中国特色社会主义制度更加成熟更加定型。"治理一个国家、一个社会,关键是要立规矩、讲规矩、守规矩。"②依法执政是党的民主本质的集中反映,是现代政治文明建设发展的必然要求。新时代,增强依法执政本领的重要性凸显。从党和国家的组织层面来说,必须把深化党和国家机构改革方案落地落实落细,要通过实现全面深化改革总目标,建立一套更加成熟、更加定型、更加稳定的制度体系,来保障人民的利益、体现人民的意志、激发人民的活力,充分彰显人民当家作主的国家本质和执政为民的党性价值。要坚持依法治国和依规治党的有机统一,构建完善的国家法律规范体系和党内法规制度体系,增强党依照宪法法律治国理政的本领,增强党依照党规党纪管党治党的本领,不断加强和改善党对国家政权机关的领导。必须严格执行各项党内制度规定,决不能搞有令不行、有禁不止的歪门邪道;绝不能让党内任何组织和个人享有超越宪法和法律的特权。从领导干部层面来说,必须树立法治意识,提升法治素养,真正敬畏法律,带头遵守法律,在深化全面依法治国的实践中增强依法执政本领,不断提高运用法治思维和法治方式深化改革、推动发展、化解矛盾、维护稳定的工作能力。

新时代,人民群众主体意识觉醒、权利意识增强、思维活动多维、利益诉求多

---

① 《习近平谈治国理政》第 1 卷,外文出版社 2018 年版,第 273 页。

② 中央纪委、中央文献研究室编辑:《习近平关于党风廉政建设和反腐败斗争论述摘编》,中央文献出版社、中国方正出版社 2015 年版,第 132 页。

元,以及网络活动已经成为群众日常工作、生活的重要组成部分,这些都给基层社会治理和群众工作带来新课题。时下,最广大人民群众对党有很多期盼,其中最主要最本质的诉求,就是盼望党能带领他们落实好党的十九大规划的宏伟蓝图,真正带领全体人民最终走上共同富裕之路,为他们实现美好生活而奋斗。党的十九大报告指出:"全党必须牢记,为什么人的问题,是检验一个政党、一个政权性质的试金石。带领人民创造美好生活,是我们党始终不渝的奋斗目标。"①党的十八大以来,以习近平同志为核心的党中央,坚持全面深化改革,奋力打好"三大攻坚战",着力解决人民群众反映最强烈、对党执政基础威胁最大的突出问题,深得人民群众拥护,使人民群众从党的政治路线中看到了实现美好生活向往的希望。各级领导干部必须始终把人民群众利益摆在至高无上的地位,把人民群众对美好生活的向往作为奋斗目标,始终同人民想在一起、干在一起。既要创新群众工作体制机制,充分发挥群团组织联系群众的桥梁纽带作用,凝聚发展合力,又要从人民群众关心的事情做起,坚决不要让"改革发展成果更多更公平惠及全体人民"成为一句空话。

(四)增强狠抓落实本领,以钉钉子精神把各项工作做实做细做好;增强驾驭风险本领,打好化险为夷、转危为机的战略主动战

"一分部署,九分落实。"毛泽东在《党委会的工作方法》一文中指出:"什么东西只有抓得很紧,毫不放松,才能抓住。抓而不紧,等于不抓。伸着巴掌,当然什么也抓不住。就是把手握起来,但是不握紧,样子像抓,还是抓不住东西。"②也就是说,对任何工作既要注重谋划布置,又要更加注重狠抓落实。邓小平强调,世界上的事情都是干出来的,不干,半点马克思主义都没有。新中国 70 年的辉煌成就,从来都不是天上掉下来的,而是广大干部群众干出来的。新时代要有新作为新气象,必须"撸起袖子加油干"。"空谈误国,实干兴邦"。党的十八大以来,为了着力解决能力不足而"不能为"、动力不足而"不想为"、担当不足而"不敢为"等顽疾,习近平强调,干部干部,干是当头的,既要想干愿干积极干,又要能干会干善于干;要求领导干部应以"抓铁有痕、踏石留印"的劲头和"愚公移山"的精神落实党和国家的重要方针及重大部署。"喊破嗓子不如甩开膀子"。

---

① 《党的十九大报告辅导读本》,人民出版社 2017 年版,第 44 页。
② 《毛泽东选集》第 4 卷,人民出版社 1991 年版,第 1442 页。

当前,国内改革发展稳定任务艰巨繁重,各级领导干部更要"干"字当头,扑下身子,狠抓落实。把狠抓落实作为一种政治责任,做到真抓实干、埋头苦干、加紧快干,勇于攻坚克难,以钉钉子精神把各项工作做实做细做好。

进入新时代,要提升风险意识。习近平指出:"可以预见,在今后的前进道路上,来自各方面的苦难、风险、挑战肯定还会不断出现,关键看我们有没有克服它们、战胜它们、驾驭它们的本领。"①增强驾驭风险本领,必须准确认识和判断新时代党执政面临的各种重大风险,首要的是增强防范化解重大政治风险的本领。决胜全面建成小康社会关键期面临的风险是多方面的,处理不好,往往会点燃导火索,触发风险连锁联动,集聚转化为影响国家政治安全、经济安全等的系统性风险,造成社会动荡。放眼世界,防范化解重大政治风险的能力和成效,关乎国家发展前途命运和执政党兴衰存亡。如,20 世纪 80 年代末至 90 年代初苏东剧变、21 世纪初期独联体国家和中亚地区发生"颜色革命"、中东和北非一些国家相继爆发的"茉莉花革命"、再到阿拉伯世界一些国家爆发的"阿拉伯之春",导致一些国家长期执政的大党老党丧失执政权,有的国家至今还身处动乱战乱之中。习近平强调,我们必须始终保持高度警惕,既要高度警惕"黑天鹅"事件,也要防范"灰犀牛"事件;既要有防范风险的先手,也要有应对和化解风险挑战的高招;既要打好防范和抵御风险的有准备之战,也要打好化险为夷、转危为机的战略主动战。②中国共产党作为领导一切的"总舵手",必须增强驾驭风险本领,要以登高望远的战略眼光指引航向,要用统筹全局的底线思维总揽方,引领中华民族伟大复兴航船乘风破浪驶向光辉的彼岸。

三、 逻辑路径：深化理论学习、注重调查研究、 强化实践历练、加强党的政治建设

党的执政本领不是与生俱来的,增强党的执政本领也不是一劳永逸、一蹴而

---

① 《习近平谈治国理政》第 1 卷,外文出版社 2018 年版,第 402 页。

② 《习近平在省部级主要领导干部坚持底线思维 着力防范化解重大风险专题研讨班开班式上发表重要讲话强调提高防控能力着力防范化解重大风险保持经济持续健康发展社会大局稳定》,《人民日报》2019 年 1 月 22 日。

就的。要用"打铁必须自身硬"的政治担当,"自我净化、自我完善、自我革新、自我提高"的革命勇气,"不忘初心,牢记使命",继续前行,全面增强广大党员干部的执政本领。

（一）深化理论学习,以习近平新时代中国特色社会主义思想武装全党

时代是思想之母,实践是理论之源。一部新中国史,是一部党的思想解放史,又是一部党的思想觉醒史。新中国 70 年,无时无刻不在与陈旧的观念、僵化的思想作斗争,遵循着"思想解放——理论创新——实践突破"的规律。全面增强执政本领,离不开理论的先行指导,这既是历史唯物主义的科学内涵,又是马克思主义政党的先进品质。理论自觉是党的鲜明特征和根本优势。新时代,面对国际政治经济环境的深刻变化和国内经济社会运行的新问题新挑战,迫切需要通过全党的一次大学习,为全面增强执政本领打下坚实基础。邓小平告诫,"中国要出问题,还是出在共产党内部""说到底,关键是我们共产党内部要搞好,不出事,就可以放心睡大觉"。①理想如灯,信念是帆。习近平指出:"理想信念动摇是最危险的动摇,理想信念滑坡是最危险的滑坡。"②党的 70 年全国执政史昭示人们,再大的经济困难都难不倒我们党、再恶劣的外部敌对和封堵也摧不毁我们党,但"精神懈怠危险、能力不足危险、脱离群众危险、消极腐败危险"可能带来的信仰缺失"魂飞魄散"才是我们党最需要防范化解的重大"致命伤"。党的十八大以来查处的领导干部特别是高级干部腐败案件,他们受党教育培养几十年,位高权重,为什么还会走上违法犯罪道路? 归根结底的总病灶就是缺失了理想信念。这也从另一个层面证明,理想信念不是遥不可及、虚无缥缈抽象的、理论的,而是内存于心、外化于行具体的、实践的。领导干部要认真学习马克思主义基本原理和中国特色社会主义理论体系。要始终把学习贯彻习近平新时代中国特色社会主义思想作为头等大事,做到真学真懂真信真用,不断在统筹推进"五位一体"总体布局、协调推进"四个全面"战略布局的实践中,全面增强适应新时代、实现新目标、落实新部署的执政本领。

（二）把深入调查研究作为谋事之基、成事之道

增强执政本领是一项综合系统工程,其中调查研究是重要路径。毛泽东曾

---

① 《邓小平文选》第 3 卷,人民出版社 1993 年版,第 380—381 页。
② 《习近平论治国理政》第 2 卷,外文出版社 2017 年版,第 34 页。

指出："调查有两种方法，一种是走马看花，一种是下马看花。走马看花，不深入……还必须用第二种方法，就是下马看花，过细看花，分析一朵'花'，解剖'麻雀'。"①习近平认为调查研究是领导干部的一项基本功，指出"调查研究是谋事之基、成事之道，没有调查研究，就没有发言权，更没有决策权""调查研究不仅是一种工作方法，而且是关系党和人民事业得失成败的大问题"。②当前，少数领导干部下基层调查研究意愿不强，根子上是"庸懒散"作风在作怪。长此以往，就会遇到困难绕道走、遇到矛盾掉头走、遇到群众躲着走。搞急功近利、投机取巧、花拳绣腿式的"拍脑袋决策""拍胸脯蛮干""拍屁股走人"的现象就会增多，对党的事业贻害无穷。习近平指出，调查研究多了，基层跑遍、跑深、跑透了，我们的本领就会大起来，我们的认识就会产生飞跃，我们的工作就会做得更好。领导干部要善于深入群众，拜群众为师，在与群众想在一起、干在一起中寻找解决各种难题的答案；要坚持问题导向，明确调研目的，多到困难和矛盾集中、群众意见多的地方去；要坚持群众路线，坚持实事求是，听真话、察实情、获真知，不唯上、不唯书、只唯实，有一是一、有二是二，既报喜又报忧；要抓住关键问题、难点问题和全局问题，应对主要挑战、化解主要风险、克服主要困难，把调查研究贯穿于决策的全过程，以求真务实的调查研究推进科学决策。

（三）强化实践历练，在急难险重任务中淬炼坚强党性

"纸上得来终觉浅，绝知此事要躬行。"社会实践既是领导干部锻造意志和塑造品格的大熔炉，也是提升领导干部执政能力和领导水平的教练场。执政本领要在长期执政实践中不断增强；执政本领建设的效果要体现在进行伟大斗争、建设伟大工程、推进伟大事业、实现伟大梦想的具体实践中；领导干部的执政本领强弱和领导水平高低，最终要通过社会实践检验，由人民群众评判。"宰相必起于州部，猛将必发于卒伍。"领导干部只有具备丰富的基层工作的实践历练，才能深入了解国情民情社情，才能在急难险重任务中淬炼坚强党性，在改革发展稳定实践中磨炼担当意志，在与人民群众心贴心中传承优良作风。领导干部如果远离基层工作战场、脱离基层群众目光、乐于官场迎来送往，长期"躲"在高楼深院、

---

① 《毛泽东文集》第 7 卷，人民出版社 1999 年版，第 134 页。
② 中共中央宣传部：《习近平总书记系列重要讲话读本》，学习出版社、人民出版社 2016 年版，第 288—289 页。

"漂"于文山会海,"懒"赖百度知乎,安于当"宅官""漂官""懒官",就会与群众竖起无形的"离心墙"。习近平指出,实践的历练对干部健康成长必不可少,督促年轻干部要多"墩墩苗",嘱咐领导干部要"深入基层、深入实际、深入群众,在改革发展的主战场、维护稳定的第一线、服务群众的最前沿砥砺品质、提高本领"。①各级领导干部要放下面子、丢掉架子、扑下身子,争先恐后到困难较多、问题突出、矛盾尖锐的地方真刀真枪干;要沉下心来干工作,心无旁骛钻业务,自觉向实践学习,向人民学习,不断积累执政经验;要遇到挫折撑得稳,关键时刻顶得住,扛得了重活,打得了硬仗,经得住磨难;要在掌握重要情况、研究重大问题、破解突出矛盾和落实重点工作上亲力亲为,不断增强执政本领,成为领导经济社会发展的"行家里手"。

(四)加强党的政治建设,优化政治生态,以新时代组织路线为保障,推进党的大政方针落实

以坚定的政治建设确保党把方向、谋大局、定政策、促改革的能力和定力,确保党始终总揽全局、协调各方。党中央对新时代全面深化改革谋划了总目标、规划了路线图,制定了方针政策,推进了改革举措,各级党组织和广大党员干部要经常对表对标,要增强政治意识、大局意识、核心意识和看齐意识,坚决纠正"不敢改""不愿改""不会改"的现象,及时校正偏离和违背党的改革开放政治方向的行为。特别是要牢固树立核心意识,保证全党政令畅通,做到党中央提出的坚决响应、党中央决定的坚决执行、党中央禁止的坚决不做。历史和现实反复证明,办好中国的事情,关键在党,关键在人,关键在人才。要以新时代组织路线为保障,对党进行凤凰涅槃、浴火重生式的重塑,打造一支忠诚干净担当的高素质干部队伍和宏大的人才队伍,成为中国人民和中华民族的主心骨。党内政治生态,关系领导干部的健康成长,关乎党的兴衰存亡。全面增强党的执政本领,需要营造良好的从政环境,充分调动每一名领导干部增强工作本领的积极性、主动性。习近平强调:"努力营造积极向上、干事创业、风清气正的良好政治生态,激励领导干部积极应对和引领经济发展新常态,积极应对工作中存在的突出矛盾和问题,积极应对各种风险和隐患,扎扎实实把党和国家各项工作落到实处。"②

---

① 《习近平谈治国理政》第 1 卷,外文出版社 2018 年版,第 417 页。
② 《习近平在中共中央政治局第二十六次集体学习时强调时时铭记事事坚持处处上心 以严和实的精神做好各项工作》,《人民日报》2015 年 9 月 13 日。

党的十八大以来,查处的一些领导干部特别是高级干部涉及搞"封官许愿"、"买官卖官"的"塌方式腐败"等典型案件,对党内政治生态损害巨大,"几颗老鼠屎搅坏一锅汤"的现象值得深刻反思。实践证明,选用一个好干部,可以造福一方百姓;选用一个差干部,就要耽误一方百姓;选用一个坏干部,还会祸害一方百姓。为此,要贯彻新时代组织路线要求,紧抓选人用人这个"牛鼻子"风向标。要坚持党管干部原则,坚持德才兼备、以德为先原则,进一步建立健全干部选拔、培育、管理、使用机制;要坚持优者上、庸者下、劣者汰的正确用人导向,彻底解决好干与不干、干多干少、干好干坏一个样的问题,真正让整个干部队伍像"一江春水"流动起来;要为干事者撑腰,为担当者鼓劲,充分激发干部增强本领、尽职勤勉、担当作为的内生动力;要防止出现长岗疲态、惰性,加大轮岗、挂职、交流力度,用不同岗位、不同领域的实践需求倒逼领导干部增强本领;要把严管和厚爱相结合,注重干部跟踪管理的精细化精准化,把组织培养和干部的职业计划结合起来,稳定那些政治过硬、本领高强、廉洁从政、实绩突出干部的人生预期。要关心干部的工作和生活,兑现正常的福利、奖励等激励,做好薪酬和福利制度的设计,在法律法规框架内解决干部遇到的实际困难和问题,解除干部后顾之忧。

新中国70年的巨大成就不仅极大改变了中国的面貌、中华民族的面貌、中国人民的面貌,也改变了中国共产党的面貌。这是一座全党不断提升执政本领带领人民70年艰苦奋斗铸就的新中国历史丰碑。习近平指出,中国共产党人能不能打仗,新中国的成立已经说明了;中国共产党人能不能搞建设搞发展,改革开放的推进也已经说明了;但是,能不能在日益复杂的国际国内环境下坚持住党的领导,坚持和发展中国特色社会主义,还需要一代一代中国共产党人继续作出回答。进入新时代创造新辉煌续写历史新篇章,中国共产党人一定要深刻认识增强本领、提升执政能力的重要性和紧迫性,增强本领意识,克服本领恐慌,不断增强执政能力和领导水平,为实现中华民族伟大复兴的中国梦而努力奋斗。

(作者为中共上海市委党校科研处处长、教授)

论习近平中国特色大国外交思想
理论与实践的继承与创新*

仇华飞

习近平中国特色大国外交思想是马克思主义理论与中国传统文化、中国对当代世界的认识与中国外交实践相结合的产物。马克思主义极大推进了人类文明进程,至今依然是具有重大国际影响的思想体系和话语体系。[1]马克思主义国际关系理论对于客观认识当代世界本质特征具有强大的解释力和影响力。马克思主义对国际关系思想的论述其本身就是对旧方法的革新,新方法创新。习近平中国特色大国外交思想有着坚实的马克思主义理论基础,深厚的传统文化底蕴和广阔的人类命运共同体发展空间。[2]它凸显中国坚持独立自主和平外交政策,维护国际公平正义;推动构建新型大国关系;坚持正确义利观;全面推进"一带一路"建设,打造新的国际合作平台;推动建设开放型世界经济;坚持共商共建共享,积极参与全球治理体系改革与建设;"亲诚惠容"的周边外交,新安全观等新时代外交理念与实践,既是中国特色国际关系理论构建的重要创新,也是改革开放以来马克思主义中国化最新理论成果。

一、 中国特色大国外交思想的理论与实践基础

马克思、恩格斯对各国无产阶级政党应争取建立一个什么样的新世界作出过预判,提出许多目的性要求,为无产阶级政党应对国际局势指明了方向。按照

---

* 本文为国家社科基金重大项目"习近平治国理念之外交战略思想研究"(15ZD002)阶段性成果,论文为2018年12月北京纪念改革开放四十周年理论研讨会全国高校系统选送的七篇优秀论文之一。

① 习近平:《在马克思诞辰200周年大会上的讲话》,《人民日报》2018年5月5日。
② 《习近平外交思想理论研讨会在京举行》,《人民日报》2019年7月12日。

马克思主义的观点,在"和平正义"的语境下,无产阶级致力于维护的"世界新秩序",应该有以下特征:(1)保证每个民族国家的独立、自主"是一切国际合作的基础"①。(2)奉"道德、正义"为最高准则。②(3)新世界以"和平"为国际原则。(4)以"自由人联合体"为主体,在那里,每个人的自由发展是一切人的自由发展的条件。"③原来国与国之间的关系,被各个"自由人联合体"的关系所取代,"自由人联合体"之间将真正建立起平等互利、友好往来的关系。马克思主义构建了与资产阶级时代迥然不同的未来,建立消灭私有制和剥削制度的新社会,整个世界终将实现和平与安宁。④马克思主义世界秩序观是各国人民"认识世界、把握规律、追求真理、改造世界的强大思想武器"。⑤

马克思、恩格斯预言"各民族的原始封闭状态由于日益完善的生产方式、交往以及因交往而自然形成的不同民族之间的分工消灭得越是彻底,历史也就越是成为世界历史。"历史和现实日益证明马克思主义预言的科学价值。当今人类交往的世界性比过去任何时候都更深入、更广泛,各国相互联系和彼此依存比过去任何时候都更频繁、更紧密。习近平总书记深刻地揭示世界发展规律,告诫说,谁拒绝这个世界,这个世界也会拒绝他。万物并育而不相害,道并行而不相悖。⑥今天少数西方大国企图逆世界潮流而动,推行损人不利己的贸易保护主义政策,最终改变不了失败的结局。

马克思主义世界秩序思想是构建中国特色大国外交的理论渊源,把马克思主义理论的科学分析方法运用到构建中国特色大国外交实践中,形成中国特色大国外交理论的话语体系是当今时代发展的需要。习近平总书记提出的构建以合作共赢为核心的新型国际关系是对马克思主义和平、正义思想的继承、创新和发展。在打造人类命运共同体的语境下,中国提出构建适应时代发展需要的世界政治经济新秩序,为世界提供了包含价值理念、制度设计在内的全球治理的中国方案,赢得世界大多数国家和地区的尊重和支持。

---

① 《马克思恩格斯全集》第35卷,人民出版社1971年版,第262页。
② 《马克思恩格斯选集》第2卷,人民出版社1995年版,第607页。
③ 《马克思恩格斯选集》第1卷,人民出版社1995年版,第294页。
④ 《马克思格格斯选集》第3卷,人民出版社1995年版,第19页。
⑤⑥ 习近平:《在马克思诞辰200周年大会上的讲话》,《人民日报》2018年5月5日。

列宁继承和发展马克思主义国际关系原理,提出"社会主义国家和资本主义国家共存"的国际战略思想,称各国"生存在由许多国家构建的体系中","经济活动把世界各国紧密地联系在一起"。①列宁认为,社会主义与资本主义和平共处关系的基础是"世界共同的经济关系"。②他把"世界共同的经济关系"比作"胜过任何一个敌对的政府或阶级的愿望、意志和决定的关系。③一百年前的苏维埃俄国也急需发展同资本主义的贸易,引进外国的资金、先进设备、管理经验和科学技术,加快社会主义建设。正是存在于"世界共同的经济关系"中的利益纽带,使社会主义苏俄与西方资本主义国家的贸易关系具有了现实基础。今天,习近平创新性地继承马克思的和平正义思想、列宁和平共处思想,提出构建"人类命运共同体"理念,为人类社会实现共同发展、持续繁荣、长治久安指明方向。

20 世纪 70 年代,毛泽东通过对第二次世界大战后二十多年来国际形势的长期观察,客观、深入地分析国际环境变化的全局,分析世界各种基本矛盾和政治力量的发展演变,提出"三个世界"理论,④这一战略划分是根据各国在国际政治、经济关系中所处的地位来确定的。⑤"三个世界"划分是中国领导人第一次从全球视角看世界,寻求建立与世界互动方式的新模式。邓小平在评价毛泽东"三个世界"划分战略时指出:"这一国际战略原则,对于团结世界人民反对霸权主义,改变世界政治力量对比,对于打破苏联霸权主义企图在国际上孤立我们的狂妄计划,改善我们的国际环境,提高我国的国际威望,起了不可估量的作用"。⑥在毛泽东、周恩来的英明决策和领导下,中国在联合国合法权利得到恢复,中国成为联合国安理会常任理事国,中美关系开始走向正常化、中日恢复邦交等一系列重大外交事件,表明中国的国际地位进一步提高,中国大国外交实践初见成效。

改革开放以来,随着国际形势的发展和我国社会主义现代化建设的迅速发

---

① 《列宁全集》第 42 卷,人民出版社 1987 年版,第 40 页;第 40 卷,人民出版社 1986 年版,第 62 页。

② 孙学峰:《东亚安全共同体的现实基础与未来出路》,《世界经济与政治》2008 年第 10 期。

③ 《列宁全集》第 42 卷,人民出版社 1987 年版,第 332 页。

④ 《毛泽东文集》第 8 卷,人民出版社 1999 年版,第 441—442 页。

⑤ 谢益显:《当代中国外交思想史》,河南大学出版社 2004 年版,第 281 页。

⑥ 《邓小平文选》第 2 卷,人民出版社 1994 年版,第 160 页。

展、综合国力的提高,在和平与发展两大主题下,邓小平提出建立国际政治新秩序、国际经济新秩序主张,①前者是要创造一个和平的国际环境,推动世界的发展;后者则有利于促进世界各国经济发展,缩小南北差距,有助于实现世界和平,两者密不可分。邓小平还多次强调要"反对霸权主义、强权政治,维护世界和平;建立国际政治新秩序和经济新秩序"。②中国坚持独立自主的和平外交路线,顶住国内外敌对势力的压力,推动建立国际政治经济新秩序,中苏、中美、中欧关系不断改善与发展,中国特色大国外交逐渐展示其应有的魅力。

20世纪90年代,针对世界多极化和经济全球化的发展趋势,江泽民提出,推动建立公正合理的国际政治经济新秩序,强调要推进国际关系民主化,尊重世界多样性,保证各国和睦相处、相互尊重。③江泽民强调:"无论是在全球还是在地区范围内,无论是在政治还是在经济领域,多极化趋势都在加速发展。极少数大国或大国集团垄断世界事务、支配其他国家命运的时代,已一去不复返了。广大发展中国家整体实力增强,地位上升,成为国际舞台上不容轻视的一支重要力量。各类区域性组织日益活跃,显示出强劲的生命力。世界多极化格局的形成尽管还是一个长期的过程,但这种趋势已成为不可阻挡的历史潮流。"④

进入21世纪以后,国际环境复杂多变,一方面,世界多极化趋势深入发展,但单极还是多级的斗争极其复杂;另一方面,经济全球化发展趋势强劲,但国际经济竞争十分激烈。各国面临的安全挑战依然严峻,围绕国际秩序的斗争从未停止。胡锦涛指出:"多极化是世界持久和平的重要基础。世界多极化,有利于建立公正合理的国际政治经济新秩序,实现世界和平与安宁;有利于形成相对稳定的国际政治框架,促进各国在相互尊重独立、主权和平等互利基础上的交流合作。⑤强调"中国将继续积极参与多边事务,承担相应国际义务,发挥建设性作用"。⑥在联合国成立60周年首脑会议上,胡锦涛提出:"世界各国共同为建设一个持久和平、共同繁荣的和谐世界而努力"。⑦推动建设和谐世界,是坚持走和平

---

① 《邓小平文选》第3卷,人民出版社2008年版,第282—283页。

② 同上书,第353页。

③ 《江泽民文选》第3卷,人民出版社2006年版,第473—474页。

④ 江泽民:《为建立公正合理的国际新秩序而共同努力》,《人民日报》1997年4月24日。

⑤ 《胡锦涛文选》第1卷,人民出版社2016年版,第517页。

⑥ 《胡锦涛文选》第2卷,人民出版社2016年版,第650页。

⑦ 胡锦涛:《努力建设持久和平,共同繁荣的和谐世界》,《人民日报》2005年9月16日。

发展道路的必然要求,也是实现和平发展的重要条件。

随着中国的国际地位迅速提高,中国主张建立多极化国际秩序,得到世界大多数国家的认同和支持。中国成功承办 APEC 会议。中俄、中国同欧盟建立全面战略伙伴关系。中国同周边国家关系进一步扩大和深化。上海合作组织成员国缔结长期睦邻友好合作条约,东盟—中国(10+1)、东盟—中日韩(10+3)制度性合作机制的建立,"中非合作论坛"北京峰会成果显著,中国积极参与解决全球性和地区热点问题,发挥负责任大国作用,向联合国维和行动派出维和人员两万人次。中国重视推进多边外交、经济外交、安全外交、公共与文化外交机制建立,中国特色大国外交理论与实践取得巨大成果。

以习近平同志为核心的党中央在治国理政的实践中,继承和发展毛泽东、邓小平等外交战略理论与实践,总结新中国成立近七十年来外交实践和经验,特别是改革开放以来取得的成功经验,提出实现"中国梦"的伟大战略构想,坚持同国际社会一道秉持共商共建共享的全球治理观,建设性参与全球治理,坚定支持以规则为基础的多边主义,共建开放型世界经济。建设相互尊重、公平正义、合作共赢的新型国际关系。以中国特色大国外交的实践推进建立"亲诚惠容"的周边外交新格局;以共同、合作、综合、可持续安全为基础,构建合作共赢的新安全观,为人类安全之道提出中国方案。根据多极化不断深入演变的国际环境,习近平总书记创新性地提出不同于西方大国外交战略、反映中国特色大国外交战略理念、主张与话语,从理论和实践两个方面为构建影响世界和平与安全的国际规则和规范贡献中国智慧。尤其是习近平总书记关于坚持推动构建人类命运共同体思想,体现了中国致力于为世界和平与发展作出更大贡献的崇高目标,体现了中国将自身发展与世界发展相统一的全球视野、世界胸怀和大国担当。①

二、 中国特色大国外交思想的文化传承

习近平中国特色大国外交思想深深扎根于中华传统文化的基础之上,它契

---

① 《习近平同志〈论坚持推动构建人类命运共同体〉出版发行》,《人民日报》2018 年 10 月 15 日。

合人类共同发展的前景,又继承中华民族传统的大同思想,把中国梦与世界梦巧妙衔接。①构建立以合作共赢为核心的新型国际关系思想是中华"和合"文化的结合;是儒家思想精髓的集中体现;是"睦仁善邻"的"共生、共处"思想的典范,这是中国最深厚的软实力。

和合理念是中国文化的首要价值,也是中国文化的精髓,是中国文化生命的最完美最完善的体现形式。习近平引《荀子·天论》的话说,"'万物各得其和以生,各得其养以成',表明,中华文明历来强调天人合一、尊重自然、面向未来。"他在巴黎气候大会上向世界宣布,"中国将把生态文明建设作为'十三五'规划重要内容,落实创新、协调、绿色、开放、共享的发展理念,……形成人和自然和谐发展现代化建设新格局。"②"天人合一"旨在承认人与自然的统一性、反对将它们割裂开来。"中庸"则强调对待事物关系要把握一个度,以避免对立和冲突。③在当今纷繁复杂的国际经济关系中,少数西方国家为了维护不合理的国际经济关系和不等价的交换,牺牲广大发展中国家利益,导致南边差距扩大,使全球化偏离互利共赢的轨道。对此,习近平总书记提出坚持正确的义利观,强调,义利兼顾,讲信义、重情义、扬正义、树道义。④这有利于处理当今世界各种利益关系和矛盾,维护了国际秩序的稳定。

中华文明是世界历史进程中最具有凝聚力的文明,尽管近代以来西方列强侵略和干涉给中国人民带来深重的苦难,但中华文明仍然是指引世界走向和平道路重要思想源泉。马克思对中华文明给予极高的关注和评价。他向世界揭露西方列强侵略中国的真相,为中国人民伸张正义。马克思、恩格斯高度肯定中华文明对人类文明进步的贡献,科学预见了"中国社会主义"的出现,甚至为他们心中的新中国取了靓丽的名字——"中华共和国"。⑤

中华文明历来注重亲仁善邻,讲求和睦相处。在对外交往中我们始终秉承"强不执弱""富不侮贫"的精神,主张"协和万邦";提倡"海纳百川,有容乃大",

① 《习近平外交思想理论研讨会在京举行》,《人民日报》2019年7月12日。
② 《习近平谈治国理政》第二卷,外文出版社2017年版,第530页。
③ 穆占劳:《论中国传统文化中的"和合"思想》,《理论前沿》2008年第3期,第30—31页。
④ 《习近平谈治国理政》第二卷,外文出版社2017年版,第443页。
⑤ 习近平:《在马克思诞辰200周年大会上的讲话》,《人民日报》2018年5月5日。

主张吸纳百家优长、兼集八方精义。习近平主席在七十届联大会议上指出："'大道之行也,天下为公'。和平、发展、公平、正义、民主、自由,是全人类的共同价值,也是联合国的崇高目标。"①中华文化和中华民族发展的历史紧密相连,中华民族历来讲求"天下一家",主张民胞物与、协和万邦、天下大同,憧憬"大道之行,天下为公"的美好世界。②从"华夏""天下""华夷之辨"和"协和万邦""和而不同""大一统"等传统文化思想出发,中国特色大国外交思想是与传统中国文化难以割舍的命运共同体,习近平总书记提出构建人类命运共同体思想、"亲诚惠容"周边外交理念,凸显中华文化与世界文明相互关联的重要特点,认为"交流互鉴是文明发展的本质要求"。中华文明只有"同其他文明交流互鉴、取长补短,才能保持旺盛生命活力"。③中国特色大国外交思想深深扎根于中华传统文化基础上,文化自信就是中国特色的话语表述、和合文化、睦仁善邻、共生、共处思想的体现,新时代中国特色大国外交思想的理论与实践是对马克思主义和我党不同时期的外交战略的继承、创新和发展。它有利于推动中华优秀传统文化创造性转化、创新性发展,不断铸就中华文化新辉煌。

三、 中国特色大国外交思想的理论创新

中国特色大国外交理论体现以中国特色社会主义为根本,坚持以实现中华民族伟大复兴为使命;以维护世界和平、促进共同发展为宗旨推动构建"人类命运共同体";坚持建设以相互尊重、公平正义、合作共赢的新型国际关系,引领全球治理体系改革。理论的生命力在于不断创新,习近平中国特色大国外交理论是中国特色大国外交实践不断创新和发展的产物,是我国对外交往和战略决策的指导思想。

1. 构建"人类命运共同体"理念

"人类命运共同体"理念既闪耀着马克思主义关于世界历史发展必然规律的

---

① 《习近平谈治国理政》第二卷,外文出版社 2017 年版,第 522 页。

② 习近平:《携手建设更加美好的世界——在中国共产党与世界政党高层对话会上的主旨讲话》,《人民日报》2017 年 12 月 2 日。

③ 习近平:《深化文明互鉴　共建亚洲命运共同体——在亚洲文明对话大会开幕式上的主旨演讲》,《人民日报》2019 年 6 月 16 日。

智慧光芒,又延续了中国的悠久历史传统和长期政策取向,是 21 世纪马克思主义中国化最新理论成果。①"人类命运共同体"思想体现中国特色大国外交思想的理论创新,是对中国优秀传统文化创造性的继承,是中华"和"文化的精髓,体现中国的"和平""和谐""合作"的外交准则。"人类命运共同体"倡导包容互鉴的文明观,不同制度、不同文明的国家应当相互启发和借鉴,在文化交流中加深双方的信任和了解,加强理解融合以增强各国文明的活力和动力。正如习近平主席在亚洲文明对话大会上所指出的那样,"文明因多样而交流,因交流而互鉴,因互鉴而发展。世界上不同国家、不同民族、不同文化的交流互鉴,夯实共建亚洲命运共同体、人类命运共同体的人文基础"。②

当今国际社会不仅面临来自传统安全和非传统安全领域的挑战,而且来自人类生存危机的挑战。"人类命运共同体"思想体现中华优秀传统文化,习近平总书记不仅阐明"和平、发展、公平、正义、民主、自由"的人类共同价值;还强调各国要相互依存、休戚与共,继承和弘扬联合国宪章的宗旨和原则。③"人类命运共同体"思想充分体现联合国宪章精神,它是中国人民和世界人民的共同愿望和梦想,旨在维护和追求本国安全和利益时兼顾他国的合理关切,在谋求本国发展中推动各国共同发展,这一全球价值观包含理性协调的和谐安全观、合作共赢的正确义利观以及包容互鉴的新型文明观。与构建新型国际关系的主张一脉相承、互为补充。

"人类命运共同体"思想都以合作为本质,以共赢为目标,都承载着中国对建设美好世界的崇高理想和不懈追求。④在相互依存的世界里,各大力量中心之间应有一个相互制约的力量框架和多边的行为方式来处理世界事务。如何面对当今世界存在的不同价值观及各国国家利益的不同诉求,需要各国真正从全人类长远利益出发来考虑问题,而不是从短期国内政治需求出发来制定政策,"人类命运共同体"理念包含着世界各国人民追求和平、民主、正义、安全、发展的心声。

①　《习近平外交思想理论研讨会在京举行》,《人民日报》2019 年 7 月 12 日。

②　习近平:《深化文明互鉴　共建亚洲命运共同体——在亚洲文明对话大会开幕式上的主旨演讲》,《人民日报》2019 年 6 月 16 日。

③　习近平:《携手构建合作共赢新伙伴　同心打造人类命运共同体》,《人民日报》2015 年 9 月 29 日。

④　金应忠:《试论人类命运共同体意识——兼论国际社会共生性》,《国际观察》2014 年第 1 期。

这表明:"世界命运应该由各国共同掌握,国际规则应该由各国共同书写,全球事务应该由各国共同治理,发展成果应该由各国共同分享。"①坚持推动构建人类命运共同体,是习近平新时代中国特色社会主义外交思想的重要内容,是习近平新时代中国特色社会主义思想的重要组成部分。②对于统筹国内国际两个大局,始终不渝走和平发展道路,奉行互利共赢的开放战略,坚持正确义利观,始终做世界和平的建设者、全球发展的贡献者、国际秩序的维护者,为实现"两个一百年"奋斗目标和中华民族伟大复兴的中国梦营造更加有利的国际环境具有十分重要的战略意义。

2. 构建"新型国际关系"思想

推动建设相互尊重、公平正义、合作共赢的新型国际关系是习近平中国特色大国外交思想的重要理论创新。首先,合作共赢是构建新型国际关系的核心要旨。当代世界权力结构力量对比发生巨大变化,一是世界变得越来越多极化,不仅体现在国家之间权力分配方面的多极化,而且是发展模式走向多极化。二是新兴国家地位上升,尤其是金砖国家在展现国际领导力方面正提出新的全球价值。三是非传统安全对当代国际关系影响的重要性正在大大的提升。构建新型国际关系反映了当代国际政治格局权力转变的发展趋势。为了推动构建"新型国际关系",习近平总书记强调发展全球伙伴关系的重要性,通过"扩大同各国的利益交汇点,推动大国协调和合作,构建总体稳定、均衡发展的大国关系框架"。③为维护国际秩序稳定提供重要保证。

其次,推动构建新型国际关系的首要问题,在于推进大国间的协调与合作。习近平总书记在十九大报告中提出"推进大国协调和合作,构建总体稳定、均衡发展的大国关系框架"。这种大国关系就是坚持不冲突不对抗,相互尊重,合作共赢的基本理念,打破大国冲突对抗的传统规律,规避崛起大国与守成大国的"修昔底德陷阱"。哈佛大学外交政策学教授格雷厄姆·艾利森(Graham

---

① 习近平:《共同构建人类命运共同体——在联合国日内瓦总部的演讲》,《人民日报》2017 年 1 月 20 日。

② 《习近平同志〈论坚持推动构建人类命运共同体〉出版发行》,《人民日报》2018 年 10 月 15 日。

③ 习近平:《决胜全面建成小康社会 夺取新时代中国特色社会主义伟大胜利——在中国共产党第十九次全国代表大会上的报告》,《人民日报》2017 年 10 月 27 日。

Allison)在其《注定一战：中美能避免修昔底德陷阱吗?》一书中称，"修昔底德陷阱"让中美临近战争的碰撞，他认为，如果美国不及时拿出全面应对方案，不做出重大战略调整，美中极有可能爆发灾难性的冲突。①习近平总书记借鉴现当代国际关系史进程中的经验和教训，强调维护中美"战略性相互依存"的必要性。针对崛起大国与守成大国必然走向冲突的"修昔底德陷阱"之论，他指出："世界上本无'修昔底德陷阱'，但大国之间一再发生战略误判，就可能自己给自己造成'修昔底德陷阱'"。②虽然"修昔底德陷阱"被一些西方学者视为国际关系的"铁律"，而且自特朗普入主白宫以来，中美经贸关系一度出现紧张状态，但中美关系仍然具有超越"修昔底德陷阱"的可能性，原因主要有两点：一是中国不同于历史上的任何大国。中国传统文化中充满了"和平主义""天下意识""忠恕之道"的思想，中国没有强国必霸的文化传统；中国奉行和平发展战略，坚持走和平发展之路与独立自主的和平外交政策，永不称霸。二是美国霸权地位的逐渐衰落，美国维护霸权的成本已大于收益，一些美国的盟国出现离心化倾向，并非与美国亦步亦趋。在美国面临霸权相对衰落的背景下，美国只要选择与中国合作才能摆脱当前的困境。

第三，构建新型大国关系，需要认可和包容世界多样性和多元化的现实，尊重各国的历史文化、价值观念、社会制度和发展模式，不以社会制度和意识形态的异同来决定亲疏、好恶；坚持求同基础上的竞相发展，反对追求单纯的权力均势与制衡；倡导"和平共处、合作安全、集体安全、共同安全"，反对以结盟对抗寻求安全的行为。③构建新型大国关系，是一个先确立方向，再探索路径、充实内容和完善形式的长期过程，需要各国共同努力，不断增进理解、凝聚共识、深化合作。新型大国关系的构建不可能一蹴而就，但历史总是按照自己的规律向前发展。只要世界大国共同坚持这一正确方向，摒弃冷战思维，人类社会就充满希望。大国之间建设性的相互依存，是全球政治和经济稳定的重要基础。大国之间应致力于建立平等的战略合作伙伴关系，认可对方在全球事务中扮演的不可

① Graham Allison, *Destined for War: Can America and China Escape Thucydides Trap?*, Boston-New York: Houghton Mifflin Harcourt, 2017, Preface, vii.

② 《习近平在西雅图就中美关系发表重要演讲》，《人民日报》2015年9月23日。

③ 李文：《构建新型大国关系》，《人民日报》2013年6月4日。

或缺的角色。

3."亲诚惠容"周边外交理念

周边是中国首要的外交战略目标,服从和服务于实现我国"两个一百年"、实现中华民族伟大复兴奋斗目标。习近平总书记提出的中国周边外交的基本方针是,与邻为善、以邻为伴,坚持睦邻、安邻、富邻,突出"亲诚惠容"的理念。①"亲诚惠容"理念源自中国传统战略思想和文化的精华部分,凸显中国传统文化价值观念的特色,体现中国新的国际价值观念。"亲"强调的是亲缘纽带关系,体现了中国与周边国家在地缘、人缘、文缘方面的相通和亲近感;"诚"既有真诚无妄的一面,也包含诚实守信、不欺侮的意味,体现了中国对待周边国家真诚有信之态度;"惠"强调的是互惠互利,坚持正确的义利观;"容"在承认周边国家和地区文化的差异性同时,追求实现差异中的和谐共存。这四字箴言反映了中国传统文化的关联性思维和交互性伦理,体现了中华民族追求实现和谐共存、和平发展的梦想。②

习近平指出:要本着互惠互利的原则同周边国家开展合作,编织更加紧密的共同利益网络,把双方利益融合提升到更高水平,让周边国家得益于我国发展,使我国也从与周边国家共同发展中获得裨益和助力。要倡导包容的思想,强调亚太之大容得下大家共同发展,以更加开放的胸襟和更加积极的态度促进地区合作。③"亲诚惠容"理念有助于加强中国特色周边外交的政策体系建设,构建"力—利—义"三位一体的周边外交策略,将"亲诚惠容"与"一带一路"进行有机结合,重点是在东南亚方向实现突破。④为构建中国特色周边安全秩序奠定重要的战略基础。

"亲诚惠容"是对中国周边外交理念新的解读,是在新的国际形势下,针对周边国家对中国崛起的担心,提出的中国进行外交活动的标尺。它用简练明了语言将周边国家视为亲密邻居、亲密朋友,强调以诚待人,以诚为本,以诚立身;中

---

① 《习近平谈治国理政》,外文出版社 2015 年版,第 297 页。

② 邢丽菊:《从传统文化角度解析中国周边外交新理念——以"亲诚惠容"为中心》,《国际问题研究》2014 年第 3 期。

③ 《习近平谈治国理政》,外文出版社 2015 年版,第 297—298 页。

④ 卢光盛、许利平:《周边外交"亲诚惠容"新理念及其实践》,《国际关系研究》2015 年第 4 期。

国在与周边国家的合作中,不仅要实现互利共赢,同时也注重对方的利益和诉求,使中国的发展造福周边,共享发展福利;中国在处理与周边国家关系时,包容不同意见和诉求,在对待彼此之间的争端时宽容以待,展现海纳百川的气度。①"亲诚惠容"理念体现中国特色大国外交思想的深刻文化内涵。

4. 新安全观思想

安全问题事关中国和平与发展的国际环境能否实现,安全与发展的辩证关系是习近平中国特色大国外交思想的重要内涵。习近平主席在 2014 年亚信上海峰会上指出:"应该积极倡导共同、综合、合作、可持续的亚洲安全观,创新安全理念,搭建地区安全和合作新架构,努力走出一条共建、共享、共赢的亚洲安全之路。"共同、综合、合作、可持续的新安全观就是要尊重和保障每一个国家安全。习近平强调安全的普遍性、平等性和包容性,提出发展是最大安全的思想。②新安全观是中国特色国际秩序观的体现,它"和平共处五项原则"一样,将逐步成为当代国际关系新的话语表述。

一位美国学者曾经这样评价美国亚太政策:"威胁中国和本地区安全的不是未解决的领土争端,而是美国等国对安全的'旧的'或'零和'理解,这种理解鼓励中国的邻国关注这些争端而不是经济增长与一体化的积极事业。它们将领土争端看作中心问题,向中国的东南亚邻国提供政治和军事支持。它们鼓励这些国家挑战中国,而不是关注中国崛起的积极方面"。在他看来,美国"亚太再平衡"战略就是对亚太地区和平与安全的巨大挑战。③事实上,东盟国家对华战略疑虑不断上升与美国"亚太再平衡"战略相关,为了巩固有利于自身和平发展的周边环境,中国需要在坚持新安全观核心思想的基础上,重点促进地区各国对利益相系、义利相融这一原则的共识,主动消除东盟对中国的战略疑虑,不断扩大双方的利益共同体、责任共同体和命运共同体意识,从而逐步超越中国与东盟的安全困境,使双方关系重回全面包容性合作的轨道。④新安全观具有较强的话语

① 孙云飞:《中国周边外交调整的预期目标与大国反应——兼论中国周边外交调整的突破口》,《世界经济与政治论坛》2015 年第 4 期。

② 《习近平谈治国理政》,外文出版社 2015 年版,第 356 页。

③ David Cohen, "A Clash of Security Concept": China's Effort to Redefine Security, The Jamestown Foundation, *China Brief, a Journal of Analysis and Information*, Vol.XIV, Issue 11, June 4, 2014, p.3.

④ 张哲馨:《新安全观与中国和东盟的安全困境》,《国际展望》2014 年第 3 期。

感召力,它有助于中国与东盟关系走出安全困境,寻求构建促使中国—东盟安全与合作关系保持长期稳定的有效机制,新安全观理念不断得到越来越多国家的认同和支持。面对日益复杂化、综合化的安全威胁,习近平总书记强调,单打独斗不行,迷信武力更不行。我们应该坚持共同、综合、合作、可持续的新安全观,营造公平正义、共建共享的安全格局,共同消除引发战争的根源,共同解救被枪炮驱赶的民众,共同保护被战火烧灼的妇女儿童,让和平的阳光普照大地,让人人享有安宁祥和。①作为国家总体安全战略思想的重要体现,"新安全观"必将为地区安全综合治理营造更好的环境。在新的形势下,亚洲各国要探讨建立符合地区特点的安全架构。习近平总书记强调在"应对来自传统与非传统安全的挑战时",各国要"相互尊重、协商一致,照顾各方舒适度"。②新安全观建立在共同利益基础之上,是"和平共处五项原则"在新形势下的发展,其实质是超越单方面安全范畴,以互利合作寻求共同安全,亚洲各国人民有能力、有智慧通过加强合作实现亚洲和平稳定,为促进世界和平与安全作出贡献,从而推动建立公正合理的国际新秩序。

习近平中国特色大国外交思想的科学内涵深刻,理论体系完整,哲学基础丰富,文化渊源绵长,既是当代国际关系理论的突出的创新成果,也是中国向全人类贡献的重要思想公共产品。它是新时代我国对外工作的根本遵循和行动指南。③它有利于推动构建一个持久和平、普遍安全、共同繁荣、开放包容,更加公正合理、稳定有效的国际政治经济新秩序。

四、 新时代中国特色大国外交实践创新

习近平新时代中国特色大国外交思想具有宏大的历史思维,宽广的世界眼光,是我国对外工作的重要实践指南。是对中国特色大国外交实践的重要创新与发展,既凸显中国特色大国外交实践蓝图和高瞻远瞩的宏伟构想;又有求真务

---

① 习近平:《携手建设更加美好的世界——在中国共产党与世界政党高层对话会上的主旨讲话》,《人民日报》2017 年 12 月 2 日。

② 《习近平提出:"亚洲方式":相互尊重、协商一致、照顾各方舒适度》,《人民日报》2015 年 3 月 29 日。

③ 《习近平外交思想理论研讨会在京举行》,《人民日报》2019 年 7 月 12 日。

实的具体措施,是历史和时代发展的产物,是习近平新时代中国特色社会主义思想的重要组成部分。

1. 建设性参与全球治理

当今中国参与全球事务无论是内容还是形式都是前所未有的。面对全球化、多极化时代人类面临各种挑战,各国需要加强在政治、经济、安全等领域的利益协调和合作,尤其要加快建立全球治理机制,加快网络空间全球治理步伐,实现传统安全与非传统安全协同治理。20 国集团杭州峰会的成功举办表明中国建设性参与全球治理的独特作用,中国应对全球治理问题的方案备受各国关注。

2015 年以来,习近平在不同场合阐述中国的全球治理观,强调共商共建共享,中国积极参与全球治理体系改革与建设,推动全球治理体系朝着更加公正合理方向发展,推动国际关系民主化,推动建立以合作共赢为核心的新型国际关系,推动建设人类命运共同体,积极利用多边机制和国际舞台来寻求在全球治理方面的国际合作。习近平系统地阐述中国的全球治理观和全球治理战略:(1)坚持合作共建,实现持久安全,有效应对人类面临的困难和挑战。(2)坚持改革创新,实现共同治理。(3)坚持法治精神,实现公平正义。(4)坚持互利共赢,实现平衡普惠。①习近平的全球治理理念体现了推动构建国际政治经济新秩序的安全观、责任观、法治观、义利观。

实现国际关系民主化是推动全球治理的重要保证。习近平强调,"世界的命运必须由各国人民共同掌握。各国主权范围内的事情只能由本国政府和人民去管,世界上的事情只能由各国政府和人民商量来办。这是处理国际事务的民主原则,国际社会应该共同遵守。"②习近平总书记在十九大报告中进一步阐明中国的立场,国家不分大小、强弱、贫富一律平等,支持联合国发挥积极作用,支持扩大发展中国家在国际事务中的代表性和发言权。中国将继续发挥负责任大国作用,积极参与全球治理体系改革和建设,不断贡献中国智慧和力量。③在全球性问题日益增多的今天,更应当加强对话与合

---

① 习近平:《论坚持推动构建人类命运共同体》,中央文献出版社 2018 年版,第 485—487 页。

② 《习近平谈治国理政》,外文出版社 2015 年版,第 274 页。

③ 习近平:《决胜全面建成小康社会 夺取新时代中国特色社会主义伟大胜利——在中国共产党第十九次全国代表大会上的报告》,《人民日报》2017 年 10 月 27 日。

作,通过国际社会成员的协商,制定相应的国际规则来治理世界。

首先是加快全球政治治理进程。在全球性问题日益增多的今天,更应当加强对话与合作,通过国际社会成员的协商,制定相应的国际规则来治理世界。面对当今世界出现的一些逆全球化潮流,习近平强调,全球化出现的问题,反映的是全球治理的滞后。解决这些问题,要坚持以开放为导向,坚定维护多边贸易体制。要以公平平等为基础,提升新兴市场国家和发展中国家在多边机构中的代表性和话语权,使治理架构和利益分配更为平衡合理。要秉持相互尊重的态度,尊重各国社会制度和发展道路,加强沟通协调,妥善处理分歧。①习近平关于治理架构和利益分配平衡合理思想是摆脱全球化困境的重要途径。

其次要构建全球经济金融治理机制。习近平主张,以创新推进国际经济金融体系改革,完善全球治理机制,加强多边主义等方面的重要作用。面对复杂多变的国际经济环境,习近平提出,全球经济治理需要与时俱进、因时而变。他认为,全球经济治理应以平等为基础,更好反映世界经济格局新现实,增加新兴市场国家和发展中国家代表性和发言权,确保各国在国际经济合作中权利平等、机会平等、规则平等。②以"一带一路"建设为例,它不仅促进了各国之间的互联互通,推动各国增进共识、深化合作,让各国经济联系更加紧密,人文往来更加密切,利益联系纽带更加牢固,更顺应了全球治理体系变革的内在要求,为完善全球治理体系变革提供了新思路新方案。③"一带一路"作为国际公共产品正在为全球治理发挥建设性作用。

第三是完善全球安全治理机制。随着全球治理体系深刻变革,传统安全威胁和非传统安全威胁交织,加强全球治理、推进全球治理体制变革已是大势所趋。在 2016 年华盛顿核安全峰会上,习近平强调,加强国际核安全体系,是核能事业健康发展的基本前提,更是推进全球安全治理、构建新型国际关系、完善世

---

① 习近平:《坚持可持续发展 共创繁荣美好世界——在第 23 届圣彼得堡国际经济论坛全会上致辞》,《人民日报》2019 年 6 月 8 日。

② 习近平:《中国发展新起点 全球增长新蓝图——在 20 国集团工商峰会开幕式上的主旨演讲》,《人民日报》2016 年 9 月 4 日。

③ 《开放合作,推动完善全球治理》,《人民日报》2019 年 4 月 25 日。

界秩序的重要环节。①近年来,中国在积极参与全球经济治理进程中,不断提高公共产品供给,提高发展中国家在全球治理中的制度性话语权,构建广泛的利益共同体,推动国际格局的良性构建和国际力量对比趋向平衡。

2. 推动新型大国关系建设

推动新型大国关系建设既是对构建新型国际关系理论的重要实践,也是对传统大国关系理论的批判和扬弃。大国关系是国际关系的重要表现,新型大国关系是以相互尊重、互利共赢的合作伙伴关系为特征的大国关系;是崛起大国与既有大国之间处理冲突和矛盾的新方式。全球化时代大国关系日趋复杂和多样化,盟友和敌人的界限日益模糊,挑战与机遇同在,竞争与合作并存为特征的新型大国关系日益凸显。以中美关系为例,在"新型大国关系"框架下,中美两国可共同应对国际金融危机、气候变化等问题;两国可在朝核、伊核、阿富汗、网络安全等热点问题上合作和协调;中美在推动确立核安全制度建设,在二十国集团峰会、推进国际体系建设和改革中发挥重要作用。中俄新型大国关系强调"维护以《联合国宪章》宗旨和原则为核心的国际秩序和国际体系,推动建设相互尊重、公平正义、合作共赢的新型国际关系,推动构建人类命运共同体,在各国平等参与全球治理、遵循国际法、保障平等和不可分割的安全、相互尊重和考虑彼此利益、摒弃对抗和冲突的基础上,秉持多边主义原则,解决国际和地区问题,在国际事务中主持公道,促进更加公正合理的多极世界的形成,惠及世界人民,实现合作共赢"。②2016 年 4 月第四届华盛顿核安全峰会发表的《中美元首气候变化联合声明》《中美核安全合作联合声明》,进一步表明中美通过平等对话增进双方在国际事务中的理解与沟通,加强在全球性问题上的协调与合作的重要性。同时,构建中美构建新型大国关系也为中俄、中印、中巴等大国关系提供经验。各国都享有平等参与国际事务的权利,都应恪守"平等、互利、互惠、双赢"的原则,同舟共济,权责共担。各国都应遵守联合国宪章的宗旨和原则,维护公平正义,根据是非曲直处理国际事务。任何国家都不能为实现自身利益最大化而修改规则,

①《加强国际核安全体系推进全球核安全治理——习近平主席在华盛顿核安全峰会上的讲话》,《人民日报》2016 年 4 月 3 日。

②《中华人民共和国和俄罗斯联邦关于发展新时代全面战略协作伙伴关系的联合声明》,《人民日报》2019 年 6 月 6 日。

或实行双重标准。

目前,虽然特朗普政府逆全球化而动,推行贸易霸凌主义,声称要与中国经济"脱钩"(decouple);这样做既不符合经济一体化的世界潮流,也不符合美国的全球战略利益。美国但最终改变不了中美建立新型大国关系的基础。

3. 中国周边外交的新实践

长期以来,中国在同外部世界打交道时,基本采取"融入"和"顺应"的政策。今天这一基本姿态虽未改变,但随着实力上升和影响力扩大,中国的对外行为更向"积极有所作为"的方向倾斜。不管是在双边层面还是多边框架内,中国积极参与、正面引导、主动谋划的一面都在增强。中国周边外交的实践充分体现"积极有所作为"的新趋向。

首先,加强顶层设计,积极推动落实"一带一路"倡议,不仅将国内各种关于区域和次区域合作的构想和机制都统筹在这个大的框架之下,还积极寻求与周边各国的发展规划及合作构想的契合之处,走一条"共商、共建、共享"的合作共赢之路。为促进区域内的互联互通建设,发起建立"亚洲基础设施投资银行"和"丝绸之路基金",提供更多的公共产品。在以东盟为中心的东亚合作架构中,在继续坚持"自下而上"和"东盟中心"的前提下,主动勾勒区域合作的愿景,提出以构建"亚太自贸区"为引领目标的区域合作路线图。中国借助主办亚太经济合作组织(APEC)第22次领导人非正式会议的有利时机,正式启动亚太自贸区(FTAAP)进程,①这有利于整合亚太地区经贸机制"碎片化",实现亚太地区贸易投资利益最大化,提升亚太在全球产业链中的地位,确保其竞争力。中国坚持维护世界贸易组织(WTO)多边贸易体制在全球贸易发展中的主导地位,积极推进中日韩与东盟合作(10+3)。上述机制化都将是通向 FTAAP 的路径。在地区安全架构中,倡导并践行"新安全观",摒弃以假想敌为前提的同盟体系和冷战思维。例如,将"上海合作组织"打造成区域安全合作的楷模,积极支持在"东盟地区论坛"(ARF)和"东盟防长扩大会议"(ADMMP)框架下的多边安全合作等。

①《亚太经合组织第22次领导人非正式会议于2014年11月11日在北京雁栖湖举行》,《人民日报》2014年11月12日。习近平主席在会上强调,"面对新形势,亚太经济体应深入推进区域经济一体化,打造发展创新、增长联动、利益融合的开放型亚太经济格局,共建互信、包容、合作、共赢的亚太伙伴关系,为亚太和世界经济发展增添动力"。会议发表了《北京纲领:构建融合、创新、互联的亚太》。

其次,创新周边外交手段。2003 年以来,中国周边外交不仅在指导理念和政策设计方面呈现出新气象,而且在外交手段和具体做法方面都有创新之处,在坚持原则的同时展示出更大的灵活性。如根据形势需要,领导人对周边国家的"点穴式"单独访问,①以及借助"主场外交"优势促进多双边关系的做法,都是以前很少见的。习近平主席分别于 2014 年 7 月和 8 月对韩国和蒙古国进行访问,这体现了中国对周边国家的高度重视,也收到了极好的外交效果,中蒙关系和中韩关系再上新台阶。近年来,中国积极利用主办国际会议,如"亚洲博鳌论坛""亚信峰会""南京青奥会""上合组织领导人峰会""APEC 会议"等一系列会议的机会发挥"主场外交"优势,促进多双边关系发展,这些有益的尝试为今后开展周边外交积累了经验。

第三,坚持"义利兼顾、权责平衡"。中国倡导在国际关系中应坚持"正确的义利观",这既是中国外交的新理念,也是关于中国外交行为的新规范,必然会成为中国开展周边外交的新指南。"正确的义利观"是中国历来所坚持的"和平共处五项原则""建立公平合理的国际政治经济新秩序""促进国际关系民主化"等一系列立场原则在新时期的反映和升华。具体到周边关系,就是要将中国自身的发展同周边各国的发展结合起来,将实现"中国梦"同周边各国人民过上美好生活的梦想结合起来。中国不会"恃强凌弱""以大欺小""以富压贫",不会干涉他国内政,不会输出自己的模式。中国已经并将继续向周边国家提供援助,在开展合作时不斤斤计较,更多时候是"多予少取"或"只予不取"。中国在维护国家合法权益方面做了很多工作,尤其在周边海洋维权方面,在保持克制的前提下适度反应,打消外界不切实际的幻想,防止其做出进一步的战略误判,这绝非外界所宣扬的中国"示强称霸"的证据,而是中国践行"正确的义利观"的具体表现。

第四,加强双边、区域以及次区域层面的合作。中国越来越积极参加各种多双边安全对话与合作,同周边很多国家建立了定期的安全和防务磋商机制,军事外交作为国家整体外交的重要组成部分,日益发挥不可替代的作用。在非传统

---

① 习近平主席四次"点穴式"外交,分别单独访问了英国(2015 年 10 月)、俄罗斯(2014 年 2 月)、韩国(2014 年 7 月)和蒙古国(2014 年 8 月)。尤其是 2014 年 2 月 6 日至 8 日访问俄罗斯,被王毅外长称为习主席以短、平、快的"点穴式"访问开创了我国国家元首出席境外大型国际体育赛事的先河。《习主席为何"点穴式"访问英国?》,《人民日报》2015 年 10 月 20 日。

安全领域的各种合作也不断深入。同时十分重视同周边国家的社会人文交流，习近平提出"国之交在于民相亲"，①而"一带一路"的"五通构想"中也包括"民心相通"。中国还将 2014 年定为"中国—东盟文化交流年"，开展了丰富多彩的文化交流活动，拉近了双方的国民感情。经济这个轮子是为了促进发展，安全这个轮子是为了维护和平，而人文这个轴承则起到传递两个轮子正能量的作用，让其相互影响相互促进。

4. 推进"一带一路"建设向纵深发展

"一带一路"建设是新时代中国特色大国外交的重要实践，习近平总书记强调"一带一路"倡议，就是要实践人类命运共同体理念。②"一带一路"是中国特色大国外交经济话语表述、文化话语表述、安全话语表述。"一带一路"沿线各国出于本国自身利益需要，不同程度参与或响应"一带一路"倡议和建设，为"一带一路"阶段性发展提供动力。

虽然"一带一路"建设面临诸多风险和挑战，如沿线国家政治问题、经济发展问题、民族宗教矛盾问题、非传统安全问题、文化差异问题等，但只要各国共同构建安全防范体系，就能实现互利共赢、共同发展。习近平指出：推进"一带一路"建设，要处理好我国利益和沿线国家利益的关系，我们要在发展自身的同时，更多考虑和照顾其他国家利益，要坚持正确义利观，以义为先，义利并举。③如何推动集体行动取得积极成效，一项有效措施是构建"一带一路"合作机制，合作机制包含一系列隐含或明示的原则、规范、规则和决策程序，在国际关系领域内各国形成共识。④国家既是机制的创造者，也受到机制的制约。机制中的原则反映国家的观念和信仰。"一带一路"合作机制的规则和规范能否在沿线各国形成共识，各国对这些规则、规范遵守和认同的程度都事关"一带一路"建设的进程和效果。

---

① 《国之交在于民相亲——中国政府"友谊奖"向世界传递真诚》，《光明日报》2015 年 10 月 7 日。

② 习近平：《携手建设更加美好的世界——在中国共产党与世界政党高层对话会上的主旨讲话》，《人民日报》2017 年 12 月 2 日。

③ 《习近平谈治国理政》第二卷，外文出版社 2017 年版，第 501 页。

④ Stephen D.Krasner（ed），"International Regimes"，Charles Lipson，"Why Are Some International Agreements Information"，*International Organization*，vol.45，winter in 1991，pp.495—538.

"一带一路"倡议,体现了习近平深邃的哲学思维。"一带一路"对于各国都既是机遇又是挑战。按照矛盾的同一性原理,事物发展过程中每一种矛盾都存在两个方面因素,相互对立又相互关联、相互贯通、相互渗透。"一带一路"合作与建设体现中国特色的可持续发展模式,是马克思主义普遍原理与具体实践相结合的典范。根据马克思主义关于尊重事物发展客观规律的思想,"一带一路"建设根据不同地区、不同国家的特点,既重视矛盾的普遍性,又重视矛盾的特殊性,要善于抓主要矛盾。比如,在中亚地区,中国与中亚各国要加强基础设施互联互通。这种互联互通将确保中国与该地区各国经济、贸易、投资、环境保护等方面的紧密合作,加强中国同与新疆接壤的俄罗斯、阿富汗、巴基斯坦、印度及中亚国家之间的关系,同时也推动新疆本地的发展。在这些地区,安全问题的特殊性值得关注。"一带一路"的理论与实践,深刻体现了习近平哲学思想的逻辑内涵,美国著名中国问题专家基辛格博士指出:"习近平主席是一个很有决断力的人,有着丰富的人生经验,我认为他是最杰出的中国领导人之一"。①

维护"一带一路"沿线国家和地区安全是推进"一带一路"建设向纵深发展的基本保证。习近平总书记精辟地分析了安全与发展的关系。他强调,解决安全问题的根本途径要靠发展。发展是安全的基础,安全是发展的条件。②中国作为最大的发展中国家,通过"一带一路"建设与发展中国家共同参与建立国际经济新秩序,维护世界经济安全和发展。"一带一路"沿线国家既包括经济发达的欧洲,也包括充满经济活力的亚太地区和广大非洲发展中国家。2008年世界金融危机爆发以来,世界经济陷入停滞不前状态,增长乏力,长期疲软。全球经济困境的主要问题是资金过剩、需求不足。在这种情势下,"一带一路"倡议的提出,并且以"亚投行"为载体,成为带动各国经济发展的希望所在。"一带一路"推进过程中出现这样那样的问题,是发展中存在的问题,只有通过发展才能解决。西方各国虽然主张成员国之间降低产品、服务价格,消除技术性贸易壁垒,促进农业、海关和贸易便利化等,但西方各国之间发展水平差异较大,谈判困难重重,少数国家有可能成为牺牲品,无助于解决当今国际经济秩序不公平、不合

---

① [美]基辛格:《习近平时最杰出的中国领导人之一》,《人民日报》2015年9月13日。
② 《习近平谈治国理政》,外文出版社2015年版,第356页。

理现象。而"一带一路"建设目的在于拓展经济合作空间、深化区域整合、推进互联互通,以带动沿线国家经济发展来缓解地区冲突,促进安全与发展并行。通过"一带一路"建设进一步增强上海合作组织的凝聚力与行动力。利用中国—东盟对话关系 25 周年契机,推动双边基础设施、自贸区升级版、海洋经济、人文交流等合作。扩大"一带一路"建设初步成果。利用中国与中东欧 16+1 合作机制,打造成"一带一路"融入欧洲经济圈的重要承接地。随着更多的欧洲国家参与"一带一路"建设,欧盟也将逐渐成为"一带一路"的利益攸关方。①

"一带一路"为共建繁荣亚洲的良好愿景注入强劲动力。在东北亚,中韩决定推进四项发展战略对接,中蒙商定对接"丝绸之路"与"草原之路",中、俄、蒙就建设三国经济走廊达成重要共识并签署发展三方合作中期路线图。在东南亚,中国与印尼同意加快对接两国发展战略,雅万高铁项目是"一带一路"标志性工程,是中国高铁第一次全系统、全要素、全生产链走出国门的"第一单"。中老、中泰铁路开工在即,中越铁路线路正在加紧规划,中新探讨在"一带一路"倡议下开拓第三方市场。在南亚,中印加强"一带一路"建设领域合作,中巴经济走廊路线图进一步明晰,一大批重要项目陆续开工,孟中印缅经济走廊四方联合工作组工作初见成效,连接东亚与南亚的大通道呼之欲出。除了"一带一路"建设和行动外,中国还在推动金砖国家开发银行、亚洲基础设施投资银行等方面取得显著成效,在推动中国与东盟一体化进程、中欧合作 2020 战略规划、中非"十大合作计划"、中国与拉美和加勒比国家合作规划(2015—2019)等方面全面展开,以上事实表明,中国参与全球治理、推动建立公正合理的国际秩序已初见成效。"一带一路"6 年来,中国与沿线国家货物贸易进出口总额超过 6 万亿美元,中国企业对沿线国家直接投资超过 900 亿美元,在沿线国家完成对外承包工程营业额超过 4 000 亿美元;2017 年召开的首届"一带一路"国际合作高峰论坛形成的 279 项具体成果已全部得到落实。②

中国融入国际社会以来,自身的发展与世界的发展紧密攸关,习近平总书记提出"一带一路"倡议,旨在同沿线各国分享中国发展机遇,实现共同繁荣。"一

---

① 《为什么"一带一路"计划对欧盟很重要》,日本《外交学者》2015 年 4 月 9 日,《参考资料》2015 年 6 月 5 日,第 22—24 页。

② 《中国与一带一路沿线国家货物贸易超 6 万亿美元》,《人民日报》2019 年 4 月 22 日。

带一路"不仅是实现中华民族振兴的战略构想,更是沿线各国的共同事业,有利于将政治互信、地缘毗邻、经济互补等优势转化为务实合作、持续增长优势。通过"一带一路"建设,无论是"东出海"还是"西挺进",都将使我国与沿线各国形成"五通"。"一带一路"合作中,经贸合作是基石。遵循互利共赢的丝路精神,中国与沿线各国在交通基础设施、贸易与投资、能源合作、区域一体化、人民币国际化等领域,必将迎来一个共创共享的新时代。以中国和东盟自由贸易区合作为例,双方正在推进自贸区升级谈判,中国按照"一带一路"发展的阶段性特点与东盟自贸区在设施联通领域的合作,应作为现阶段优先考虑的计划。随着欧亚经济联盟的建立,"一带一路"与欧亚经济联盟建设对接应作为现阶段的实施目标,建立中国与欧亚经济联盟自贸区,不仅提升中俄经贸水平,也使中国与中亚国家经贸水平大大提升。习近平主席在"一带一路"国际合作高峰论坛上指出:我们要将"一带一路"建成和平之路。古丝绸之路,和时兴,战时衰。"一带一路"建设离不开和平安宁的环境。①加强基础设施建设是关键,改善投资结构,为实现金融、贸易的互联互通奠定合作的基础。

美国著名亚洲问题专家汤姆·米勒(Tom Miller)认为,"一带一路"倡议是由广泛的目标推动的。首先,它的目标是保护国家安全。其次是经济动机。第三,该计划是继1999年中国"走出去"政策之后第二次大规模海外投资。与古代丝绸之路一样,"一带一路"计划将形成一个由地理、商业和地缘政治的竞争需求影响的贸易路线网络。②事实上,"一带一路"建设还坚持开放、绿色、廉洁理念,与各国社会经济、能源可持续发展紧密相连,共同促进全球能源可持续发展,维护全球能源安全,坚持一切合作都在阳光下运作。"一带一路"建设有利于促进当今贸易和投资自由化便利化,反对贸易保护主义,"推动经济全球化朝着更加开放、包容、普惠、平衡、共赢的方向发展"。③6年来"一带一路"建设已为各国共同发展提供了全方位的合作平台。

新时代中国特色大国外交理论与实践体现实现中华民族伟大复兴"中国梦"

① 《习近平谈治国理政》第二卷,外文出版社2017年版,第511页。

② Tom Miller, *China's Asian Dream: Empire Building Along the New Silk Road*, UK, London: Zed Books Ltd, 2017, pp.30—32.

③ 习近平:《齐心开创共建"一带一路"美好未来——在第二届"一带一路"国际合作高峰论坛开幕式上的主旨演讲》,《人民日报》2019年4月27日。

的历史使命。为实现世界和平与发展,人类共同进步指明前程。习近平中国特色大国外交思想与实践是对西方传统国际关系理论与实践的历史性超越,推动构建"人类命运共同体、推动构建互利共赢的新型国际关系是避免"修昔底德陷阱"的最好途径;也是对西方传统现实主义国际关系理论重权力、强调国家利益至上的有力批判。尤其是"一带一路"倡议与建设不仅为世界经济发展注入新动力,也为推动建立公正合理的世界秩序奠定和平的环境。"一带一路"对很多国家都具有感召力,赢得国际社会广泛支持和积极响应。①它有力地维护了世界经济多边主义、实现共同繁荣的发展目标。

以习近平同志为核心的党中央从世界历史的高度审视当今世界发展趋势和面临的重大问题,坚持和平发展道路,坚持独立自主的和平外交政策,坚持互利共赢的开放战略,不断拓展同世界各国的合作,积极参与全球治理,在更多领域、更高层面上实现合作共赢、共同发展,不依附别人、更不掠夺别人,同各国人民一道努力构建人类命运共同体,把世界建设得更加美好。②针对个别国家的贸易保护主义和逆全球化思潮,中国推出一系列重大举措,展现出坚定不移扩大开放的信心和决心。习近平强调,"中方坚定支持贸易自由化、主动向世界开放市场的重大举措,将为各方进入中国市场搭建新的平台。"③2018 年 11 月在上海举行的首届中国国际进口博览会为各国共享中国发展红利搭建新平台,给世界带来巨大的发展机遇。习近平新时代中国特色大国外交思想的理论与实践必将为人类的和平与发展事业作出积极贡献。

(作者为同济大学教授)

---

① 《共建"一带一路"为世界发展注入新动力——访法国重建布雷顿森林体系委员会执行董事长乌赞》,《人民日报》2019 年 7 月 19 日。

② 习近平:《在马克思诞辰 200 周年大会上的讲话》,《人民日报》2018 年 5 月 5 日。

③ 习近平:《顺应时代潮流 实现共同发展——在金砖国家工商论坛上的讲话》,《人民日报》2018 年 7 月 26 日。

兴国之道的艰难探索

——对新中国七十年的哲学反思

胡振平

中华人民共和国成立七十年,不仅对每个中国人来说非常值得回味,而且对世界来说也具有十分重要的意义。一个占世界人口四分之一的东方大国发生了翻天覆地的变化:从积贫积弱任人宰割的半殖民地半封建国家变成了国内生产总值居世界第二并且蒸蒸日上的社会主义大国,人民的生活水平有了很大的提高,国力有了极大的增强,国际地位也与过去有了根本的改变。这些已经使人惊叹。更重要的是它开辟了一条落后国家通向现代化的新路。它不仅引起了世人的瞩目和争议,而且已经影响和改变着世界。如何看待这条道路是当今国内外思想界的重大课题,更是统一全党和全国人民的思想意志,同心协力,最终实现民族复兴的关键之举。这就需要反思,需要从历史的进程中领会它的合理性,发现其形成的内在逻辑。现实是从过去走来的,历史经验教训的总结有利于我们认识这条道路,也有利于开辟未来。新中国的七十年是非常复杂的历史进程,充满着矛盾,也充满着奋斗激情。孤立、静止、片面的观点,直线性的思维方式,把握不了它的发展进程。这里非常需要唯物辩证的发展观,也只有唯物辩证的发展观才能进行科学的总结。

一

新中国的成立在世界历史上是具有划时代意义的重大事件。它表明一个被帝国主义长期侵略和奴役的落后国家可以通过反帝反封建的新民主主义革命夺取政权走上社会主义的道路。然而,怎样把一个落后的大国建设成为社会主义现代化的强国,怎样实现中华民族的伟大复兴,还是一个有待破解的难题。毛泽东同志虽然在全国解放前夕已经预见到"中国的革命是伟大的,但革命以后的路程更长,工作更伟大,更艰苦",也坚定地指出"我们不但善于破坏一个旧世界,我们还将善于建设一个新世界"①,但是从今天来看,"如何建设新中国?",其中的曲折和艰难仍然超越了当时人们的想象!

新中国成立之初,在国民经济迅速恢复之后,中国共产党在毛泽东同志的带领下,从中国实际出发找到了一条适合中国国情的社会主义改造的道路,挟革命胜利之雄威,顺利地实现了农业和个体手工业的合作化,大大提前地完成了对资本主义工商业的社会主义改造。本打算用三个五年计划实现的社会主义改造仅仅在三年里就完成了。然而,接连不断的巨大的胜利下也隐藏着急躁情绪和"左"的倾向的抬头。长期和残酷的革命战争形成的思维定势,以及对于在全国范围长期执政和大规模和平建设的新形势新任务思想上准备不足,尤其是对于在中国这样一个落后国家如何建设社会主义的特殊性、规律性认识不足,中国共产党在工作上开始出现了一系列的失误。1957年的反右扩大化、1958年的"大跃进"、1959年的"反右倾"乃至接踵而来的三年困难时期,更为突出的是错误地总结了国内外阶级斗争的经验教训,在1962年又提出了阶级斗争必须年年抓、月月抓、天天抓,并且逐步形成了所谓的无产阶级专政条件下继续革命的理论,发动了"文化大革命",导致了十年之久的一场大动乱。

十分值得注意的是,"文革"的结束和改革开放时代的来临,是以实事求是思想路线的重新确立而拉开大幕,而实事求是思想路线的最早确立者就是毛泽东。在延安整风中通过反对"左"右倾机会主义的斗争,毛泽东逐步在全党确立了实事求是的思想路线。它的另一个表达方式就是马克思主义必须与中国实际相结合,或者说是马克思主义中国化。在革命战争年代,以毛泽东为代表的中国共产党人实现了这种结合,取得了革命的胜利;在社会主义建设开始之初,毛泽东也提出必须实行"第二次结合",即把马克思主义与中国社会主义建设实际结合起来。他带领全党进行了艰难的探索,留下了许多宝贵的经验,但由于对国情和形势判断的错误,更多留下的是惨痛的教训。这种教训至痛至深,反而激起了全党特别是党的高级干部的幡然醒悟:醒悟到实事求是的极端重要,也醒悟到实事求是的不易。于是,以邓小平为代表的中国共产党人开始了新的探索:从"以阶级

---

① 《毛泽东选集》第4卷,人民出版社1991年版,第1438、1439页。

斗争为纲"转向以"经济建设为中心",从高度集中的计划经济转向改革开放,逐步探索出一条中国特色社会主义的道路。历史进程有力地验证了恩格斯的两段话:"看来任何大国的工人政党,只有在内部斗争中才能发展起来,这是符合一般辩证发展规律的""要获取明确的理论认识,最好的道路就是从本身的错误中学习,'吃一堑、长一智'。"①

改革开放四十年来我们的探索取得了巨大的成功,但它也不是一蹴而就的。中国共产党人建党以来的全部努力,特别是新中国成立后三十年的探索和奋斗为之奠定了基础,这不仅有着基本政治制度的基础,还有物质财富的积累、科学技术的成就和基本工业体系的建成等条件,更应注意的是无数经验教训的积累,尤其是失误和失败教训的刺痛。除此之外,我们还要看到即使后来的四十年,也绝不是一帆风顺的,而是不断面对实践中的问题,工作中出现的偏向和错误,进行着总结改正。这就叫做"摸着石头过河"。20 世纪 80 年代改革开放起步,经济活跃了,但精神文明等方面出现问题,九十年代明确了社会主义市场经济的改革目标模式,在大步改革开放、经济发展迅猛的同时,贫富不均两极分化现象加剧、腐败现象越来越严重、生态环境也越来越恶劣,于是中央相继提出了"三个代表"重要思想和科学发展观。习近平新时代中国特色社会主义思想则是继续针对实际工作中暴露出来的许多问题,加以总体上的思考和把握,将顶层设计和具体落实的措施结合起来,既高屋建瓴形成创新思路,又抓铁有痕脚踏实地地综合解决中国特色社会主义建设中的重大问题。正是在这样持续不断地探索和奋斗中,中国才迎来了令世界瞩目的大好局面。

回顾七十年的奋斗历程,最为关键的问题是对于世情和国情的判断,特别是对国内主要矛盾的判断。1956 年党的八大提出的对国内主要矛盾的正确判断——人民日益增长的物质文化需要和落后的生产力之间的矛盾,在八大后不久被改变,是后来不断搞政治运动乃至发动"文化大革命"的理论原因。实事求是思想路线的重新确立改变了国内主要矛盾仍然是阶级矛盾的判断,把工作重心从以阶级斗争为纲转移到以经济建设为中心上来,才开辟出改革开放的新时代。而之所以能够对内对外两个开放,还在于对时代的变化进行了客观分析,形

---

① 《马克思恩格斯选集》第 4 卷,人民出版社 1992 年版,第 651、679 页。

成了和平和发展成为当今时代的两大问题的新判断①。这两大判断为中国调动和利用国内外的一切有利因素来发展经济提供了机遇,为市场经济方向的改革奠定了基本条件。没有改革开放,没有大胆地抓住发展战略机遇期,充分利用国内外的一切资源来发展中国,决不可能在短短四十年间取得如此大的成就。党的第十九次代表大会上习近平同志提出了新时代的主要矛盾。他指出"我国社会主要矛盾已经转化为人民日益增长的美好生活需要和不平衡不充分的发展之间的矛盾"②。这一判断从历史中吸取了经验教训,针对着现实生活中出现的诸多不平衡不充分的问题,明确了解决的方向——发展中出现的问题要靠进一步的发展来解决,在新的形势下坚持了党在社会主义初级阶段的"以经济建设为中心,坚持四项基本原则,坚持改革开放"基本路线。在主要矛盾和根本任务问题上坚持实事求是和保持清醒头脑,才能保证我们不犯大的方向性错误,也才能正确理解中国特色社会主义道路。

回顾七十年的奋斗历程,十分重要的是如何看待新中国成立后的三十年和改革开放四十年的相互关系。有些同志常常把这两段历史对立起来,或者认为前三十年都错了,后四十年才取得了巨大成就,或者以为前三十年才是走社会主义道路,后四十年则走偏了,甚至还出现了不少极端的看法。虽然各自都有自己的一些资料依据,但往往忽略了一点,即无论是前三十年还是后四十年,都是中国共产党领导人民进行的探索和奋斗的历史,中国共产党为人民的初心没有变,为中华民族复兴的初心没有变,为中国社会主义现代化的初心没有变。尽管在70 年中,共产党自身也不断犯过错误,甚至严重错误,共产党内部也不断出现腐败分子,但是,作为一个政党,她不断地审视着自己的工作,努力纠正着工作中的错误,并且始终严厉地打击着党和政府内部的腐败现象。这一切是有目共睹的。因此,我们必须将中华人民共和国成立后的七十年看作一个整体,是一个不断探索、艰难前进的七十年。我们不能将领袖人物神化,也不能将政党神化,他们都

---

① 由于上世纪下半叶开始的新科技革命,科学技术成了第一生产力,给社会生产方式和生活方式带来的巨大影响,也由于两次世界大战的教训,世界人民要求和平的呼声日益强烈,民族解放运动风起云涌,殖民体系逐步崩溃等诸多原因,当今世界正处于和平发展的历史时期。这些就为中国的改革开放搞市场经济,调动和利用国内外的一切有利因素来发展我国的经济提供了机遇。

② 《中国共产党第十九次全国代表大会文件汇编》,人民出版社 2017 年版,第 9 页。

是现实生活中的人和党,都有其局限性,在变化着的历史进程中,不可能做到万无一失,关键的问题是初心不变并且能够从错误和挫折中及时总结经验教训,不至于一错到底,不至于犯根本性的错误。

这里还有个如何对待成绩和错误的问题。我们的确需要凝聚人心,需要大力宣传中国共产党所取得的伟大成就。没有四个自信,我们也很难团结一致、努力奋斗、再创奇迹。然而,这些自信的基础应是对于我们事业的信念。它是建立在实事求是之上的,是对于社会发展根本规律的信念,不会因一时的曲折而丢弃。这还因为我们的确取得了非凡的成就,的确找到了一条中华民族的复兴之路。然而,我们也必须看到成就来之不易。所谓"失败乃成功之母"就是天天在我们身边发生着的事情。失败向成功的转化是有条件的,这就是直面失败不气馁不动摇,不断总结经验、吸取教训、想方设法、努力奋斗。所以我们不能讳言错误、挫折和失败,必须正视之,认真对待之,努力解决之,绝不能讳疾忌医!习近平同志强调问题意识,指出:"理论创新只能从问题开始。从某种意义上说理论创新的过程就是发现问题、筛选问题、研究问题的过程。"①而问题中很重要的就是实践中的挫折和失败引起的疑问和反思。它是实践过程中的反馈,暴露鲜明、刺激强,会比较有力地推动人们对已有认识的重新思考,并且往往会提供解决问题的突破口。有人认为"劲可鼓,不可泄",担心讲问题、讲错误会使人们丧失信心。这样的担心不是没有道理的,但是这绝不意味着只讲成就不讲错误和挫折。成就要讲,问题也要讲,要实事求是。须知广大群众在社会的基层,他们对于党和政府工作中的错误最有切身感受,制造虚假的舆论反而会使人反感,失去群众的信任。个别的虚假或回避甚至会引起对整个宣传的不信任。相反,讲明白面临的困难和问题,襟怀坦白地承认工作中的失误,不仅会取得群众的体谅,而且往往会转化成克服困难的决心!

二

新中国成立七十年来,我们探索的主要是兴国之道,其中的艰难不亚于对革

---

① 《习近平谈治国理政》第2卷,外文出版社2017年版,第342页。

命道路的探索,其成功的意义也不亚于夺取政权的革命战争。这是因为中国特色社会主义是前无古人的伟大事业,为贫穷落后的国家如何走上富裕文明并且公平公正的社会提供了样本;同时也因为马克思主义创始人提出了科学社会主义学说,但是没有提供中国特色社会主义这样的道路,它完全是中国共产党人实践探索中的突破和创造! 而从哲学角度反思,这些创造背后又有着发展着的中国马克思主义哲学理论的支撑。

毛泽东作为一个有着高度哲学智慧的无产阶级革命家,深谙马克思主义哲学的精髓,他曾将马克思主义哲学精辟地概括为"能动的革命的反映论",认为"这是自有人类历史以来第一次正确地解决意识和存在关系问题的科学的规定"①。冯契先生对于毛泽东的这一概括作了高度评价,认为"它集中地体现了辩证唯物论和历史唯物论的统一",并指出"毛泽东用'能动的革命的反映论'一词把三个环节(客观过程的反映、主观能动性的作用和革命的实践——笔者注)统一起来,对认识论和历史观中的心物之辩作出科学的规定,这在中国哲学史上也是'第一次'"②。而这三个环节的统一恰恰就是中国革命成功的奥秘所在,也是中国特色社会主义能够取得成功的奥秘所在。

马克思新世界观天才萌芽第一个文件的第一条就尖锐地指出"从前的一切唯物主义(包括费尔巴哈的唯物主义)的主要缺点是:对对象、现实、感性,只是从客体的或者直观的形式去理解,而不是把它们当作感性的人的活动,当作实践去理解,不是从主体方面去理解。因此,和唯物主义相反,能动的方面却被唯心主义抽象地发展了"接着,他又一次强调费尔巴哈"他不了解'革命的''实践批判的'活动的意义"③。仅由此就可见如何把握实践的能动作用是区别马克思主义哲学和其他哲学的关键之点。

毛泽东坚定地把自己对于中国社会发展规律的认识建立在能动的革命批判的实践活动之上。他在 1930 年就提出"一定要纠正脱离实际情况的本本主义",大声疾呼"共产党的正确而不动摇的斗争策略,决不是少数人坐在房子里能够产生的,它是要在群众的斗争过程中才能产生的,这就是说要在实际经验中才能产

---

① 《毛泽东选集》第 2 卷,人民出版社 1991 年版,第 664 页。
② 冯契:《中国近代哲学的革命进程》,上海人民出版社 1989 年版,第 529 页。
③ 《关于费尔巴哈提纲》,《马克思恩格斯选集》第 1 卷,人民出版社 1995 年版,第 54 页。

生",并号召"到斗争中去! 到群众中作实际调查去!"①也正是坚持了把对中国革命规律的认识建立在中国人自己的革命实践之上,中国共产党才能走出一条中国特色的农村包围城市的道路,取得了中国革命的胜利,建立了新中国。

中国共产党人对中国社会主义建设道路的探索也贯穿着这种在能动的实践基础上的批判总结精神。尽管七十年的探索中也曾遭受到严重的挫折,留下了深刻的教训,但是革命的奋斗精神没有丢,不断地纠正自身错误的大无畏精神没有丢! 而这种带领中国人民为着中华民族的复兴而努力奋斗的精神,这种在实践中开拓和探索中国社会主义建设道路的创造精神,是中华人民共和国七十年的底色,是今天能够冲破思想上的藩篱开拓出中国特色社会主义道路的根本原因。坚持在不断的革命实践中认识世界和改造世界(包括改造自己),是区分真假马克思主义的试金石,也是中国共产党人最为可贵的品质。它构成了中国发展的内生的精神动力。而更为深层的原因则在于中国社会生产力发展的必然要求。近代中国落后就要挨打的惨痛教训,使得广大人民群众迫切要求不再受人欺侮,迫切要求改变自己的悲惨生活,迫切要求祖国强盛。这是中国革命爆发的原因,也是中国社会主义建设和改革开放的根本动力。

然而,迫切要求改变中国的落后面貌是一回事,如何才能改变中国的落后面貌则是又一回事,好的愿望如果违背了客观规律,不仅不能实现愿望,甚至会背道而驰。过去有一种十分幼稚的观点:"左"总比右好。其实由于出发点是好的,至少看起来很好,往往在群众热情起来对于那种"左"的东西一片叫好之时,你反对都反对不得,因而痛快一时,却酿成了大的灾难。也正是经历了"大跃进",特别是"文化大革命"等"左"和极左的沉痛教训,邓小平深刻指出"中国要警惕右,但主要是防止'左'"②。所以如何正确处理好主观能动性和客观规律性的关系,探索出一条合乎中国国情的能够充分调动一切积极因素来建设社会主义中国的道路,这是全部问题的关键。而寻找这样一条道路还是要依靠能动的实践的探索和对于国际国内正反经验教训的科学总结。

在如何激发人的能动性上,改革开放前我们比较强调精神力量。这有着历

---

① 《毛泽东选集》第1卷,人民出版社1991年版,第115、116页。

② 《邓小平文选》第3卷,人民出版社1993年版,第375页。

史的原因。革命年代,共产党人提着脑袋干革命,个人的物质利益往往置之度外。没有这种精神,革命不可能获得成功。这种精神直至今天依然对社会主义建设事业起着十分重要的作用。但是,后来夸大精神的作用,搞精神万能论就是"左"的表现。回顾总结新中国成立以来经济建设的经验教训,邓小平在改革开放第一个宣言书中就尖锐地指出:"不讲多劳多得,不重视物质利益,对少数先进分子可以,对广大群众不行,一段时间可以,长期不行。革命精神是非常宝贵的,没有革命精神就没有革命行动。但是,革命是在物质利益的基础上产生出来的,如果只讲牺牲精神,不讲物质利益,那就是唯心论。"①市场经济体制方向的改革实际上就是从当今中国的实际(包括物质的和精神的)出发,将生产的收入与社会的需求通过市场直接挂钩以激励企业的生产积极性,并以此调动各种生产要素向高效益方面流动。这就将调动积极性落实到了制度层面上。千军万马成为相对独立的主体,积极投身于市场经济的海洋,自由地发挥其聪明才智和创造的力量,在改革开放的大潮中既服务于社会又赢得了自己的利益和自身的发展。这就是市场经济的巨大威力。与此同时,与西方国家所谓自由市场经济②有所不同,我们又在马克思主义立场上总结国内外市场经济发展过程的教训,清醒地认识到市场机制的负面效应。社会主义市场经济法律体系的建设和国家对于社会经济的宏观调控和引领则从另一方面体现了代表人民利益的党和国家主体主观能动性的积极发挥。一方面规范着千万市场主体的行为,使之不至于失范,保证社会主义市场经济正常运行;另一方面,在一些市场经济还不大涉及而社会又迫切需要的领域,政府的引导、调节乃至参与则从宏观上保证社会更理性更科学地发展。这些生动地体现了中国共产党从人民的利益出发,通过实践逐步认识中国社会发展的客观规律性,并且运用对于市场经济运行规律的把握,趋利避害、趋善避恶,构建起中国特色的社会主义市场经济体制。这就是"能动的革命的反映论"在当下中国的实践,也是中国特色社会主义道路的要义所在。

---

① 《邓小平文选》第 2 卷,人民出版社 1994 年版,第 146 页。其实,给人民以看得见的物质利益也是中国共产党领导革命战争能够得到广大人民群众支持并取得胜利的重要原因。

② 其实西方国家市场经济也有个变化的过程。迫于不断产生的经济危机,后来形成的现代市场经济体制不同程度上也有了国家干预,但由于站在资本特别是大资本的立场上,这种干预不仅后滞,而且是为着维持资本的高额利润。具体分析参见本人《市场经济与价值观》第三章第二节《市场经济的演化和价值取向的差异》,上海社会科学院出版社 1998 年版。

四十年的实践已经证明了这条道路的正确,不仅从我国经济迅猛发展中看到了它对社会生产力发展的巨大促进作用,而且昭示着一种新的发展模式的形成。它以社会主义的价值观念引导市场经济的发展,在充分发挥市场机制配置资源作用的同时,又努力通过党和政府的调控特别是社会主义市场经济法律法规的制约克服市场机制带来的种种弊端。中国共产党提出的"创新、协调、绿色、开放、共享"新发展理念就鲜明地体现了这种发挥和引领①。在创新、协调的要求下,进一步加大对内对外开放的力度,更好发挥市场机制的作用;与此同时,又以绿色、共享的理念引领和校正市场经济发展过程不顾生态、两极分化的倾向。五大理念的落实,正使中国社会主义市场经济的发展进入更快更好的阶段!

三

兴国之道有理论问题,但本质上是个实践过程。对于它的认识要通过实践经验教训的总结,而它的实现更是个排除万难、共同奋斗的艰难进程。

实践是十分复杂的活动。首先它是人的实践,人作为完整的人,是知、情、意的综合体,实践之初,人就有着自己的理想愿望,或者说目的。它是知情意综合起来形成的。实践就是主体在目的的指引下,知情意相结合运用工具改变对象,使之合乎人的要求,实现人的目的的过程。更重要的是,"人的本质不是单个人所固有的抽象物,在其现实性上,它是一切社会关系的总和"②。人的实践是社会的实践,人总是作为社会的一分子而进行着实践活动的。今天所说的中国特色社会主义道路的实践,是一个执政党带领着十三亿人民为着中华民族的重新崛起而奋斗的伟大实践,更是复杂和艰难的历程。

其一,要以伟大的理想将亿万群众凝聚起来。中国共产党是最具革命理想的政党,且不仅对于共产主义的信仰始终不变,而且对于中华民族的复兴也坚定不移。为此,牺牲的志士不下千万。然而,随着革命硝烟的散去,长期和平的生活会消磨掉人们的斗志,更何况权力地位的取得加上市场经济环境,很容易让干

---

① 参见胡振平:《新发展理念的价值引领》,《中国井冈山干部学院学报》2018 年第 6 期。
② 《马克思恩格斯选集》第 1 卷,人民出版社 1995 年版,第 56 页。

部在鲜花和人们的拥护声中陶醉,在金钱美女的包围下被诱惑。共产党的干部和许多党员理想信念的淡化乃至消失已经成为党面临的最难以解决的问题。党的干部如果失去了理想信念,就很容易堕落、腐败! 也就谈不上为理想而奋斗的主观能动性的发挥! 即使中央提出许多好的理念政策,也会在执行中被消解掉。对于中国共产党的干部,要保持坚定的理想,必须有相应的情感意志,即爱国的情怀和对党对广大人民群众的忠诚热爱;与此同时,当以理性作为支撑,理论上信服,信念才能坚定。这就要求广大党员干部对人类社会发展规律和中国特色社会主义建设规律具有理性认识。最贴近中国实际的科学理论就是毛泽东思想和中国特色社会主义理论体系。毛泽东思想的活的灵魂"实事求是""群众路线"和"独立自主、自力更生",站在哲学高度,用中国式的朴实语言凝聚了毛泽东思想的精髓,也是马克思主义的精髓。它贯彻着"能动的革命的反映论",以自己运动的辩证思维指引我们改天换地的革命实践,包括党领导的社会主义建设事业,是中国共产党人宝贵的精神财富。而中国特色社会主义理论则是毛泽东思想的发展,是我们最新探索的理论成果,也是直接指引我们当下实践的路径和指针,它同样贯穿着马克思主义的实践辩证法。用新时代的中国特色社会主义理论体系特别是习近平新时代中国特色社会主义思想凝聚全党和全国人民,是当今之要!

其二,要化理论为德性,化理论为方法,化理论为制度①。人的主观能动性的发挥最为根本的就是"以客观现实之道还治客观现实之身"②。从实践中摸索出来的对于对象规律性的认识,不能仅仅作为一种标榜,一种炫耀,而是要通过武装人们的头脑,成为我们指导实践活动的有力思想武器,化为人们的革命行动。这就需要将理论转化为自己的立场、信仰,成为自觉的价值追求,也就是成为自身的德性;同时,又要将这种对客观世界的认识转化为改造世界的方法,按照对象自身的规律反作用于对象,以实现人的合理的目的。这里就有个对于主体自身的改造问题。现在有些人往往错误地接受了"左"的教训,以为自己是天然正确,反对对主体的思想提高和改造。其实,任何人都不可能是天然正确的,

---

① 前两化是冯契先生于 20 世纪 50 年代提出的;化为制度则是笔者根据改革开放进程中十分强调制度建设而引申出来的。

② 《冯契文集》第 2 卷,华东师范大学出版社 1996 年版,第 19 页。

都需要在实践中和教学中接受教育和改造。问题在于以什么样的东西来教育改造自己，以及如何进行学习改造和提高。努力以经过实践反复检验的科学理论（这里说的科学也是相对的）来提高自己，这正是人的高明之处。反之，如果一味抱残守缺，那才是无可救药。我们党经历无数艰难才找到的中国特色社会主义理论体系特别是习近平新时代中国特色社会主义思想当然要大力宣传，形成强大的声势。与此同时，十分要注意的是"化"字，它不是靠简单的灌输，而是需要入头入脑入心，使人自觉自愿地接受，从而变成自己的东西，这就要靠真理的力量、事实的教育以及合乎情理的方法。教育的目的是使教育对象认识有提高，这就必须考虑对象能否和在何等程度上可以接受。人之所以为人，作为一个主体他有着自尊，也追求着自己的自由。教育者往往容易居高临下以教育者领导者自居，缺乏平等待人的意识，这样往往会适得其反。更何况，拥有权力并不等于拥有真理，真理的相对性也决定着认识过程的复杂性。思想问题要通过思想的方法来解决。这方面我们有过惨痛的教训。倡导实践意识、平等意识，倡导相互交流相互批评和自我批评，倡导动之以情、晓之以理，才是"化"的有效途径，在和平建设年代尤其需要这样。当然，这些也是有底线的，底线就是我们中国特色社会主义的法律制度。需要注意的是，这是一种站在广大人民立场上制定的制度，是中国特色社会主义理论体系特别是习近平新时代中国特色社会主义思想外化而形成的制度。它不仅出师有名，而且依据当前中国的实际情况，兼顾着国家利益集体利益个人利益，企业利益资本利益和劳动者的利益。这样的法律制度直接关系着社会稳定、国家安全及其发展方向，应是对于每个人的刚性要求。触犯这样的底线，就超越了思想的范围。

其三，要以民主集中制原则将广大民众组织起来。中国近代历史的教训深刻地表明组织起来十分重要。过去中国人之所以受西方列强的侵略欺负，不仅因为中国经济的落后，还因为民众是一盘散沙。中国民众的觉醒和组织起来经历了一个漫长而又痛苦的过程。如果说一百年前的五四运动标志着中国人民觉醒的话，中国共产党的成立则标志着在马克思主义旗帜下，中国工人阶级和劳苦大众开始组织起来。革命战争年代动员群众组织群众对于取得战争和革命的胜利有着不可估量的作用。这种作用在抗日战争中表现得尤其突出。毛泽东在《论持久战》中就深刻指出"战争的伟力之最深刻的根源，存在于民众之中。日本敢于欺负我们,主要的原因在于中国民众的无组织状态。克服了这一缺点,就把日本侵略者置于我们数万万站起来了的人民之前,使它像一匹野牛冲入火阵,我们一声唤也要把它吓一大跳,这匹野牛就非烧死不可"①。今天,我们搞社会主义建设实现民族复兴的伟大理想,同样也必须动员群众、组织群众。没有民族的团结,没有民众的组织,或者组织得不好,我们就没有实现理想的强大力量,就会使理想变成空想。有了一条正确的兴国之道,又有中国共产党的强有力的组织领导,我们就能够在中国特色社会主义建设上无坚不摧、无往不胜。这就是中国共产党之所以能够创造奇迹的重要原因。任何削弱中国共产党组织领导的做法都是不可取的。

强调组织起来,就有一个组织与个人的关系问题。对此,我们必须辩证思考,不能把组织与个人看成只是对立的关系。李大钊就曾指出"一方面是个性解放,一方面是大同团结,这个性解放的运动,同时伴着一个大同团结的运动。这两种运动,似乎相反,实在是相成"②。毛泽东和邓小平也都期望着一种"又有集中又有民主,又有纪律又有自由,又有统一意志、又有个人心情舒畅、生动活泼的政治局面"③。这种局面的形成是有着客观基础的,即人们之间既有个人利益又有着共同的利益,这种共同利益往往是根本的,是大于个人的利益的。"覆巢之下,安有完卵",就是一个很恰当的比喻。另一方面,也因为离开了各个个体的利益,共同的利益就是空的、虚假的,真正的共同体就必须尊重每个个体个性和他们的合法权益。也只有个人的个性得到尊重,其合法权益得到保护,才能真正调动起各个个体的积极性,从而也发展了共同利益。"各美其美,美人之美,美美与共,天下大同"是这种向往的表达。要形成这样一种和谐的政治局面,十分重要的是:组织必须是在共同理想凝聚下民众自愿的组织,组织的原则则是能够代表广大人民意志的民主集中制。关键则在于中国共产党和党的主要领导人立党为公。正如习近平最近回答记者时说的"我将无我,不负人民"④。与此同时,为了

---

① 《毛泽东选集》第 2 卷,人民出版社 1991 年版,第 511—512 页。
② 李大钊:《平民主义》,转自冯契《中国近代哲学的革命进程》,上海人民出版社 1989 年版,第580 页。
③ 《邓小平文选》第 2 卷,人民出版社 1994 年第 2 版,第 145 页。
④ 《习近平:我将无我,不负人民》,新华网 2019 年 3 月 24 日。

组织力量的有效发挥又不至于走上歧路,则既要有党内外的积极的思想斗争以及相互的民主监督;又必须加强党的组织建设和全社会的法治建设,严肃党的纪律,严格依法办事,从而做到既尊重个体的思想自由和在法制内的行动自由,又确保在民主基础上集中形成的共同意志能够令行禁止。

我们的兴国之道是在自己实践探索基础上形成的,也是对西方国家现代化道路上的经验教训的扬弃,是中西文化冲撞和交融的成果。近代西方帝国主义的野蛮侵略和肆意掠夺给中国人民带来了极大的痛苦,也促使了中华民族的觉醒。中国是个有着悠久文明历史的大国,在几千年发展过程中形成了独特的文化,有着自己的优秀传统,但面对近代崛起的西方文明,中国的落后是事实。承认落后,向西方学习是必须的,但是向西方学习也必须与中国自身的实际情况结合起来,中西交融、取长补短,形成有自己特色的现代化道路,并且要有自强不息的精神,依靠广大人民群众共同建设和创造。这不仅因为事物的运动是自己的运动,还由于对中国这样一个大国来说不可能依靠外部力量的帮助和供养维持自己的生存和发展,相反,倒会因为中国的强大而被霸权国家视为实施其霸凌主义的障碍,千方百计地加以打击和遏制。

新中国七十年证明了改革开放的极端重要性。世界文明潮流浩浩荡荡,这是各种不同文明相互交流并且在交流碰撞中交融发展的历史,尤其是当今世界已经进入信息化时代,生产要素更加在全球流动,网络和产业链把各国各地联成一片,背离这样的世界潮流就是自己被封闭、被孤立、甚至被淘汰。七十年的历史也证明了自强不息精神的重要性。我们要和平、要开放、要发展,要争取更多的外部援助以加快我们前进的步伐,也在相互交流中作出对世界的贡献,但是目前的世界还不太平,霸权主义还在横行,"美美与共、天下大同"还要靠团结世界各国人民共同奋斗和争取,对于中国这样的大国来说,既要有坚定的信念和坚强的力量,同时也还要有两手准备,所以务必保持谦虚、谨慎、不骄、不躁的作风,务必保持独立自主、自力更生、艰苦奋斗的精神。

(作者为上海社会科学院哲学研究所研究员)

论法律保障爱国主义的伦理责任

余玉花

法律保障爱国主义命题一经提出,就面临着争议,质疑集中在于:爱国主义作为一种道德情感或道德运动,是否可在法律之下成为强制性的行为? 也有人担心,爱国主义法律化将带来司法可行性的难题,其结果会否影响法律的权威性? 上述质疑表面上似乎是爱国主义归属学科的技术性问题,然而,就其问题的实质则是关涉法律保障爱国主义合理性的问题。法律保障爱国主义是否具有合理性? 属于法伦理学讨论的问题,它涉及法律在爱国主义现实问题中的价值态度和法律能否对爱国主义有所作为的价值功能。具体而言,它不仅需要从法伦理学的视角来回答法律对爱国主义承担的伦理责任,更需要从法律实践产生的社会后果来探讨法律保障爱国主义的伦理价值。

一、 保障爱国主义是法律一项基本责任

毫无疑问,爱国主义历来被看作是一种高尚的道德情感,当然爱国主义也是一种社会运动,是情感转换为实际行为的社会实践,因而爱国主义归属于道德范畴。但是道德领域的爱国主义如何具有持久性,爱国主义高尚情感如何不被亵渎,爱国主义行为如何不遭扭曲和打击,仅靠道德的力量是远远不够的,况且道德以个人内心道德羞耻感和舆论评价的功能特点难以有效阻止不义行为,难以对不义行为形成巨大威慑力。但是法律可以弥补道德的不足,给予爱国主义道德以保护性的后盾,并将保障爱国主义作为法律的一项基本责任。

保障爱国主义何以是法律的责任? 法律承担保障爱国主义的责任,基于两方面的缘由。其一,是法律内在价值追求所致。尽管法律被确定为一种外在的行为命令,但法律从其诞生起就具有精神性的内在追求,体现着"立法者的理性

和心灵"①无论是"正义""自由""公正"还是"爱国"等理念无不浸染着法律的精神意向。而法律的精神追求同样体现着伦理的价值向度,毫无疑问,上述法律理念同样也是道德的理念。古罗马的西塞罗认为,法律是神圣的,只有那些"为了公民的安全、国家的长存以及人们生活的安宁和幸福"②的规则才称得上是法律,而有害的规则则不配称之为法律,"一项完全非正义的法律不具备法律的特性"③。亚里士多德也认为:"法律的实际意义却应该是促成全邦人民都能进于正义和善德的制度。"④因此,法律一定是有精神追求的,绝非是冷冰冰的铁律禁规,法律的条文规范的依据来自法律的内在精神,是法律精神指导下的产物,否则法律何以能成为"普遍性的意志",法律又如何得以服人。正因为法律具有与道德共相追求的精神目标,法律才能在国家治理和社会秩序的维护上发挥其独特的作用,这意味着法律特定的价值追求中隐含着特定的责任。"爱国"作为一种价值观念,就其形式而言,具有世界性的意义,当然,法律所追求的"爱国"精神由于法律制度的差异,其精神内容也会有国家性的特点。虽然,法律不一定直接冠之"爱国"一词的规范,但是"爱国""护国"必定是法律追求的精神原则。我国宪法第二十四条专门提出"国家提倡爱祖国""在人民中进行爱国主义教育",体现了法律追求爱国精神、承担保障爱国主义的责任。

其二,是法律无可替代的独特地位使然。法律的独特地位主要是指法律与国家密不可分的关系,或者说法律在国家中的特殊作用。法律一定是国家的法律,国家离不开法律制度的支持。康德说:"国家是许多人依据法律组织起来的联合体。"⑤法律与国家之间休戚相关难以分割的联系,决定了法律必定以维护国家为其最重要的职责,因而保障爱国主义必然是法律责无旁贷的使命之举。这一点可以从解析爱国主义的本质获得更深入的理解。

爱国主义无论从其情感还是行为来看,都存在着爱国的主体和爱国客体的关系。爱国的主体不外乎个体公民,关键在于爱国主义的客体,即爱的对象是有

---

① [古罗马]西塞罗:《国家篇 法律篇》,沈叔平、苏力译,商务印书馆 2005 年版,第 187 页。

② 同上书,第 188 页。

③ [美]埃德加·博登海默:《法理学——法律哲学和方法》,张智仁译,上海人民出版社 1992 年版,第 17 页。

④ [古希腊]亚里士多德:《政治学》,吴寿彭译,商务印书馆 1997 年版,第 138 页。

⑤ [德]康德:《法的形而上学原理》,沈叔平译,林荣远校,商务印书馆 1991 年版,第 138 页。

别于主体个人的共同体。学界对于爱国主义对象的共同体有不同的理解,有的认为爱国主义的对象是民族的共同体,强调文化为共同体特征,以致有的把爱国主义称为民族主义;也有的认为,爱国主义对象的共同体指的是国家,突出共同体政治性的特点。也存在着第三种的观点,认为共同体可以是民族文化与国家政治的整合体,"国家和民族应当成为有机的整体,一个完美的国家应当以民族及其小众为建国的基础,这个民族国家应当是主权的和独立的,反过来,民族也'以国为家',把国家的生存、自主和发展视为自身的最高利益所在。"①笔者认为,民族与国家不可分,在同一个共同体中,文化与政治也不可分,国家的共同体既包含着民族性的文化要素,也包括现代国家制度在内的政治要素,尤其对于有着悠久文化历史的中国更是如此。学界一般过于注重国家的政治性要素,"国家成为唯一真实的政治共同体"②。但是在国家政治性中始终不缺少文化性的要素。中国现行的政治制度是社会主义制度,它包括国家政党领导、国家政权体制、国家机构设置等一系列的政治制度,但现代中国选择"社会主义"政治道路以及社会主义政治制度并非与中华民族文化完全不相干的,恰恰相反,现行的国家政治制度不仅是中国历史上政治制度演变的结果,尽管其演变是惊天动地、翻天覆地朝代变更,但是不管国家制度的性质如何变化,国家政治历史没有断裂,中国大一统的中央集权的政治格局没有大的变化;而且在国家政治制度中融入了包括中国语言、思维习惯、道德理念和民族心理等丰富性的中国文化。就此而言,中华民族的概念既是民族概念同时也是国家的概念,两者是不可分割的。可以说,中华人民共和国是一个集政治与文化为一体的共同体。

正是国家这种丰富多样而又复杂的共同体蕴含着爱国主义的伦理指向,因为国家共同体关涉到"我"或"我们"与集合性共同体的关系。一方面,共同体对于个人而言,是"我"和"我们"的价值定位,是一种身份归属,是公民个体活动的条件和精神依据,"国家是大写的个体精神",③国家满足公民个体对故土家园的眷恋情感、对传统优秀文化的审美赞赏、对合乎民意政权的信任和支持,可以说,国家共同体是提供或激发爱国主义情感、政治认同和精神力量的源泉。另一方

---

① 李世涛主编:《知识分子立场》,时代文艺出版社 2000 年版,第 7 页。
② [意]毛里齐奥·维罗里:《关于爱国》,潘亚玲译,上海人民出版社 2016 年版,第 22 页。
③ [英]鲍桑葵:《关于国家的哲学理论》,汪淑钧译,商务印书馆 1995 年版,第 166 页。

面,国家共同体的发展壮大也仰赖国家个体的爱国主义热情和行为的推动,"国家的生存依赖于公民的爱国主义"①。国家共同体的发展始终需要爱国主义,爱国主义是国家凝聚力的来源和体现,爱国主义是维护国家尊严的必要条件,爱国主义也是提升国家软硬实力的力量源泉,这也是在经济全球化的今天世界各国仍然倡导爱国主义、坚持高举爱国主义旗帜的重要原因。

法律对于爱国主义的责任,源起于对于国家共同体的责任。法律不仅是国家共同体组成部分,更是捍卫国家共同体的利器。由于爱国主义本质上与国家共同体具有内在的一致性,因此法律维护爱国主义、保障爱国主义其实质就是维护和保障国家共同体。保障爱国主义的责任对于法律来说,既体现为法律政治性的原则,也体现了法律的道义性担当,是法律内在价值的义务命令,是值得赞赏的伦理责任。

二、 法律保障爱国主义情感不受伤害的责任

爱国主义的一个特征就是情感的炽热性,一个"爱"字充分体现了爱国情怀的特点。爱国情感是爱国主义最基本的要素,爱国情感是爱国主义具有激发力、凝聚力和奉献国家甚至为国献身的源泉所在,任何个体的爱国行为和爱国主义的社会运动都基于心灵深处的爱国情感,没有这份道德情感,爱国主义则是苍白无力的。因此,维护爱国情感,使之持续不衰,使之免受伤害是法律保障爱国主义的重要任务。然而,法律恰恰是"没有感情的智慧"②,虽然现代法律也尊重公序良俗,但那只是作为司法判案的参考。所以问题是,没有感情的法律如何来保障爱国主义情感? 这也是有人质疑法律可否保障爱国主义的原因之一。

不可否认,法律的一律性、重规则、强制性的特点无法判断情感,也无法强制情感,法律法条本身不可能确定和激发爱国主义情感,也不可能强制爱国主义行动,爱国主义情感和活动只能是道德或政治的实践中来实施。但是这并不意味着法律对于爱国主义是无所作为的,它可以通过某些与爱国主义相关性的法律

---

① [意]毛里齐奥·维罗里:《关于爱国》,潘亚玲译,上海人民出版社 2016 年版,第 95 页。
② [古希腊]亚里士多德:《政治学》,吴寿彭译,商务印书馆 1997 年版,第 11 页。

法规来达到维护爱国主义情感的目的。也就是说,法律保障爱国主义并不是将爱国主义道德情感简单直接转化为法律规范,而是在相关领域、相关法律部门设定义务、授予权利的形式来维护爱国主义的情感,这种维护具有非直接性。

现实中爱国主义情感的表达通常需要特定的场域、特定事件、特定的国家象征物,这些激发爱国主义情感的条件。例如,在国际体育赛事中观众台上摇着国旗为本国运动员呐喊加油的情绪,特别是获奖运动员面对冉冉升起的国旗、聆听雄壮的国歌,爱国主义激情汹涌澎湃,受其感染的不仅是在场的人员,也包括观看转播的电视机前的国人。又如,在抗议他国霸凌的示威活动中,人们一定高举国旗、高唱国歌、高呼口号来表达国家受辱的愤慨、声讨强权欺压。这些爱国主义运动大多发生在政治事件中,如南联盟中国使馆被炸事件等。

上述爱国主义表达都有国旗、国歌伴随,因为国歌国旗是国家的象征,举国旗、唱国歌是敬仰国家、心系国家、情牵国家的爱国主义情感的表达。虽然爱国主义情感的表达有多种形式,如诗歌、音乐、绘画、小说等各种艺术形式中的爱国主义情感,但是国歌国旗更具有爱国主义情感的激发力和感染力,最能表达公民对国家的强烈情感。从某种意义上说,国旗国歌满足了人们对国家共同体情感的需要。不仅如此,国旗国歌还表征着国家的权威性,"国家之所以必须是独一无二的,就因为它是最终的权威。"①国家权威对于公民个体具有吸引力和崇敬感。国家权威是公民忠诚的重要对象,忠诚在爱国主义中具有独特的作用,因为忠诚道德中包含着对国家的真挚的热情和强烈的责任感,可以说,忠诚国家是爱国主义的核心。国旗国歌代表着国家,也代表着国家的权威性,代表着国家的信念,"作为一个道德观念,民族国家乃是一种信仰,或一个目标——可以说是一项使命。"②

基于国旗国歌的国家象征性,能够满足公民爱国主义的情感,能够提供公民认同国家的权威性,我国最高立法机关制定和通过了《中华人民共和国国歌法》《中华人民共和国国徽法》《中华人民共和国国旗法》(简称《国歌法》《国徽法》《国旗法》),统称"三国法",也有的称之为"爱国主义法"。三国法的立法目的都

---

① [英]鲍桑葵:《关于国家的哲学理论》,汪淑钧译,商务印书馆 1995 年版,第 193 页。
② 同上书,第 302 页。

贯注了爱国主义精神。《国歌法》开宗明义:"为了维护国歌的尊严,规范国歌的奏唱、播放和使用,增强公民的国家观念,弘扬爱国主义精神,培育和践行社会主义核心价值观,根据宪法,制定本法。"《国旗法》的立法宗旨是:"为了维护国旗的尊严,增强公民的国家观念,发扬爱国主义精神,根据宪法,制定本法。"

除上述以外,三国法在保障爱国主义的立法中有些共性的举措:第一,三国法明确国家的象征性和权威性。三部法律明确国歌、国徽、国旗皆为"中华人民共和国的象征和标志",要求:"一切公民和组织都应当尊重国歌,维护国歌的尊严";"一切组织和公民,都应当尊重和爱护国徽";"每个公民和组织,都应当尊重和爱护国旗"。为了严肃国家的权威性,法律对国歌、国徽、国旗的制作规格都有严格的标准和使用规定。国歌、国徽和国旗的立法具化了国家的权威形象,使公民爱国主义有了敬仰的对象,庄严的国徽、飘扬的国旗、激昂国歌,拨动人们内心深处的爱国情怀,也激发公民强烈的国家归属感和奉献国家的责任感。

第二,三部法律通过对有关方面设定义务来保证国家的形象深入人心,促进人们爱国主义情感。《国徽法》要求县级以上的国家机构和特定的场所如天安门城楼等都要悬挂国徽;《国歌法》规定在全国和地方两会的开幕式和闭幕式上、各级政府和人民团体的代表大会上、在宪法宣誓仪式、升国旗仪式、各级机关举行或者组织的重大庆典表彰纪念仪式、国家公祭仪式、重大外交活动、重大体育赛事都要奏唱国歌,同时"国家倡导公民和组织在适宜的场合奏唱国歌,表达爱国情感"。《国旗法》规定国家重要地标,如北京天安门广场、新华门;国家机构,如全国人民代表大会常务委员会和各级地方人民代表委员会、国务院及下属部门和各级人民政府、最高人民法院和地方各级人民法院、最高人民检察院和地方各级人民检察院、各级政协、外交部;国门口,如出入境口岸;全日制学校(除假期和星期日外)"应当每日升挂国旗"。《国旗法》还规定,举行各种重大庆祝活动、纪念活动、文化活动、体育赛事等可以升挂国旗。规定全日制中学小学,除假期外,每周举行一次升旗仪式。规定升旗仪式必须同时奏国歌或唱国歌。这些规定实际上是在维护公民爱国主义权利,满足了公民爱国主义的情感。北京天安门广场节假日千万人观看升旗仪式即是最好的例证。

第三,法律禁止各种污损国家形象亵渎公民爱国主义情感的行为。为什么要由法律来保障爱国主义,是因为现实中客观存在着破坏爱国主义的情况。如,那些污蔑损害国家形象的行为,那些抹黑、扭曲甚至否定国家历史和国家政治制度合法性的言论,那些对爱国主义情感冷嘲热讽、竭尽攻击爱国主义的言行。这些言论和行为伤害公民的爱国主义感情,如果不加以制止,极可能冷却公民爱国主义热情。对此,国家法律必须打击那些有损国家形象和破坏爱国主义的行为,来维护爱国主义的道德情感。《国歌法》第十五条规定:"在公共场合,故意篡改国歌歌词、曲谱,以歪曲、贬损方式奏唱国歌,或者以其他方式侮辱国歌的,由公安机关处以警告或者十五日以下拘留;构成犯罪的,依法追究刑事责任。"《国徽法》第十三条规定:"在公众场合故意以焚烧、毁损、涂划、玷污、践踏等方式侮辱中华人民共和国国徽的,依法追究刑事责任;情节较轻的,参照治安管理处罚条例的处罚规定,由公安机关处以十五日以下拘留。"《国旗法》第十九条规定:"在公共场合故意以焚烧、毁损、涂划、玷污、践踏等方式侮辱中华人民共和国国旗的,依法追究刑事责任;情节较轻的,由公安机关处以十五日以下拘留。"法律对禁止行为的惩罚设定有力打击破坏国家形象和伤害爱国主义情感的恶俗行为,以法律的强力来保障和推动爱国主义。此外,《国徽法》和《国旗法》还禁止将国徽和国旗用于市场的广告和商标等牟利行为,旨在维护国徽和国旗的国家权威性。

国家立法打击各种污损国家形象亵渎公民爱国主义情感的行为,除了三国法外,2018年4月27日第十三届全国人民代表大会常务委员会第二次会议通过的《中华人民共和国英雄烈士保护法》首次以对英雄烈士的立法保护来捍卫爱国主义的忠诚信念。英雄烈士是共和国的脊梁和骄傲,在英烈身上闪耀着国家精神的光芒,他们理应得到全社会的尊重和敬意。由于英烈的荣誉代表着国家的荣誉,维护英烈的荣誉就是维护国家的荣誉。但是近年在历史虚无主义思潮的影响下,社会出现了一股嘲弄抹杀英烈的歪风。那种轻视、亵渎英烈的行为不仅是对英烈及其家属的伤害,也是对共和国巨大的伤害,更是对国人敬仰英雄的爱国主义情感的深深伤害。《英雄烈士保护法》出台一系列的保护英烈名誉和利益的措施,并对伤害行为予以严厉打击。《英雄烈士保护法》第二十二条规定:"禁止歪曲、丑化、亵渎、否定英雄烈士事迹和精神。英雄烈士的姓名、肖像、名誉、荣誉受法律保护。任何组织和个人不得在公共场所、互联网或者利用广播电视、电影、出版物等,以侮辱、诽谤或者其他方式侵害英雄烈士的姓名、肖像、名誉、荣誉。任何组织和个人不得将英雄烈士的姓名、肖像用于或者变相用于商标、商业广告,损害英雄烈士的名誉、荣誉。"对于侮辱和诽谤英烈的言行,法律鼓励英烈的近亲属可以向人民法院提起诉讼,如果没有近亲属或近亲属不提起诉讼的,法律规定人民检察机关可以依法以国家的名义提起司法诉讼。《英雄烈士保护法》第二十六条规定:"以侮辱、诽谤或者其他方式侵害英雄烈士的姓名、肖像、名誉、荣誉,损害社会公共利益的,依法承担民事责任;构成违反治安管理行为的,由公安机关依法给予治安管理处罚;构成犯罪的,依法追究刑事责任。"法律以"公义之盾"和"公义之剑"守护共和国的英魂,伸张爱国主义正气。

三、 法律维护爱国主义行为正当性的责任

爱国主义是一种道德情感,但如果把爱国主义仅仅限于道德情感,那是将爱国主义狭隘化了,爱国主义也是具有实践性的行动。爱国主义实践行为种类广泛,既可以是宏大的政治活动,如五四运动,也可以是一次服务某项公益的志愿活动;其形式既可能是战争状态的,如全民艰苦抵抗的抗日战争、保家卫国的抗美援朝,也可能是街头示威抗议型的,如抗议美国为首的北约滥炸中国使馆的游行;当然,依法纳税、保护环境的捡垃圾活动、抗灾捐款、甚至接受封闭管理抗击"非典",都可以看作是爱国主义的行为。随着互联网的普及,新媒体平台上那些为本国运动员点赞、贸易战中支持国家立场的呼声正在营造网络爱国主义。在中美撞机事件后,中国"红客"与对方黑客之间进行了一场网络大战,五星红旗一度飘扬在美国的主要网站上。基于现代传播的快速性、覆盖广泛性,网络爱国主义活动的动员力、影响力强劲无比,爱国主义也呈现出现代性的特点。

从伦理学的视角来看,爱国主义的激情转化为行动更具有实际的意义,是值得称道的。一般而言,爱国主义行为就是具有道德正当性的行为,但是结合社会现实来看,并非所有标榜爱国主义的行为都具有道德正当性,这里涉及对爱国主义行为正当性的理解。前已述之,爱国主义是公民对国家的热爱、忠诚的情感以及道德动机下的爱国行为,爱国主义行为必然是有利于国家、有利于社会的行为,诸如前面所论及的维护国家主权的抵抗活动、维护国家形象的敬虔行为、促进国家公共利益和帮助同胞的各种善举。就上述来看,爱国主义行为的正当性

在于爱国主义行为都是助益国家、社会、他人的行为,即使是满足自我爱国主义情感的行为也因其行为的忠诚性和善良而具有道德正义性,是一种正能量的精神。但是,如果爱国主义行为的结果并未达到爱国主义追求的目标,甚至背离了爱国主义初衷,这意味着那样的行为已经丧失了其正当性的内质,也就丧失了爱国主义行为的道德价值。

爱国主义行为道德正当性判断的现实困难是:行为的动机和结果出现不一致的情况下,如何判断行为的正当性? 行为动机或许是出于爱国主义的目的,但其结果却是不尽人意,可能伤害公共利益或者他人利益,产生了不道德后果。这种行为结果与行为动机的不一致,导致爱国主义行为正当性的评判难题。有的人坚持目的论的观点,认为某一行为在爱国主义的良好动机下,虽然结果未达动机之的,但不能完全抹杀该行为爱国主义正当性。这就提出了如何衡量爱国主义行为正当性标准的问题。笔者认为,衡量爱国主义行为的正当性无论动机还是结果,都要以利国、利社会、利同胞为正当性标准。如果行为出于爱国主义的良好动机,但行为结果却是有害国家、社会和同胞的,行为则不具正当性。因为有害国家、社会和同胞的行为已经不能称之为爱国主义行为,这种行为不仅偏离了爱国主义的旨意,更会玷污爱国主义的名声,走向爱国主义的反面。所以即使动机是爱国主义的,而行为后果却是破坏爱国主义的,此种行为实质是不正当的。

讨论爱国主义行为结果正当性问题不是要拘泥于道德评价的层面,而是要提出,在现实生活中如何维护爱国主义行为正当性的问题。因为在爱国主义动机之下,由于采取不当行为导致有害国家社会的结果,必将削弱损害爱国主义的正当性,从而影响爱国主义的声誉,给爱国主义蒙上不该有的道德污垢。例如,2006 年钓鱼岛事件后发生在上海的打砸日系商铺、日系车辆的行为。这些行为的本意在于表达对中国领土肆意占有和破坏中国举办世界体育活动的抗议之举,出于爱国主义良好意愿,但其结果却破坏了社会秩序和经济秩序,影响了同胞的就业机会和消费利益,也导致了世界上对中国爱国主义的各种非议。不可否认,那些活动的发起者和参与者都抱有热爱国家、维护国家利益的爱国主义情感,可以承认这些情感是真挚的。但问题在于,在爱国主义的理由下是否可以采取任意的做法甚至采用那些战争年代使用的破坏性手段,而不考虑行为后果的道德性？显然，爱国主义激情下导致的非理性行为与爱国主义正当性格格不入，这些行为不仅不能增进爱国主义，相反给爱国主义带来的是非议和责难。因此，维护爱国主义的正当性，就要遏制爱国主义激情下的非理性行为，打击打着爱国主义旗号行破坏社会秩序的非法行为。因而，必须用法律来矫正偏向的爱国行为，将爱国主义行为纳入法治的轨道，这是法律保障爱国主义的职责所在。

法律维护爱国主义行为正当性主要在维护社会秩序和人身权利两大方面来规范人们的社会性行为，具体又可以分为权利保护和行为禁止加惩罚，与此相关的法律主要有《中华人民共和国宪法》《中华人民共和国民法总则》《中华人民共和国网络安全法》《中华人民共和国治安管理处罚法》和《中华人民共和国刑法》。宪法、民法、网络安全法主要明确法律保护的公民和社会组织的人身权利、财产权利。《宪法》第三十七条规定："中华人民共和国公民的人身自由不受侵犯"；第三十八条规定："中华人民共和国公民人格尊严不受侵犯。禁止用任何方法对公民进行侮辱、诽谤和诬告陷害"；第五十一条规定："中华人民共和国公民在行使自由和权利的时候，不得损害国家的、社会的、集体的利益和其他公民的合法的自由和权利。"根据宪法精神，我国《民法总则》第一百零九条明确："自然人的人身自由、人格尊严受法律保护。"第一百一十一条规定："自然人的个人信息受法律保护。任何组织和个人需要获取他人个人信息的，应当依法取得并确保信息安全，不得非法收集、使用、加工、传输他人个人信息，不得非法买卖、提供或者公开他人个人信息。"第一百一十三条规定："民事主体的财产权利受法律平等保护。"《网络安全法》第十二条明确："国家保护公民、法人和其他组织依法使用网络的权利"，"任何个人和组织使用网络应当遵守宪法法律，遵守公共秩序，尊重社会公德，不得危害网络安全，不得利用网络从事危害国家安全、荣誉和利益"；第二十七条规定，"任何个人和组织不得从事非法侵入他人网络、干扰他人网络正常功能、窃取网络数据等危害网络安全的活动；不得提供专门用于从事侵入网络、干扰网络正常功能及防护措施、窃取网络数据等危害网络安全活动的程序、工具"。

上述法律法条明确了法律将公民和社会组织的正当权利作为法律保护的对象，同时禁止任何人和组织对法律保护对象的侵犯，不管出于什么目的，只要侵犯法律保护的对象就是触犯了法律的红线。对于怀有爱国主义激情并付诸实际行动的,其行为也不能超越法律的红线,否则就是违法行为,将受到法律的制裁。法律红线起到了警示爱国主义名义下的偏激行为。《治安管理处罚法》和《刑法》都是惩罚性的法律。《治安管理处罚法》主要通过一定的处罚来维护社会公共秩序,打击破坏社会公共秩序的违法活动。《治安管理处罚法》第二十三条规定的处罚对象为:"扰乱机关、团体、企业、事业单位秩序,致使工作、生产、营业、医疗、教学、科研不能正常进行的";"扰乱车站、港口、码头、机场、商场、公园、展览馆或者其他公共场所秩序的";"扰乱公共汽车、电车、火车、船舶、航空器或者其他公共交通工具上的秩序的"等行为。第二十四条规定的处罚对象是:"扰乱文化、体育等大型群众性活动秩序的"行为。《刑法》是最严厉的惩罚性法律。《刑法》严厉打击的对象是"破坏社会秩序和经济秩序"、"侵犯公民私人所有财产,侵犯公民人身权利、民主权利和其他权利"的犯罪行为。对上述犯罪行为视情节可以判处管制、拘役直至有期徒刑,以剥夺人身自由的手段进行严惩,这等于对违法行为加了一道高压线,更有效地达到对公民权利和社会利益的保护,也有力保障了爱国主义行为在激情之下不失理性,不违反法律,保持爱国主义行为的正当性的道德本质。

（作者为华东师范大学马克思主义教授）

新中国成立前一年中国共产党增强
社会号召力的实践

——以口号为中心的考察

杨丽萍

党的十九大提出"不断增强党的社会号召力"的党建新要求。中国共产党的社会号召力,是指党将不同社会阶层、群体和力量,围绕某种价值信念、政治目标等动员起来并投入既定社会实践的能力,主要体现为凝聚力、动员力和引导力。[1]口号因具有鲜明的动员、凝聚和引导禀赋,成为革命领袖、政党、统治阶级青睐的系统提升自身社会号召力的重要方式。作为无产阶级政党,中国共产党自成立伊始就不遗余力地提高自身社会号召力,在 90 多年的发展历史上,党提出了大量口号,成功地动员了广大群众,汇集各个阶层力量,有力地推动了中国革命形势的发展。

然而,目前学者所关注或人们熟知的大多是党的重要且著名的政治口号,而它们仅构成了众多口号中的一小部分。事实上,由于党提出的口号为数众多,在一些重要的历史阶段甚至形成了社会空间口号化的特殊政治文化形态,譬如新中国成立前一年。随着解放战争的快速推进,党开始从局部执政向全面执政转型,接管平、津,更开始了以城市为中心来领导乡村的新时期。[2]因应政治形势和使命的变化,各种类型、功能的口号呈井喷式发展,其中发挥积极效应者居多,也不乏流于形式的空洞口号,更有形成错误导向的。要对这一政治文化形态面貌有全面的认识,还需对此进行横切面的考察。

---

① 本文关于"社会号召力"定义参考了邓纯东和郇庆治的解读,但不尽一致。参见张垚:《新时代,怎样增强党的社会号召力(聚焦十九大报告·从严治党)——对话相关专家学者》,《人民日报》2017 年 11 月 22 日。

② 薄一波:《若干重大决策与事件的回顾》上册,中共党史出版社 2008 年版,第 13 页。

一

口号的运用有深厚的历史渊源。古今中外的革命家、理论家,特别是处于劣势或幼年的革命群体均重视运用口号来提升社会号召力以壮大力量。中国古代大规模的农民起义多提出具有均平思想的口号来唤起民众。①无产阶级革命对人民大众的天然依赖,使得口号运用备受重视。

早在 1847 年 6 月,无产阶级革命导师马克思、恩格斯就打造了"全世界无产者,联合起来!"这一口号,它最终成为号召世界无产阶级紧密团结、联合革命的旗帜。列宁高度重视宣传工作,除了提出包括"全部政权归苏维埃!"等著名政治口号外,还留下了大量研究"口号"的论述,其中包括《论口号》《马克思主义者的口号——革命的社会民主党的口号》《论欧洲联邦口号》《当前的总口号》《关于"保卫祖国"的口号》等。

近代中国历史上也产生了为数不少且颇具号召力的口号。魏源提出了"师夷长技以制夷";孙中山提出了"驱除鞑虏,恢复中华"……这些口号感召着一代又一代先进的中国人为民族解放和复兴而奋斗,推动了近代中国历史进程。有鉴于此,党的主要领导人和革命理论家均重视对口号的实践与研究。

毛泽东深谙口号的政治功效。他的口号"涉及政治、军事、文化等诸多领域,唤起了广大人民群众对党领导的革命、建设等各项事业的积极参与和热情支持"。②诸如"星星之火,可以燎原"、"没有调查就没有发言权"、"自己动手,丰衣足食"、"为人民服务"等均为脍炙人口的著名口号。毛泽东不仅亲自制定、发表了众多口号,还对口号类型及其运用策略进行了深入的探索。③

刘少奇是党内较早且较为系统研究口号的领导人。④他在《论口号的转变》中指出,"在群众一切争斗中,口号的作用极大","它使群众的精神特别振作,特

---

① 厉有国:《十年内战时期党的标语口号在马克思主义大众化中的角色分析与启示》,《毛泽东思想研究》2011 年第 2 期。

② 徐起科、慈龙翔:《毛泽东政治口号的艺术魅力》,《党史纵览》2012 年第 12 期。

③ 阮云志、卢黎歌:《口号:大众思想政治教育的重要载体》,《河北学刊》2012 年第 6 期。

④ 奚社新、王军:《刘少奇关于在宣传工作中运用口号的思想》,《思想教育研究》2010 年 12 月,第 12 期。

别一致,发生强有力的行动。"①对于口号的政治功效,艾思奇的说明一语中的,他说:"中国历史也首先是劳动人民群众的历史,人民解放军的胜利,主要的是中国共产党的政策口号得到了劳动群众的拥护。能把它变成千千万万劳动群众的活动,变成不可动摇的力量。"②

运用口号不是中国共产党独有的、却是其最为擅长的政治文化行为。从党成立之初的"中国共产党万岁"到土地革命时期的"打土豪,分田地",从抗日战争时期的"建立抗日民族统一战线"到解放战争时期"和平、民主、团结",再到1949 年新中国成立的"中华人民共和国万岁"。这些口号"不仅有效地推动了政党组织的构建及政权的发展,也成功动员了社会不同群体、实现了社会阶层整合与社会变革。"③正是这些携带着特定目标、意义的口号,动员、凝聚和引导着中国广大人民群众投入到党所领导的反帝反封建洪流之中,实现了中国民主、民族革命的最终胜利。

中国共产党在理论上和实践中对口号的重视归根结底是由其阶级属性决定的。作为无产阶级政党,党自诞生就存在政治资源匮乏的问题,党的政治传播向来困难。作为基本的宣传方式,口号的发表却几乎不受载体、空间和资金等客观因素的限制,其特有的通俗、口头传播特点适应了中国广大群众文化素质低、政治觉悟不高的社会现实。实践证明,党所提口号功能并未止于宣传教育,它们在唤起民众、鼓舞斗志和引导航向方面显示出卓越的效能。④而这对于社会基础薄弱,却要面对极其严峻革命形势、使命,迫切需要提升自身社会号召力的党而言极具价值。

辽沈战役的胜利是解放战争的转折点。战后毛泽东甚至信心十足地表示:"现在看来,只要从现在起,再有一年左右的时间,就可能将国民党反动政府从根本上打倒了。"⑤从那时起,随着解放区的快速拓展,政治形势虽向好,但党的压

---

① 《建党以来重要文献选编(1921—1949 年)》第 5 册,中央文献出版社 2011 年版,第 640 页。

② 《艾思奇同志关于学习社会发展史的报告》,《文汇报》1949 年 8 月 14 日。

③ 刘俊凤:《从符号学角度看党史文化的形成——基于中国共产党不同历史时期重要口号的比较分析》,《陕西师范大学学报》2014 年第 2 期。

④ 有学者认为标语口号的功能包括三大方面,即目标导向功能、社会化教育功能、动员激励功能(韩承鹏:《标语口号的功能研究》,《思想理论教育》2008 年第 15 期)。

⑤ 《建党以来重要文献选编(1921—1949)》第 25 册,中央文献出版社 2011 年版,第 643 页。

力也激增。一是,解放战争进入最后也最为艰难的时刻,军民需坚持到底;二是,三大战役接连打响,军事给养需费庞大,需群众支援;三是,随着解放区扩大,稳定社会秩序、恢复生产需要社会各阶级的配合。这些都要求党具备足够的动员力、凝聚力和引导力,增强党的社会号召力迫在眉睫,而就当时的情势而言,发布各种口号仍是最为简单易行且系统性提升社会号召力的方式。

二

同以往相比,随着解放区不断扩大,中国共产党不仅拥有足够的理论自信,也获得更为充足的政治资源来发布口号。于是,各种口号如雨后春笋般出现,其数量、密度都是空前的。关于口号的分类,刘少奇认为"有宣传的口号,鼓动的口号,行动的口号",①而纵观新中国成立前一年时间里,除了强化传统口号的一般类型和功能外,党提出的口号也形成某些更为鲜明的取向。

一方面,从这一时期口号的内容来看,几乎覆盖了政治、军事、经济和社会生活的方方面面。新中国成立前一年,中国共产党与国民党争夺政治主导权陷白热化,政治口号是争取民心的旗帜也是号角,这类口号数量不见得最多,却大多掷地有声,切中时事和形势。列宁在《论口号》一文中就曾写道,每个口号都应当以一定政治形势的全部特点作为依据。②党所提政治口号忠实地贯彻了这一原则。伴随着解放战争的高歌猛进,"毛主席万岁""朱总司令万岁"的口号宣告着新解放区的接管;随后"为人民服务""永远跟着共产党走",这些在解放区的干部群众中随时都能够听到的、"非常能表达时代的精神"口号,拉开了新政府执政的序幕;③新中国成立在即,民主建国提上日程,"召集新的政治协商会议,成立民主联合政府!"的口号成为群众呼声;在新中国成立的日子,"人民政府万岁"、"毛主席万岁"、"保卫世界和平"又成为最响亮的全国性口号。

再如军事口号,即时发布军事口号展示胜绩,对人心向背有重要的影响。军事全盛期的到来,诸如"打……,活捉……""解放……"这样富有时代特色的军

---

① 《建党以来重要文献选编(1921—1949 年)》第 5 册,中央文献出版社 2011 年版,第 641 页。
② 《列宁选集》第 3 卷,人民出版社 2012 年版,第 86 页。
③ 《试谈批评与自我批评》,《文汇报》1949 年 8 月 15 日。

事口号时有提出,几乎贯穿了解放战争全程。例如,解放东北全境后,指战员们在"精益求精,更进一步提高战术技术""加紧大练兵,学好本事打南京!""全歼蒋匪军!解放全中国!"等口号下整训。①临汾解放后,晋南群众参军时的口号是"打到太原去,活捉阎锡山"。②在上海的"七七"游行中,"群众中间最普遍的口号是:'打到广州去','打到台湾去','活捉蒋介石'"。③

因政治、军事口号大多为基本口号,④为数毕竟有限,但经济和文化口号则大多为具体的行动口号,且因对应阶层、领域不同而多样,其数量庞杂,不胜累举,此处从略。

另一方面,从这一时期发布口号的形式来看,有零散提出的,更有密集发布的口号群。以零散口号而言,《人民日报》时常发表一条或几条"报眼口号",例如,1949年1月16日的口号为"庆祝天津解放!"7月1日,为"庆祝中国共产党二十八周年诞辰!"发布口号群是苏共惯用的宣传方式,党在解放战争前就发布过口号群,⑤但密集度难以与新中国成立前一年相比。1949年1月,党发布庆祝北平、天津解放口号,计四十一条。⑥"三八"节来临前夕,纪念国际劳动妇女节口号发出计二十七条。⑦"五四"临近,青年团中央发出纪念口号共计三十三条。⑧"七七"抗日战争十二周年纪念时,党中央发布了口号二十九条。口号群的固定句式大多包括"庆祝……""向……致敬""拥护……"以及"……团结起来"等,⑨

---

① 《东北解放军大规模整训 准备为解放全中国而战》,《人民日报》1948年12月1日。

② 《"打到太原去,活捉阎锡山!"晋南人民参军热》,《人民日报》1948年6月19日。

③ 《大上海欢庆翻身》,《文汇报》1949年7月7日。

④ 毛泽东在《中国共产党在抗日时期的任务》中,根据口号内容指向的时间性特征,把口号分为基本口号和动员口号。前者为长时段的政治目标或方向,后者指的是特定历史阶段的具体任务(《建党以来重要文献选编(1921—1949)》第14册,中央文献出版社2011年版,第188页)。

⑤ 例如1944年的抗战七周年纪念口号,计24条(《建党以来重要文献选编(1921—1949)》第21册,中央文献出版社2011年版,第367—369页);再如1947年中共中央关于"七七"纪念日发布对时局的口号,计16条(《中国共产党中央委员会"七七"纪念日发布对时局口号》,《人民日报》1947年7月7日)。

⑥ 《中国共产党中央委员会 发布庆祝北平天津解放口号》,《人民日报》1949年1月29日。

⑦ 《全国民主妇联筹委会通告 纪念"三八"妇女节 发布宣传要点及口号》,《人民日报》1949年2月24日。

⑧ 《青年团中央发出纪念五四青年节口号》,《人民日报》1949年4月20日。

⑨ 新华社:《纪念抗日战争十二周年 中共中央发布口号》,《人民日报》1949年7月2日。

功能涵盖宣传、鼓动和引导,内容覆盖近期和中远期目标,囊括政治、经济、军事和文化,不一而足。

不仅中央时常集中发布口号群,地方也看样学样。1949 年 9 月 29 日,为了庆祝人民政协会议成功、中央人民政府成立,北京发布三十条口号。①中共浙江省委干脆将当年的阶段性工作任务全部口号化,其三季度城市工作的口号“主要是克服一切困难,恢复发展生产,稳定金融,解决生产中的原料来源与成品推销问题,组织以工代赈,救济失业,肃清匪特,巩固革命秩序。”②

各种类型、功能的口号密集、高频出现,极大地扩展了党的影响范围。但党的社会号召力不是一般意义上影响力,而系统表现为动员力、凝聚力和引导力。为强化社会号召力这一政治优势,党实际上还采取了一些特定方式、方法。

(一)口号内容切中群众所需、所急

陈独秀曾指出“我们号召领导群众斗争,除在日常环境中找出些特别活泼的口号外,必须有一个总的政治口号即政治旗帜,能够召集比较宽广的群众参加全国性的斗争,走上革命道路。”③事实上,除了基本口号,即总的政治口号和具体口号相互配合之外,增强社会号召力的关键还在于,口号还必须体现群众观点。

三大战役进行的过程中,对于中国共产党而言,补给是最为突出的困难。阶段性总的政治口号“一切为前线”,正基于这一诉求而被提出的;而对于广大人民群众而言,“民以食为天”,饭碗才是他们最关心的问题。作为无产阶级的代言人,党和人民群众的利益具有内在一致性,但两者在具体追求中却时常表现出冲突性,如何化解这一矛盾?

在实践中,党是将“一切为前线”这一基本口号转换为“恢复生产”“发展生产”这类政策导向口号,并据此衍生出大量与人民群众民生问题息息相关的动员口号,从而确保了党和群众价值和利益的一致性。

在农村,口号主要针对增产、救灾提出。例如,1949 年春,察哈尔涞水干部下乡领导农耕,提出了“闰月年早种田”“靠天吃饭,就是懒汉”“春旱不挑水,秋后

---

① 《庆祝人民政协会议成功　中央人民政府成立　北京发布卅项口号》,《文汇报》1949 年 9 月 29 日。

② 全一毛:《新陈代谢的宁波》,《文汇报》1949 年 7 月 18 日。

③ 《陈独秀文集》第 4 卷,人民出版社 2013 年版,第 393 页。

大噘嘴”“春晚一天秋晚十天”“见苗三分收”等口号。①夏季,华东、华南地区普降暴雨成灾,7月中旬,江苏沿江各县水灾严重,江苏扬中提出“不闲一部车,不闲一个人,救秧如救命”的口号。②无锡县委、县人民政府除了拨付大批救灾物资、动员干部下乡布置救灾堵防外,在群众中还提出了“天下农民是一家”的口号,号召农民团结起来共渡难关。③水退之后,皖北区党委机关报《皖北日报》发表社论,号召水退地区普遍发动补种晚秋,生产防荒。六安县委提出“水退一块,补种一块,田无空白”的口号。④太行地区甚至总结出“领导农业生产时必须根据季节变化及时提出各种不同口号,组织力量集中突击完成一个任务”的经验。⑤

在城市,保护生产设施、维持生产便成为动员要义。郑州解放时,在“保护我们的饭碗——火车”的口号下,铁路工人组织纠察队,使火车、器材未遭破坏。解放军进入时,四千余工人高喊着:“拥护解放军,共产党!”“火车是人民的!”“咱们要好好地保护财富!”等口号。”⑥同样的情况也在其他新解放城市普遍出现,“焦作解放后,秩序井然,”原因是在敌伪撤退时,工人自动集会,规定一致口号并执行,口号有“‘机器就是我们的饭碗’,‘我们要团结起来保护机器,保护工厂,欢迎解放军。’”⑦常州接管后,产业工人更是明确地喊出了“恢复生产”“发展生产”的口号。⑧

马克思曾指出:“问题就是公开的、无畏的、左右一切个人的时代声音。问题就是时代的口号,是它表现自己精神状态的最实际的呼声。”⑨换言之,党的口号之所以能够唤起民众,正是党将维护群众利益当做一切工作的出发点和归宿,将民生问题凝练为具体的方针、政策。试想,若不是党首先解决了群众饭碗问题,“一切为前线”“支援(持)前线”这样的口号如何能赢得群众广泛而积极的响应?

---

① 董春兴:《涞水博野干部下乡领导农民防旱点种》,《人民日报》1949年5月7日。

② 《沿江各县水灾严重》,《文汇报》1949年7月14日。

③ 《锡市全力动员　节约抢救水灾》,《文汇报》1949年7月17日。

④ 《皖北耕地大部出水　各地积极抢种晚秋》,《文汇报》1949年8月9日。

⑤ 《掌握农情》,《人民日报》1949年5月14日。

⑥ 《郑州铁路工人自动组织起来　保护车站器材迎接解放军》,《人民日报》1948年11月8日。

⑦ 《焦作解放时工人自动保护机器　煤矿水电完好无缺》,《人民日报》1948年11月26日。

⑧ 《工人保证提高生产率　学生进修学习办民校》,《文汇报》1949年6月28日。

⑨ 《马克思恩格斯全集》第40卷,人民出版社1982年版,第289页。

中国共产党正是在满足群众所需、所急的过程中,最终实现了党的自身政治目标和价值的追求。

（二）覆盖人群聚集的主要场合

新中国成立前,在新旧解放区里,党的政治传播面临诸多限制。老解放区大多地处偏远,传播水平低下;接管后的新解放区,党的宣传网络的构建尚待时日。因此,除了在现有主要媒体发表口号外,在各种人群集中的重要场合,喊口号被打造为固定的程式。

1. 游行。口号是游行的标配,在解放区的示威游行队伍中,有的甚至配备了专门的口号队,①而参与游行的社会各界通常是喊着口号进行整个活动的。例如,1949 年 7 月 4 日,上海举行纪念"七七",庆祝解放大游行。其中,文艺界 3 000 人,"在太阳下,四个钟点的游行,歌唱,敲鼓,打锣,喊口号";②"总工会文工团的队伍里,是穿着列宁装和解放制服的同志们的指挥车,不停的领导着唱歌,和呼口号"。③

2. 重要仪式。各种仪式也能营造浓烈的政治传播氛围,喊口号则成为推动仪式发展的重要手段。例如,1949 年 7 月 1 日,蚌埠举行淮河大桥通车典礼,期间工人、学生、民工将落成典礼挤得水泄不通,"一阵阵的口号唤醒了这纪念的日子"。④7 日,南京举行阅兵式,刘伯承发表阅兵训词,"词毕即领导高呼口号'毛主席万岁','朱总司令万岁','中国共产党万岁','人民解放军万岁','全中国解放万岁','独立自由,和平统一,民主富强的新中国万岁!'"⑤

3. 会议。1949 年 7 月 7 日,北平 20 万余人纪念"七七"抗战纪念暨庆祝新政协两会议筹备会成立,"毛主席在全场热烈的欢呼声中,又领导大家高呼,'全国人民团结起来!''全世界人民团结起来!''打倒帝国主义!''打倒帝国主义的走狗中国反动派!''召集新的政治协商会议,成立民主联合政府!''签订对日和平条约!''争取全世界的和平民主!''全国人民团结万岁!'等口号"。⑥即使在一

---

① 《全市昨竟日狂欢》,《文汇报》1949 年 10 月 4 日。

② 《文艺界大游行》,《文汇报》1949 年 7 月 5 日。

③ 《两文豪画像　首次出现街头》,《文汇报》1949 年 7 月 5 日。

④ 《淮河大桥通车民众夹道欢呼》,《文汇报》1949 年 7 月 5 日。

⑤ 《南京昨举行阅兵典礼刘伯承召解放台湾》,《文汇报》1949 年 7 月 7 日。

⑥ 《平廿万市民纪念"七七"》,《文汇报》1949 年 7 月 9 日。

般的会议中,喊口号通常也是既定环节,闭幕式更大多以口号结尾。例如,7月
19日11时,为期14天的中华全国文学艺术工作者代表大会在北平举行,"大会
在全体代表高呼'全国文艺工作者团结起来,为工农兵服务','中国共产党万
岁','毛主席万岁'的口号声和雄壮的乐声中闭幕。"①

新中国成立前一年,中国共产党尚不能自如地借助大众传媒扩大自身影响
力,而游行、仪式、会议不仅是人群高度密集的场合,更是政治氛围浓厚的组织活
动。在这样的特定场合、氛围中发布或喊口号,不仅能够扩展党的影响力,更能
提升党的社会号召力。

(三)协调社会各方利益

随着中国共产党向全面执政过渡,军事进攻、社会革命、政治建设和社会治
理等多项任务同时出现,农村工作思维渐不适用。特别是军事任务完结的广大
新解放区,急需社会平稳交接和经济恢复,而片面强调底层群众利益,不仅不利
于社会稳定,更不利于党调动一切积极因素和力量。

然而,思维和实践的惯性不是一朝一夕能改变的,更何况解放战争尚处于攻
坚阶段。在一些不正确、不合时宜的口号,或歪曲口号含义的误导下,解放区农
村和城市工作均出现问题。在农村,1948年12月,豫北新收复之修武城关区在
"深入发动群众肃匪并紧密结合组织生产自救的运动中,不恰当地提出:'团结力
量大,贫民坐天下'的动员口号"。②

城市的问题则更为突出和棘手。例如,"翻身"这个口号被滥用和误解,引起
了部分城市的社会混乱。早在长治接管后,干部就"发动工人给工人撑腰,向厂
方斗争。""甚至把'地主即是罪恶,农民即是真理'的口号也搬进工厂,变成'厂
方即是罪恶,工人即是真理'。在农村实行'耕者有其田',在工厂即成为'工者
有其厂'。"③这种情况并未随着接管区域的扩大而缓解,甚至波及一些大城市。
天津解放后,不少工人和店员自发开展对资本家的清算斗争,分资产。北平也出

---

① 《郭沫若强调学习》,《文汇报》1949年7月22日。

② 《"贫民当家"是错误的作法 太行分社批评修武城关区工作偏向》,《人民日报》1949年3月
7日。

③ 《讨论与研究 长治市错误的工资政策》,《人民日报》1948年5月1日。

现这种情况,"斗老板,长工资"。①"某些新干部和群众中对于'解放'也有若干误解,以为解放就是'谁也不能管谁'"。②这种错误导向和做法,不仅给人们的生产生活带来直接破坏,更不利于团结稳定的大局。

针对错误偏向,党中央连连纠错。毛泽东在 1949 年 1 月就警告各中央局、分局、前委,"在大城市工作的作风,决不能搬用在乡村工作的作风。在大城市,凡事均须从新仔细考虑,一举一动都要合乎城市的情况。"③就劳资纠纷,他提出了"公私兼顾,劳资两利"的口号,设法引导工人扭转错误认识。一时间,"恢复生产""节约""减少浪费,发展生产"口号被频频使用。在这些口号的引导下,职工群众在纠正错误认识的同时,开始响应党在生产领域中的新号召。

"建立新的劳动态度"就是在党的基本口号引领下由工人自己提出来的口号,它纠正工作中"磨洋工,迟到早退,浪费材料,漫不经心等现象,改变为积极生产,节省物料,爱护公物,细心检讨和改进。"④1949 年 8 月,"鉴于城乡物资急需流通,运输亟须加强,为确保货运能力,"上海铁路管理局全体员工提出"车辆是铁路运输的重要工具,""反对任何对车辆采取不负责的态度"等九条口号。⑤内容涉及保护火车的重要性,禁止的破坏行为,不正确的行为和态度等。

至此,无时、无处不在的口号,通过科学的理论进路和务实的实践路径选择,以前所未有的广度渗透到社会生活方方面面,形成了社会空间口号化的特殊政治文化形态。

三

中国共产党的社会号召力强弱主要表现为其影响力的辐射范围及影响程度。就此而言,各种口号的运用和贯彻,发挥出明显的动员、凝聚和引导的政治优势,不仅为执政范围扩大、任务激增的党造就了良好的政治氛围,更为其提供

---

① 薄一波:《若干重大决策与事件的回顾》,中共党史出版社 2008 年版,第 10 页。
② 《认真遵守革命秩序》,《人民日报》1949 年 5 月 10 日。
③ 《建党以来重要文献选编(1921—1949)》第 26 册,中央文献出版社 2011 年版,第 86—87 页。
④ 吴承明:《解放后的中国工业生产力》,《文汇报》1949 年 8 月 15 日。
⑤ 《路局展开保护货车运动》,《文汇报》1949 年 8 月 19 日。

了强有力的支持,党的社会号召力建设成效显著。

首先,巩固了劳苦大众这一根本的社会基础,调动了他们的物力、智力资源,形成了革命和建设的雄厚力量。广大劳苦大众是中国共产党的力量源泉,党从弱到强,从局部执政走向全面执政的过程,也是动员劳苦大众,凝聚其物力、智力投入革命和建设的过程。运用口号来提升自身社会号召力,"它所涉及的问题是用什么方法把党的口号变成群众的口号,怎样和用什么方法把群众引导到革命的立场上来,使群众自己根据亲身的政治经验深信党的口号的正确性。"①

由于中国共产党始终坚持"为人民服务"这一宗旨,与群众利益保持高度一致性,党的基本口号能确保正确性,据此衍生的具体动员口号自然获得群众认可、响应。如前文所述,"恢复生产""发展生产"这一基本口号及其具体动员口号被贯彻的同时,不仅保障了解放区人民群众的生活所需,也解决了党自身的物资补给,完成了其各项任务。

例如,1949年8月,无锡查桥区安龙山乡13个保全面开展缴粮,由于深入动员宣传,群众热情高涨,每个保一天便能上缴1万多斤粮食。每个农民还"在粮担上插着红绿旗子,上面写着'五大保证','五大反对'口号"。②同月,苏州太湖区开展剿匪肃特工作,"太湖区行政特派员办事处为使剿匪肃特工作成为群众性的运动,""配合军事清剿,大力展开政治攻势,向群众进行普遍的宣传教育,"提出的口号包括:"防匪保家乡""保卫生产、保卫渔收",这些口号"消除群众的害怕匪特暗中报复的思想顾虑,"群众"成为配合部队剿匪的主要力量。"③再如,扬州振扬电厂"在减少浪费发展生产的口号下,全体职工发挥了工作积极性,除自动缴出电炉,减少每月1万度电以上的消耗外,每个工人职员家里,更改用小灯泡,缩短了用电时间一二小时,大大地省节电流,使公司收入上,有了庞大的盈余数字。"④

处于社会底层且为非生产性人群的妇女也被调动起来。1949年"三八"节来临前夕,党发出的纪念口号就包括"向支援前线的广大妇女群众致敬!""向努

---

① 斯大林:《论反对派》第8分册,人民出版社1963年版,第586页。

② 《粮担上红绿飘扬　锡安龙乡全面开征》,《文汇报》1949年8月9日。

③ 《防匪保家乡　肃清太湖流寇　成立统一机构》,《文汇报》1949年8月22日。

④ 永祥:《振扬电厂职工动员　把灯接到泰州去》,《文汇报》1949年7月31日。

力恢复和发展工业生产的女工们致敬!""向努力恢复和发展农业生产的农妇们致敬!"等二十七条。①这些口号肯定了各界妇女的社会地位和历史贡献,鼓舞妇女进一步扩大社会参与。随着人民解放战争的开展,农村中青壮年大批地参军或支援前线,各地妇女在"男子前线打胜仗,妇女后方大生产""男子前线立战功,妇女后方立富功"的口号下,踊跃地参加农业生产。②

由此可见,中国共产党正是凭借大量各种类型、功能的口号,捍卫、维护了劳苦大众的物质利益和社会地位,从而成功地引导最广泛的人民群众成为推动革命和建设的强劲社会力量。

其次,拓展了更为广泛的社会基础,协调各阶级、各社会力量,将其统合到革命和建设的洪流当中。1949 年 11 月,李立三亚澳工会会议上作关于中国工人运动的报告时总结道,"中国工人阶级其所以能够领导革命取得胜利"的重要原因中,就包括"中国工人阶级善于运用正确的策略,提出正确的口号,主动的去团结一切遭受帝国主义及其走狗压迫的阶级、党派、团体和个人,组成强大的反对帝国主义及其走狗的民族统一战线。"③而统一战线是胜利之源,它形成所依赖的正是党的社会号召力,借此,社会利益分歧、纷争得以消弭。不仅减少了社会动荡的可能性,更为党的解放事业乃至全面执政营造了良好政治优势和氛围。

1948 年 10 月 19 日,长春和平解放;1949 年 1 月 31 日,北平和平解放;8 月 4 日,长沙和平解放;9 月 19 日,呼和浩特和平解放;9 月 26 日,新疆全境和平解放。在具体战役中,战士们甚至通过火线喊口号的方式赢得军事优势。"嘴巴仗,真是好,能顶几门榴弹炮。""火线喊话顶漂亮,不费子弹打胜仗!"这是太原前线解放军普遍流行的两句口号。太原解放时,"不少解放战士和新解放军官,当场现身说法,火线劝降",解放军的俘虏政策,就这样通过各种口号"深入阎军官兵心里",使得大批阎军守碉官兵放下武器"整连整排的向解放军投诚。"④

1949 年 8 月上海工商界举行劳军义卖,口号包括"解放全中国,就是为我工

① 《全国民主妇联筹委会通告 纪念"三八"妇女节 发布宣传要点及口号》,《人民日报》1949 年 2 月 24 日。

② 《各个战线上的女战士 华北妇女和妇女代表团介绍》,《人民日报》1949 年 3 月 24 日。

③ 《中华全国总工会副主席李立三在亚澳工会会议上 关于中国工人运动的报告》,《人民日报》1949 年 11 月 12 日。

④ 任冰如、唐仁均:《太原前线的攻心战》,《人民日报》1948 年 11 月 27 日。

商界促进物资流通,推广销场。""要繁荣上海的工商业,必须热烈支持前线,慰劳解放军。""尽力捐献,热烈义卖,完成解放大业"等八条。①不仅如此,在上海物资奇缺、金融动荡的关键时刻,全市人民还厉行"节约"口号,协助政府平稳度过了困难。而事实上,自开埠以来,体制内外的权威力量从未对上海社会形成有效的统合。②接管前,上海不仅消费主义盛行,也是社会利益对立、分化最为严重的城市。就是这样一座价值多元、异化的城市,在接管后仅仅几个月时间就实现了社会、阶层整合,包括数以十万计的体制外力量也服从于社会安定大局,这是极为罕见的。

最后,这一时期的口号众多,良莠不齐,在提升社会号召力方面也不尽是积极效应。"行动口号要极简短,极明显,极通俗",③而党的口号的有效性主要体现在其鲜明的特质切合了中国社会和革命发展的实际,尤其是对劳苦群众而言,简短明了的口号是其听得懂、记得住的政治话语。然而,随着口号发布空间和资源局限性被打破,一些口号内容冗长,特别是集中发布的口号群,大多失掉了口号原有的优势,记住本身就十分困难,难免流于形式。早在1948年8月13日,陕甘宁边区地委宣传部曾举行过一次读报测验,结果证明,党中央颁发的"五一"口号中的第五项,"曾获得全国人民各民主党派人士的拥护,""报纸也用大字登了出来,但竟有二十四人答不出该项口号的主要内容。"④

记不住则沦为空洞口号,频繁提出不仅无助于增强党的社会号召力,甚至适得其反。1949年1月,中共中央关于发布宣传口号问题给天津市委的指示中,指出"我们既已取得政权,则我们的任何鼓动口号,即成为行动指令,必须认真负责。如果这些口号不能兑现,或者无关轻重,则人民就会觉得我们是一个不郑重不负责的党。因此,我们除已发出约法八章及其他准备发出的各项布告外,所有负责机关如市委、市政府、军管会等除中央发布新口号时应予张贴外,均不应张贴一般的口号,或轻易发布什么主张和诺言。""总之,你们在进入大城市时,必须

---

① 《本市工商界劳军义卖第一天 各行业都参加了光荣的义举》,《文汇报》1949年8月2日。

② 杨丽萍:《建国前后上海旧式社团的清理整顿——兼论基层社会统治权威的转换》,《江苏社会科学》2012年第5期。

③ 《建党以来重要文献选编(1921—1949年)》第5册,中央文献出版社2011年版,第642页。

④ 《延属地委宣传部 举行读报测验》,《人民日报》1948年9月8日。

不忙多说话,不忙作各种不成熟的行动,并须在一切重要问题上严格执行事前向中央请示事后向中央报告的制度。"①

综上所述,从新中国成立前一年来看,此阶段的口号运用伴随着中国共产党工作重心从革命到建设,从农村到城市的转型,已从主要集中在政治、军事领域拓展到社会生活的方方面面,形成一道独特的政治文化景象。由于采取了科学的理论进路和务实的实践选择,党的口号大多发挥了积极效应,而对口号运用中不良实践的纠治,也深化了党对社会转型、全面执政的认识,在增强党的社会号召力的同时,为新中国的开局打下了基础。

(作者为华东师范大学马克思主义副教授)

① 《建党以来重要文献选编(1921—1949)》第 26 册,中央文献出版社 2011 年版,第 65—66 页。

新中国七十年的上海考古与上海古代史的重建

胡嘉麟

近代以来的上海,万商云集,实业兴盛,成为东亚地区最重要的金融、贸易、航运和信息中心。传统观念认为上海从一个小渔村发展成一个国际性大都市不过百年的历史,没有悠久而深厚的文化底蕴,甚至被看成是"文化沙漠"。新中国成立 70 年来在马克思主义指导下,经过几代上海考古工作者的不懈努力,逐渐改变了人们的这种错误认识,把上海历史向前追溯到距今 6 000 年前。这些重要的考古发现和物质资料对于重新认识上海古代历史的面貌,认识"海派文化"的起源提供了坚实的基础。

上海地区最早的考古活动始于民国时期,1935 年以卫聚贤为首的业余考古爱好者对金山戚家墩遗址进行调查。①调查结果由金祖同整理编写成《金山卫访古记纲要》,收录于《奄城金山考古记》。金山戚家墩遗址是上海发现的第一个古文化遗址,《金山卫访古记纲要》是上海学者独立编写的第一本考古调查报告。

随着上海地区不断涌现的考古成果,利用这些考古资料重建上海古代史成为当务之急。从 20 世纪 80 年代吴贵芳②、夏林根③等学者的著述呼吁,到 20 世纪 90 年代《上海史》④、《上海通史》⑤等著作的相继出版,极大地改变了上海通史性著作缺乏古代史的现状,但是运用考古资料研究的深度和广度远远不够。《实证上海史——考古学视野下的古代上海》⑥是新中国成立后第一部主要运用考古资料,并结合文献资料全面叙述上海古代历史的专著。《考古上海》⑦、《上

---

① 陶喻之:《上海首次田野考古的前前后后》,《东南文化》1996 年第 3 期。

② 吴贵芳:《从建国以来上海考古发现看古代上海的发展》,《学术月刊》1979 年第 9 期。

③ 夏林根、丁宁:《建国以来上海史研究述评》,《学术月刊》1982 年第 5 期。

④ 唐振常:《上海史》,上海人民出版社 1989 年版。

⑤ 熊月之:《上海通史》,上海人民出版社 1999 年版。

⑥ 陈杰:《实证上海史——考古学视野下的古代上海》,上海古籍出版社 2010 年版。

⑦ 张明华:《考古上海》,上海文化出版社 2010 年版。

海文化起源与早期文化生态——近年上海及周边考古研究》①等著作的问世，标志着新世纪上海古代史的重建进入一个崭新的阶段。本文依据上海古代史的时空框架，着重阐述新中国 70 年上海地区重要的考古成果、学术价值和意义，以及对今后考古工作的展望。

一、史前时期

新中国成立前德国学者费师孟有一个重要论断，他认为冈身是公元 1 世纪的海岸线，上海成陆的历史仅有二千余年。②我国的古地理学者和历史地理学者均对这个论断提出了质疑，表达了不同的观点。③根据考古发现的史前遗址（图一），上海的考古学者提出冈身西面的沙冈一线是距今 6 000 年前后的海岸线，东面的竹冈一线形成年代不会迟于距今 5 000 年，外冈一线最早不会超过距今 2 500 年。④这个观点有力地驳斥了西方学者所谓的上海成陆较晚，没有古代历史的臆想。目前所知上海地区史前文化的年代谱系完整，从马家浜文化开始，历经崧泽文化、良渚文化、广富林文化，下接夏商时期的马桥文化，中间没有缺环。

（一）马家浜文化

马家浜文化是长江三角洲地区的新石器时代文化，年代大约在公元前5000—前 3900 年。分布区域南达钱塘江北岸，北到长江口，西至宁镇地区，东至大海。马家浜文化的发现表明长江三角洲的新石器文化是源远流长、地域特征鲜明、自成系统的文化类型。上海地区处于长江三角洲东缘，距今 6 000 年左右海水东退逐渐形成陆地，第一批马家浜文化先民迁徙至上海地区，开创了上海的历史。上

---

① 张童心：《上海文化起源与早期文化生态——近年上海及周边考古研究》，上海大学出版社 2013 年版。

② ［德］费师孟：《长江下游的地理问题》，王德基译，《地理》第 1—4 期。

③ 陈吉余：《长江三角洲口段的地形发育》，《地理学报》1957 年第 3 期；谭其骧：《关于上海地区的成陆年代》，《文汇报》1960 年 11 月 15 日。

④ 黄宣佩、吴贵芳、杨嘉祐：《从考古发现谈上海成陆年代及港口发展》，《文物》1976 年第 11 期；黄宣佩、周丽娟：《上海考古发现与古地理环境》，《同济大学学报》（人文社会科学版）1997 年第 2 期。

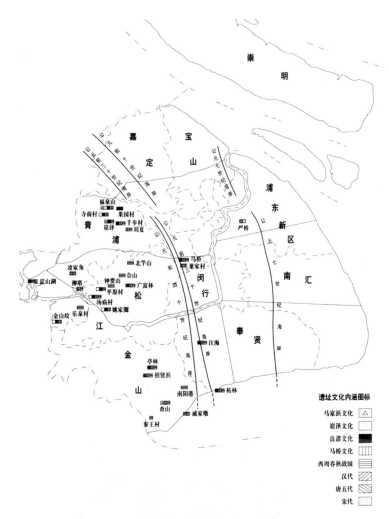

图一　上海古文化遗址与海岸遗迹分布

海的马家浜文化主要发现于青浦区的崧泽遗址下层①、福泉山遗址下层②和金山

区的查山遗址下层③,均为地势较高的山麓地带。

① 上海市文物保管委员会:《崧泽——新石器时代遗址发掘报告》,文物出版社 1987 年版,第
26—31 页;上海市文物管理委员会:《1987 年上海青浦县崧泽遗址的发掘》,《考古》1992 年第 3 期;上
海市文物管理委员会:《1994~1995 年上海青浦崧泽遗址的发掘》,《上海博物馆集刊》第 8 期,上海书
画出版社 2000 年版,第 13—46 页。

② 上海市文物管理委员会:《福泉山——新石器时代遗址发掘报告》,文物出版社 2000 年版,第
10—11 页。

③ 孙维昌:《上海市金山县查山和亭林遗址试掘》,《南方文物》1997 年第 3 期。

马家浜文化的先民使用石器作为生产工具,主要器形有斧和锛,已经采用整体磨光的技术。钻孔技术以实心钻为主,并且出现先进的管钻技术,这种技术为后来玉器的加工和制作创造了条件。遗址中还发现有少量的玉玦、玉管和玉璜等。陶器以夹砂红陶和泥质红陶为主,器类主要有腰沿釜,还有少量的陶鼎,器腹下部多有火烧的烟炱痕迹。在崧泽遗址中还发现有较为完整的炉箅,器呈长方形,两侧有耳,中间有炉条,推测应该是采用地灶的方式来搭配炉箅使用。总体来说陶器的制作比较粗糙,胎壁厚重,烧制温度较低,基本以素面为主。主要采用手制,较大的器皿多用泥条盘筑法制成。

1961 年崧泽遗址的马家浜文化地层中发现有炭化稻谷,根据外形判断有粳稻和籼稻两类。①遗址中还出土有陶纺轮,表明先民已经熟练掌握纺织的技术。最为重要的是,2004 年在崧泽遗址中发现了一件马家浜文化时期的人头骨②,这是迄今为止上海地区发现最早的人类化石(图二)。由于马家浜文化时期墓葬中的骨骸腐朽严重,这件保存相对完整的头骨就成为研究上海早期人类体质特征的宝贵资料。通过体质人类学分析,头骨主人为年龄在 20—30 岁左右的男性,反映了当时的营养和医疗条件非常低。

图二　2004 年崧泽遗址出土的"上海第一人"(马家浜文化人头骨化石)

---

① 上海市文物保管委员会:《上海市青浦县崧泽遗址的试掘》,《考古学报》1962 年第 2 期。
② 陈杰:《实证上海史——考古学视野下的古代上海》,上海古籍出版社 2010 年版,第 26—27 页。

1987 年在崧泽遗址发现两座马家浜文化晚期的直筒腹水井,是国内目前发现时代最早的水井遗迹。[①]其中 J3 水井呈椭圆形,直径 0.7 米,井体为直筒形,深 2.26 米,内壁光滑,中下部为不规则的椭圆形,向下斜收成圜底。水井位于崧泽遗址最底层,打破生土层,出土的陶器也都属于马家浜文化晚期。水井的出现表明马家浜文化晚期人口不断增长,为解决用水问题增加了获取水源的方式。从另一个层面来说,大大减少了对江河湖泊地表水资源的依赖,扩大了人类向纵深地带的活动范围。

(二)崧泽文化

崧泽文化是以青浦区赵巷镇崧泽村命名的考古学文化,其年代为公元前 3900~前 3100 年。从 20 世纪 50 年代开始,上海的考古工作者就对这个遗址进行调查和发掘。1957 年在崧泽村北的假山墩采集到数片夹砂红陶和泥质灰陶片,1960 年进行了小范围的试掘。1961 年进行了第一次正式发掘,发掘面积 458 平方米。[②]1974~1976 年进行了第二次发掘,发掘面积 202 平方米。[③]前两次的发掘成果显示,崧泽文化早期与马家浜文化在地层上相衔接,文化特征也比较接近,是继承与发展的关系。崧泽文化晚期特征在良渚文化中多有体现,表现出两者的亲缘关系。[④]1987 年进行了第三次发掘,发掘面积 235 平方米。[⑤]1994~1995 年进行了第四次发掘,发掘面积 93 平方米。[⑥]后来的发掘成果均符合以往的结论,因此崧泽文化是连接马家浜文化和良渚文化的重要环节。此外,崧泽文化还在青浦福泉山[⑦]、金山坟[⑧]、寺前村[⑨],松江区的汤庙村[⑩]、姚家圈[⑪]和广富林[⑫]等

---

① 孙维昌:《上海考古发现的新石器时代水井》,《农业考古》2013 年第 3 期。

② 上海市文物保管委员会:《上海市青浦县崧泽遗址的试掘》,《考古学报》1962 年第 2 期。

③ 上海市文物保管委员会:《青浦县崧泽遗址第二次发掘》,《考古学报》1980 年第 1 期。

④ 上海市文物保管委员会:《崧泽——新石器时代遗址发掘报告》,文物出版社 1987 年版。

⑤ 上海市文物管理委员会:《1987 年上海青浦县崧泽遗址的发掘》,《考古》1992 年第 3 期。

⑥ 上海市文物管理委员会:《1994~1995 年上海青浦崧泽遗址的发掘》,《上海博物馆集刊》第 8 期,上海书画出版社 2000 年版,第 13—46 页。

⑦ 张明华:《青浦福泉山遗址崧泽文化遗存》,《考古学报》1990 年第 3 期。

⑧ 上海市文物保管委员会:《上海青浦县金山坟遗址试掘》,《考古》1989 年第 7 期。

⑨ 孙维昌:《上海青浦寺前村和果园村遗址试掘》,《南方文物》1998 年第 1 期;上海博物馆考古研究部:《上海青浦区寺前史前遗址的发掘》,《考古》2002 年第 10 期。

⑩ 上海市文物保管委员会:《上海松江县汤庙村遗址》,《考古》1985 年第 7 期。

⑪ 上海市文物管理委员会考古部:《上海市松江县姚家圈遗址发掘简报》,《考古》2001 年第 9 期。

⑫ 广富林考古队:《2010 年广富林遗址发掘再获丰硕成果》,《中国文物报》2011 年 5 月 6 日;广富林考古队:《2012 年广富林遗址考古获重要成果》,《中国文物报》2013 年 6 月 21 日。

遗址都有发现。

崧泽文化的丧葬习俗主要是平地掩埋的方式,不挖墓坑。一般没有葬具,仅有少数墓有草编织物和木板葬具的痕迹,说明这个时期阶级分化还不明显。葬式以头向南,仰身直肢葬为主,少量的屈肢葬、俯身葬、二次葬和合葬墓。多随葬器物的特点显示了与马家浜文化的不同,表明生产力有了一定的进步。石器的制作工艺比马家浜文化时期精致,有扁平长方形弧刃穿孔斧、弧背石锛和长条形石凿。玉器种类更加丰富,以装饰品为主,新出现有玉环、玉镯和玉坠等。

陶器以夹砂红陶为主,胎质较松,延续了马家浜文化时期控制氧化焰的技术,使得陶土中的铁元素转化为氧化铁从而呈现出红褐色。但是夹砂成分与马家浜文化使用粗砂细石有所不同,崧泽文化使用蚌壳屑和稻谷壳,使得器皿更加轻便,并且有效防止了加热过程中陶器爆裂的可能性。同时还发现一定数量的泥质灰陶,表明已经能够熟练掌握还原焰,可能与烧制窑炉的改进有关,使得陶土中的铁元素转化为氧化亚铁从而呈现出灰色或黑色。采用手制慢轮修整的技术,使得胎壁厚薄均匀,器型规整,显示了比马家浜文化时期更为先进的陶器制作工艺。1974 年崧泽遗址 M59 出土的竹编纹黑衣陶罐①(图三),高 26.2 厘米,直口,设盖,短颈,鼓肩,平底,矮圈足。腹上部饰一周竹编纹,腹中部有一周锯齿堆纹。这是将长江三角洲地区的竹编器进行艺术转化的一种形式,审美意识开始出现于日常生活之中。

崧泽遗址的稻谷遗存是中国考古发现中最早有确凿地层依据的材料,为探讨中国稻作起源问题提供了直接的证据,由此证明了长江三角洲地区是稻作农业的起源地之一。崧泽文化所处的时代是一个开放的、文化交融的时代,它与周边邻近地区的文化遗存有着密切的联系和交往。

长江三角洲地区的西面有薛家岗文化,主要分布于大别山南麓两侧的山前或平原地带,年代为公元前 3500~前 2600 年。②凿形足系统在薛家岗文化中有着悠久的传统,崧泽文化晚期出土的凿形足陶鼎是受到薛家岗文化影响产生的新样式。带把实足陶鬶更是薛家岗文化的典型器物,这类器物在崧泽文化中发现数量极少,不成体系,可能是通过贸易的方式流入的。

---

① 上海市文物保管委员会:《崧泽——新石器时代遗址发掘报告》,文物出版社 1987 年版,第 62 页。

② 安徽省文物考古研究所:《潜山薛家岗》,文物出版社 2004 年版。

图三　1974年崧泽遗址 M59 出土的竹编纹陶罐（崧泽文化）

长江三角洲地区的北面有龙虬庄文化，主要分布于江淮东部地区，年代为公元前4600~前3000年。①崧泽文化的典型器物是浅盘高柄豆，遗址中有一种数量较少的壶形豆却与龙虬庄文化的高圈足壶十分相似，可能是受到龙虬庄文化影响的新器物。并且长江三角洲地区崧泽文化遗址中出土的三足钵等器物，明显与龙虬庄文化也有关系。

大汶口文化分布于海岱地区，年代为公元前4300~前2600年。②崧泽文化出土的觚形杯和高柄杯显然是受到大汶口文化的影响。这类器物是大汶口文化的典型器物，发展序列清楚。并且崧泽文化晚期觚形杯的底部出现花瓣足的特征与大汶口文化同类器的变化趋势相同。

文化的碰撞与交流是双向和多向的，崧泽文化吸收外来文化的同时，也向外扩散着其自身的影响。崧泽文化的典型器物折腹壶、折腹罐和分段式高柄豆，以及弧线三角形或圆形装饰等特征，在周边的考古学文化中广泛存在。正是通过与周边考古学文化不断交流，保持自身特色的同时，吸收先进文化因素，才能激

---

① 龙虬庄遗址考古队：《龙虬庄》，科学出版社1999年版。
② 山东省文物管理处：《大汶口》，文物出版社1974年版。

发文化的创新力和活力,使得文化发展具有了更大的灵活性,这种特征正是"海派文化"的精髓。

(三)良渚文化

良渚文化是长江三角洲地区新石器时代晚期文化,年代大约在公元前3300~前2300年。20世纪30年代施昕更首先在浙江杭州市余杭区良渚镇发现这种文化遗存。①随着八十年来的考古发掘,良渚古城的宫殿基址、高等级墓葬群,以及规整宏大的防洪和灌溉水坝等,宣示着良渚文化已经进入早期国家社会。②良渚文化中心区主要在钱塘江流域和太湖流域,上海青浦区的福泉山③、金山坟④、淀山湖⑤、千步村⑥、寺前村和果园村⑦,松江区的机山⑧、汤村庙⑨、姚家圈⑩、广富林⑪,金山区的亭林⑫、招贤浜⑬,闵行区的马桥⑭,奉贤区的江海⑮、拓林⑯等

---

① 施昕更:《良渚——杭县第二区黑陶文化遗址初步报告》,浙江省教育厅 1938 年版。

② [英]科林·伦福儒、刘斌:《中国复杂社会的出现:以良渚为例》,《南方文物》2018 年第 1 期。

③ 上海市文物管理委员会:《福泉山——新石器时代遗址发掘报告》,文物出版社 2000 年版,第 42—124 页。

④ 上海市文物保管委员会:《上海青浦县金山坟遗址试掘》,《考古》1989 年第 7 期。

⑤ 青浦县文物调查工作组:《青浦县淀山湖新石器时代文物的初步调查》,《文物》1959 年第 4 期。

⑥ 黄宣佩、徐英铎:《上海青浦县发现千步村遗址》,《考古》1963 年第 3 期。

⑦ 孙维昌:《上海青浦寺前村和果园村遗址试掘》,《南方文物》1998 年第 1 期;上海博物馆考古研究部:《上海青浦区寺前史前遗址的发掘》,《考古》2002 年第 10 期。

⑧ 黄宣佩:《上海地区古文化遗址综述》,《黄宣佩考古学文集》,上海古籍出版社 2014 年版,第 23 页。

⑨ 上海市文物保管委员会:《上海松江县汤庙村遗址》,《考古》1985 年第 7 期。

⑩ 上海市文物管理委员会考古部:《上海市松江县姚家圈遗址发掘简报》,《考古》2001 年第 9 期。

⑪ 上海博物馆考古部:《上海松江区广富林遗址 1999~2000 年发掘简报》,《考古》2002 年第 10 期;上海博物馆考古研究部、南京大学历史系、河南大学历史文化学院考古文博系:《上海广富林遗址 2012 年南京大学发掘区良渚文化时期墓葬发掘简报》,《江汉考古》2016 年第 4 期。

⑫ 上海博物馆考古研究部:《上海金山区亭林遗址 1988、1990 年良渚文化墓葬的发掘》,《考古》2002 年第 10 期。

⑬ 上海博物馆考古部:《上海市金山区招贤浜遗址发掘简报》,《南方文物》2009 年第 2 期。

⑭ 上海市文物管理委员会:《马桥——1993~1997 年发掘报告》,上海书画出版社 2002 年版,第 19—68 页。

⑮ 上海市文物管理委员会:《上海奉贤县江海遗址 1996 年发掘简报》,《考古》2002 年第 11 期。

⑯ 黄宣佩:《上海地区古文化遗址综述》,《黄宣佩考古学文集》,上海古籍出版社 2014 年版,第 27 页。

遗址也是良渚文化分布的重要区域,为探索中国文明起源提供了重要线索。

1962 年上海市文物普查发现福泉山遗址。1979 年对福泉山遗址进行试掘,试掘面积 130 平方米。1982 年进行了第一次正式发掘,发掘面积 305 平方米。1983~1984 年进行了第二次发掘,发掘面积 1 000 平方米。①1986~1988 年进行了第三次发掘,发掘面积 800 平方米。历年来的发掘表明福泉山实际上是由人工活动堆积起来的土筑高台,完整地保留了六千年来各个时期文化叠压的遗存。从新石器时代的马家浜文化、崧泽文化、良渚文化到战国、西汉、唐宋时期的遗存,堪称为上海古代历史的"年表"。2001 年被国务院公布为第五批全国重点文物保护单位。2008~2009 年在福泉山以北约 250 米的回龙村吴家场又发现了两座良渚文化的墓葬。②2010~2011 年对吴家场进行正式发掘,发掘面积 231 平方米,发现有良渚文化的高等级贵族墓葬。③

良渚文化以规整的陶器和精美的玉器著称,代表了史前时期手工业技术的巅峰。良渚文化的陶器主要是夹砂灰褐陶、泥质灰陶和泥质黑陶,少量的夹砂红陶和泥质红陶。这个时期已经能够熟练地运用轮制成型再加修整的方法制作陶器,器型规整,胎壁厚薄均匀,器壁较薄。少量的薄胎黑陶,胎壁厚度仅 1.3—2 毫米,显示了高超的制陶工艺。翅形足和 T 形足陶鼎是良渚文化的典型器物,双鼻陶壶和竹节形陶豆也是良渚文化特有的器形。

玉器数量和种类代表着身份地位和财富,良渚文化出土有玉钺、玉璧和玉琮等礼仪玉器,也有作为装饰品的玉器。1984 年福泉山 M65 出土的冒鐓组合玉钺④(图四),是军事首领的权利象征。玉器上面雕刻有精细的神秘纹饰,反映了良渚社会中弥漫着的宗教神权氛围。在福泉山遗址发现有祭坛遗存,祭坛呈阶梯状,自北向南,自下而上共有三级台阶,各台面中间平整,周围以散乱的土块堆积而成。整座祭坛包括土块和地面都被大火烧红,可能是最早的燎祭。相似的情况,还见于松江广富林遗址良渚时期的祭坛。

---

① 上海市文物保管委员会:《上海市青浦福泉山良渚文化墓地》,《文物》1986 年第 10 期;黄宣佩、张明华:《上海青浦福泉山遗址》,《东南文化》1987 年第 1 期。

② 福泉山考古队:《上海青浦福泉山良渚文化墓地发掘》,《中国文物报》2009 年 12 月 5 日。

③ 上海博物馆:《上海福泉山遗址吴家场墓地 2010 年发掘简报》,《考古》2015 年第 10 期。

④ 上海市文物管理委员会:《福泉山——新石器时代遗址发掘报告》,文物出版社 2000 年版,第 78 页。

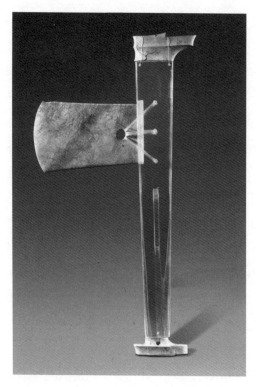

图四　1984 年福泉山遗址 M65 出土的冒鐓组合玉钺（良渚文化）

　　良渚时期经济的发展导致手工业产品的专业化生产，为社会发展创造了更多的财富。社会内部贫富不均的现象开始加剧，最终导致社会的分化和阶层的对立。福泉山贵族墓葬群，相互之间有着严格的布局。马桥遗址的良渚文化墓葬是小型墓的代表，缺乏统一布局，几乎没有墓坑，也不见葬具。福泉山贵族墓葬中随葬的器物数量多、质地高，以玉器为大宗，还有少量的象牙器和磨光黑陶器。相反马桥遗址的 12 座墓葬共发现随葬品 21 件，其中 4 座墓葬未发现任何随葬品。最多一座墓葬有 6 件，最少的仅 1 件，玉器很少。福泉山 M139 的墓主人为男性，在墓主人脚下蜷缩着一具女性殉人，说明当时的阶级矛盾已经出现。

　　良渚文化晚期社会分化不断加剧，主要体现在聚落等级分化和墓葬等级分化。[1]通过人工营建福泉山墓地所耗费的人力和物力，必然要有严密的社会组织和国家机器进行干预。福泉山遗址作为仅次于良渚古城的二级聚落，说明良渚

————————

① 宋建:《长江下游的古代社会文明化进程》,《东方考古研究通讯》2003 年第 1 期。

文化时期的上海地区已经进入早期国家社会。

（四）广富林文化

广富林文化是以松江区方松街道广富林村命名的考古学文化,年代为公元前 2300~前 2000 年。1959 年发现并经过试掘,只发现 2 座良渚文化墓葬和春秋战国时期的遗存。①1999~2000 年进行了两次正式发掘,发掘面积 546 平方米。②发现了以侧装三角足鼎为代表文化遗存叠压在良渚文化层上,这是长江三角洲地区新出现的一种文化遗存,暂时定名为"广富林遗存"。③2001~2005 年又进行了多次发掘,发掘面积 1 075 平方米,认识到广富林遗址的文化内涵既有黄河流域的龙山文化因素,又有浙南闽北的南方文化因素。④2006 年上海博物馆召开"环太湖地区新石器时代末期文化暨广富林遗存学术研讨会",正式提出"广富林文化"的考古学文化命名。2008 年继续发掘,发掘面积 8 700 平方米,首次发现广富林文化的房址、墓葬和水稻田遗迹,并且对出土植物样本做了碳-14 数据测年。⑤2009~2012 年又进行了数次发掘,发现了不同时期的文化遗存以及复杂的人工水系。⑥

广富林遗址面积在 15 万平方米以上,这是上海考古史上发掘面积最大的一个项目。经过十余年来的发掘,为研究广富林遗址的聚落布局、环境变迁以及环太湖地区文明化进程提供了重要资料。太湖西岸的江苏宜兴骆驼墩遗址是目前所知广富林文化分布的最西端。太湖东岸的江苏昆山绰墩遗址、常熟北罗墩遗址等均属于广富林文化遗址。太湖南岸以浙江湖州钱山漾遗址第三次发掘资料最为丰富。其他遗址还有江苏吴江龙南遗址和浙江嘉善大往遗址。由此所见,

---

① 上海市文物保管委员会:《上海市松江县广富林新石器时代遗址试探》,《考古》1962 年第 9 期。

② 上海博物馆考古部:《上海松江区广富林遗址 1999~2000 年发掘简报》,《考古》2002 年第 10 期。

③ 广富林考古队:《广富林遗存的发现与思考》,《中国文物报》2000 年 9 月 13 日。

④ 上海博物馆考古研究部:《上海松江区广富林遗址 2001~2005 年发掘简报》,《考古》2008 年第 8 期。

⑤ 上海博物馆考古研究部:《上海松江区广富林遗址 2008 年发掘简报》,《广富林——考古发掘与学术研究论集》,上海古籍出版社 2014 年版,第 64—97 页。

⑥ 广富林考古队:《2009 年广富林遗址发掘又获重要成果》,《中国文物报》2010 年 4 月 16 日;广富林考古队:《2010 年广富林遗址发掘再获丰硕成果》,《中国文物报》2011 年 5 月 6 日;广富林考古队:《2012 年广富林遗址考古获重要成果》,《中国文物报》2013 年 6 月 21 日。

广富林文化的分布范围与良渚文化大致重合。

良渚文化达到中国史前文化的巅峰,而广富林文化显然是一种衰退。广富林文化的墓葬数量较少,随葬品也很少,看不出明显的等级差异,说明社会分化和等级差别明显降低。大型纪念性建筑的缺失,反映了社会控制和管理层次的降低。遗址数量的减少,说明人口的大幅减少和社会规模的缩小。良渚文化的手工业十分发达,在广富林文化几乎看不到这种发达手工业技术的延续,反映了手工业专业水平的下降,以及获取和分配社会资源比较贫乏。

但是,广富林文化所呈现的文化内涵却是多元的。广富林文化与黄河流域的龙山文化关系密切,主要是分布于淮河以北的河南东部、山东西南部和安徽北部地区的王油坊类型。广富林文化最有代表性的器物是侧装三角足陶鼎,例如1999 年广富林遗址 H43 出土的灰陶鼎(图五)。这种类型的陶鼎恰好王油坊类型的典型器物,从而说明广富林文化的先民来自黄河流域,他们是上海地区最早的移民。此外,广富林文化还受到浙南闽北地区印文陶文化的影响。广富林遗址的发现表明新石器时代晚期以王油坊类型为主的中原龙山文化越过长江,到达长江三角洲地区以后取代了当地的良渚文化,同时南方的印文陶文化因素也开始北上。各方面的文化因素汇聚到长江三角洲地区,为本土文化注入了新鲜元素,逐渐铸就了古代上海文化多元和文化融合的城市文化特征。

图五　1999 年广富林遗址 H43 出土的三角足陶鼎(广富林文化)

广富林文化在时间上是连接新石器时代晚期良渚文化和夏商时期马桥文化的桥梁,在空间上是连接长江和黄河早期文明的桥梁,其意义在于填补了长江三角洲地区考古学文化谱系的空白,是长江三角洲地区考古研究的一个重大突破。

二、先 秦 时 期

进入历史时期以后,整个长江流域以南地区普遍缺乏文字记载。但是考古资料提供了完整的考古学文化编年,上海地区经历了夏商时期的马桥文化、西周至春秋时期的越文化以及战国时期的楚文化。

(一) 夏商时期

马桥文化是以闵行区马桥镇命名的考古学文化,年代为公元前 1900～前 1200 年。马桥遗址坐落在称为"竹冈"的贝壳沙堤之上,其整体布局与沙堤走向基本一致。目前在长江三角洲地区发现的马桥文化遗址近 40 处,以闵行区的马桥遗址发掘面积最大、文化内涵最丰富。1959 年发现遗址,总面积超过 15 万平方米。1960 年和 1966 年经过两次正式发掘,发掘面积为 2 589 平方米,重点解决了年代关系和文化内涵的问题。[1]遗址文化层分为三个时期,上层为春秋战国时期遗存,中层为马桥文化遗存,下层为良渚文化遗存。1981 年蒋赞初先生首先提出了"马桥文化"的命名,逐渐被学术界所肯定。1993～1995 年进行了三次发掘,表明马桥遗址是一处大型村落遗址。[2]1997 年又进行了发掘,以上四次发掘面积为 2 728 平方米。[3]此外,在青浦区的福泉山[4]、金山坟遗址上层[5],金山区的招贤浜[6]、亭林遗址中层和查山遗址中层[7],奉贤区的江海[8]等遗址也发现有马桥文

① 上海市文物保管委员会:《上海马桥遗址第一、二次发掘》,《考古学报》1978 年第 1 期。
② 上海市文物管理委员会:《上海市闵行区马桥遗址 1993～1995 年发掘报告》,《考古学报》1997 年第 2 期。
③ 上海市文物管理委员会:《马桥——1993～1997 年发掘报告》,上海书画出版社 2002 年版。
④ 周云:《上海青浦福泉山遗址》,《马桥文化探微——发现与研究文集》,上海书店出版社 2018 年版,第 12～14 页。
⑤ 上海市文物保管委员会:《上海青浦县金山坟遗址试掘》,《考古》1989 年第 7 期。
⑥ 上海博物馆考古部:《上海市金山区招贤浜遗址发掘简报》,《南方文物》2009 年第 2 期。
⑦ 孙维昌:《上海市金山县查山和亭林遗址试掘》,《南方文物》1997 年第 3 期。
⑧ 上海市文物管理委员会:《上海奉贤县江海遗址 1996 年发掘简报》,《考古》2002 年第 11 期。

化遗存。

马桥文化的生产工具依然以石器为主,但是出土有少量的刀、镞等小型青铜工具,表明马桥文化已经进入青铜时代。马桥文化的印纹硬陶成为长江三角洲地区的文化特征之一,此时的陶工已经掌握使用不同的原材料,用不同的窑温火候与气氛,烧造出不同质地陶器的技术,这种对胎土的选择和窑温的控制为原始瓷的发明做好了技术准备。在马桥遗址中发现有一定数量的原始瓷,为寻找原始瓷的起源地提供了重要线索。最重要的是,在马桥遗址还发现有不少陶文符号(图六),固定出现在红褐陶器上,种类比较丰富。马桥文化的陶文是汉字产生过程中处于萌芽阶段的早期文字代表,它的发现对于研究中国文字的起源与发展,有着极为重要的意义。

图六　马桥遗址出土的陶文符号(马桥文化)

马桥文化的主体来自浙南闽北地区,南方的印文陶成为马桥文化的主流。同时在发展和形成过程中吸收了北方文化的影响,马桥文化的陶簋与岳石文化比较相似。①马桥文化的陶甗明显是受到中原文化影响的产物,但是中原地区的陶鸭形壶以及各种模印的云雷纹显然是受到马桥文化的影响。②在中原地区夏

---

① 宋建:《马桥文化探源》,《东南文化》1988 年第 1 期。

② 宋建:《二里头文化中的南方因素》,《二里头遗址与二里头文化研究》,科学出版社 2006 年版。

商文化中发现的少量原始瓷,更是马桥文化与夏商文化之间交流的直接证据。因此,马桥文化是融合本地传统因素、中原地区的夏商文化和山东半岛的岳石文化等多种文化因素,具有多元文化的特点。

(二) 两周时期

上海地区两周时期的遗址有三十余处,主要有松江区的广富林①、汤庙村②,闵行区的黄泥墩、马桥③,青浦的福泉山④、庄泾港⑤、淀山湖和寺前村⑥,嘉定区的外冈⑦,金山区的招贤浜⑧、查山遗址上层和亭林遗址上层⑨、戚家墩⑩等遗址。其中广富林遗址的周代遗存最为丰富,发现有房址、水井和祭祀坑,并且出土有钻凿痕迹的卜甲、青铜礼器、青铜兵器和工具等。青铜礼器是中国青铜文化的重要标志,是身份等级和社会秩序的象征。1962 年上海市纺织原料公司在松江县佘山以北 3 公里的凤凰山南麓,开挖水沟时发现一件春秋晚期的青铜尊(图七),这是上海市出土的第一件青铜礼器。青铜尊装饰的棘刺纹是越文化的典型纹饰。1980 年在青浦淀山湖遗址出土一件春秋晚期的青铜勾鑃。⑪2011～2012年在广富林又出土两件完整的青铜尊,还有青铜鬲的口沿残片以及铸造青铜斤的石范,表明上海地区已经有了先进的青铜冶铸业。

---

① 广富林考古队:《2009 年广富林遗址发掘又获重要成果》,《中国文物报》2010 年 4 月 16 日;广富林考古队:《2010 年广富林遗址发掘再获丰硕成果》,《中国文物报》2011 年 5 月 6 日;上海博物馆考古研究部:《2011 年广富林遗址发掘又获丰硕成果》,《中国考古学年鉴(2011)》,文物出版社 2012 年版;广富林考古队:《2012 年广富林遗址考古获重要成果》,《中国文物报》2013 年 6 月 21 日。

② 黄宣佩、孙维昌:《上海市松江县汤庙村古遗址调查》,《考古》1963 年第 1 期。

③ 上海市文物管理委员会:《马桥——1993～1997 年发掘报告》,上海书画出版社 2002 年版,第 301—304 页。

④ 周丽娟:《上海青浦福泉山发现一座战国墓》,《考古》2003 年第 11 期。

⑤ 上海市文物保管委员会:《上海青浦县重固战国墓》,《考古》1988 年第 8 期。

⑥ 上海博物馆考古研究部:《上海青浦寺前村遗址历史时期遗存发掘报告》,《上海博物馆集刊》第 10 期,上海书画出版社 2005 年版,第 404—416 页。

⑦ 黄宣佩:《上海市嘉定县外冈古墓清理》,《考古》1959 年第 12 期;孙维昌:《上海发现一座战国—汉初时代墓葬》,《文物》1959 年第 12 期。

⑧ 上海博物馆考古部:《上海市金山区招贤浜遗址发掘简报》,《南方文物》2009 年第 2 期。

⑨ 孙维昌:《上海市金山县查山和亭林遗址试掘》,《南方文物》1997 年第 3 期。

⑩ 上海市文物保管委员会:《上海市金山县戚家墩遗址发掘简报》,《考古》1973 年第 1 期。

⑪ 上海市文化广播影视管理局、上海市文物局:《上海出土万物精品选》,上海古籍出版社 2015 年版,第 118—119 页。

图七　1965 年凤凰山出土的棘刺纹尊

　　两周时期的墓葬主要为土墩墓,有的采用石材作为墓室材料,凸显其地位。随葬器物多为几何印纹硬陶和原始瓷器。例如青浦区骆驼墩遗址的墓葬位于土墩之上,墓坑为长方形,出土有一件印纹硬陶罍。1973 年闵行区黄泥墩发现一座土墩墓,为东西向长方形,长约 6 米、宽 2 米、深 1.56 米。墓壁用大树对剖的木板密排直插构成墓室,底部平铺一层不规则的板岩石片,并有木条将墓室分为前、后两室。①此墓曾被盗掘,仅在后室发现一堆破碎严重的印纹陶片和原始瓷片,这是上海发现规模最大的一座春秋时期的土墩墓。

　　1963~1964 年上海市文物保管委员会曾经两次对金山区戚家墩遗址进行发掘,发掘面积共 140 平方米,发现有两周时期的灰坑和墓葬。其中 M2 随葬品数量最多,共出土陶器 54 件,以几何印文硬陶和原始瓷为主,还有刀、铲、镞等小件青铜器,年代大体在春秋晚期至战国早期。1972 年金山石化厂的建立使得这座遗址遭到前所未有的破坏,许多考古工作尚未开展,重要的历史信息尚未揭示,

---

① 陈杰:《实证上海史——考古学视野下的古代上海》,上海古籍出版社 2010 年版,第 157 页。

不能不说是一个的遗憾。

上海简称为"申",据传与楚国的春申君有关,显然是牵强附会的说法。但是,战国时期上海已经纳入楚国的势力范围却是不争的事实。嘉定区外冈遗址和青浦区福泉山遗址的战国晚期墓葬中楚文化因素最为明显。例如 1986 年发掘的福泉山遗址 M88,随葬有 26 件器物,主要为陶器和玻璃器。陶礼器组合为鼎 2、盒 2、豆 2、钫 2、罍 2、杯 2。器物形制以及组合关系与湖北、湖南地区的楚墓十分相似。嘉定区外冈楚墓中出土有泥版,上印阳文"郢爰"两字。这种泥质郢爰是仿楚国金版郢爰的明器,专供陪葬使用。这些器物的发现表明楚国的势力已经到达东海之滨,上海地区是楚国货币的流通区域。

三、 秦汉南北朝时期

秦朝时间较短,秦文化在上海地区的遗存中很难辨认。西汉时期上海属会稽郡,东汉以后属吴郡。这个时期的遗址和遗迹发现较多,已经确认的有青浦福泉山①、骆驼墩②,嘉定双墩庙和外冈③,松江区的广富林④、钟贾山⑤、佘山⑥,金山区的戚家墩⑦等遗址。其中以广富林遗址最为重要,发现有陶制井圈,直径 1.1 米、深约 2.5 米。由宽 40 厘米的弧形陶构建拼接而成,残存有四圈,井底平铺三块厚约 5 厘米的木板,木板上有方形孔。还出土有绳纹子母式地砖和兽面纹瓦当等建筑材料。地砖大而厚重,榫卯结构的样式是为了平铺时地面更加平整。这些建筑构件的发现,说明汉代的广富林遗址曾经存在过官署一类的大型建筑。

上海地区发现的汉代墓葬超过 100 座。1957 年青浦区骆驼墩汉墓是上海发现的第一座汉墓,随葬品主要为仿铜陶器。福泉山遗址的 46 座西汉早中期墓葬

---

① 王正书:《上海福泉山西汉墓群发掘》,《考古》1988 年第 8 期。

② 黄宣佩、孙维昌:《上海市青浦县骆驼墩汉墓发掘》,《考古》1959 年第 12 期。

③ 孙维昌:《上海发现一座战国—汉初时代墓葬》,《文物》1959 年第 12 期。

④ 广富林考古队:《2010 年广富林遗址发掘再获丰硕成果》,《中国文物报》2011 年 5 月 6 日。

⑤ 黄宣佩:《上海地区古文化遗址综述》,《黄宣佩考古学文集》,上海古籍出版社 2014 年版,第 23 页。

⑥ 孙维昌:《上海市松江县佘山汉墓的清理》,《考古》1962 年第 5 期。

⑦ 上海市文物保管委员会:《上海市金山县戚家墩遗址发掘简报》,《考古》1973 年第 1 期。

保存最为完整,是上海汉墓中规模最大的墓葬群。墓葬均为土坑竖穴墓,长度在1.5~2.8 米,宽度在 0.6~2.2 米,最深达 2.95 米。木棺多有髹漆,随葬品以仿青铜礼器的釉陶器为主,还有铜镜、铜铃、带钩、钱币和铁剑等器物。钱币有半两、五铢,还有仿铜钱和仿麟趾金的泥版钱。福泉山 M5 出土的虎钮铜套印(图八),母印有篆书白文"周子路印"四字,子印有篆书白文"周长君"三字,这是目前所见上海出土最早的玺印。这些发现为研究汉代上海地区的社会状况和丧葬习俗提供了资料。

图八　1984 年福泉山汉墓 M5 出土的铜套印

　　西晋太康末年(289)原东吴大都督陆逊之孙陆云自称"云间陆士龙"。南朝梁太宗萧纲在《浮海石像铭》中称:"晋建兴元年癸酉之岁,吴郡娄县界松江之下,号沪渎。"自此上海有了"云间"、"沪渎"的别称。1981 年在陆氏故地的汤庙村遗址发现有西晋青釉瓷罐、盘、盆、碗等器物。青釉罐造型规整,釉色青绿透亮,发色稳定(图九)。这是一件典型的越窑系青釉瓷器,代表了西晋青瓷工艺的最早水平。

图九　1981 年汤庙村遗址出土的青釉瓷罐

　　公元 4 世纪左右浦东地区的海岸线逐渐形成,北起宝山区的月浦、盛桥,中经浦东新区的北蔡,南至周浦、下沙、航头一线。[1]1973 年虹口区广中路菜场发现南北朝时期的青釉四系罐、青釉碗各一件[2],出土于深约 1.5 米的黄土层内。两件瓷器的釉层较厚,玻璃光泽的质感很强,还有小开片的特征。这是中心城区出土年代最早的器物,证明南北朝时期这里已经形成为陆地。

四、唐宋时期

　　公元 751 年唐朝政府设立华亭县,标志着上海正式成立单独的行政区划。吴淞江的繁荣与衰落对上海地区城镇的形成有着重要影响。北临吴淞江的青龙镇依据地理优势,成为当时国内外贸易的重要港口。青龙镇位于青浦区白鹤镇东北,中心区域在白鹤镇青龙村、塘湾村。1988 年青龙村双浜生产队在开挖窑河时,发现了一些唐宋瓷碗、铁牛,以及数口唐代水井。上海博物馆闻讯对唐代水井进行了清理,出土有唐代越窑莲花盏、长沙窑胡人乐伎执壶(图十)和椰枣雄狮

①　张修桂:《上海浦东地区成陆过程辨析》,《地理学报》1998 年第 3 期。

②　上海文物管理委员会:《上海考古精萃》,上海人民美术出版社 2006 年版,第 289 页。

执壶等。①2010~2016年上海博物馆按照大遗址保护的要求进行了三次考古发掘，发掘面积近4 000平方米。②通过发掘勘探基本摸清了青龙镇遗址的范围，主要沿着吴淞江支流通波塘两岸分布，南北长约3公里，东西最宽处1公里，最窄处400米，总面积约2平方公里。发现唐代和宋代建筑基址8处、灰坑144个、水井69口、灶坑7座、铸造作坊1处、墓葬4座以及隆平寺遗址等，为复原唐宋时期青龙镇的市镇布局提供了重要资料。

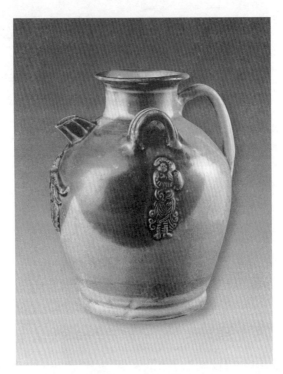

图十　1988年青龙镇唐代水井出土的长沙窑胡人乐伎执壶

青龙镇遗址出土的瓷器数量巨大，窑口丰富，器物与朝鲜半岛、日本出土的能够吻合。唐代瓷器以德清窑和越窑为主，少数的长沙窑。宋代瓷器以越窑和

---

①　何继英：《青龙镇遗址考古发掘记》，《上海青龙镇的发掘与发现》，上海古籍出版社2017年版，第16—63页。

②　上海博物馆考古研究部：《上海市青浦区青龙镇遗址2010年发掘简报》，《东南文化》2012年第2期；青龙镇考古队：《上海市青浦区青龙镇遗址2012年发掘简报》，《东南文化》2014年第4期。

龙泉窑为主,还有建窑、吉州窑、景德镇窑等。青龙镇作为外销瓷港口,又有吴淞江、长江沟通内陆,地理位置十分优越。1977 年奉贤区四团乡在兴修水利时发现一批宋代瓷器,共计 857 件。大部分瓷碗口朝上,集中堆放,淤土上附有稻草捆扎的痕迹。这批瓷器堆放的地点离宋代海岸线——里护塘外仅 400 米,可能是离岸不远即遭到意外导致货物倾覆。①在嘉定封浜乡距离今苏州河北岸 1 380 米还发现有宋代沉船②,发现地点属于吴淞江航道内,船舱内发现有 1 000 多张宽 24 厘米的板瓦,表明这是一艘运送砖瓦的货船。日本僧人圆仁所著《入唐求法巡礼行记》中自述他于唐大中元年(847)五月回国,从苏州松江海口(青龙镇)启航。考古与文献相印证,青龙港是连接东北亚地区的重要港口。

隆平寺塔见于方志记载,地面建筑现已无存,曾经作为青龙港的航标塔非常重要。2015 年对隆平寺塔遗址进行发掘,发现有散水、角柱、副阶宝装莲花柱础、倚柱、壶门等塔基的关键部分,为复原隆平寺塔平面结构提供了重要线索。③隆平寺塔还保存了北宋时期完整的地宫,地宫内出土的铅贴金阿育王塔(图十一)、木贴金释迦牟尼涅槃像等,还有模印或朱书文字砖,这些为研究北宋时期上海地区佛教信仰的传播和发展,以及舍利瘗埋制度提供了资料。

青浦区大盈镇的寺前村是一处宋代村落遗址,1986 年在遗址发现的宋代水井内出土一件龙泉窑鬲式炉④(图十二),造型仿青铜器,梅子青色,釉质温润如玉,是龙泉窑瓷器的代表作。严桥遗址也是一处唐宋时期的重要遗址。1975 年浦东新区杨高路和浦建路附近发现严桥遗址,遗址下层出土有越窑青釉、黑褐釉壶、长沙窑青黄釉执壶等唐代器物,上层出土有龙泉窑青釉瓷碗、建窑黑釉盏、磁州窑白釉黑花盘等宋代器物,以及大量生产、生活用具表明这是一处长期居住的村落。⑤1979 年在浦东新区北蔡镇川扬河还出土了一艘隋唐时期的木船⑥,地层

---

① 陈杰:《实证上海史——考古学视野下的古代上海》,上海古籍出版社 2010 年版,第 181—182 页。

② 上海博物馆:《嘉定封浜宋船发掘简报》,《文物》1979 年第 12 期。

③ 王建文:《隆平寺塔基发掘纪实》,《上海青龙镇的发掘与发现》,上海古籍出版社 2017 年版,第 64—90 页。

④ 上海文物管理委员会:《上海考古精萃》,上海人民美术出版社 2006 年版,第 302 页。

⑤ 吴贵芳:《从严桥遗址推断上海唐代海岸的位置》,《考古》1976 年第 9 期。

⑥ 王正书:《川扬河古船发掘简报》,《文物》1983 年第 7 期。

显示是一艘废弃于古海滩上的小船,由此表明盛桥—航头沙一带可能是从东晋延续到唐代初年的海岸线。

图十一　2016 年青龙镇隆平寺塔地宫出土的铅贴金阿育王塔

　　1957 年松江县泗联公社疏浚通波水利工程时发现 6 件唐代瓷器,根据迹象表明应该是墓葬的随葬品,这是上海发现的第一座唐墓。1959~1960 年马桥遗址发掘的墓葬,是上海发现的第一座五代墓。孙维昌对 1957~1961 年上海郊县发现的唐代墓葬进行了整理①,郑金星对 1978~1979 年闵行诸翟公社林家桥发

————————
　　①　孙维昌:《上海市郊出土唐代遗物》,《文物》1962 年第 3 期。

图十二　1986 年寺前村遗址宋代水井出土的龙泉窑鬲式炉

现的两座墓葬进行了整理①,王正书对 1983 年青浦福泉山的唐墓进行了整理②。但是这些发表的资料仅仅是上海地区唐代墓葬很少一部分。根据统计上海地区唐、五代墓葬有 13 处 24 座,主要分布在青浦区寺崧泽村、寺前村、青龙村、福泉山,嘉定区方泰黄墙、安亭嘉泰,松江区泗联、中山二路南龙潭苑,闵行区诸翟、马桥,金山区山阳翁庙,奉贤区潘垫等地。③早期上海行政区划的史料文献记载极少,这些墓葬出土的墓志则为上海古代史研究增添了许多珍贵的资料。例如闵行诸翟的陈琳墓,墓志载"与夫合葬于苏州华亭县北七十里北平乡"。北平乡不见于《绍熙云间志》,应当是唐代华亭县 22 乡之一,考古资料可以弥补文献不足。

　　20 世纪 50 年代末 60 年代初,嘉定、青浦发现有几座纪年宋墓,由于墓葬遭到破坏,仅征集到几件墓志。1958 年闵行朱行乡老镇发现的南宋嘉定七年(1214)承信郎张珪墓,是上海地区发现的第一座宋墓。④1959 年对嘉定县城的吕处淑墓、周必强家族墓,宝山区月浦赵淑真墓进行了发掘。⑤1979 年对嘉定县城

① 上海博物馆:《上海市郊上海县唐墓》,《考古》1984 年第 7 期。
② 上海博物馆:《上海福泉山唐宋墓》,《考古》1986 年第 2 期。
③ 上海博物馆:《上海唐宋元墓》,科学出版社 2014 年版,第 9—40 页。
④ 沈令昕、谢稚柳:《上海西郊朱行乡发现宋墓》,《考古》1959 年第 2 期。
⑤ 黄宣佩:《上海宋墓》,《考古》1962 年第 8 期。

厢镇的赵铸夫妇墓进行了发掘。①根据历年来的发掘,上海地区的宋代墓葬有 21 处 40 余座,主要分布在嘉定县城、城厢镇、外冈、安亭嘉泰,宝山区月浦南塘村、茂盛村、新胜村、宝钢,闵行区朱行乡、马桥,奉贤区南桥镇三女冈,松江区凤凰山,青浦区福泉山、骆驼墩,金山区亭林、查山,浦东新区高桥等地。②这些墓葬出土的瓷器、金银器、铜镜、钱币,以及墓志、道教造像和买地券等,是研究宋代上海地区社会生活、经济贸易和思想信仰的重要资料。

五、 元 明 清 时 期

南宋以后,吴淞江逐渐淤塞,大量商船聚集于吴淞江下游,上海镇遂成为商品贸易的重要集镇。至元二十九年(1292)上海镇升为上海县,与华亭县并入松江府。为了治理吴淞江的淤塞问题,元朝政府在吴淞江流域修建了很多水闸,志丹苑水闸就是其中之一。这是现存规模最大,保存最完整的元代水闸,对研究中国水利工程技术发展史具有重大意义,2006 年被评为全国十大考古新发现。

志丹苑位于普陀区志丹路和延长西路交汇处,距离今天的吴淞江北岸 1 千米左右。2001 年建筑公司打桩时意外发现石板、木桩等遗迹。③2002 年对志丹苑遗址进行第一次考古发掘,发现水闸的闸门、南驳岸石墙、过水石地面,以及元代的韩瓶、青花瓷片等。④2006 年进行第二次考古发掘,揭露遗址全貌。水闸平面呈对称"八"字形,总面积 1 500 平方米,由闸门、闸墙、过水石面、木桩等组成(图十三)。部分木桩上发现有墨书题记和八思巴文印章戳记,以及出土的钱币、瓷器等,为水闸的修建年代提供了依据。⑤2012 年进行了第三次考古发掘,对水闸的建筑结构进行了局部解剖,弄清楚了闸身两侧的构造和不同部位之间的关系。⑥历年来对志丹苑水闸的考古发掘和研究⑦,结合文献记载基本确认这是元

---

① 上海博物馆:《上海嘉定宋赵铸夫妇墓》,《文物》1982 年第 6 期。

② 上海博物馆:《上海唐宋元墓》,科学出版社 2014 年版,第 43—137 页。

③ 志丹苑考古队:《志丹苑石构水工建筑遗址的发现》,《上海文博论丛》2002 年第 1 期。

④ 志丹苑考古队:《志丹苑水闸遗址的考古发掘与研究》,《上海文博论丛》2003 年第 1 期。

⑤ 上海博物馆考古研究部:《上海市普陀区志丹苑元代水闸遗址发掘简报》,《文物》2007 年第 4 期。

⑥ 上海博物馆考古研究部:《2012 年志丹苑水闸遗址考古发掘主要收获》,《上海文博论丛》2012 年第 4 期。

⑦ 上海博物馆:《志丹苑——上海元代水闸遗址考古报告》,科学出版社 2018 年版。

代水利专家任仁发在泰定二年主持建造的赵浦闸①。这座水闸在地理学、环境学以及科学技术史上的意义十分重大,例如对水闸的建造技术②、水闸与古河道关系③、水闸与古环境④、水闸与河道动力⑤等相关问题的研究都取得了丰硕的成果。

图十三　志丹苑元代水闸遗址

①　何继英:《志丹苑元代水闸遗址与元水利专家任仁发》,《上海博物馆集刊》第12期,上海书画出版社2012年版,第463—477页。

②　陈杰、陈静:《上海志丹苑遗址元代水闸的技术解析》,《上海博物馆集刊》第12期,上海书画出版社2012年版,第478—490页。

③　张玉兰、宋建、赵泉鸿:《上海志丹苑遗址元代水闸的再现及古河道演变》,《科学通报》2003年第19期。

④　张玉兰、宋建、贾丽:《上海志丹苑元代水闸遗址的发现及其古环境》,《上海地质》2004年第1期。

⑤　王昕、王张华、陈中原、何继英、宋建:《上海志丹苑埋藏元代水闸兴废因素探讨》,《志丹苑——上海元代水闸遗址研究文集》,科学出版社2015年版,第168—175页。

　　任仁发,上海青龙镇人,葬于今青浦区新丰乡高家台。其实早在 1952 年任氏家族的六座墓葬就遭到盗掘。在当地政府和文物部分的努力下,追缴回墓志、瓷器、漆器、金银器等珍贵文物 70 余件。①瓷器以官窑瓷和枢府瓷最有特点,官窑瓷有胆式瓶、贯耳瓶、双耳炉等,与南宋官窑特征十分相似。枢府瓷是元朝景德镇烧造的卵白釉瓷,委派"枢密院"定制。任氏家族墓中出土的云龙纹高足碗(图十四)内壁中有"枢"、"府"二字,可能来源于元朝宫廷的赏赐。还有莲瓣形的漆奁,是目前所知宋元时期同类器物中最大的一件。以及富有鲜明北方游牧民族特点色器物,印证了墓志中关于任氏家族与蒙古人、色目人通婚的记载,这些都是研究元代上层社会生活和民族关系的珍贵史料。

图十四　1952 年重固镇高家台任氏家族墓出土的卵白釉枢府瓷

　　目前上海地区发现的元代墓葬有 14 处 20 余座,主要分布在青浦区重固镇,宝山区月浦陈家店、冶炼厂、宝钢厂,浦东新区张江镇、北蔡镇、白莲泾肥料船厂,南汇区陆家宅,普陀区曹安路,闵行区华泾,金山区亭林、吕巷马村、金山寺平南路,松江区松江清真寺,原卢湾区上袜七厂、原南市区等。②这些墓葬出土的墓

① 上海博物馆:《上海市青浦县元代任氏墓葬记述》,《文物》1982 年第 7 期。
② 上海博物馆:《上海唐宋元墓》,科学出版社 2014 年版,第 141—197 页。

志、龙泉窑瓷器、铜镜、八卦图砖刻等,为研究元代上海地区中下层的社会生活、丧葬习俗和宗教信仰提供了资料。

明代吴淞江的淤塞日益严重,永乐二年(1404)利用吴淞江的支流黄浦江开凿河道连接太湖,使得上海港的贸易和航运逐渐兴盛。1998 年在闵行区闵行镇的浦江花苑发现一处遗址,该遗址南临黄浦江,发现有多排木桩,并出土有大量的日用瓷器,以青花瓷为主。①这个遗址应该是黄浦江边的小型码头,映了明代黄浦江航运贸易的繁荣。1996 年在青浦区环城镇的塘郁遗址位于古河道东岸河湾处,有木构建筑遗迹,并且出土大量元代的龙泉窑青瓷、景德镇枢府瓷等以及少量明代青花瓷。②这是上海地区发现较早的码头遗址,为研究上海地区河道建筑史提供了重要资料。

上海明墓的发掘最早可以追溯到 1920 年闸北严镒家族墓,限于当时条件并非正规的考古发掘。新中国成立后,在第一次全国文物普查中发现了大量明代墓葬,许多地面建筑和墓葬已经被破坏。1961 年卢湾区肇嘉浜路潘允澂家族墓的发掘,是上海地区正式发掘的第一座明代墓葬。③1962 年相继发掘了松江县诸纯臣夫妇墓,上海县顾守清、张永馨道士墓。④1966 年发掘了宝山顾村朱守城夫妇墓。⑤文革时期又有大量明墓遭到破坏,1969 年建筑工人私自挖掘陆深家族墓,文物部门闻讯后只收集到部分出土的文物。⑥根据统计,上海地区的明代墓葬有 300 处 400 余座,分布于上海 19 个区县,集中在原松江府、嘉定县和上海县治所在。⑦世家大族的墓地所分布在集镇附近,诸如陆家嘴地区的陆深家族、龙华的潘恩家族、嘉定的唐时升家族、松江的张弼家族等都可以与文献相对应,对于研究明代社会家族史、家族墓葬制度等具有重要意义。

随着明代经济的快速发展,特别是江南地区手工业的兴盛和贸易的繁荣。

① 陈杰:《实证上海史——考古学视野下的古代上海》,上海古籍出版社 2010 年版,第 217 页。
② 上海博物馆考古研究部:《上海青浦区塘郁元明时期码头遗址》,《考古》2002 年第 10 期。
③ 上海市文物保管委员会:《上海市卢湾区明潘氏墓发掘简报》,《考古》1961 年第 8 期。
④ 上海市文物保管委员会:《上海市郊明墓清理简报》,《考古》1963 年第 11 期。
⑤ 上海市文物管理委员会:《上海宝山明朱守城夫妇合葬墓》,《文物》1992 年第 5 期。
⑥ 上海博物馆:《上海浦东明陆氏墓记述》,《考古》1985 年第 6 期。
⑦ 上海市文物管理委员会:《上海明墓》,文物出版社 2009 年;黄翔:《上海嘉定区李新斋家族墓发掘简报》,《上海文博论丛》2011 年第 2 期。

明代社会弥漫的奢靡之风在墓葬中体现得尤为明显。1981 年浦东东昌路发现有五座家族墓①,出土有金束发冠、金发饰、金嵌宝石花饰和金镶玉蝶花插等,工艺十分精巧。1993 年肇嘉浜路打浦桥发现有七座顾氏家族墓,出土有金银镶嵌玉雕帔坠(图十五)、玉飞天发饰和玉童子像等代表了明代治玉的最高水平,可以作为探讨明代民间信仰和风俗的物质资料。1997 年卢湾区李惠利中学发现七座家族墓②,女性墓中随葬有大量的金银首饰,是了解明代妇女头饰插戴方式的重要材料。1967 年嘉定城东乡澄桥村宣昶墓出土明成化刊本说唱词话本③,对研究成化刻本、明代文学和戏曲,以及南方弹词和北方鼓词的艺术形式具有重要价值。

图十五　1993 年打浦桥顾氏家族墓出土的银鎏金嵌宝镶玉松鹿纹帔坠

① 周丽娟:《上海浦东东昌路明墓记述》,《上海博物馆集刊》第 4 期,上海古籍出版社 1987 年版,第 180—186 页。

② 何明华:《上海市李惠利中学明代墓群发掘简报》,《东南文化》1999 年第 6 期。

③ 汪庆正:《记文学、戏曲和版画史上的一次重要发现》,《文物》1973 年第 11 期。

2000 年松江华阳桥杨氏家族墓地中墓主人的服饰表明杨氏家族世代为武官①，这在上海明代家族墓中还是十分少见的。丰富的物质资料也为研究明代的政治制度、货币制度和江南地区的工艺水平提供了条件。

上海地区现存最早的地面建筑是松江区唐代的陀罗尼经幢，始建于唐大中十三年(859)。1962 年进行了考古发掘恢复其原貌，并对经幢进行了清理和整修，1988 年被国务院公布为全国重点文物保护单位。1974 年对松江区的兴圣教寺塔(方塔)进行修缮时发现有宋代地宫，出土有僧伽大师像、释迦牟尼涅槃像等珍贵文物。②1992~1996 年对嘉定区法华塔、青浦区泖塔、松江区圆应塔(西林塔)、秀道塔和李塔③进行修缮时都发现有明代地宫，出土的阿育王铁塔、银片佛坐像、德化窑白瓷观音像和藏传佛教祖师像等，为探讨古代上海地区流行的佛教宗派，以及佛道融合的民间信仰具有重要价值。

清朝的上海文献史料较多，考古工作显得已经不是那么重要。上海地区发现的主要清代墓葬④和钱币窖藏⑤，对研究清代早期社会和中西方交流仍有一定价值。

六、结　语

回顾新中国 70 年上海地区的考古工作，是一代又一代上海考古工作者艰苦卓绝的奋斗史。考古成果所体现的意义主要在三个方面：其一，通过考古发现构建了完整的年代学序列，表明上海具有 6 000 年的文明史，是中华文明的重要组成部分。其二，从新石器时代开始，上海就呈现出开放、包容的城市精神。唐宋时期对外贸易最早的港口就在上海，形成"海纳百川、有容乃大"的城市格局。上海当代城市文明是历经数千年，逐步积淀升华的结果。其三，在史前时期崧泽遗

① 上海博物馆考古研究部：《上海市松江区华阳明代墓群发掘简报》，《上海博物馆集刊》第 9 期，上海书画出版社 2002 年版，第 640—652 页。

② 上海博物馆：《上海市松江县兴圣教寺塔地宫发掘简报》，《考古》1983 年第 12 期。

③ 上海市文物管理委员会：《上海松江李塔明代地宫清理简报》，《文物》1999 年第 2 期。

④ 王正书：《上海陕西北路发现清墓》，《文物》1987 年第 9 期；何民华：《上海市天钥桥路清代墓葬发掘简报》，《东南文化》2003 年第 1 期。

⑤ 何继英、何民华：《上海新发现清代窖藏银锭钱币》，《收藏家》2002 年第 5 期。

址、广富林遗址为主体的文化力量就是引领整个长江三角洲地区协同发展的重要力量。历史时期利用吴淞江及其支流黄浦江的航运贸易带动了长江三角洲地区经济的快速发展。这种历史的借鉴对于当今实施长江三角洲一体化战略的现阶段尤为重要。

上海的考古工作所取得的辉煌成就,一个重要的启示就是毫不动摇的坚持以马克思辩证唯物主义和历史唯物主义指导考古发掘和考古研究。马克思主义之所以有生命力,就在于它来源于实践,又经过实践的反复检验,不断地发展、充实、完善,反过来去指导新的实践活动。上海地区丰富的古代遗存反映了悠久的历史及其独特的发展道路,可以为丰富和发展马克思主义作出突出的贡献。2018 年 8 月习近平总书记在全国宣传思想工作会议上强调,要把坚定四个自信作为建设社会主义意识形态的关键,要坚持马克思主义在我国哲学、社会科学领域的指导地位。这个也是今后上海地区考古工作秉承的理念和坚持的方向。

随着考古工作持续深入的开展,还应该看到某些方面的不足。首先是研究领域的不均衡性。史前时期的研究最为成熟,成果最多。历史时期,尤其是春秋战国、两汉至南北朝时期的很多考古资料尚未整理和公布,从而造成这个时期的研究最为薄弱。其次是研究的深度和广度还不够。大部分考古资料都是近十年来才公布的,尚未从社会学、经济学、文化史和科技史等方面进行系统的研究。例如利用体质人类学和 DNA 方法对崧泽人头盖骨的研究,利用动植物考古对古环境的复原研究等仍有待于加强。再次是考古领域进一步的拓展。上海作为一个港口城市,唐宋时期就是海上丝绸之路的重要港口。上海附近海域有着丰富的水下考古资源尚未开发和利用,水下考古或将成为今后工作的重点。上海古代史的重建,任重而道远。

（作者为上海博物馆青铜部副研究员）

新中国七十年以来的文学"走出去"：
历程、成就与反思

吴 攸

翻译足以影响一个国家和民族的兴衰①,新中国成立以来的70年历史见证着中国文学与文化通过翻译孜孜不倦地寻求"走出去"的努力。从新中国成立初期在国家政府主导、知识精英推动之下逐渐起步的对外文学译介和传播活动,到新世纪以来多元化主体、多媒介融合、内外并举、卓有成效的中国文学"走出去"的体系化推进,再到数字全球化背景之下在翻译的社交"转向"推动下中国文学初步实现了从"走出去"到"走进去"的跨越。"起步—发展—创新",中国文学和文化的海外传播历程在很大程度上也是一部翻译的发展史。

一、中国文学"走出去"的起步阶段（1949年至20世纪末）

新中国自成立之始便高度注重对外文化宣传工作,这项工作由周恩来亲自领导,中国文化"走出去"的历程可谓与新中国同步。中国外文局是主导中国文化对外传播的最重要机构,其前身国际新闻局于1949年10月1日成立。外文局先后于1950年1月创办《人民中国》英文版（后拓展至俄、日、中、法、印尼等多语种版本）,5月创办《人民中国报道》世界语版,7月创刊《人民画报》中文版（后拓展至英、俄、印尼、朝鲜、日、法、西、越南、德等26语种）。与此同时,截至1950年12月,外文局在新中国成立后共编译了24种44本小册子,主要介绍中国的革命经验与新中国的生活风貌,第一年所翻译的文学类作品只有赵树理的《田寡妇看瓜》一本,先后被翻译成捷克文、日文和保加利亚文。②然而,相比政治色彩浓郁

---

① 参见王东风：《翻译与国运兴衰》,《中国翻译》2019年第1期,第30—41页。
② 张西平、胡文婷：《中国外文局：新中国传播中国传统文化的重镇——一个简短的历史回顾》,《对外传播》2015年第2期,第26页。

的对外宣传模式,文学作品能够以更微妙和潜移默化的方式让外界了解中国文化。正是基于这一思考,由官方主导的英文版《中国文学》于 1951 年 10 月正式创办,标志着中国文学"走出去"的序曲在政府的推动之下正式奏响。

1951 年,《中国文学》英文版正式创刊(1964 年法文版创刊),成为中国官方对外译介中国优秀文学作品、宣传中国文化的最重要窗口。《中国文学》由时任文化部对外文化联络事务局副局长洪深倡导,得到当时文化部副部长周扬大力支持,在叶君健、杨宪益及其夫人戴乃迭、美国汉学家沙博理等知名学者与翻译家的积极参与之下成功创办,是中国政府官方与知识界精英合力推动中国文学"走出去"的结晶。在创刊之初,《中国文学》以译介中国革命文学与古典文学经典为主,后在"文革"期间遭遇极左思潮影响艰难维持,到改革开放之后又迎来了对外译介的高潮。正如黄友义所指出,英文版《中国文学》外宣功能发挥得最大的时候是"文革"前和改革开放后的最初几年时间,因为其在"文革"前几乎是外国人士了解中国文学为数不多的渠道之一,而在改革开放之后伴随着外界了解中国的渠道不断增加,其不可替代性逐渐削弱,直至 80 年代末杂志遭遇困难,并于 2001 年正式停办。①

20 世纪 80 年代以来,改革开放不仅推动了中国经济的发展,还促进了国家文艺的繁荣。1982 年颁布、沿用至今的宪法之中,更是明确提出"发展同各国的外交关系和经济、文化的交流",从制度的层面确立了对外文化传播的重要地位。

改革开放以来,中国文学对外传播的走势持续看好,时任英文版《中国文学》主编的杨宪益提出了出版"熊猫丛书"(Panda Books),该丛书成为了中国文学"走出去"历程中的又一经典系列。据统计,自 20 世纪 80 年代创办至 21 世纪初逐渐停办,"熊猫丛书"共翻译、出版了 200 余种图书,主要涉及英法两大语种,其中英文版图书 149 种、法文版 66 种,还有少量德、日文出版物。②

尽管早期由政府赞助之下的文学译介模式在发行渠道范围、对外传播效度、读者接受效果上均不尽如人意,然而这却是"走出去"起步阶段最为重要的途径。

---

① 英文版《中国文学》研究课题组:《英文版〈中国文学〉的半世纪兴衰——黄友义先生访谈》,《英语研究》2016 年第 2 期,第 44 页。

② 耿强:《国家机构对外翻译规范研究———以"熊猫丛书"英译中国文学为例》,《上海翻译》2012 年第 1 期,第 2 页。

自新中国成立至 20 世纪 80 年代末,中国作家大多都是由英文版《中国文学》与"熊猫丛书"起步逐渐走向国外的。①比如,中国日后第一位诺贝尔文学奖得主莫言的作品对外译介之路便始于《中国文学》,1988 年春季号刊发了莫言的短篇小说 *Folk Music*(《民间音乐》),随后 1989 年冬季号又翻译刊载了他的 *White Dog Swing*(《白狗秋千架》)和 *Strong Winds*(《大风》)。《中国文学》译载的这三篇小说当时在国际学界已引起了一些反响,比如《十九世纪美国读本》(*A Nineteen-Century American Reader*)的编者、美国比较文学教授托马斯·英奇(M. Thomas Inge)在 1990 年发表的题为《莫言与福克纳:影响与融合》的论文中便是通过分析上述三篇小说的英译本,将莫言与福克纳的文学创作模式进行了比较研究。②加拿大学者梁丽芳(Leung Laifong)在 1994 年出版的一部研究中国当代作家的专著中也关注到了《中国文学》译介的这三部莫言作品。③虽然这些与日后莫言在国际文坛取得的关注度无法同日而语,但是早期官方渠道的对外译介努力无疑为他的作品逐渐获得国际认可打下了基础。

诚然,在中国文学"走出去"的起步阶段,除却中国政府官方的推动之外,一些民间的努力也可圈可点。比如,在中国香港,创刊于 1973 年、由香港中文大学翻译研究中心主办的《译丛》(*Renditions*),长期致力于译介中国古典与现当代文学作品。基于身处中西文化交汇处的优势,《译丛》相对而言更具受众意识,译者身份更加多元化,在发行渠道上也成功与西方主流出版社进行合作,正如《译丛》发刊词所称,它成功地担当了向西方读者传播中国文化、了解中国思想和生活的作用。④再如,在法国,由柬埔寨华侨潘立辉⑤先生于 1976 年创办的"友丰书店"(Librairie You Feng)与"友丰出版社"(Éditions You Feng),自创办至今累计翻

---

① 英文版《中国文学》研究课题组:《英文版〈中国文学〉的半世纪兴衰——黄友义先生访谈》,《英语研究》2016 年第 2 期,第 43 页。

② Inge, M. Thomas. "Mo Yan and William Faulkner: Influences and Confluences." *The Faulkner Journal*(1990), pp. 15—24.

③ 参见:Leung, Laifong. *Morning Sun: Interviews with Chinese Writers of the Lost Generation*. New York: ME Sharpe, 1994.

④ Li Chon-ming. "Foreword." *Renditions*, 1973(1), p. 3.

⑤ 由于他在中法文化交流中所作出的特殊贡献,他于 1997 年被法国文化部授予"文学艺术骑士"勋章(1997),2005 年被中国新闻出版总署授予"中华图书特殊贡献奖"。

译、出版图书 714 部,涉及中国文学、哲学、艺术、历史、生活等多个领域,以民间努力的形式极大地推动了中法文化交流。①尽管如此,在这一阶段,国家赞助的对外译介活动仍是中国文学"走出去"的最主要途径。

据曾在《中国文学》工作长达 35 年的徐慎贵编审统计,在半个世纪的中国文学对外传播历程中,外文局领导之下的中国文学出版社共出版了《中国文学》杂志 590 期,"熊猫丛书"190 多种,对外推介中国作家、艺术家 2 000 多人次,译介各类文学作品 3 200 余篇,②在中国文学"走出去"的历程中作出了不可磨灭的贡献。在世纪之交《中国文学》与"熊猫丛书"影响力逐渐式微的背景下,1995 年国家又正式立项了"大中华文库"工程,计划译介出版百部最能代表中华五千年文明的文化、历史、哲学、军事、科技典籍,国家推动对外文化传播的决心从未停滞。

可以认为,自新中国成立到 20 世纪末的半个世纪,中国政府机构与知识精英不懈努力、持续探索文学"走出去"的道路,尽管遭遇过逆流与挫折,但却为新世纪中国文学在海外传播规模的逐渐扩大与国际影响力的稳步提升迈出了最为不易的一步。

二、 中国文学"走出去"的系统化推进阶段 (21 世纪初至 2012 年)

进入 21 世纪以来,中国文学"走出去"由此前相对单一的政府主导模式,发展为政府推动与市场化运作相结合、多主体合力并举的多元化模式。一方面,国家在制度上确立了"走出去"的重要战略意义;另一方面,对外文学译介活动在实践模式上加强了与海外汉学家、国外出版发行机构及科研院所的合作,中国文学"走出去"的历程进入系统化推进阶段。

就制度层面而言,21 世纪初,国家正式提出了"走出去"的战略方针。追溯到世纪之交,起初"走出去"的着力点是在经济领域,1997 年 12 月江泽民在接见全国外资工作会议代表时首次明确提出"引进来"和"走出去"是对外开放基本

---

① 数据来自友丰书店官方网站,http://you-feng.com, 2019 年 7 月 5 日访问。
② 徐慎贵:《〈中国文学〉对外传播的历史贡献》,《对外大传播》2007 年第 8 期,第 47 页。

国策两个紧密联系、相互促进的方面。①在 2000 年 3 月召开的全国人大九届三次会议上,"走出去"作为一项国家战略被正式提出。在同年 9 月召开的中国共产党第十五届五中全会上,"走出去"战略被明确为国家四大新战略之一。②自"十一五"时期发展至"十三五"时期,"走出去"战略一直是国家重点工作之一。

与此同时,"走出去"又是一项多维度、全方位的战略,其文化维度的重要性日益得到重视。2001 年,国家广电总局发布《关于广播影视"走出去工程"的实施细则》,成为文化领域第一个明确提出"走出去"战略的政策文件,因而通常被视为中国文化"走出去"工程的正式开端。2002 年 7 月,时任文化部部长孙家正在全国文化厅局长座谈会上指出要全方位地宣传和传播中华文化,"要以更加开放的姿态融入国际社会,进一步扩大对外文化交流,实施'走出去'战略"。③在这一背景之下,中国外文局积极响应,于 2004 年创立对外传播研究中心。2005 年,中央办公厅、国务院办公厅共同颁布了《关于进一步加强和改进文化产品和服务出口工作的意见》,支持我国文化企业积极参与国际竞争,推动文化产品和服务打入国际市场。2006 年,《国家"十一五"时期文化发展规划纲要》在"对外交流"部分明确提出要"实施'走出去'重大工程项目,加快'走出去'步伐,扩大我国文化的覆盖面和国际影响力"。④

国家制度层面政策的确立促使中国文学的海外译介活动蓬勃开展起来,并在实践层面展现出的新的特点。进入新世纪以来,一方面,市场机制在国家经济生活中发挥的作用与日俱增,因而这一时期我国文学外译活动更多地采取政府主导、学界实施的柔性模式;另一方面,随着中外交流日盛,中外合作的汉学家模式、版权代理人模式成为文学作品外译比较成功的路径。⑤事实上,这一阶段政

---

① 江泽民:《江泽民文选》(第 2 卷),人民出版社 2006 年版,第 92 页。

② 《中共中央关于制定国民经济和社会发展第十个五年计划的建议》,2000 年 10 月 11 日中国共产党第十五届中央委员会第五次全体会议通过,http://www.gov.cn/gongbao/content/2000/content_60538.htm。

③ 孙家正:《关于战略机遇期的文化建设问题》,《文艺研究》2003 年第 1 期,第 11 页。

④ 《国家"十一五"时期文化发展规划纲要(全文)》,2006 年 9 月 13 日,http://www.gov.cn/jrzg/2006-09/13/content_388046.htm。

⑤ 吴攸、张玲:《中国文化"走出去"之翻译思考:以毕飞宇作品在英法世界的译介与接受为例》,《外国语文》2015 年第 4 期,第 78—79 页。

府在推动中国文学走出去的进程中依然发挥着重要作用,但却更多地体现在顶层设计、宏观政策层面,而在具体事务中则表现出逐渐"隐形化"的特征。因而,在具体实施途径上往往由相关机构牵头、组织,一些高校或科研机构则担任文学对外译介活动的实际主体,并积极加强与海外译者、出版社与发行机构的合作,举国内、国外之合力将更多的优秀文学作品推向国际市场。

2004 年 3 月,在中法文化年的活动(Les Années Chine-France)中,中国携 70 种翻译成法文版的中国图书(由国务院新闻办资助、法国主流出版社出版)参加了第 24 届法国图书沙龙(本届沙龙主题为"中国文学"),在法国读者中反响强烈,这也是中国图书首次大规模被译介、销售至法国主流市场。基于这一活动的成功经验,2004 年下半年国务院新闻办公室与新闻出版总署正式启动了"中国图书对外推广计划",即每年资助国内出版机构对外译介优秀文学作品,并运用书展、多媒体、杂志宣传等多元化渠道向海外推介这些图书。2006 年 2 月,中国作协启动"中国当代文学百部精品译介工程",计划向世界译介 100 部优秀的当代文学作品,时任作协副主席金炳华表示希望"通过这一工程,推动中国文学走向世界",并强调在实施路径上要更加关注国外受众阅读习惯,积极利用社会力量与国外发行渠道,探索译介工作的新规律和新途径。①自 2007 年始,外文出版社策划并陆续推出了一套"21 世纪中国当代文学书库",丛书定位为翻译和出版最能代表 21 世纪中国文学特色与发展趋势的作品,中国当代文坛的许多著名作家,比如王蒙、铁凝、王安忆、迟子建、陈忠实等的作品均入选,文库包含女性文学卷、青春文学卷、乡土文学卷、情感文学卷、民族文学卷等。2009 年 3 月,国务院新闻办在此前"中国图书对外推广计划"的基础之上,又提出全面实施"中国文化著作翻译出版工程",后者被称为前者的加强版,推介重点侧重于高端类出版物,具有"更大规模、更多投入"的特点,成为当年实施中国文化"走出去"战略的一大亮点。②2010 年,全国哲学社会科学规划办公室设立"国家社会科学基金中华学术外译项目",旨在资助中国学者的优秀成果以及中国出版的外文期刊走上国际化道路,促进其通过与国外主流出版社合作顺利"走出去"。

---

① 《中国当代文学百部精品译介工程启动》,《中华读书报》2006 年 3 月 8 日。

② 《"中国文化著作翻译出版工程"进入全面实施阶段》,《人民日报海外版》2009 年 3 月 30 日,http://www.gov.cn/jrzg/2009-03/30/content_1271893.htm。

在各项文学外译工程蓬勃开展的同时，对外译介中国文学的期刊在这一阶段也有新的发展。2011年，《人民文学》的英文版《路灯》(Pathlight)创办，主办方为中国作协，而外文局则在作品选材、组织翻译等方面与其通力协作，共同努力。《路灯》这一刊名寓意着"中西文化交流路上的灯"，选取的作品既来自莫言、毕飞宇、张炜等当代中国文坛的实力派作家，也译载了李娟、笛安等新锐作家的作品，力图表现出当代中国文学的全景，翻译工作也主要由以英语为母语的译者承担。①同年，另一本文学双月刊《天南》(Chutzpah!)则以中英双语的形式开始发行。该刊脱胎于现代传播集团在2005年购入的一本1982年创刊的民间文学杂志，在重新定位后进行市场运作，其英文刊名Chutzpah! 表达出大胆创新的精神和挑战成规的勇气，在某种程度上也展现出推动中国文学走出去的决心。

在宏观战略积极推动、实践模式创新性发展的背景之下，新世纪以来的中国文学"走出去"模式较之前一阶段更遵循市场机制，更贴近国外受众，也更为注重调动国内、国外的各方面力量。许多当代作家，比如贾平凹、莫言、余华、毕飞宇、严歌苓、阎连科、韩少功等的作品通过以上各方的通力合作，顺利打入西方市场。其中，2012年，莫言的作品经由汉学家葛浩文(Howard Goldblatt)的翻译与成功的市场运作，获得西方普通大众与文学精英的关注，并荣膺诺贝尔文学奖。这无疑代表着中国文学"走出去"的系统化推进获得标志性的阶段成果。

三、 数字全球化与中国文学"走进去"(2012年至今)

2012年莫言获得诺贝尔文学奖，在很大程度上代表着西方精英阶层对其作品文学性的认可，这在中国文学"走出去"的历程中是一个承上启下的重要事件。它既标志着新世纪以来中国文学"走出去"系统化推进努力的阶段性成果，也为中国开启了渠道更趋多元、影响稳步提升的"走出去"进程。在强大的诺奖光环之下，另一新机遇几乎同时来临，这就是时代带来的数字化机遇。在数字全球化的时代背景之下，短短几年之内，中国文学与文化在国际上获得了前所未有的关注，逐渐由精英阶层走向了普罗大众，初步实现了从"走出去"到"走进去"跨越

---

① 《〈人民文学〉英文版值得期待》,http://www.chinawriter.com.cn/2012/2012-01-10/112061.html。

的愿景。

就译学理论角度而言,全球化范式对于翻译研究至关重要,国内外译学界的领军学者,如王宁、孙艺风、迈克尔·克罗宁(Michael Cronin)等,均发表过大量研究成果论证全球化与翻译二者之间的互动关系。翻译在全球化进程中的重要性甚至可上升到,"如果没有翻译活动的开展与译者的积极参与,全球化进程实际上是不可想象的"。①然而,近年来,在数字革命的驱动下,全球化虚拟维度的重要性日盛,这一转变被视为"数字全球化新时代"的全面到来②。在技术创新的驱动之下,全球化走向数字化,阅读和写作媒介也由传统的纸本走向屏幕端和移动端,集中体现在以"网络文学"(下简称"网文")为主要代表的新型文学创作模式应运而生、蓬勃发展。北京大学张颐武教授提出网文是文化领域的中国新发明③,黎杨全指出中国网文繁荣程度远远领先于欧美成为"世界之奇观"④。与此同时,中国网文的海外传播获得巨大成功,发展速度之快令人震惊,有学者称之为"中国网文的全球化"⑤。且其对外译介模式主要是通过海外读者、粉丝自发组织翻译,在网络平台上广泛传播。由此前的中国机构或个人组织"译出",转向目标语读者主动"译入",这一转变无疑是中国文学"走出去"历程中令人振奋的进步。

中国网文的海外传播始于 2010 年前后,起步阶段读者主要来自东南亚地区,传播的文学类型集中在言情和女频文学,影响力也十分有限。然而,自 2012 年开始,中国网文对外传播的重点转向欧美并取得巨大成功,上百家专门(或主要)翻译中国网文的海外网站纷纷成立(见表 1),短短五六年之间中国网文的影响力被认为可与好莱坞电影、日韩动漫等大众文化产品相媲美,成为一大文化

---

① Cronin, Michael. "Translation and Globalization". In C.Millán & F.Bartrina(Eds). *The Routledge Handbook of Translation Studies*. New York and London: Routledge, 2013, p.491.

② McKinsey Global Institute. *Digital Globalization: The New Era of Global Flows*. March 2016.

③ 张颐武:《网络文学是中国的新发明》,《人民政协报》2018 年 3 月 26 日。

④ 黎杨全:《虚拟体验与文学想象——中国网络文学新论》,《中国社会科学》2018 年第 1 期,第 156 页。

⑤ Wang, Yuxi. "Globalization of Chinese Online Literature: Understanding Transnational Reading of Chinese Xuanhuan Novels Among English Readers." *Inquiries Journal* 9(12), 2017. http://www.inquiries-journal.com/a?id=1716.

现象。

表1　海外主要中国网络文学的翻译网站

网站名称	全球排名①	创办时间	所在国	语种
Rulate(RU)	13 305	2012.10	俄罗斯	俄语
Hui3r(H3)	1 032 643	2013.02	印尼	英语
Bltranslation(BL)	1 103 720	2013.06	印度	英语
Wuxiaworld(WXW)	1 361	2014.12	美国	英语
Radiant Translations(RT)	117 236	2015.03	法国	英语
Gravity Tales(GT)	23 349	2015.05	美国	英语
Moon Bunny Cafe(MBC)	116 424	2015.07	美国	英语
Novel Updates(NU)	3 732	2015.08	美国	英语
LNMTL(LM)	18 909	2015.10	美国	英语
Empire des novels(EM)	944 451	2016.03	法国	法语
Volare Novels(VN)	43 445	2016.12	美国	英语

　　上述网站各有特点,其中武侠世界(Wuxiaworld)是目前影响力最大的海外译介传播中国网文的站点,Rulate则是此类网站中第一个进行商业化运作(付费阅读)的,Novel Updates是集中了各类网文翻译信息和链接的索引论坛,Empire des novels是法语世界中最具影响力的,而LNMTL则是其中为数不多的纯机器翻译网站。然而,其共同特点是由海外读者、粉丝运营,译者均为网站的用户,多采取"志愿翻译"(volunteer translation)②模式,辅以读者打赏、网站奖励等数字化时代最为流行的社交化激励手段,因而其翻译活动充分体现出数字化时代的参与性、互动性与合作性特征。可见,数字全球化正在促使基于社交网络的翻译实

---

① 全球排名数据来自Alexa.com提供的最近三月平均全球排名,数据获取时间为2019年4月10日。

② 近年来,针对数字化时代在线、合作翻译活动出现了一些新的译学术语,安东尼·皮姆(Anthony Pym)推荐使用"志愿翻译"一词作为协作翻译(collaborative translation)、在线社区翻译(community translation)或众包翻译(crowdsourcing)的同义词,因为前者反映出社交网络时代翻译活动的一个关键问题,即是否付费。参见:Pym, Anthony. "Translation Research Terms:A Tentative Glossary for Moments of Perplexity and Dispute". In *Translation Research Projects 3*, ed. by Anthony Pym, 75—110. Tarragona:Intercultural Studies Group, 2011, p.108。

践发展为一种大规模、开放和协作的互动性任务①,在这一意义上翻译活动正在经历新的"用户参与转向"(user participation turn),或称"社交转向"(social turn)②。

在强大社交网络的驱动之下,中国网文在海外的读者群无论从数量还是分布范围来看均十分可观。据估算,中国网文目前在海外的读者群已达千万级别,而 2019 年 6 月发布的《中国网络文学出海研究报告》通过专家访谈、用户调研、桌面研究等方式并结合统计模型作出预测,未来中国网文潜在海外读者规模在东南亚、欧洲和美洲地区将分别超过 1.5 亿、3 亿和 4 亿。③以最具影响力的 Wuxiaworld 为例,它在 2014 年由美籍华裔赖静平(网名 RWX,即任我行)创办,之后影响力以惊人的速度迅速扩张,如今其网站排名稳定在全球 1 000 名左右,庞大的读者群来自五湖四海(分布情况见图 1)。此前,中国传统文学类型在海外传播的历程中面临的最大困难是在普通读者群中影响力不足,而网络文学恰恰是全面"走进"了海外普通读者,可谓一大突破。

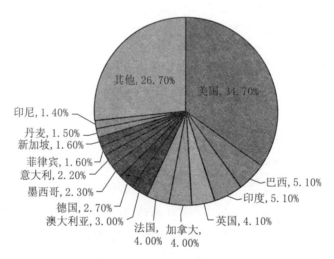

图 1 Wuxiaworld 读者群的地理分布(数据来源:Alexa.com, 2019 年 4 月 11 日)

① O'Hagan, M. "Massively Open Translation: Unpacking the Relationship between Technology and Translation in the 21st Century", *International Journal of Communication*, 2016(10), pp.929—946.

② Malmkjær, K. "Where Are We? (From Holmes's Map until Now)", in C.Millán & F.Bartrina (Eds). *The Routledge Handbook of Translation Studies*, New York and London: Routledge, 2013, p.38.

③ 艾瑞咨询:《中国网络文学出海研究报告》,2019 年 6 月,第 11 页。

除在目标语读者群中广受欢迎之外,中国网文"走出去"的另一大亮点在于不仅对外传播了文学作品及文化,还成功输出了中国的文学创作模式与运营模式。就文学创作层面而言,一些中国网文的粉丝在长期阅读之后,不仅对中国的语言和文化产生浓烈兴趣开始学习中文,还有一些粉丝读者开始仿照中国网文的模式进行创作。如今,各大翻译网站,比如 Wuxiaworld、Gravity Tales、Rulate 等均开辟了"原创作品"的专栏,不少海外网友开始连载中国网文风格的原创小说。比如,丹麦网友 Tinalynge 是较早开始也是较为成功的一位,她起初在 Wuxiaworld 连载其作品,如今已正式出版了多部小说,截至 2019 年 7 月,她在亚马逊网站在售的小说共计 21 部,有 Kindle 电子书和纸质两种版本。从网文的商业运行模式角度来看,在中国本土,当下网络文学的商业运作已取得空前成功。主流网站如起点中文网、创世中文网、晋江文学城、17k.com 小说网等收益十分可观,且呈集团化发展趋势,腾讯旗下的阅文集团已经控制了中国网文的半壁江山。这一商业模式也成功向海外推广,2017 年 5 月,阅文集团推出了英文版起点国际(Web Novel),以强大的商业运作进一步推动中国网文"走出去"。截至 2018 年底,Web Novel 累计访问用户超 2 000 万,海外作者已超 12 000 人,上线原创英文作品达 19 000 余部。前文提及的 Tinalynge 便是 Web Novel 的签约作者。

在中国网文对外译介蓬勃发展的同时,近年来传统类型文学的"走出去"亦取得了长足的进步,在目标语受众中开始拥有更大的读者群。比如,科幻作家刘慈欣的作品自 2011 年以来被陆续译介到海外,最早是《天南》杂志在 2011 年第 2 期刊登了短篇《思想者》(The Thinker),2012 年 3 月以来北京果米科技在亚马逊发布了十多部刘慈欣短篇小说的英文版 Kindle 电子书。其《三体》系列大热,被翻译成十几种不同语言,不仅广受海外读者欢迎,还荣膺雨果奖在内的诸多国际奖项,2019 年根据同名中篇小说改编的电影《流浪地球》也在全球引起热议。再如,儿童文学作家曹文轩的作品《青铜葵花》《草房子》等在海外读者中反响强烈,作者本人也于 2016 年获得儿童文学的最高奖项国际安徒生奖。另一位茅盾文学奖得主麦家的作品如《解密》(被译成 33 个语种)、《暗算》以悬疑、谍战等特色走红海外,在英语世界由一线出版社英国企鹅集团和美国 FSG 集团出版发行,成为作品被收录进"企鹅经典"文库的首位中国当代作家,2018 年法兰克福书展还专门举办了"麦家之夜"。

尽管这一阶段网络、科幻等新锐文学的出海是最令人瞩目的文化现象,然而传统严肃文学的"走出去"之路亦在稳步前行。总体而言,数字全球化为中国文学的海外传播造就了新的机遇、亦开放了无限的可能,中国文学"走出去"之路由初期单纯的"严肃文学"对外译介,发展至严肃+娱乐、纸质+电子、精英+大众的多元化对外传播新格局。

四、 结语:思考与展望

回观新中国成立以来为推动文学与文化"走出去"所做出的系列努力与尝试、经历的挫折与收获的成果,可以深刻感受到中国文学对外传播事业任重而道远,故还需要抓住时代机遇,从理论、实践和决策的层面做好充分应对和适当调适。

第一,从中国性走向世界性,充分挖掘中国文学作品的世界性因素。人类文化中存在着具有普遍意义、能够通约的共同价值,文学作品的世界性因素亦能够使其在走出本民族文化语境之时更易为他国读者所理解与接受。近年来文学对外译介的经验充分表明,那些既具有中国"异域色彩"又符合世界文学生产与创作规律的作品,更易击中国外读者的心灵而真正"走出去"。无论是麦家的谍战系列、刘慈欣的科幻系列还是以仙侠小说为代表的中国网文,它们在植根于中国文化背景的同时,也与国外读者所熟知的类型文学(如:悬疑、科幻、奇幻)有共通之处,故而能够顺利走进海外读者的视野。

第二,从政府主导走向多元并举,努力确立"政府+市场+海外"的多维机制。中国文学要实现走出去,应当文学、政治与市场三种思维并举。①政府的顶层设计与政策支持是"走出去"的重要保障,而对市场机制的把握与运用则是确保对外文化传播效果的持续动力。因而,须通过国家机构、大众传媒、海外汉学家、版权代理人、海外出版商以及各类译者的通力合作,不断开拓"走出去"的路径。

第三,从传统方式走向创新融合,有效抓住数字全球化的时代机遇。数字化时代信息传播方式、阅读偏好和创作模式均发生改变,这就要求对文学译介的模

---

① 韩子满:《中国文学走出去的非文学思维》,《山东外语教学》,2015 年第 6 期,第 77 页。

式进行创新。一方面,亟须推动"本土化融合",即根据目标语国家的文化传统与阅读偏好对译介出去的文学作品作适当的本土化调适;另一方面,注重"多元化融合",即顺应屏读时代的阅读和创作模式变化,打通"走出去"的数字化通道。[1]因而,文学作品对外译介可充分运用多模态的传播方式,如有选择地同时发行纸质、电子或音频版本,创办相关网站和论坛,开发和提供各类多媒体衍生产品(如:动漫短视频、手机游戏、应用程序)等,力图在传播路径和呈现方式上体现出数字化时代的开放性、互动性与参与性特色。

第四,从知识精英走向普罗大众,积极调动多元主体的介入参与。中国文学"走出去"之路在很长一段时间内展现出的是由精英(中国决策层、学者)走向精英(海外研究机构、汉学家)的路径。而正如近年来的译介实践表明,中国文学作品只有得到国外普通读者的认可,才能真正实现提高中国文化国际影响力的愿景。因而,文学对外译介的理想路径是精英和大众并举:一方面,继续在学术层面、精英层面提升中国文学的影响力,上海交通大学在 2018 年 10 月召开的贾平凹作品国际研讨会以及 2019 年 9 月举办的张炜作品国际研讨会均是这一方向的有益尝试。另一方面,全面开拓大众渠道,总结中国网文海外译介传播的成功经验,通过社交媒体等新兴渠道,继续传播中国文学与文化。

综上可见,由于文化差异与文化势差的客观存在、西方读者对中国文学的认知空白以及英语世界对翻译作品的先天歧视,中国文学"走出去"之路依然漫长而艰辛。[2]然而,得益于中国经济政治领域国际影响力不断提升、对外文化政策持续释放利好以及数字全球化带来的机遇,中国文学"走出去"也拥有无限的发展空间与开拓潜力。回溯历史、展望未来,尽管中国文学"走出去"的历程并非一帆风顺,然而七十年持续不断的坚持历程、开拓精神本身便代表着中华民族的文化态度与战略意识。

(作者为上海交通大学外国语学院长聘教轨副教授、博导,巴黎第七大学博士)

---

[1][2]　胡安江:《改革开放四十年中国文学"走出去"的成就与反思》,《中国翻译》2018 年第 6 期,第 20 页。

市场取向的经济改革与中国
反垄断法的产生和发展

王先林

一、引　言

　　相对于市场属于横向的制度安排来说,竞争政策或者反垄断法①应当属于纵向的制度安排,其作用在于从纵向制度安排上来决定平行市场制度安排中企业之间竞争与合作的混合比例,对企业之间竞争的强度和合作的范围进行管理。②在现代市场经济国家,反垄断法作为一种基本的市场规制手段,是保证经济正常运行所必不可少的。以维护自由公平竞争秩序和经济发展活力为己任的反垄断法是现代经济法的核心,"是高级的市场经济之法"③。这是因为竞争是市场经济的基本特征和内在要素,市场经济在本质上是竞争性经济,竞争是市场经济最基本的运行机制,而市场本身并不能保证竞争的自由和公平,因此制定和实施反垄断法是现代市场经济条件下国家调节经济的重要方式和职能之一。虽然垄断和反垄断的思想及相关制度的萌芽可以追溯到古希腊奴隶社会和中国封建社会初期,但是现代意义上的反垄断法一般公认为是以 1890 年美国的《谢尔曼法》的颁布为产生标志的。在此后的一百多年时间里,反垄断法律制度在世界

---

　　①　反垄断法在不同的国家或者地区有着不同的称谓。例如,在美国一般称为反托拉斯法;德国的相关立法称为反限制竞争法,又通称卡特尔法;欧盟和一些成员国称为竞争法;还有叫公平交易法、管制限制性商业行为法等。反垄断法常常与竞争法(此即狭义上的竞争法)、竞争政策通用,但在有些国家(包括中国),竞争法除了包括反垄断法之外,还包括反不正当竞争法;竞争政策在广义上除了包括竞争法之外,还包括旨在促进国内经济竞争自由和市场开放的各项政策措施,例如政府放松管制政策、削减政府补贴或者优惠政策等。本文为叙述方便,除特别指明外,一般将反垄断法与竞争法、竞争政策作同一概念使用或者并用。

　　②　参见傅军、张颖:《反垄断与竞争政策:经济理论、国际经验及对中国的启示》,北京大学出版社 2004 年版,第 13 页。

　　③　史际春:《〈反垄断法〉与社会主义市场经济》,《法学家》2008 年第 1 期。

各国得到普遍的建立和发展。在早期,反垄断法主要集中在发达市场经济国家,成为这些国家保障和促进经济发展的重要政策法律工具。近30年来,越来越多的发展中国家也制定和实施了反垄断法,以保障和推动经济的改革和发展。1995年大约有30个国家,如今大约有130个国家和地区制定了新的竞争法或者修改了原有的竞争法。

中国自20世纪70年代末实行以市场为取向的经济改革以来,经济发展迅速,现在已经成为世界第二大经济体。在这个过程中,市场机制发挥了巨大的不可替代的作用,但同时,其也带来了一些负面的影响,垄断问题即是其中的一个重要方面,并受到了越来越多的关注。为维护正常的市场竞争机制,并为国家进行市场规制提供法律依据,中国在长达十几年的讨论和争议之后,终于在2007年8月30日通过了《反垄断法》,自2008年8月1日起实施。该法在基本的实体制度方面主要借鉴了欧盟和美国反垄断法的相关规则,同时不少方面也带有明显的中国特色,具有多元的政策目标。该法实施十多年来既取得了重要的成果,也面临着进一步发展的挑战。随着中国以市场为取向的经济改革的进一步深化,中国反垄断法律制度也会不断发展、完善,其实施也会逐步规范化,呈现出常态发展的趋势,在中国市场经济的发展中必将发挥越来越重要的作用。

二、 中国反垄断法产生的经济背景和简要过程

由于反垄断法以市场经济为其存在的基础,而中国在1949年以后长达30年的时间里实行的是高度集中的计划经济体制,一切由国家计划管理,否定、排斥市场竞争,因而没有反垄断法产生的土壤。

从1979年开始,中国实施了以市场为取向的经济体制改革,随着市场竞争机制的逐步引入并发挥越来越重要的作用,才相应地产生了从法律上反对垄断、保护竞争的要求,并逐步形成了若干反垄断法律规范。中国的经济体制改革首先是在农村推行家庭联产承包责任制,后来改革的重点由农村转入城市,增强企业活力成为改革的中心环节。在这期间,改革主要集中于微观层面,市场机制在经济中尚未起到主导作用,政府的行为依然遵循计划经济体制下的方式,对经济直接的行政控制还比较多。在这种情况下,反垄断法自然也不会受到关注。但

中国政府在 1980 年颁布了《关于开展和保护社会主义竞争的暂行规定》,首次提出了反垄断的任务,不过其在总体上具有比较浓厚的计划经济色彩。与此同时,中国政府开始推动企业集团的发展,为此制定了一系列的规章和办法。20 世纪 90 年代以来,随着工业总产值在国内生产总值中所占比例的增加,又由于国有企业在中国工业经济中有着举足轻重的作用,因此国有企业的改革成为重点。由于当时国有企业的规模普遍偏小,为使国有企业有能力与外商企业在国内外市场上进行竞争,中国政府决定发展一批能带动产业结构升级和具有国际竞争力的大型企业集团,因此要引导企业之间的联合、兼并和重组。在这种政府引导和政策支持下,部分行业出现了一些规模较大的企业集团。而从国际上看,20 世纪 90 年代以来,受经济学理论的影响,发达市场经济国家在反垄断法的实施中对合并普遍采取了较为宽容的态度。同时,经济全球化导致了更为激烈的国际竞争,其结果是国际上大企业的合并增加了。在这种背景下,中国政府继续把培育具有国际竞争力的大公司和企业集团作为改革的战略重点。这样,基于推动国有企业改革和应对国际竞争压力的双重背景,中国政府在很长的一段时期推行了培育大型企业集团的政策,以致在电力、电信、民航、石化、银行等行业或者领域,几乎都被几个大企业控制。这无疑在很大程度上使得中国政府对制定反垄断法缺少强烈的动机。

总体来看,在这一时期,中国实行有计划的商品经济,虽然市场竞争机制被有限度地引进,但由于中国自身经济发展的缺陷以及对竞争缺乏较全面的认识,使竞争在促使优胜劣汰、实现资源有效配置的同时,也产生了不正当竞争和排除、限制竞争等行为。于是,国家有关法规、法规性文件和规章中又对相应领域内的反垄断问题作了一些零星的规定。

以 1992 年党的十四大确立建立社会主义市场经济体制的改革目标为标志,中国的经济体制改革进入了一个新的阶段,尤其是党的十四届三中全会通过《关于建立社会主义市场经济体制若干问题的决定》以来,随着市场化改革在各个领域的全面推进,竞争机制在很多领域被广泛推行。与此同时,从法律上反对垄断、保护竞争的要求也越来越迫切,相应地,在新的基础上也出现了相关的反垄断法律规范。具有非常重要意义的是 1993 年制定、实施的《中华人民共和国反不正当竞争法》(以下简称《反不正当竞争法》),其第二章规定的 11 种应予禁止的不正当竞争行为中就有 5 种属于垄断行为。其他法律如《价格法》《招标投标法》和《对外贸易法》以及有关行政法规和规章也规定了若干反垄断的内容。

但是,原有的反垄断法律规范零散、不完善,不能适应中国特色社会主义市场经济进一步发展的需要,于是制定一部统一的和比较完善的反垄断法成为中国的现实需求。但是,中国反垄断法的出台之路却非常坎坷,可以说经历了一个非常漫长曲折的过程。虽然自 20 世纪 80 年代起,随着中国以市场为取向的改革的深入,关于中国应当制定反垄断法的呼声就日渐高涨,但由于种种原因,直到 2007 年 8 月 30 日我国才出台了《反垄断法》,前后相距达 20 年。即使是从1993 年《反不正当竞争法》出台算起,也有 14 年的时间。因此,说中国反垄断法的出台是"千呼万唤始出来""二十年磨一剑"似乎并不过分。这种状况的形成有着多方面的原因。首先是经济体制方面的原因。如前所述,中国长期以来实行高度集中的计划经济体制,不存在真正意义上的市场,企业也不是市场主体,而只是政府机构的附属物,因而企业之间也没有严格意义上的市场竞争,也就不需要反垄断法。因此,以市场为取向的经济体制改革的进程决定了市场竞争机制发挥作用的程度,也就决定了需要以维护市场竞争机制为己任的反垄断法的紧迫程度。在中国的经济体制改革尚没有进入到一定的阶段时,对反垄断法的内在需求也就难以充分显现出来。其次是观念方面的原因。一些似是而非甚至明显错误的观念在很大程度上影响了中国反垄断立法的进程。例如,有人基于对反垄断法与规模经济之间关系的不正确理解而担心制定反垄断法会妨碍国家鼓励企业合并、将企业做大做强的政策,从而不利于组建一批经济上的"航空母舰",不利于增强我国企业的国际竞争力,不利于实现规模经济效益。有的更明确指出,中国目前的企业规模不是大了,而是小了。这种观念必然就是反对我国制定反垄断法,至少是不主张现在就出台反垄断法。再次是利益博弈的原因。虽然从总体上讲反垄断法有很多积极的意义,但是并不是任何人在任何时候都喜欢反垄断法的。实际上,一些利益固化群体的不支持甚至阻扰也在一定程度上延缓了中国反垄断法的出台。特别是一些垄断行业既是国有企业,也有管理权力,可以通过多种方式表达其利益诉求,或者反对这部法律的制定,或者主张本行业在反垄断法中得到豁免。同时,多个部门从自身利益出发争取反垄断的执法权也在一定程度上拖延了中国反垄断法出台的时间。最后是理论分歧的原因。无论是在经济学界还是在法学界,无论是在国外还是在国内,对于反垄断法是否有存在的合理性这一根本问题以及一些具体的制度设计都有着不同的认识,甚至严重分歧。即使在今天,一些受自由派经济学家影响的学者仍然对反垄断法持强烈的批评和排斥的态度。①对某个具体制度(如行政性垄断规章制度等)是否需要纳入及其制度设计也存在很多争议。②这也在一定程度上影响了决策者在中国推动反垄断法的决心,至少是延缓了该法的出台。

中国《反垄断法》在巨大的争议声中最终于 2007 年 8 月 30 日出台了。虽然该法由全国人大常委会以 150 票赞成、2 票弃权(另有 1 人未按表决器)通过,但是该法内容的合理性和规制力度与人们原先的期待还是有较大差距的。例如,对于反垄断执法机构没有直接加以明确,而只是规定"国务院规定的承担反垄断执法职责的机构(以下统称国务院反垄断执法机构)依照本法规定,负责反垄断执法工作",而不是学者所普遍津津乐道的由反垄断法直接创设"一个独立、统一和权威的反垄断执法机构",后来国务院规定的反垄断执法机构竟多达三个;对于管制性产业的监管机构与反垄断执法机构之间的关系,虽然该法在最后通过时删去了原来草案附则中有关行业监管部门在各自监管行业执行反垄断法的规定,但是这个问题本身并不明确,为未来在这些领域的反垄断执法留下了隐患;对于行政性垄断问题,虽然仍然保留了专章规定,但是对滥用行政权力排除、限制竞争行为的调查和责任追究却相对于《反不正当竞争法》的规定没有明显进步,效果难以乐观;对于法律责任,原先的草案中分别规定了行政责任、民事责任和刑事责任,但最后通过时却删除了刑事责任,大大降低了该法对卡特尔等行为的威慑力;对于该法在特殊领域的适用问题,其第七条的规定没有必要,并且容易引起不必要的误解,甚至被一些国企利用来作为其故意不依法从事经营行为的借口;对于反垄断执法程序,该法规定非常笼统,缺少确保程序正当性的一些基本要素;对于弥补反垄断行政执法资源不足的反垄断民事诉讼几乎没作规定,

---

① 例如薛兆丰:《商业无边界:反垄断法的经济学革命》,法律出版社 2008 年版。该书除了正文的论述对反垄断法及其具体制度提出批评外,还在封底引用了多位著名学者批评美国反托拉斯法的论述。例如,米尔顿·弗里德曼说:反垄断法的害处远远大于好处,所以最好干脆废除它。R.H.科斯说:我被反垄断法烦透了。假如价格涨了,它就说是"垄断性定价";价格跌了,它就说是"掠夺性定价";价格不变,它就说是"合谋性定价"。

② 参见王先林:《〈反垄断法〉的若干主要争论》,《检察风云》2007 年第 22 期。

更不谈在当事人举证和法院认定证据等方面的具体规则,相关的实践只有依靠最高人民法院的司法解释,而这往往又有司法越权的嫌疑。

以上情况表明,中国《反垄断法》的出台经历了漫长的过程,内容也不尽如人意,但是以市场为取向的经济改革最终还催生了这部市场经济条件下的重要法律。这既表明立法就是一个各方面利益相互博弈、相互协调的过程,也体现了中国以市场为取向的经济改革和发展对于反垄断法维护正常竞争机制的内在要求。

三、 中国反垄断法的实施机制和初步成效

反垄断法要发挥其应有的作用,既需要"书本上的法"(反垄断法的制定),更需要"行动中的法"(反垄断法的实施),也就是反垄断法所确立的制度规则在社会经济生活中得以实现的活动和过程。

反垄断法实施的基本方式是多种多样的,既包括反垄断法的遵守(守法),也包括反垄断法的执行(行政执法)和反垄断法的司法适用(司法),它们在反垄断法的实施中各有其作用和特点。相对于行政执法和司法通过国家机关的介入和强制力来实施反垄断法,守法则表现为行为主体自觉遵守反垄断法,因而是反垄断法实施中最符合效益的途径和最理想的实施形式。虽然运用国家权力的行政执法和司法活动在反垄断法的实施中具有非常重要的地位和作用,是更容易被感知的或者说是"有形的"法的实施方式,但是不能仅仅将反垄断法的实施理解为反垄断行政执法和反垄断司法,而应该将经营者和行政主体自觉遵守反垄断法的情况也包括在内。而且,即使是反垄断执法机构的工作,其实施反垄断法也不仅仅表现在具体的行政执法上,还表现在进行反垄断法的宣传普及和竞争倡导上。反垄断法的宣传普及对于提高民众的反垄断法律意识,培育全社会的竞争文化具有非常重要的意义。竞争倡导作为竞争主管机构实施的除执法以外所有改善竞争环境的行为,一方面表现为针对法律、政策的制定机构和管制机构,从而促进立法及管制以有利于竞争的方式设计、执行;另一方面,表现为针对所有社会成员,以提升其对竞争益处和竞争政策在促进和保护竞争中的作用的认知。例如,针对立法机构提出有利于竞争的立法建议;针对管制机构提出取消

(修改)不合理限制竞争之管制措施的建议;发布指导企业行为的指南等。反垄断执法机构除了负责执行反垄断法外,还需要承担倡导竞争的任务,这也是实施反垄断法的一个重要方式。国际经验表明,竞争倡导有利于促进执法;转型经济国家竞争机构需要在反垄断法制定、实施的初期,给予倡导优先于执法的地位。[1]

当然,反垄断法的实施不可能完全寄希望于经营者和行政主体的自觉遵守上,在强调这些主体自觉遵守反垄断法的同时,也需要重视反垄断行政执法和反垄断司法的保障和补充作用。实际上,守法对任何法的实施来说是普遍的和共同的要求,其在反垄断法中并无太多的特殊之处,无非也是表现为当事人按照法律的要求行事。而在行政执法和司法方面,不同的法律就有非常明显的差别,尤其是在反垄断法中,其所涉及的反垄断执法机构、执法程序、法律责任的追究、宽恕政策的适用以及法院的反垄断审判(尤其是垄断民事纠纷案件的审判)和反垄断法的域外适用等都有很多具有自身特色的地方。正因为如此,反垄断法实施中受到关注的主要还是反垄断行政执法和反垄断民事诉讼方面,尤其是前者;相应地,反垄断法实施机制的构建也主要是围绕这两个基本方面展开的。

从实施主体的性质和实施程序来说,反垄断法的实施有两个基本的实施途径和机制,即反垄断法的公共实施和私人实施。前者是指专门的反垄断执法机构依法调查处理垄断行为所进行的行政执法,后者是指有关主体(经营者、消费者等)就垄断行为追究民事责任而依法向法院提起的民事诉讼。它们相互配合、相互补充,共同维护市场竞争秩序,缺少其中任何一个方面都不利于反垄断法的全面和有效实施。凡是建立了反垄断法律制度的国家和地区,都有各自形式的反垄断执法机构,并且其所进行的执法活动在反垄断法的实施中发挥着主导作用。在我国反垄断法的实施中,专门的反垄断执法机构也是处于主导地位的。一方面,专门的反垄断执法机构具有独特的优势,如拥有专门的执法人员和法定的执法权限,在调查取证的过程中有国家强制力的支持,因此相对于私人提起的民事诉讼而言,专门机构的反垄断执法可能更为高效,也更有保障;另一方面,我国又是一个行政权力十分强大的国家,我国《反垄断法》中的基本制度也主要是

---

[1]　ICN, *Advocacy and Competition Policy*, 2002, p.iii.

围绕专门机构的行政执法来设计的。虽然公共实施是我国反垄断法实施的主要途径和机制,但是私人实施机制也是不可缺少的,它具有公共实施机制所不可替代的重要作用。虽然各国反垄断执法机构设置的具体情况有所不同,反垄断执法机构与法院之间的关系和权力配置也不尽一致,但是私人提起的反垄断民事诉讼与专门机构的反垄断行政执法相配合是世界各国反垄断法实施的普遍做法和明显趋势。

我国《反垄断法》在 2008 年 8 月 1 日实施以来到 2018 年政府机构改革完成前,国务院反垄断执法机构包括商务部、国家发改委和国家工商总局,分别在经营者集中的反垄断审查、价格垄断行为查处和非价格垄断行为查处方面进行了积极的探索,取得了重要的执法成果。各级人民法院受理和审理的垄断纠纷案件也是我国反垄断法实施的重要形式。

权威资料显示,十年来我国反垄断法律规则体系逐步完善,促进公平竞争的制度建设迈出重大步伐,反垄断执法成效显著,企业发展环境不断优化,反垄断国际交流与合作深入开展,竞争文化广泛传播,反垄断法实施取得了诸多开创性的成就。首先,建立了中国特色反垄断制度规则体系。通过有效实施反垄断法,逐步确立了竞争政策在我国经济政策体系中的基础性地位;着力完善中国特色的反垄断法律规则体系,推动反垄断工作全面纳入法治轨道;建立并组织实施了公平竞争审查制度,从源头上防止滥用行政权力排除、限制竞争。其次,推动建立统一开放、竞争有序的市场体系。十年来,查处垄断协议案 163 件和滥用市场支配地位案 54 件,累计罚款金额超过 110 亿元人民币,查处滥用行政权力排除、限制竞争案 183 件,震慑了违法者,净化了市场环境;审结经营者集中 2 283 件,查处未依法申报案件 22 件,有效预防市场垄断,维护市场公平竞争。第三,维护消费者权益。围绕企业和消费者反映强烈的突出问题,严厉查处燃气、供电、供水、电信、黄金饰品、乳粉等民生领域价格垄断行为,深入开展公用事业限制竞争和垄断行为专项整治,保障和改善民生,增强人民群众获得感。第四,服务构建开放型经济新体制。深入开展竞争政策和反垄断执法国际交流与合作,与美国、欧盟、澳大利亚等 28 个国家和地区执法机构商签 55 个竞争政策与反垄断执法合作文件。在中国—瑞士等 8 个自贸协定中设立竞争政策与反垄断执法合作专章,实质性完成多个自贸协定竞争政策议题谈判,保障我国高水平双向开放顺利推进。积极增强竞争领域制度性话语权,推动金砖国家等开展竞争合作。①

在反垄断的私人实施方面,十年来人民法院垄断民事审判工作在诉讼制度建设、案件审理经验积累和裁判规则明确等方面均取得了重要进展。首先,建立了独具特色的反垄断民事诉讼制度。2012 年 5 月,最高人民法院发布《关于审理因垄断行为引发的民事纠纷案件应用法律若干问题的规定》,这是我国反垄断审判领域第一部司法解释,确立了我国反垄断民事诉讼的基本框架和制度规则。其次,审理了大量反垄断民事诉讼案件。自反垄断法实施以来至 2017 年底,全国法院共受理垄断民事一审案件 700 件,审结 630 件。垄断民事案件数量总体呈现出增长趋势,呈现如下特点:一是所涉行业或者领域广泛,涵盖交通、保险、医药、食品、家用电器、供电、信息网络等,尤其是互联网领域的垄断纠纷案件频频出现;二是案件类型呈现出多样化,滥用市场支配地位案件和垄断协议案件并存,其中滥用市场支配地位案件占全部垄断民事案件的 90% 以上;三是案件的影响力和社会关注度很高,如奇虎公司诉腾讯公司滥用市场支配地位案、华为公司诉美国交互数字公司(IDC)标准必要专利滥用纠纷案等成为业界关注焦点;四是原告胜诉率很低,几乎所有原告败诉的案件均与证据不足有关,这也反映了反垄断私人执行的最大困难所在。再次,有力推进了反垄断法的正确实施。人民法院通过案件审理,有效制止了相关垄断行为,明确了反垄断法实体条文的含义或者垄断行为分析方法,确立了相关领域的竞争规则和行为标准,推进了反垄断法的正确实施。②

从反垄断法实施方式多元化的视角来看,判断我国反垄断法的实施效果除了这些"有形的实施"外,还需要看那些"无形的实施",即经营者和其他主体主动遵守的情况。在这方面虽然没有很具体的量化指标,但是从一些披露出来的消息和企业合规的实践来看,也是有明显变化的,即在《反垄断法》实施后很多企业(包括外国企业)改变了原先的合同条款和内部文件中与该法精神不符的内容,如今越来越多的企业将反垄断法作为合规审查的一个非常重要的内容。这说明,随着反垄断法的宣传普及和反垄断执法的有效推进,经营者的反垄断法律

---

① 参见张茅:《保护公平竞争 促进社会主义市场经济健康发展》,《人民日报》2018 年 8 月 1 日。

② 参见朱理:《反垄断民事诉讼十年:回顾与展望》,《中国知识产权报》2018 年 8 月 28 日。

意识和全社会的竞争文化有了很大的提升,市场主体对反垄断法的主动遵守情况有了很大的改进。

总体来看,我国反垄断法在十多年的实施中已经初步发挥了其规范市场竞争行为、维护自由公平的市场竞争秩序方面的积极作用,促进了我国的经济改革和发展。尤其是 2013 年以来,我国的反垄断法实施的力度不断加大,一些典型案件得到了有效处理。例如,深圳市中级人民法院和广东省高级人民法院对中国华为公司诉美国交互数字公司(IDC)案的判决,国家发改委对美国高通公司高达 60 多亿元的反垄断罚款,国家工商总局对利乐公司 6.77 亿元的反垄断罚款并正式启动对美国微软公司的反垄断调查等。此外,商务部也审查处理了微软收购诺基亚设备和服务业务案和马士基、地中海航运、达飞设立网络中心案等一大批有影响的经营者集中案件。我国的反垄断行动受到了国内外的广泛关注,我国也成为世界上最重要的反垄断管辖区之一。可以说,我国反垄断法在实施十多年来已经取得了初步的成效,为进一步有效实施奠定了良好的基础。

随着我国反垄断执法机构在 2018 年的政府机构改革中实现了"三合一",由新组建的国家市场监督管理总局及其授权的省级市场监管部门统一进行反垄断执法工作,我国反垄断执法的效率和统一性必将有很大的提高,在近几个月的执法实践中也已经有了初步的体现。

四、 进一步加强中国反垄断法实施的建议

第一,进一步提升竞争政策的地位并完善反垄断规则。

竞争政策的地位近年在中国不断提升。2013 年党的十八届三中全会通过的《中共中央关于全面深化改革若干重大问题的决定》明确提出:使市场在资源配置中起决定性作用,反对垄断和不正当竞争。近年来中国政府更是通过建立"公平竞争审查制度",大力推进竞争政策在中国经济发展中的作用。比如,国务院 2016 年发布了《在市场体系建设中建立公平竞争审查制度的意见》,2017 年三家国务院反垄断执法机构又联合国务院法制办和财政部发布了《公平竞争审查制度实施细则(暂行)》。这也意味着,作为竞争政策最核心体现的《反垄断法》,在中国市场经济建设过程中会发挥着越来越重要的作用。今后中国应通过强化执

法,特别是加大公平竞争审查制度的实施力度,进一步提升竞争政策在我国的地位。此外,近年来中国反垄断执法部门启动了多项反垄断配置指南的起草调研工作,结合十年执法经验,下一步中国可以考虑适时启动《反垄断法》的修订工作。实际上,国务院反垄断委员会和国家市场监管总局已经启动了对《反垄断法》修订的研究工作。

第二,充分发挥反垄断执法机构整合的优势。

2018 年初中国大规模调整了中央政府部门的设置,原来的三家反垄断执法机构实现了合一。根据第十三届全国人民代表大会第一次会议批准的国务院机构改革方案,将国家工商行政管理总局的职责,国家质量监督检验检疫总局的职责,国家食品药品监督管理总局的职责,国家发展和改革委员会的价格监督检查与反垄断执法职责,商务部的经营者集中反垄断执法以及国务院反垄断委员会办公室等职责整合,组建国家市场监督管理总局,作为国务院直属机构。国家市场监督管理总局已于 2018 年 4 月 10 日正式挂牌,2018 年 9 月底之前已经落实了新的"三定方案",反垄断局就是其内设机构之一。较之以前三家机构分别执法而言,事前的经营者集中反垄断审查与事后的垄断协议与滥用市场支配地位反垄断审查的整合,以及价格与非价格反垄断行为调查职权的整合,具有非常积极的意义。期待整合后的反垄断执法机构在提高反垄断执法效率和执法标准的统一性方面有大的提高。

第三,建立案件跟踪和回溯分析制度。

案件跟踪和分析制度是指,对于审结的案件中具有典型特色或重大影响的案件,执法部门内部建立一套对这些案件的市场反应进行后续跟踪回访与分析总结的制度。对以往案件的跟踪与研究实际上也是国际经验,比如美国、欧盟都会基于对以往案件的分析,发布相关研究报告。建立反垄断案件跟踪和回溯制度的积极意义可以体现在下述几个方面:首先,案件跟踪和回溯分析有利于及时总结执法经验,并为制度的完善与执法的优化积累实证信息。其次,通过案件跟踪和回溯分析可以基于个案来检验制度的科学性以及执法的合理性。由于中国缺乏充分的反垄断实证经验,制度的建设主要还是靠借鉴域外经验,制度的本土融合性并未历经充分的验证,因此反垄断执法初期不可避免地具有一定的"试错"性质,在这种背景下通过案件跟踪和回溯分析来尽量减少"试错"的代价便具有积极的意义。最后,案件跟踪和回溯制度也有助于加深对中国市场竞争特性的深入认识。中国目前处于经济转型期,特殊的经济体制与产业格局必然对市场竞争带来一定的影响。通过案件跟踪和回溯分析制度来考察当事人的市场行为以及市场竞争格局的真实反应,这无疑也有助于加深对我国市场竞争特性的认识。

案件跟踪和回溯分析制度的建构可以从案件跟踪的途径与原则以及跟踪所获信息的处理与利用两大方面来把握。首先,案件跟踪和回溯分析的途径与原则。考虑到目前我国执法资源有限,案件跟踪回溯分析应尽量通过低成本的途径来进行,并且以不影响企业正常生产经营为原则。比如,开通特定的执法信息跟踪网络平台,就案件的后续市场反应向社会提供信息传导平台。此外,还可考虑对特定案件涉及的经营者、竞争者、行业协会、社会团体、消费者代表等定期召开座谈会、进行电话或邮件回访与沟通。其次,跟踪所获信息的处理与利用。执法部门可以内部建立审结案件数据库,并可以有意识地分产业进行案件跟踪与数据库建设,尽量把握不同产业的特性。执法部门还可考虑定期对案件跟踪获得的信息组织专家进行分析研究,为下一步的制度完善与执法改进提供有益的支撑与帮助。

第四,重视反垄断执法的国际协调与合作。

随着全球商业行为及其伴随的反垄断问题突破国界成为常态,反垄断执法机构仅专注于本国境内开展执法活动已难以满足新形势对反垄断执法的需求。对已突破国境的全球化商业行为进行监管,维护市场竞争秩序,反垄断执法如何跨越国境,与境外执法机构彼此协调、充分合作,实现跨境反垄断执法的一致性,是反垄断执法机构需要面对的课题。全球反垄断执法机构已认识到全球化对执法模式带来的挑战,也了解到反垄断国际执法合作在提升执法能力、提高执法结果的一致、有效和可预测性、增加执法效率和保护市场及消费者方面的积极意义。另外,由于各司法辖区相关实体法和程序法的差异、相对人配合执法合作的意愿以及各反垄断执法机构进行国际合作的资源和积极性等方面的制约,在反垄断领域的国际执法合作仍需通过额外的工作,在现行法律框架内,增强各国反垄断制度和实践的趋同性,扩大执法机构和相对人对执法合作益处的认识,形成有效的指导性机制,共同推动国际执法合作的发展。实际上,从2011年开始,中国陆续与美国、欧盟、日本、韩国、俄罗斯等司法辖区签署了反垄断合作谅解备忘录,与美国、欧盟等司法辖区开展了反垄断执法合作。特别是在 2011 年 7 月 27 日,为加强中美反垄断领域合作,中国三家反垄断执法机构国家发展和改革委员会、商务部、国家工商行政管理总局与美国反托拉斯执法机构司法部、联邦贸易委员会在北京共同签署了《中美反托拉斯和反垄断合作谅解备忘录》,建立了中国反垄断执法机构和美国反托拉斯执法机构之间的长期合作框架。此外,中国反垄断执法机构还与欧盟委员会竞争总司定期开展"中欧竞争政策周",迄今已至第 17 届。在新的政治经济大环境下,反垄断国际执法合作将愈发凸显其价值和作用,中国有必要进一步加强与不同反垄断司法辖区之间双边、多边执法合作协议的签订与深化。

第五,积极应对数字经济发展。

数字经济领域的反垄断问题,特别是数据、算法相关问题,成为近年全球反垄断理论与实务界的关注焦点。中国数字经济发展迅猛,很多在线平台的商业模式呈现数据驱动型以及算法驱动型特征,数据、算法相关反垄断问题也日渐引起社会的关注。比如 2018 年初,中国社会各界开始热议在线平台实施的"大数据杀熟"现象,这一现象实际上是在线平台基于大数据实施的算法价格歧视。有观点认为,这类行为涉嫌违反中国《反垄断法》。实际上,近年围绕数字经济发展过程中出现的系列现象,中国社会各界有呼吁政府积极进行反垄断执法的声音,比如 2017 年发生的中国律师举报苹果公司在运营 App Store 过程中涉嫌滥用市场支配地位行为事件。不过,也有观点认为,为确保中国数字经济的发展,避免抑制企业创新,中国不应该像欧盟那样对数字经济领域展开积极的反垄断执法。没有发展出互联网巨头的欧盟,并非中国反垄断执法好的学习榜样。值得注意的是,近年中国政府针对新兴产业提出了"包容审慎"的监管原则,这一原则对于理解中国在数字经济领域反垄断行政执法的现状以及未来走向,非常关键。近年来的政府工作报告和政策性文件都提出,加快培育壮大新兴产业,本着鼓励创新、包容审慎的原则,制定新兴产业监管规则。这种背景下,针对数字经济发展中的各种新业态、新模式,这两年中国政府部门都在强调"包容审慎监管"。我们认为,应当对这一监管原则进行辩证的理解。任何执法行为必须考虑过度干预导致的成本。但是,干预不足导致的成本也应该考虑。

中国数字经济发展迅速,移动支付、网上购物等方面的普及率都处于全球前列。这种环境下,类似算法歧视这类新型市场竞争行为,很容易被社会大众质疑。实际上,近年围绕数据、算法的各种争议在中国也开始出现。面临数字经济的发展以及商业模式的不断创新,各种新型竞争方式也在挑战传统反垄断法律制度的有效性。为了确保反垄断执法在克服市场失灵与避免过度干预市场之间获得平衡,中国反垄断执法部门必须充分重视数字市场中竞争损害理论的发展与演化。一方面,传统竞争损害理论对数字经济领域的新行为是否有效,执法部门要进行反思。数字经济领域的具体案件中,执法部门首先需要甄别数据、算法等因素导致的问题是新问题还是老问题,既有的反垄断制度以及竞争损害理论是否仍然可以适用。另一方面,对于新型竞争损害理论的构建与适用要非常慎重。由于中国《反垄断法》具体条款规定的原则性较强,加之第一条的宗旨条款体现了利益保护的多元性,实际上这为数字经济领域新型竞争损害理论的适用提供了一定的空间。比如,隐私保护是否应作为一种非价格竞争维度,纳入反垄断分析框架予以考量,这一目前各界存在重大争议的问题,对中国反垄断执法部门而言便是需要面对的问题。此外,中国近年在数字经济领域的并购非常普遍,2018年初便出现了"阿里收购饿了么",以及"美团收购摩拜"两起社会普遍关注的交易。针对数字经济领域的并购,诸如针对破坏性创新者的预防性收购、原料封锁,甚至混合并购中传导理论的适用等问题,都值得中国反垄断执法部门关注。综上,面对数字经济的发展,中国反垄断执法部门需要积极思考反垄断法律制度如何有效面对未来的技术革新,如何将新的问题、现象纳入传统反垄断法分析框架。执法部门整体上应从具体的排除、限制竞争行为的角度出发,研究新现象、新问题,以涉嫌违反的具体行为的反竞争效果为执法的基础,注重相关行为竞争损害理论的健全与完善。执法部门应从技术层面、商业层面、经济层面以及法律层面等多维度去理解新的商业模式与市场竞争行为。

五、结　语

改革开放以来,中国的经济体制改革是一个不断深化的过程。中国经济体制改革始终是围绕着正确认识与处理政府和市场的关系这一核心问题展开的。

1992 年,党的十四大提出了中国经济体制改革的目标是建立社会主义市场经济体制,提出要使市场在国家宏观调控下对资源配置起基础性作用。这一重大理论突破,对中国改革开放和经济社会发展发挥了极为重要的作用。此后的 20 多年间,对政府和市场的关系一直在根据实践拓展和认识深化寻找新的科学定位。党的十五大提出"使市场在国家宏观调控下对资源配置起基础性作用",党的十六大提出"在更大程度上发挥市场在资源配置中的基础性作用",党的十七大提出"从制度上更好发挥市场在资源配置中的基础性作用",党的十八大提出"更大程度更广范围发挥市场在资源配置中的基础性作用"。可以看出,我们对政府和市场关系的认识在不断深化。尤其值得关注的是,2013 年 11 月党的十八届三中全会通过的《中共中央关于全面深化改革若干重大问题的决定》进一步明确指出:经济体制改革的核心问题是处理好政府和市场的关系,使市场在资源配置中起决定性作用和更好发挥政府作用。这是一个重大的理论突破,已经并将继续对中国的经济发展和经济法治产生重大而深远的影响。2017 年党的十九大报告更进一步强调加大改革开放的力度。

伴随着中国以市场为取向的经济改革的不断深入,中国的反垄断法也从无到有,不断完善。根据国家法律和政策对市场和政府关系的最新定位,要让价值规律、竞争和供求规律在资源配置中起决定性作用,同时政府要做好"规则"的制定者,更好发挥监管职能。也就是说,在坚定推进市场化改革解决政府"越位"问题的同时,要解决好政府的"缺位"问题。这两方面的要求都为在中国充分发挥反垄断法这一市场规制手段的作用提供了非常难得的机遇。有理由相信,中国反垄断法律制度将会不断完善,其实施也会逐步规范化,呈现出常态发展的趋势。

(作者为上海交通大学特聘教授)

区域协同立法模式探究

——以长三角为例*

宋保振

从未来趋势看,区域一体化是世界经济发展的必然结果。伴随《中共中央国务院关于建立更加有效的区域协调发展新机制的意见》和党的十九大报告中新要求出台,①京津冀协调发展、长三角一体化和粤港澳大湾区建设相继上升为国家战略,区域一体化被赋予特有的时代意义。在此一体化发展中,一个重要方面就是区域间各主体协同立法,通过立法规划一体化发展蓝图,制定共同发展的立法依据,解决彼此间法律冲突,为区域协调发展提供重要法制保障,这也是地方立法理论的最新实践。此时,如何结合国内外区域立法经验、各区域一体化发展任务及现实立法情形,整合立法资源进行顶层设计和制度安排,确立符合我国发展的协同立法模式,并通过现实有效的机制保证其运行,就成为一个重要的时代课题。该协同立法模式不仅是践行地方法制理论以及对区域法治建设方式的重大探索,进而促进更高层次的区域规划对接、战略协同、专题合作和市场统一,又能完善新时代中国特色社会主义立法理论,将常态立法协同工作机制作为协调区域发展纠纷的重要方式,其最终目的是通过法治化实现区域更高质量一体化。为实现该研究目标,本文选择具有长期合作基础与经验的长三角地区作为分析对象,紧密围绕该区域一体化发展的难题与现状,同时结合区域协同理论、《宪法》和《立法法》,以及《长三角地区一体化发展三年行动计划(2018—2020)》(以

* 基金项目:国家社科基金重大项目"新兴学科视野中的法律逻辑及其拓展研究"(项目编号:18ZDA034)的阶段性研究成果;博士后资助项目"长三角区域协同立法研究"阶段性成果。

① 在党的十九大报告中,"实施区域协调发展战略"被明确提出,而且针对东部地区优先发展和京津冀协同发展等提出了"建立更加有效的区域协调发展新机制"。参见习近平:《决胜全面建成小康社会 夺取新时代中国特色社会主义伟大胜利——在中国共产党第十九次全国代表大会上的报告》,人民出版社2017年版,第32—33页。

下简称《行动计划》）相关规定，①深入探索苏浙沪皖协同立法模式的建构问题。在提升该区域法治水平的同时，从立法方面为京津冀、粤港澳大湾区等提供可资借鉴的制度机制。

一、区域协同立法的性质定位

作为区域法治建设的重要一环，区域协同立法并非立法主体之间的简单合作。受制于我国独特立法体制和复杂立法程序，不同于区域间的司法和执法协同，区域立法协同一开始就面临诸多理论质疑。②如在现有立法体制下，是否存在协同立法的制度空间？怎样处理协同立法与政府协议或政府契约间的关系？应协同的主要方面与内容有哪些？以及是否又存在特定的区域立法协同模式？这些理论困扰深深阻碍了区域协同立法进程，然而它们却又都是协同立法的"元问题"，不能跨越。

（一）协同立法包括"关于立法的协调"和"根据立法的协调"③

从制度产生背景来看，区域协同立法直接针对区域重点发展领域规范缺失或规范冲突问题，根本目标是打破地方保护下的"行政区划经济"，促进区域经济的良性发展。在根源上，区域协同立法以立法理论和协同理论为支撑，④既具有合法的逻辑起点——区域发展权，⑤又具有系统科学提供的耗散结构、系统动力等分析模式，⑥是一个融合法学、政治学、经济学和管理学等多学科的交叉概念，

---

① 该《行动计划》明确了在长三角协同发展中，法治先行的作用。并具体指出，要立足地方人大职能，发挥地方立法对长三角一体化发展的推动作用。通过签订三省一市地方立法工作协议，完善工作机制，推进长三角区域地方立法工作协同。而且，还要加强地方立法规划、年度立法计划和具体立法项目协作，探索地方人大执法检查工作协作，为长三角一体化高质量发展提供有力的法治保障。

② 参见张丽艳、夏锦文：《国家治理视域下的区域司法协同治理》，《南京社会科学》2016 年第 5 期。

③ 参见陈光：《"大立法"思维下区域地方立法协调的困境与反思》，《湖湘论坛》2017 年第 3 期。

④ 协同理论（synergetics）亦称"协同学"或"协和学"，是 20 世纪 70 年代以来在多学科研究基础上逐渐形成和发展起来的一门新兴学科，是系统科学的重要分支理论。协同理论告诉我们，系统能否发挥协同效应是由系统内部各子系统或组分的协同作用决定的，协同得好，系统的整体性功能就好。

⑤ 参见汪习根、彭建军：《论区域发展权的本质属性及法律实践》，《中南民族大学学报》（人文社会科学版）2009 年第 6 期。

⑥ 参见于景元：《系统科学和系统工程的发展与应用》，《决策科学》2017 年第 12 期。

这些方面也就构成区域协同立法的学科基础。

在本质上,区域协同立法是一种立法活动而非政治活动,尽管更多时候它仍依靠政策来推进。这就决定,解决区域协同立法问题最终仍要诉求法律手段而不是政治文件或命令。除此之外,区域协同立法同区域间的政府协议具有实质区别。①协同立法是地方立法的高级形态,着重关注不同主体间就某一事项的法律化解,通过对立法活动及其结果的协调,来满足区域经济社会一体化发展的立法需求,也即一种"关于立法的协调"。体现在内容上,这种"关于立法的协调"不仅包括立法信息交流共享,也包括各方为避免立法冲突而进行的法律制定、法律修改和法规清理等立法活动,并涉及协作理念和协作方式两个方面。如苏浙沪皖三省一市人大牵头制定的《长三角区域大气污染防治写作小组工作章程》以及在此章程基础上各省市制定的规范性条例等。除此之外,区域协同立法还存在另外一种形式——"根据立法的协调"。也即针对某一区域发展事项,已经具有相应的法规或规章。但为了保证治理效果,各方主体又借助地方立法,对区域发展中该立法的执行加以协调。此时地方立法只是作为一种协调手段或方式,而非被协调的对象。如 2010 年辽宁省人大常委会制定的《辽宁沿海经济带发展促进条例》,苏浙沪交通执法联动与协同等。从区域一体化发展任务来看,协同立法的最终目的并非仅是制定出一系列具体的规范性文件,而是通过对不同主体间的立法活动协调,尽可能地消除阻碍不同区域间经济发展的冲突规范,营造一种良好的区域法治市场环境,从而建构地方法治竞争新范式。②在此意义上,区域发展和治理实践中的立法协同就以"关于立法的协调"为主,辅之以"根据立法的协调"。但是由于"根据立法的协调"所依据之"立法"很多时候正是区域协同的产物,所以很多时候两者之间还存在一种"共生共长"的密切关联。

(二) 区域协同立法是"人大主导立法"的新样态

在现有立法体制下,我国并不存在中央立法和地方立法外的"第三种立法

---

① 之所以认为地方政府及其职能部门之间因地方事务达成的行政协议并非区域协同立法行为,主要基于三方面原因:第一,从缔结主体来看,很大一部分行政协议主体并不具有立法资格;第二,从缔结程序来看,行政协议程序过于自主,甚至可以看作彼此间"讨价还价"的过程;第三,从缔结结果来看,行政协议大都以"备忘录"等形式呈现而不具有法律效力。

② 参见周尚君:《地方法治竞争范式及其制度约束》,《中国法学》2017 年第 3 期。

权"，地方立法机关在对待跨区域立法问题上一直秉持一种保守态度。这就导致在如何为区域发展和治理提供法律规范保障问题上，协作立法并非唯一类型甚至不是主要类型。一直以来，区域行政协议、区域性组织、区域行政规划和区域行政指导等都是经济一体化法律治理的重要形式。而且在效果上，行政协议、行政规划等所起到的作用还通常远远大于有权主体之间的协同立法。①也正因此，有关区域协同立法必要性的质疑就从未中断。甚至极端观点还认为，一个依靠复杂体制机制保障才能得以运作的协作模式，远远没有那些行政决定或区域公共政策来得便宜和有效。在区域立法合作问题上，我们是否应在较为成熟的"行政模式"外，探索一种新的"立法模式"确实值得商榷。

客观地说，之前很长一段时间，区域性公共政策、行政协议和政府契约确实在处理某些跨区域发展纠纷时成效卓著。早在 20 世纪 90 年代，长三角政府间就开始经济领域的合作，由 15 个城市建立了经济协作联席会议制度，主要以联席会议的形式对经济领域的冲突与发展进行交流、协作，后来联席会议发展为正式的长三角经济协调会。时至今日合作城市已有 30 多个，合作协议或合作宣言类文件已有近百项，内容涉及教育、科技创新、质检、文化、知识产权和社会保障等几乎所有行政领域。②但同时我们也要看到，受制于区域发展中的产业同质化现象，③行政壁垒和地方保护日益严重，所谓区域内不同行政主体间的积极"协同"已越发走向彼此间的消极"妥协"。而在同一行政区划内，行政部门也打着"促进区域经济发展"的旗号行行政干预之实，利用人大立法的保守性，在先行先试过程中将部门利益和地方利益以地方性法规的形式予以包裹。这不仅偏离现代法治政府的发展要求，而且也违背区域一体化发展初衷。此时，如何规范和强化区域协作过程中的人大立法就成为亟待解决的任务。这也是为什么在长三角一体化发展上升为国家战略后，将人大及其常委会主导的协同立法作为主要推动力的原因。

---

① 叶必丰：《区域经济一体化的法律治理》，《中国社会科学》2012 年第 8 期。

② 代表性成果如苏浙沪工商部门领导共同签署的《加强"长三角"区域市场管理合作的协议》《长三角地区消费者权益保护合作协议》，三地人事部门共同发布的《长江三角洲人才开发一体化共同宣言》，以及三地科技部门领导签署的《沪苏浙共同推进长三角区域创新体系建设协议书》等。

③ 如以经济最活跃的长三角地区为例，苏浙沪皖第二产业均是以汽车、石化、电子为主导，据统计上海、江苏、浙江的产业同构率达到 80%，其中上海与江苏的产业结构相似系数为 0.82，上海与浙江为 0.76，江苏与浙江为 0.97。

但是,区域协同立法中的人大主导并不等同于只有人大行使立法权,行政主体间的有效协同立法同样是其重要部分。面对基础设施大连接、市场流通大融合、各类要素大流动、生态圈联系更紧密的一体化发展趋势,如何处理好传统型行政区划与开放型市场经济之间的关系,克服行政区划对跨区域经济融合发展带来的阻隔,已成为京津冀、长三角、粤港澳大湾区等区域内各省市政府治理体制改革面临的重大挑战。从我国《立法法》来看,地方人大和政府都是合法的立法主体。人大主导立法并不意味着必须由人大起草立法而将政府立法排除在外。当今世界立法规律也表明,由在多方面具有天然优势的政府起草立法,是符合社会发展实际需求的。对于立法中出现的部门利益倾向问题,根本原因并非是政府行使了立法起草权,而是在于人大未能在审议中有效行使否决权以剔除部门利益。[①]因此,人大在区域协同立法中所发挥的主导作用,应当主要体现在充分运用立法审议权,允许各利益群体进行充分表达和碰撞,并代表最大多数人的利益进行抉择,从中发现并剔除部门利益,并经与其他省份主体间的沟通列为立法计划或年度立法规划。

综上,区域立法协同是针对区域发展中的规范性文件冲突或阙如问题,在现有区域公共政策和行政协议基础上,由人大主导的一种更高级的立法活动协同。该协同并非试图在中央立法和地方立法之外,探索第三种立法主体的"区域立法权",而是在现有立法体制内,充分发挥人大主导立法的作用。也因此,区域协同立法主体就自然包括拥有立法权的人大和政府两个部分,是一种"人大主导、政府协作"。此时立法核心问题就转向如何确定并处理中央与地方、人大与政府、政府与市场等之间的关系,并形成有效的体制机制。

二、 区域协同立法的现实困境

自区域法治(法制)提出伊始,对有关该概念的质疑就一直不断,这就注定作为其重要实践的协同立法并非一件易事。近年来,我国诸多区域在推进经济一

---

① 此观点为沈国明教授在上海市法学会 2016 年立法理论与实务研讨会上所提出。沈教授认为我们必须要将人大主导立法和人大起草立法严格区分开。人大主导立法重在行使立法审议权,允许各方利益群体进行观点上的表达和碰撞。参见卞琳、郑辉:《人大主导立法与地方立法权限和范围——2016 年立法理论与实务研讨会综述》,《上海人大月刊》2016 年第 11 期。

体化中开展了地方立法协调,但整体仍处于初级阶段。在我国单一制国家结构和现行立法体制下,区域协同立法作为立法领域的新事物并不具有得天独厚的发展条件。不仅理论上缺乏对立法主体、立法事项、协作方式及所得成果之性质与效力的论证,而且多地已经开展的协同立法实践也面临诸多实施障碍。从当前研究和实践来看,我们可将这些一般性问题总结为如下几个方面。

第一,缺乏相应的法律规范与实践经验。这是东三省、京津冀、长三角以及粤港澳大湾区等所有经济区域协同立法面对的首要"瓶颈"——缺乏调整区域内及跨行政主体间所出现各种问题的法律,仅可参照中央政策、方针和规划立法。一方面,在我国当下"一元两级多层次"立法体制中,社会发展所需的正式法律规则都由中央或地方立法来提供或输出,不仅未留有区域协同立法的制度空间,而且中央和地方立法也对此问题较少涉及;另一方面,随着区域一体化进程和地方立法研究不断深入,有关区域协同立法的理论探讨虽有很多,但却缺乏直接可借鉴的现实经验。在所有区域中,东三省最早开展区域协同立法探索并提出相应立法模式,但该立法模式只是一种方向性指引,很难普遍适用;在京津冀,至今仍未有正式的协作立法先例,而且受北京的行政地位和巨大虹吸效应影响,各主体一开始就处于一种实质上的不平等;在长三角,自 2014 年 1 月长三角区域大气污染防治协作小组第一次工作会议审议通过《长三角区域大气污染防治协作小组工作章程》并研讨其"实施细则"后,上海、江苏、浙江和安徽相继出台各省市的大气污染防治条例,这是在区域协同立法问题上迈出的重要一步。但遗憾的只是昙花一现,在其他诸多同样需要协同治理的水污染、公共服务、社会信用等方面,却迟迟未有实质进展。

第二,立法主体界定不清且理论争议不断。有关区域立法主体,当前理论界主要存在三种观点:一是地方人大及其常委会;二是地方人大及其常委会和地方人民政府;三是所成立的专门机构如"京津冀区域立法委员会"。围绕此三种观点,学者们也纷纷从各自学术背景出发展开争议。①从长三角区域地方立法协调

---

① 如公丕祥、葛洪义等理论法研究者指出,长三角区域立法协调是区域法制(法治)的重大实践,其中一个重要方面就是如何处理人大与政府之间的关系。叶必丰等行政法学者从政府功能出发,强调行政协议在长三角协同立法中的重大作用。王腊生、丁祖年、丁伟等立法工作人员则提出人大在协同立法过程中的工作新机制。王春业等学者则提出要在中央立法和地方立法之间,探索一种新的区域立法主体并赋予其立法权。代表性成果如公丕祥:《法治发展的区域分析——一种方法论的讨论》,《法学》2018 年第 5 期;葛洪义:《作为方法论的"地方法制"》,《中国法学》2016 年第 4 期;叶必丰:《区域经济一体化的法律治理》,《中国社会科学》2012 年第 8 期;王腊生:《地方立法写作重大问题探讨》,《法治论丛》2008 年第 3 期;王春业:《我国区域法制构建中法律规范供给模式的创新》,《南京社会科学》2013 年第 1 期。

样本来看,由于该区域立法主体较多、发展动力类似、彼此经济悬殊不大等原因,长三角区域协同立法一直采用的是一种松散型的区域立法模式,且主要集中于政府层面,这使得本该居于主导地位的人大作用发挥不足。自 2009 年开展人大主任座谈会以来,虽一直通过定期与不定期座谈会形式进行立法信息交流与协作,但其中几经中断,落实程度有待加强。四省市人大在大气污染防治方面取得突出成果,但对其他领域的立法协作不足,特别是在人才信用、产业结构等一体化发展重点方面更是鲜有涉及。该主体错位情形在京津冀、东三省等其他区域立法中同样存在。这使得区域协同立法一直是由政府行为推动,而本该居于主导地位的各级人大及其常委会明显滞后。

第三,立法重点未紧密围绕区域一体化发展任务。区域协同立法目的并非仅是从理论上完善立法体制,最根本的仍是为区域发展提供可资借鉴的法律规范。因此,各区域协同立法内容就必须紧密围绕发展任务。如东三省区域协同发展任务是促进东北老工业振兴,京津冀区域协同发展的主要任务是缓解背景的非首都压力,粤港澳大湾区的主要任务是通过制度创新,推进内地与香港、澳门的深入合作等。具体到苏浙沪皖协同立法,也必须要以《行动计划》的相关规定为立足点。但从当前长三角各省市年度立法计划和立法规划等来看,协同立法重点同《行动计划》发展要求并不契合。根据《行动计划》提出的交通互联互通、能源互济互保、产业协同创新、信息网络高速泛在、环境整治联防联控、公共服务普惠便利、市场开放有序 7 个一体化发展目标,长三角协同立法重点应更多集中在科创、产业、信用、环保、公共服务和商务金融等领域。而现实情况却是,除了在交通、环保等领域已开展相关实践外,有关产业结构、科技创新等方面的协同立法探索仍是一片空白。

第四,发展经济与建构规范存在理念冲突。区域协同发展的核心是利益问题,而对利益进行平衡及取舍,就转化成一个法制问题。[①]从此角度,区域协同立法就可看作是通过立法方式进行区域内不同主体间利益表达、利益协调以及利益整合的交涉过程。但问题是,二者在现实中并不"合拍"。各区域发展秉持的是一种发展理念,注重效率和灵活性,它对外表现为想方设法地吸收和扩大权力

---

① 参见焦洪昌、席志文:《京津冀人大协同立法的路径》,《法学》2016 年第 3 期。

（权利）；而区域协同立法属于一种立法活动，注重公平和规范性，它对外表现为固定和限制权力（权利）。尽管从最终结果来看，立法的目的也是保证各主体之间权力（权利）的最大化行使。具体到实践中，这种冲突的最明显展现就是在产业结构同构背景下，地方立法权的主体间相互掣肘。如在长三角，区域经济发达、城市密集、法治较为完善，相当数量的立法权主体都集中于此，特别是在《立法法》赋予 240 个设区的市以立法权之后。毋庸置疑，这些地方性经济类法律、法规对促进本省市的经济发展起到了促进作用，但背后的隐忧是加大了不同主体间协同的难度。现实发展中，整个苏浙沪地区第二产业均是以汽车、石化、电子为主导，产业结构的同质化又大大增加了地区间的利益竞争，甚至为了占据竞争优势不得不利用行政立法手段人为制造壁垒。为了保障自己行政区划内的发展，商业"竞争"就逐渐从企业间的"显性"较量转为政府间的"隐性"比拼。如当初上海与湖北的"汽车大战"，就迫使国家不得不采取行政干预方式并发布《关于取消地方限制经济型轿车使用的意见》。

三、 直面困境的协同立法模式

由上可知，区域协同是以协调发展新理念为指引，构建现代化经济体系，进而推进更高起点的深化改革和更高层次的对外开放。在此一体化发展中，区域协同立法就是根据区域间存在的问题制定制度性规则，进而为解决纠纷提供法律处理。面对如上问题，尽管经济基础、文化观念和体制机制共同构成阻碍区域协同立法的重要原因，但是从实践操作来看，最主要原因仍在于运行方面——不具有相应法律规范，或已有规定太抽象而欠缺可操作的立法模式与机制，这也是绝大多数研究者的关注点。此时，如何在众多区域协同立法进路中，结合各区域的经济基础和立法环境确立行之有效的协同模式，并通过有效机制保证其运行，就成为一项重要工作。

（一）当下协同立法模式的主要类型

协同立法落地的一个重要依托就是诉诸有效的立法模式。立法模式是对立法活动的常态化设置，是明确立法主体及其权限范围、协调中央与地方关系的程序保障。从当下区域发展实践来看，无论美国、欧盟、日本区域，还是我国的京津冀、东三省等的协同立法,均围绕立法模式问题展开。如美国通过国会统一立法和州际契约两种立法模式,为区域协调发展提供可资借鉴的法律标准;欧盟在一体化问题上,建立欧盟委员会,通过协同立法尊重各个国家的差异并保护地区多样性对此区域协作模式进行协同公共治理。[1]在国内,2006年辽吉黑三省签订《东北三省政府立法协作框架协议》在全国最早开启了协作立法,围绕经济、社会、公开事件、政府机构、执法监督等事项,通过协议形式初步确立政府间协同立法的紧密型、半紧密型和分散性三种模式;在京津冀,2016年全国第一个跨省市的区域规划《"十三五"时期京津冀国民经济和社会发展规划》出台,跨区域规划打破了各自为政的行政模式,加强了三省市产业、交通、公共服务、环境保护、科技等领域的互补性协作。并通过座谈会协商机制、政府间协议加强协作,三地成立领导小组,建立协商机制,构建三省市沟通平台;相比之下,珠三角具有更强的灵活性。自2008年国务院批准了《珠江三角洲地区改革发展规划纲要(2008—2020年)》,对珠三角城市群一体化作出政策上的指导以来,广东省人大以地方立法形式通过《广东省实施珠三角改革发展规划纲要保障条例》,建立与珠三角合作相关的法制、争议处理、信息共享机制,为区域发展规划的实施提供法律保障。同时广东省法制办还对规章及规范性文件进行清理,对存在冲突、不利于区域法制一体化的规章进行修改、废止,从法律协调统一上推进一体化发展。而在长三角,三省一市人大立法的最典型成果就是有关长三角区域大气污染防治的立法协作。在协商拟定基本立法文本之后,2014年7月,上海市十四届人大常委会第十四次会议修订通过《上海市大气污染防治条例》,2015年1月、2015年2月和2016年5月,安徽、江苏、浙江三省人大相继通过本省大气污染防治地方性法规的修订,使长三角区域立法协作从理论构想变成立法现实。[2]

综合分析这些协同立法实践,我们可尝试性地对当前主要的协同立法模式进行如下类型划分:第一,在顶层立法理念指引下,共同起草制定统一法律规范的"中央制定型"。该模式主要侧重由中央进行立法以满足全国的需要,突出全

① Draft Treaty Establishing a Constitution for Europe, as Submitted to the President of the European Council in Rome, Brussels, 18 July, 2003.
② 丁伟:《与改革发展同频共振:上海市地方立法走过三十八年》,上海人民出版社2018年版,第294页。

国人大和国务院的职能,强调立法的程序论。该模式运用最典型的就是欧盟立法,在我国当前主要从理论上对京津冀协同立法进行讨论,以及针对粤港澳大湾区众多复杂的立法主体,从人大授权角度出发进行探索。第二,以区域内某省甚至某地域立法为主导,使用示范方法协调立法内容的"示范协调型"。相比于前一种,该模式可谓是一种地方供给型协同立法,突出地方政府间的府际合作,采取一种需求推动的回应型立法进路。①主要坚持一种平行立法论,即由各省级行政区划和设区市的地方进行立法以满足地方法制的需要。实践中我国东三省地区最早确立,围绕相应难点、热点和重点立法项目成立联合工作组,对共性的立法项目由一省牵头组织起草,其他两省进行配合;对其他立法项目,由各省独自立法,结果由三省共享。②第三,以区域为基础,各立法主体依据共同确定之"标准"进行立法的"共同协商型"。相比于前两种,该立法模式是一种松散模式,具有适用上的开放灵活性,并以长三角立法为典型代表。受发达的市场经济推动,长三角协同立法必须要在坚持法治统一的前提下,寻求区域协同立法模式的新突破。且从立法所服务的经济目的来看,苏浙沪皖经济发展较为均衡,任何一城包括上海亦不具有明显的虹吸效应,这也为一种灵活的协同立法模式确立提供可行性。

（二）协同立法过程中的重点考量因素

通过以上立法类型分析,我们可得出一个基本共识:尽管区域立法模式各不相同,但无非就是处理好人大与政府、中央与地方以及政府与市场三对关系,这也被视为区域协同立法的影响因素。而能否科学合理并切合实际地把握这几对关系的实质及其运作,也就成为确立合理有效协同立法模式的关键。

1. 人大与政府

在区域协同立法中,人大和政府之间一直是一种"欲拒还迎"的关系。这主要表现在以下三个方面:第一,人大和政府共同构成一个完整的区域立法主体。从《立法法》第 81、82 条所规定立法事项来看,地方性法规可以进行执行性地方

---

① 参见[美]P.塞尔兹尼克、P.诺内特:《转变中的法律与社会——迈向回应型法》,季卫东、张志铭译,中国政法大学出版社 2004 年版,第 73—74 页。

② 参见陈俊:《我国区域经济一体化中地方立法协调的模式及样本》,《江汉大学学报》(社会科学版)2013 年第 5 期。

立法、自主性地方立法和创制性地方立法,相比之下,地方政府规章则只能规定解释性或执行性内容。各区域要在已有地方人大立法工作联席会议基础上,确立立法工作协同的基本制度框架,优先推动事关区域协调发展的地方性法规立法活动,将有关区域协调发展的立法项目作为立法计划重点。如面对长三角的产业协调、环境保护、人才政策等,应当由人大以地方性法规进行协作立法,属于行政管理协作的则由政府以规章进行协调。当二者对相关区域事项的管辖存在争议时,可以参照《立法法》规定由人大决定其管辖权。第二,人大主导立法可解决政府协议中的利益干预问题。之前很长一段时间,区域立法工作主要是由政府开展和推动,其中具有最广泛应用性的就是行政协议。但也存在明显问题,如以行政命令替代区域行政协议、以人情关系主导区域行政协调,以及为保障区域"小团体"利益而以牺牲周围省市利益为代价等,这都需要从人大立法层面加以解决。人大代表是集中反映各层人民意愿、需求以及行使自身权力的载体,由人大代表组成的权力机构的协作立法更能体现区域立法的民主性、权威性。更高层次的一体化必须要在统一立法层面上具有相应体现。第三,地方人大确立立法规划也有待政府支持。在人大立法中,编制立法规划和年度立法计划一直是一项重要工作,这也是协同立法的"靶子"。然而这些立法规划必须反映现实需求,否则将难以得到实质性推动。但是从现实立法实践来看,无论依靠地方人大代表联名提出议案,还是人大代表列席党委会会议、参与立法听证和立法征求意见均具有相当难度,更多的立法案还是通过政府各部门统一反映,通过本级政府向人大常委会提出议案,[1]以及将一些"先行先试"的行政规章内容通过地方性法规的形式来确定。

2. 中央与地方

从协同立法实践来看,主体之间的分散性是阻碍协同工作的一个重要原因。从我国法律规范的供给来看,一直存在"建构型"和"自发型"两种。基于此二种供给方式,就自然呈现出中央统一立法和地方协调立法两种立法路径。"建构型"路径以国家发展战略和宏观发展政策为促生机制,而"自发型"路径则是在

---

① 参见毛新民:《上海立法协同引领长三角一体化的实践与经验》,《地方立法研究》2019年第2期。

资源自然流动中引入契约和平等协商精神。前者为西部大开发、振兴东北老工业基地以及京津冀协同发展所采用,其优势是具有规范化的参考性依据;相比之下,长三角、珠三角由于区域间各主体相似的发展水平和城市功能,则更应倾向于一种"自发型"协同立法路径,从而为更高水平的区域经济一体化赋予活力。但这并非要求中央设立专门的区域协作立法机构,如日本的首都城市圈、美国的州际协作机构等。而是强调在区域协同立法过程中,我们不能固守区域立法缺乏法律依据的盖然论,也不应遵从中央与地方立法关系非此即彼的僵化逻辑。相反,我们应在维护国家宪法体制稳定和社会主义法治统一的前提下,行使好中央立法机关的区域立法权或授权立法决定权,着力发挥好地方立法权的自主性和创新性。在中央一般性原则和立法精神指导下,重视地方立法优势,允许地方立法在宪法和基本法的框架下有效应对区域合作中的各种问题,提高立法效率。

3. 政府与市场

尽管区域立法协同本质仍是一种立法活动,但不能否认该活动当下离不开政策的推进。我们需要思考的是,如何秉持一种合作共治理念,从注重国家单边决策、承担全部治国责任的传统模式,转变为寻求国家、政府、市场与社会公共领域的全面合作,实现多主体共治的新型治理模式。[1]区域协同发展意味着要打破地域垄断,使得资源要素在更大范围内流动和再配置。如上"建构型"和"自发型"两种法律规范供给路径的根本区别也正是在于是政府主导还是市场主导。[2]而能否协调好二者之间的关系,也是法治政府建设的核心内容。此时来自市场主体的自发行动和理性选择就成为协同发展的动力源泉,并通过法律对市场的多元性和自发性进行规范。在很长一段时间,受制于改革开放以来"以经济建设为中心"的主要发展任务和"大政府、小社会"的社会治理传统,有关区域协同立法事项都是由政府大包大揽。在长三角,政府协作一直都是区域协作最常用的手段并形成了较为成熟的运行机制,将中央主体参与和地方政府合作有效结合。不容否认,这种通过行政契约或行政协议等方式进行区域间的利益共享或妥协确实能取得良好效果,但随之产生的问题是,市场和其他社会组织的作用被弱

---

[1] 黄璇:《寻求合作共治——当代中国治理的价值取向与哲学阐释》,北京大学出版社 2015 年版,第 176 页。

[2] 参见刘诗琪:《我国区域性协调发展模式及其纠纷解决机制论析》,《求实》2018 年第 5 期。

化,同时被忽视的还有其利益诉求。当这些利益诉求不能通过立法来表达,所谓区域间的协同立法仍只是政府意志的体现,区域一体化发展就少了一个重要主体和原动力,这也同未来的经济发展方式背道而驰。此时一种合作共治理念就势在必行,即在合作共治理念下,各类社会组织、市场主体等都能有效整合利益达成一致意见并使之制度化,形成社会公众所认可的法律制度。①

(三)"协商互补型"立法模式之建构

也就是说,一个好的协同立法模式必须充分考虑如上三个方面的影响因素,并积极对存在问题进行回应。在不具有制度背书时,我们需要以人大与政府、中央与地方以及政府与市场之间的良性互动为参考,省思几种已有模式,进而确定一种最合理也最具有现实意义的协同立法模式。

首先,在中央立法和地方立法之外不应存在第三种立法模式。客观地说,面对协同立法这一立法领域的新现象,设立专门的区域立法机构无疑是最有效的选择。但是在当前立法体制下,该做法不仅同单一制的国家结构、人民代表大会制度以及我国立法体制等都存在制度上的"排异",而且面临重大的变革成本和运行成本。②类似美国"好邻居条款"(good neighbor provision)暂不可能出现在中国正式立法中,协同立法首要在宪法法律轨道上运行。其次,中央统一立法方式并不可取。在区域协同立法问题上,一直存在对中央立法的强烈呼吁,但对此我们也必须审慎。这不仅因为,区域协同立法主要是解决区域发展问题,而京津冀、长三角、粤港澳大湾区等每个区域都有自己的发展任务,我们不能采取"一刀切";更重要的是,面对区域一体化发展这种新型社会发展方式,若一出现问题就诉求中央统一立法,这是典型的政治思维和中央高度集权体制之体现,结果只能是"一抓就死,一放就活",不利于区域协同发展的顺利进行。再次,完全放手地方协作不具有可操作性。尽管从技术、能力及可行性方面,中央立法占有明显优势,但是从长远来看,相应的法律制度供给还应该由地方立法予以提供。区域协同立法已经破题,各地方人大和政府也已努力建构相应的立法体制机制,但是从当下成果来看很难具有现实操作性。如所有区域都将沟通协商、信息共享、联合

---

① 杨炼:《立法过程中的利益衡量研究》,法律出版社 2010 年版,第 85 页。

② 参见陈光:《论区域立法协调的设立与运行——兼评王春业〈区域行政立法模式研究〉》,《武汉科技大学学报》(社会科学版)2013 年第 1 期。

攻关等作为"有效机制",但是这些平等主体间制定的、缺乏统一标准且不具有强制力的机制在操作中很容易流于形式。而如何分别共同事项和单独事项？如何保证各主体间的协商是实质交流而不只是敷衍塞责？表面上再完美的沟通协商和错位发展预期都可能因背后赤裸的利益博弈而式微。当各主体间缺乏共同遵守的基本规范之时,所谓协同立法的"协商确定"模式注定因不具有可操作性而流产。

综合此三个方面反思,如上"中央制定型""示范协调型"和"共同协商型"协同模式均非现实立法的最优选择,在不同区域尤其是长三角协同立法问题上,坚持一种中央与地方相结合的立法进路势在必行。从具体操作来看,此所欲建构的立法模式应包括以下要点:(1)理念上秉持中央和地方立法相结合。在当下协同立法中,我们既不能依据《立法法》设立一个专门机关,通过法律规定或中央授权方式取得区域立法权,也不能完全由各区域人大在立法体制之外共同制定一个正式的地方性规范。(2)进路上探索一种松散型的协作模式。区域内各地规范性文件所规定的具体立法事项、规范对象、调整手段等可以不一致,可以在了解其他地方的规定之后根据本地实际状况进行调整,有所"互补",但立法目的和精神必须统一。(3)主体上注重立法主体多元化和公众实际参与。所谓协同,就必须要体现主体的多元性。在"人大主导、政府协作"过程中,相对正常立法程序协同立法要格外重视社会组织的作用,做好立法征求意见和立法听证程序。(4)内容上强调区域规划和主体间利益补偿。现实中,所谓协同更多的是一种理论设想,相对于协同区域主体之间更多的是利益冲突。此时如何确立具有补偿内容、补偿方式、补偿来源及实施机构的明确利益补偿机制,则是建构协同立法模式的重要考量。结合如上特点,我们可将当下这种所应建构的协同立法模式称为"协商互补型"模式,并具体包括主体之间的有效协商和针对特定需求的利益互补两个方面,这也是接下来研究的重点。

四、"协商互补型"模式的具体运作

立法模式只是标示一种立法的进路或路径,而能否取得预期效果还依赖于是否具有健全的可操作机制。在众多区域协同立法模式中,长三角一体化发展之所以选择"协商互补型"立法模式并非仅是出于国家政策考量,而是因为相对其他,该"协商互补型"模式更加符合长三角经济社会发展的目标和现状,能为长三角协同立法和深层次发展提供了全方位、多层面的理论依据和方案设计。在此意义上,这些可操作机制也因独特的区域发展任务而呈现出明显的长三角特色。

(一)"协商"与"互补"两个逻辑运行层面

不同的立法模式体现着立法者对立法价值与立法行为的不同选择,科学合理的立法模式无疑会对法律制度的创建和法治系统的运行起着至关重要的作用。①确立区域协同立法模式的一个重要起点和目的是该区的经济基础,不同于京津冀和东三省一体化发展的浓厚行政色彩,长三角一直就不具有过大的经济差异,所有政策大都围绕整合性经济发展展开。即强调一种高水平、高力度的区域一体化,以集中发挥区域优势并实现某种经济目的。②结合长三角立法协同中主要存在的问题及当下立法现状,长三角所选择的"协商互补型"协同立法模式必须处理好苏浙沪皖一体和每个省市各自两层面立法,以及人大主导下的人大与政府关系协调两个方面问题。关于前者,我们要充分保证苏浙沪皖四地人大就某一立法事项的充分协商与探讨,而不是类似京津冀的以某省市主导;而关于后者,对于未兼顾到或不得不作出牺牲的其他省市诉求,还必须要有完善的利益补偿机制以求各方平衡。对于该模式的运行,可具体描述为:针对某一事项,先由四省市相关机构通过座谈会等方式进行充分的立法信息沟通、协商,在取得一致意见后确定一个示范性法律性文件供各地方主体参照,再由地方立法主体根据本行政区划内具体情况在不改变区域协作精神、各地法规不冲突前提下进行非根本性、个性化的修改,最终交由各地人大常委会分别审议、通过形成不同省市的地方性法规或条例。如苏浙沪皖三省一市制定和修改的大气污染防治条例正是采用了这种模式。从具体运行来看,该模式也是对如上多种协同立法模式的优势融合。

具体运行中,该"协商互补型"立法模式包括"协商"和"互补"两个逻辑层

---

① 孟庆瑜、赵玮玮:《论西部开发中的区域法治建设》,《甘肃政法学院学报》2001 年第 1 期。

② Bela Balassa, *The Theory of Economic Integration*, London: George Allen & Unwin Ltd., 1961, pp.145—160.

面,二者共同构成一个完整的立法过程。体现在作为协同立法成果的区域性立法文件或地方性法律文件效力上,区域协作立法是基础,是四省市人大及其常委会"协商"的内容。不过从当前协作现实来看,该协商成果只能是原则或纲领性的立法性文件,而很难是明确的区域性法规;地方单行立法是"细化",是在一般性区域立法基础上根据各省市详情进行的"互补",各省人大制定地方性法规或政府制定执行规章,不过该"细化"必须要在《立法法》和区域立法范围内进行。这种灵活机动的协同模式为法律之外的其他规范参与协同治理留有空间。在此协同立法过程中,我们必须要对一个问题高度重视——该"协商互补型"协同立法模式的逻辑前提一定是人大主导,政府规章具体执行。主体是苏浙沪皖人大及其常委会,或者全国人大及其常委会所授权的国务院。全国人大及其常委会和地方有权的人大及其常委会,依照法律规定的职权和程序,就区域协同发展事务进行立、改、废、释。具体而言,围绕《行动计划》中交通互联互通、能源互济互保、产业协同创新等 7 个重点领域,以及不搞大开发、促进大保护主要任务,长三角协同立法的主要内容应集中于环境保护、产业调整、人才信用等方面。从目前实践来看,也确实已经在信用体系建设以及产业协同发展等方面处于全国立法领先地位。

（二）可操作的协同立法保障机制

"协商互补型"立法模式为长三角协同立法和深层次发展提供了全方位、多层面的理论依据和方案设计,但是该模式的有效运行仍需常态化的协同工作机制。在内容上,这些机制适用于立法主体协调、立法文本内容协调、立法程序协调、立法体系协调,以及立法与现实和发展需要的协调,并具体表现在重大事项攻关、专家咨询、立法信息交流、利益补偿、公众参与等多种事项中。①自长三角一体化开展以来,苏浙沪皖人大及政府部门已经建立了一些常态化的交流机制,如政府联席会议、人大座谈会等,并就协同立法进行探索。但总体来看,这种立法协同仍是处于探索阶段,并大都因属于不具有强制性的"软约束"而缺乏可操作性。此时,如何从立法准备、正式立法和立法完善整个立法程序把握协同立法

---

① 参见陈光,孙作志:《论我国区域发展中的立法协调机制及其构建》,《中南大学学报》(社会科学版)2011 年第 1 期。

的操作标准,依托信息化和智库优势保持足够的立法活力,就具有更强实践意义。

首先,在立法准备阶段,根据各主体的立法信息和规划完善信息共享机制。现代立法活动过程中的立法准备,一般指在提出法案前所进行的有关立法活动,是为正式立法提供或创造条件的活动。一般来说,该阶段主要包括以下几个环节:进行立法规划、确定立法项目、采纳立法建议、组织法案起草,这几个环节得以运行的前提正是有效的信息共享。该机制以信息化为依托,针对协同立法过程中不同区域间的法规冲突问题,建立统一的区域性法律信息网,运用信息关联技术进行网络功能扩容和优化,以此构建长三角区域协同立法的主要工作平台。①凭借此机制,苏浙沪皖四地人大常委会、政府及组成部门等可随时将相应的地方性法规、规章条例、五年立法规划及年度立法计划等向社会公开,加强对具体立法项目的协商沟通,进行立法工作信息交流,探索联合起草模式。目前,该机制在长三角已完成初步探索,主要成就是建立了实时共享微信平台。下一项任务是拓展共享平台的形式和内容,及时分享各自相应的地方性法规,交流立法工作情况和重要立法信息。

其次,在正式立法阶段,围绕区域经济发展任务建构重大攻关机制和利益补偿机制。前者主要适用于长三角重点立法领域,属于"协调"的部分。该机制的预期成果是针对某一事项制定区域间一般性的立法文件,以作为各省市制定具体实施规范或条例的参考和基础。如经济发展领域的协作主要是皖江城市带的产业结构调整,通过长三角三省一市分工协作为产业转移创造便利条件、提供政策支持;再如解决环太湖治理过程中错位发展和同质化问题,以及如何促进长三角城市群和交通一体化等,都曾作为苏浙沪皖重大攻关机制所面对的主要对象。相比之下,利益补偿机制主要适用于各省市在统一立法文件基础上结合自身情况制定地方性法规或规章,属于"互补"的内容。该机制主要针对协同立法中因同质化引发的区域冲突和竞争。在缺乏强制约束时,"隐形"竞争很容易演变为包括市场、招商引资、人力资源、社会保障等方面的地方保护,利用地方政府政策

---

① 参见梁平、律磊:《京津冀协同立法:立法技术、机制构建与模式创新》,《河北大学学报》(哲学社会科学版)2019 年第 3 期,第 61 页。

对本区划的利益进行保护,割裂区域间合作,促使地方立法成为区域利益保护的"遮羞布"。直面利益竞争,利益补偿机制通过构建明确而完善的补偿内容、补偿方式、补偿来源及实施机构,补偿让出方以求平衡,这也是推进区域立法结果被区域整体接受的手段。

最后,在立法完善阶段,针对各地方协同制定规范性文件可能存在的冲突建构法规清理机制。作为立法的更高阶段,立法完善包括法的废除、修改、清理和解释,主要体现在冲突法规的修改和清理两个方面。①与一般性法规清理不同,区域协同立法过程的法规清理主要适用于基于区域间协商合作各自制定的法规或规章。其内容不只限于同一行政区划内的法律规范,阻碍区域协调发展的区域间立法更是法规清理的重要对象,即清除改革的"绊马索"。比如在治理水污染和大气污染等环境问题时,上海、江苏、浙江、安徽在协商基础上各自制定了相应的地方性法规或规章,但是这些地方立法之间却存在诸多冲突。该法规清理正是针对这类冲突展开,重在关注如何共同确定清理区域内立法冲突的规则和具体标准,以及规范清理冲突法规、规章及其他规范性文件的操作程序,并时刻保持立法效果的动态跟踪,通过各方之间利益博弈实现区域整体利益的最大化。

五、结　语

实施区域协调发展是新时代的国家重大战略,也是化解社会发展不平衡、不充分矛盾的基本路径。同时,区域法治又是国家法治的重要组成部分。各具特色、程度不同的区域法治发展的不平衡性,构成了当代中国法治发展进程的区域性的表现形态。②长三角地区作为我国经济最具活力、开放程度最高、创新能力最强的区域之一,是"一带一路"和长江经济带的重要交汇点。然而长期以来,囿于行政区划分割和地方利益保护,长三角区域市场准入规则、监管规则、行业标准、资质认证等政策性壁垒降低了资源利用、要素配置和流通效率。长三角区域协同立法正是针对此问题,以协调发展新理念为指引,构建现代化经济体系,进

---

① 参见刘风景:《需求驱动下的地方性法规清理机制》,《内蒙古社会科学》(汉文版)2018 年第 6 期。

② 参见公丕祥:《法治建设先导区域的概念与功能》,《江海学刊》2014 年第 5 期。

而推进更高起点的深化改革和更高层次的对外开放。通过苏浙沪皖四省市人大及政府提供的立法保障,弥补现有法律供给不足,改善中央与地方间的立法博弈,弥合法治发展差异。该立法活动不仅有效贯彻了区域协调发展理念,完善新时代中国特色社会主义立法理论,以区域协作立法模式推进长三角法治一体化建设,而且也是区域法治建设的重要实践。而此立法活动成果,既为长三角长期发展营造和谐有序法治环境,通过协调统一的法律体制规范保障其他领域合作也是促进长三角区域一体化、打破自家"一亩三分地"的思维定式,实现社会治理从政策导向转为法律导向,又为全球的区域法治建设提供有益的"中国经验"。

(作者为上海对外经贸大学讲师)

多边贸易体制分化背景下中国的
非市场经济地位的对策研究

梁　咏　顾玲妮

一、引　言

"非市场经济地位"（Non-Market Economy Status，以下简称"NME"）是中国 2001 年加入世界贸易组织（WTO）遗留的三大过渡问题之一，①也是目前中国与美国、欧盟和日本等主要贸易伙伴之间关键争议点之一。长期以来，受制于 NME "钳制"，中国生产商和出口商不仅在被反倾销调查中处于更加不利地位，同时也使中国作为发展中成员方在 WTO 框架下本应获得的差别优惠待遇被显著消减。

根据对中国《入世议定书》第 15 条的通常理解并结合该条谈判过程，②该条款应在 2016 年 12 月 11 日即中国入世十五年届满之时自动到期。然而，临近该时点时，美国、欧盟、日本等主要经济体以发布报告或修订法律法规等方式，否认中国将自动获得市场经济地位的权力，拒绝按照中国产品自身价格确定正常价值，并继续适用针对 NME 的"替代国"价格作为衡量中国产品倾销与否的标准。对此中国政府予以坚决反对。2016 年 12 月 12 日，即中国入世十五年届满第二

---

① 中国《入世议定书》第 15 条 NME 条款、第 16 条特殊保障措施条款和第 18 条贸易争端过渡性审议机制条款通常被称为中国加入 WTO 中的三大特殊条款，被分别设置了 15 年、12 年和 8 年的过渡期。其中第 18 条贸易争端过渡性审议机制条款和第 16 条特殊保障措施条款已按期届满，按照一般理解，2016 年 12 月 11 日暨中国加入 WTO 十五年届满之时，第 15 条 NME 也将自然终止。

② 张向晨大使在中国诉欧盟价格比较方法案（DS516）专家组第一次听证会上陈述了《入世议定书》第 15 条的缔约背景并对相关问题进行了说明。张大使指出《入世议定书》绝大部分是在中美双边入世谈判中达成的，是双方当时争论最为激烈的议题之一。谈判伊始，美方坚持继续将中国视为非市场经济主体而适用目前的替代国方法；中方最初不接受特殊规则。经过数轮博弈后，中美双方将明确终止时间确定为中国入世后十五年，这一成果最终体现在《入世议定书》第 15 条之中。此外，中国还争取到了特殊规则"提前终止"的可能，即如果中国根据进口成员国内法证实其具备市场经济体或证实特定产业或部门具备市场经济条件，中国可以要求提前终止特殊条款。

天,中国旋即向 WTO 争端解决机构提出申请,分别要求对美国和欧盟就其反倾销调查中适用于中国产品的价格比较方法的相关措施进行磋商(诉美国案号为 DS515,诉欧盟案号为 DS516),这是中国首次就同一个主题在 WTO 框架下向美欧两大经济体提起争端解决,显示了该问题对中国的关键价值。①

晚近特别是 2018 年初以来,受多边贸易体制分化严重、中美贸易摩擦加剧等因素影响,NME 问题成为美欧日对中国所采取措施的关键问题。譬如,2018 年 9 月 25 日,美欧日三方贸易代表联合发表《第三国非市场主导政策和做法相关声明》,强调将解决第三国非市场主导政策和做法作为共同目标。②2018 年 10 月 1 日新签署的《美国—墨西哥—加拿大协定》(USMCA)明确要求成员国在与 NME 达成商贸交易前提前 30 天交由其他成员国审核。此外,包括美国特朗普总统在内的多位重要官员在多次演讲中强调中国 NME 是 WTO 改革的最重要部分,也是 WTO 改革中的最艰难的任务。

种种迹象表明,美欧日等主要经济体已经将中国 NME 问题置于重构与中国经贸关系甚至调整多边贸易规则体系的关键地位。尤其需要强调的是,由于美欧日等主要贸易体对此"联手"使得中国利用与各大经济体之间的差别利益进行回旋空间明显变窄;加上目前以 WTO 为代表的多边贸易体制分化严重、WTO 本身特别是作为"皇冠上明珠"的争端解决机制面临重大危机,DS515 和 DS516 两案能否得到对中国有利的结果并得到有效执行结果难以预料,众多因素叠加下使得中国国际经贸发展前景和路径不稳定性显著上升。因此,中国有必要对 NME 问题进行重新全面审视,深入解读以下数个问题:现行 WTO 框架下对 NME 究竟是如何规定和解读的? 美欧等主要贸易体目前对中国《入世议定书》第 15 条的解读是否符合 WTO 规则? 如果美欧等主要贸易体目前做法违反了现行

① 截至目前,DS515 仍处于磋商阶段。DS516 虽然在中国的强烈建议下在 2017 年 7 月 10 日成立了专家组,但是尚未有进一步的信息更新,来源于 WTO 网站,网址为 https://www.wto.org/english/tratop_e/dispu_e/cases_e/ds516_e.htm,最后查询于 2018 年 11 月 3 日。

② 2018 年 9 月 25 日,美国贸易代表罗伯特·莱特希泽(Robert Lighthizer)、欧盟贸易委员西西莉亚·玛姆斯托姆(Cecilia Malmstrom)和日本经济贸易和工业部部长世耕弘成(Hiroshige Seko)发表了《第三国非市场主导政策和做法相关声明》,重申并确认将解决第三国非市场主导政策和做法作为共同目标,三方共同指示将进一步探讨非市场主导政策和做法而在企业和行业中存在的各种要素或迹象,加强对第三国非市场导向政策和做法的信息共享,并强化关于执法和规则制定的讨论。

WTO 规则,中国如何进行维权? 如果将来中国获得了市场经济地位,现行 WTO 规则下是否还存在"替代性措施",使中国事实上仍然受制于"替代国标准"?

二、 WTO 框架下与 NME 有关的规定及其解读

追根溯源,非市场经济并非法律问题,而属于经济学范畴。经济学中将建立在市场经济原则之上的经济形态称为市场经济;而将与市场经济形态相对,由国家本身拥有或控制企业和资产、对经济予以控制的计划经济称之为非市场经济。

(一) GATT/WTO 规则中与 NME 有关的规定

GATT/WTO 规则中既没有规定何为 NME,也没有对哪些国家处于 NME 地位做出界定。①与 NME 有关的规定主要体现在 GATT1994 第 6 条、②《反倾销协定》第 2 条③和《反补贴协定》第 25 条第 8 款。④

(二) 中国在 WTO 框架下对 NME 的特殊承诺

中国"复关入世"十五年(1986—2001)期间,NME 始终是谈判中的关键问题之一,⑤各方博弈的最终结果集中体现在中国《入世议定书》和《工作组报告》

---

① 在 1946—1948 年 GATT 规则构建和谈判时主要是由市场经济国家建立的,对 NME 条款适用意图不显著。参见 John Jackson: "State Trading and Non-market Economics", *International Lawyer*, Vol.23, No.4, 1989, pp.891—893。其中主要例外就是第 17 条的国家贸易企业条款,但是国家贸易企业本身也不仅适用于 NME,而且也适用于市场经济国家。随着 20 世纪 50—60 年代波兰、罗马尼亚和匈牙利等 NME 国家的加入,GATT 开始针对这些由国家垄断市场的特殊情形设计特殊的反倾销规则。

② GATT1994 第 6 条第 1 款对反倾销调查中的正常价值计算提及了第三国价格,GATT1994 附件 I 对 GATT1994 第 6 条第 1 款进行解释时明确,在国家垄断贸易并且国家固定价格的情况下,在判定正常价值时可不适用该国国内价格而转而适用替代国价格进行"价格比较"。

③ WTO《反倾销协定》第 2 条第 1 款至第 7 款围绕反倾销调查中的正常价值计算进行了详细说明,其中第 2.7 条专门强调"本条不损害 GATT1994 附件 I 中对第 6 条第 1 款的第 2 项补充规定"的总括性的限制性条件。

④ 任何成员可随时提出书面请求,请求提供有关另一成员给予或维持的任何补贴的性质和范围的信息(包括第四部分所指的任何补贴),或请求说明一具体措施被视为不受通知要求约束的原因。《反补贴协定》所规定的反补贴调查适用所有 WTO 成员,并没有排除非市场经济国家。

⑤ 谈判中,一些 WTO 成员方提出对 NMEs 国家难以使用 GATT 规则,因此需要对中国适用特殊规则。参见 General Agreement on Tariffs and Trade, Working Party on China's Status as A Contracting Party: Introduction and General Statements-Note by the Secretariat, Spec(88) 13(March 29, 1988)。对 NME 条款进行定义并放置在上下文中进行解释并没有成为乌拉圭回合及之后谈判的重点。参见 Vera Thorstensen, Daniel Ramos Carolina Muller and Fernanda Bertolaccini, "WTO-Market and Non-Market Economics: A Hybrid Case of China", *Latin American Journal of International Law*, Vol.1, No.2, 2013, pp.765, 772。

之中。

1.《入世议定书》第 15 条中的特殊承诺

《入世议定书》第 15 条实质上给予了 WTO 成员在反倾销调查中将中国视为 NME,假设中国生产商和出口商未按照市场经济条件经营的权力。①第 15 条共有 4 款,其中 a 款为反倾销调查中出口价格计算提供了两种计算方法:(1)如果调查具备"市场经济条件"(market economy conditions),应采用正常方法下的中国国内价格;(2)如果调查认为不具备市场经济条件,则不需对中国国内成本和价格进行严格比较,尽管其中并没有明确应对中国适用何种替代性方法,但通常认为应适用"替代国方法"(surrogate country methodology);但是 d 款中又对替代性方法的适用设置了时间限制,"无论如何"(in any event),至中国入世 15 年后必须终止。

目前对各方对 a 款特别是其中的(ii)项和 d 款适用关系存在重大分歧。美欧日认为,a 款(ii)项规定只要受调查的中国生产者不能明确证明生产该同类产品的产业在制造、生产和销售该产品方面具备市场经济条件,②则 WTO 进口成员仍然可以采用对待 NME 的替代国方法,中国入世 15 年届满后所终止的仅仅是"举证责任"(burden of proof),而并非替代国方法本身;③而中国认为按照 d 款规定,入世 15 年届满后,WTO 其他成员必须无条件终止对中国采用针对 NME 的替代国方法;a 款规定的含义是如果中国能够根据某 WTO 进口成员的国内法证实其是一个市场经济体,则应提前终止对中国采用针对 NME 的替代国方法。

2.《工作组报告》中与 NME 有关的规定

《工作组报告》第 151 段提及中国工作组成员确认,根据议定书(草案)第 15 条 a 款(ii)项规定,未根据中国国内价格或成本进行严格比较方式以确定在某一

---

① James J.Nedumpara and Weihuan Zhou(eds.), *Introduction*:*Non-Market Economics in the Global Trading System—The Special Case of China*, Springer Nature Singapore Pte Ltd, 2018, p.5.

② 《入世议定书》第 15 条 a 款(ii)项中相关原文为"cannot clearly show that market economy conditions prevail in the industry[concerned]"。

③ First Written Submission by the EU, EU-Measures Related to Price Comparison Methodologies, WT/DS516, Nov.14, 2017,参见 http://trade.ec.europa.eu/doclib/docs/2017/November/tradeoc_156401. pdf; Third Party Submission of the United States, EU-Measures Related to Price Comparison Methodologies, WT/DS516, Nov.21, 2017,参见 https://ustr.gov/sites/default/files/enforcement/DS/US.3d.Pty.Su.pdf。

具体案件中确定价格可比性时,该 WTO 进口成员必须保证已经制定并提前公布了"其确定生产该同类产品的产业或公司是否具备市场经济条件所使用的标准"和"其确定价格可比性时所使用的方法"。对于那些未具备适用一种特别包括下列准则在内的方法的惯例的 WTO 进口成员而言,应尽最大努力保证其确定价格可比性的方法包括与以下所述规定相类似的规定。①但是,《工作组报告》行文体例上更像谈判纪要,整体逻辑性和严谨性都不够强,部分内容还限制了中方的相关权利。譬如,《工作组报告》第 151 段序言中不仅包含了"在实施议定书(草案)第 15 条 a 款(ⅱ)项时"的限定性要求,显著削弱了中国的抗辩能力;同时第 151 段并没有被列入《工作组报告》第 342 段,②未能构成中国与其他 WTO 成员之间的协定,反而构成了其他成员针对中国制定和适用非市场经济国家标准或国内法的权利。③

综上,由于 GATT/WTO 规则本身未对 NME 问题进行清晰界定,给成员方赋予了极大的自主权,造成 WTO 进口成员可以依据其国内法自行裁定中国是否存在"特殊市场情况",从而将其与 NME 问题在法律上进行对接。为了尽可能消减《入世议定书》第 15 条在过渡期内对中国产生的不利影响,中国商务部积极争取 WTO 成员方逐个单方面认可中国的市场经济地位,从而在中国与相关成员方之间"提前终止"该条款。自 2004 年 4 月新西兰率先承认中国完全市场经济地位以来,世界上至少已经有俄罗斯、巴西、新西兰、瑞士和澳大利亚等 81 个国家承认中国具有市场经济地位,④但是美国、欧盟、日本、加拿大、印度等 WTO 成员尚未承认中国的市场经济地位,而这些国家(组织)恰恰是针对中国产品最主要的反倾销调查发起方,以下将以美国和欧盟为例分析它们对 NME 的相关规定与对

---

① 上述准则为,调查主管机关通常应最大限度地、并在得到必要合作的情况下,使用一个或多个属可比商品重要生产者的市场经济国家中的价格或成本,这些国家的经济发展水平应可与中国经济相比较,或根据接受调查产业的性质,是将被使用的价格或成本的适当来源。

② 《工作组报告》第 342 段对中国对外贸制度进行的说明和声明的条款进行了列举,并明确这些列明条款已经并入议定书(草案)第 1 条第 2 款。

③ 李雪平:《对中国在 WTO 体制内能否如期取得完全市场经济地位的几点思考》,《上海对外经贸大学学报》2014 年第 2 期。

④ 澳大利亚虽然整体上承认了中国的市场经济地位,但是依然在对中国的反倾销调查中适用了替代国标准。

华反倾销调查实践。

三、美国、欧盟对中国 NME 的规定与相关实践

著名 WTO 法学者 Petros C.Mavroidis 曾指出,理论上 NME 应具备两项基本特征,其一,政府完全或实质性完全垄断贸易;第二,所有国内价格必须集中固定(all its domestic prices must be centrally fixed)。尽管很多中央集权的计划经济体都可能符合第二项条件,但同时符合两项条件的情形是非常有限的。①然而在实践中,由于 WTO 规则下进口成员方可以通过其国内立法、行政指令和司法判决确定 NME 在认定标准,②在认定 NME 问题上具有极大的自由裁量权,相当比例的"非西方阵营"(Non-western bloc)国家在反倾销调查中经常被市场经济国家定性为 NME。

(一)美国国内法中对 NME 规定与实践

1. 美国对中国 NME 地位的认定与替代国标准

根据 1930 年《美国关税法》第 773 节(c)(1)规定,如调查涉及从美国认定为 NME 国家的进口,且美国商务部认为不能依第 773 节(a)的方法确定正常价值时,则美国商务部有权以替代国价格来确定正常价值。2017 年 10 月 26 日,美国商务部发布《中国非市场经济报告》(China's Status as a Non-Market Economy),根据 1930 年《美国关税法》第 771 节(18)(B)规定,从货币兑换自由度、劳资双方自由谈判决定工资水平、对外资公司的合资开放程度、政府对生产资料控制程度、政府对资源配置及以及企业的价格和产出决策的控制程度、管理当局认为适当的其他因素等六个因素对中国经济状况进行评判,继续将中国认定为 NME 国家。③

美国商务部在调查中所选取的替代国通常满足"生产相同或类似产品"以及"经济发展水平相当"两项要求,实践中常以印度、马来西亚、泰国、巴西等发展中

---

① Petros C.Mavroidis, *The Regulation of International Trade*, *Volume 1*: *GATT*, The MIT Press, 2016, p.67.

② 胡加祥:《〈中国入世议定书〉第 15 条之解构》,《法学》2017 年第 12 期。

③ Memorandum from Leah Wils-Owens, to Gray Taverman, *China's Status as a Non-Market Economy* 2017. https://enforcement.trade.gov/download/prc-nme-status/prc-nme-review-final-103017.pdf.

国家作为替代国,具体计算中有时选取一个成员方价格,有时选取多个成员方价格并以其平均值作为最终依据。譬如,1986 年美国对中国搪瓷厨具反倾销案中,就选择了德国、法国、荷兰、日本、加拿大、瑞士的平均进口价格,推算中国产品的正常价值。

2. 美国关于 NME 反倾销调查的实践

从美国实践看,自美国商务部 2006 年对中国出口的铝箔进行反倾销和反补贴调查起,①一直将中国视为 NME。2016 年 12 月后,美国商务部非但未撤销中国 NME 地位的判定,反而还强化了 NME 的概念,并根据其国内法声称《入世议定书》第 15 条 a 款(ii)项的到期不会对反倾销程序产生影响。然而美国商务部对来自中国的某些盒装铅笔的反倾销调查案中,②中国生产商/出口商声称《入世议定书》第 15 条在 2016 年 12 月 11 日应无条件终止,WTO 成员不能再将中国视为 NME 予以对待。美国商务部否认此主张,表示根据乌拉圭回合文件(包括对 GATT 第 11 条的解释),《入世议定书》并非属于"自执行"(not self-executing)规定,它们在美国法中的效力受到执行立法的管辖。根据 2015 年《贸易优惠延长法》(Trade Preferences Extension Act of 2015,以下简称"TPEA"),在反倾销调查中,在"正常贸易过程之外"(outside the ordinary course of trade)的情况下,商务部被赋予更大权利可以偏离外国生产商所报告的本地市场销售价格或生产成本;同时"正常贸易过程"(ordinary course of trade)定义被修改为管理当局确定"特殊市场情形"(particular market situations,以下简称"PMS")妨碍出口价格或结构出口价格之间的合理比较;③此外,TPEA 还对"构建正常价值"(constructed normal value)的定义进行了修订。④2017 年 4 月,美国商务部对来自韩国的油井

---

① United States: International Trade Administration, *Certain Aluminum Foil from the People's Republic of China: Notice of Initiation of Inquiry Into the Status of the People's Republic of China as a Nonmarket Economy Country Under the Anti-dumping and Countervailing Duty*, 2017.

② United States: International Trade Administration, *Issues and Decision Memorandum from Certain Cased Pencils from People's Republic of China: Final Results of Anti-dumping Duty Administrative Review; 2014—2015*, 2017, http://enforcement.trade.gov/frn/summary/prc/2017-11053-1.pdf.

③ Trade Preferences Extension Act of 2015.

④ 参见 Matthew R.Nicely and Brian Gatta, U.S.Trade Preferences Extension Act(TPEA) of 2015 Could Lead to Increased Use of "Particular Market Situation" in Calculating Normal Value In Anti-Dumping Cases, *Global Trade & Customs*. Journal, 11(5), pp.238—243, 2016。

管材的反倾销调查中采用了PMS标准。①在此案中,商务部的决定使得 PMS 的含义和标准含糊不清,并为类似的针对中国的指控大开便利之门。

(二) 欧盟《反倾销基本条例》对 NME 规定与实践

1. 欧盟对中国 NME 地位的认定与替代国标准

欧盟《反倾销基本条例》(Council Regulation(EC) No.384/96)中未对 NME 进行定义,但规定对于涉及 NME 的反倾销调查,首先应进行市场经济测试(market economy test),即由生产商向欧委会证明其具备市场经济条件(market conditions);②如果生产商没有通过市场经济测试,欧委会就不需考虑其国内价格,而是采用其他方法(一般使用替代国的价格)确定正常价值。但是,生产商还可以申请进行"单独待遇测试"(individual treatment test)。如果通过了这一测试,该企业可以获得单独税率;③但如果没有通过测试,该生产商则要被适用全国统一税率。值得一提的是,欧盟有一份"NME 名单",而中国就在这个名单之内。④

2016 年开始,欧洲议会和理事会决定对欧盟《反倾销基本条例》进行修改,用国别中立方法(country-neutral methodology)替代 NME 方法。⑤根据新条例规定,不再将 WTO 成员方列入 NME(但对非 WTO 成员方仍可采用 NME 分类方法),对所有 WTO 成员方都适用国内成本和价格,但是如果在出口国市场上发现

---

① United States: International Trade Administration, *Issues and Decision Memorandum for the Final Results of the 2014—2015 Administrative Review of the Anti-dumping Duty Order on Certain Oil Country Tubular Goods from the Republic of Korea*, http://enforcement.trade.gov/frn/summary/korea-south/2017-07684-1.pdf.

② 具体标准包括:(1)公司关于价格、成本和投入的决定,是否受到收到政府的重大干预;(2)公司是否有符合相关国际标准的会计记录;(3)公司的生产成本或财务状况是否受到非市场经济制度的干扰;(4)公司是否适用破产法和财产法;(5)汇率换算是否依据市场汇率进行。

③ 欧委会在计算倾销幅度时,可以适用该生产商的出口价格与采用替代国方法所得到的正常价值进行比较,从而得出适用于该生产商的单独税率。

④ 欧盟第 519/94 号理事会条例的附录中列出了非市场经济国家的名单:阿尔巴尼亚、亚美尼亚、阿塞拜疆、中国、格鲁吉亚、哈萨克斯坦、朝鲜、吉尔吉斯斯坦、摩尔多瓦、蒙古、俄罗斯、塔吉克斯坦、土库曼斯坦、乌克兰、乌兹别克斯坦和越南。

⑤ *European Union, Regulation(EU) 2017/2321 of the European Parliament and of the Council of 12 December 2017 amending Regulation(EU) 2016/1036 on Protection Against Dumped Imports From Countries Not Members of the European Union and Regulation(EU) 2016/1037 on Protection Against Subsidised Imports From Countries Not Members of the European Union*, 2017.

"显著扰乱"（significant distortions），欧盟委员会可以基于国际价格或基准（benchmark）或"适当代表性国家"（appropriate representative country）的成本和价格"构造"（construct）价值。①欧盟委员会对"显著扰乱"判定设置了若干标准，例如国家政策及其影响、国有企业的广泛存在以及财务领域缺乏独立性等标准。②此外，欧盟委员会在选择"适当第三国"进行比较时，还可以计入"社会和环境保护水平"。③根据修订后《反倾销基本条例》第 2 条第 7 款规定，针对来自中国在内的 NME 经济体的进口，如果中国生产商无法证明存在"市场经济条件"（market economy conditions），欧盟仍然可以依据替代国价格或结构价格确定正常价值。考虑到欧盟产业在收集出口国市场扭曲证据方面可能存在困难，欧盟委员会将编写详细说明特定国家或部门市场扭曲的具体情况的报告。④随后，欧盟公布了报告，详细讨论了中国宏观经济细节、制造过程中使用的生产要素以及中国的钢铁和陶瓷等部门，⑤根据新条例对中国的市场扰乱行为进行了详细分析。⑥

欧盟针对来自中国产品进行反倾销调查时，选取的替代国比较广泛。2007年在针对来自中国的卡客车轮胎进行反倾销调查中，欧盟选取了美国作为替代国；⑦2017 年 1 月欧盟对原产于中国和中国台湾的钢铁管对焊件进行反倾销调查时，选取中国台湾作为"替代方"进行价格计算，⑧在此案中，中国仍然被视为

---

① ③　欧盟《反倾销基本条例》，第 2.6(a)(a)。

②　European Commission, *Commission welcomes agreement on new anti-dumping methodology*, 2017.

④　欧盟《反倾销基本条例》，第 2.6(c)。2008 年欧委会《对中国市场经济地位进展的报告》提出了五项标准，依次为：(1)政府对资源分配和企业决定的影响程度，例如通过行政力量确定价格，或在税收贸易和货币政策上的歧视；(2)不存在政府政策导致的与私有化相关的企业运营扭曲，不存在非市场化的交易或补偿体系的运用；(3)存在并实施一套确保充分的公司自治的非歧视、透明的公司法制度；(4)存在并实施一套持续、有效、透明的法律体系以确保知识产权制度和破产制度的执行；(5)存在独立于国家的真实的金融机构，可以在法律和事实上提供充分的保障和足够的监督。欧委会的新四条标准与原来的"市场经济地位"五条标准大同小异。

⑤　European Commission, *The EU's new trade defence rules and first country report*, 2017.

⑥　EU, *Commission Staff Working Document on Significant Distortions in the Economy of People's Republic of China for the Purposes of Trade Defence Investigations*, 2017.

⑦　European Commission, Notice of Initiation of an Anti-Dumping Proceeding Concerning Imports of New and Retreaded Tyres for Buses or Lorries Originating the People's Republic of China, 2017.

⑧　European Commission, *Commission Implementing Regulation(EU) 2017/649 of 5 April 2017 imposing a definitive anti-dumping duty on imports of certain hot-rolled flat products of iron, non-alloy or other alloy steel originating in the People's Republic of China*, 2017.

NME,中国生产商被要求填写市场经济待遇问卷以显示它们满足了欧盟《反倾销基本条例》第 2 条第 7 款 c 项所要求的"市场经济标准"。2017 年在针对来自中国的非合金或其他合金钢质厚板、非合金和其他合金钢质热轧板卷产品等反倾销调查中,欧盟则以墨西哥作为替代国。①

2. 欧盟对关于中国 NME 的实践

从实践看,自 2010 年欧盟对中国发起反倾销调查以后,根据现行《欧盟反倾销基本条例》对中国适用的第 2.7.2(c)条规定,欧委会没有给予任何一家中国企业市场经济待遇,而在此前,很多案件中都有获得"市场经济认定"从而获得零税率待遇的企业。从时间节点看,其针对中国的意图非常明显,特别是市场扭曲的考虑因素②与"市场经济地位"五条标准高度相似,只是用"显著扰乱"替代了 NME 的称谓而已。唯一的不同之处是举证责任由企业方转移到欧委会及申请方,尽管举证责任发生了转移,但实践中调查机关要自证其意基本不存在难度。在中国市场化程度不断提高的背景下,欧盟对中国 NME 认定反而出现加严趋势,也从侧面说明市场经济问题并不仅是一个法律问题,而是与政治、经济等诸多方面紧密关联的复杂问题。

由于现行 WTO 规则中对 NME 规范语焉不详,因此各成员方政府对如何解读 NME 具有了极大的自由裁量空间。如果成员方政府滥用相关权利,则可能对 WTO 所推进的贸易自由化的目标背道而驰,成为贸易壁垒。③

除了美国和欧盟外,作为对华产品频繁发起反倾销调查的成员方之一的印

---

① European Commission, *Commission Implementing Regulation(EU) 2017/804 of 11 May 2017 imposing a definitive anti-dumping duty on imports of certain seamless pipes and tubes of iron(other than stainless steel) of circular cross-section of an external diameter exceeding 406.4 mm originating in China*, 2017.

② 市场扰乱因素包括:(1)出口国当局拥有、控制或者在其政策监督或指导下展开经营的企业显著占据相关市场;(2)公司中的国家存在允许国家干预价格或成本;(3)有利于国内供应商的歧视性公共政策或措施,或者以其他方式影响自由市场力量的公共政策或措施;(4)缺乏、歧视性适用或者不充分执行破产法、公司法或财产法;(5)工资费用受到扭曲;(6)获得执行公共政策目标的机构或者以其他方式没有独立于政府行事的机构提供的融资。

③ 《WTO 协定》序言规定"本协定各参加方,认识到在处理它们在贸易和经济领域的关系时,应以提供生活水平、保证充分就业、保证实际收入和有效需求的大幅稳定增长以及扩大货物和服务的生产和服务为目的,同时应依照可持续发展的目标,考虑对世界资源的最佳利用,寻求既保护和维护环境,又以与它们各自在不同经济发展水平的需要和关注相一致的方式,加强为此采取的措施……期望通过达成互惠互利安排,实质性削减关税和其他贸易壁垒,消除国际贸易关系中的其实待遇,从而为实现这些目标作出贡献……"

度①其负责反倾销调查的印度反倾销局(Directorate of Anti-Dumping & Allied Duties,简称 DGAD)在 2016 年 12 月之后的调查中仍将中国视为 NME,未支持中国出口商提出的 2016 年 12 月后在反倾销调查中确定正常价值时应考虑中国国内销售价格和成本的主张。

即便是部分已经承认中国具有市场经济地位的国家,也仍然具有某些限制。譬如澳大利亚早在 2005 年就承认中国具有完全市场经济地位,承诺不再援引中国《入世议定书》第 15 条,但是其在反倾销调查中频繁将中国认定为具有"特殊市场情况";巴西早在 2004 年 11 月 12 日在《中国与巴西贸易投资领域合作谅解备忘录》②确认中国的市场经济地位,但在其国内法并未作出对应修改,实际并未将其对中国市场经济地位的承认落到实处。

四、 对中国《入世议定书》第 15 条的解读

由于 WTO 规则本身对 NME 未做具体规定,进口成员方依据其国内法去解读 NME 问题时自然会从利己主义出发,从而存在一些偏差。事实上,不仅中国始终认为第 15 条规定的是最长"15 年"过渡期,而且在 2010 年前,其他 WTO 成员方与理论界似乎对 2016 年 12 月后在反倾销调查中不能对中国再适用替代国标准似乎并无明显争议。2011 年意大利学者科诺(Bernard O'Connor)的一篇文章否认了为标志③引发

---

① 截至 2016 年 12 月,印度已经对华产品发起过 199 项相关调查措施。参见 WTO: Dumping Measures, *Reporting Member v. Exporter* (*1/1/1995-31/12/2016*), WTO Anti Dumping Gateway, http://www.wto.org/english/tratop_e/adp_e/AD_MeasuresRepMemVsExpCty.pdf。

② The Memorandum of Understanding on Trade and Investment Cooperation Between the People's Republic of China and the Federative Republic of Brazil.

③ Connor 主要从法律条文和事实两个方面进行了论证。第一,他认为第 15 条的到期仅仅是指该条 a 款(ⅱ)项到期,该条的其他内容继续有效,因此不能以第 15 条其中的某项到期就认为第 15 条整体就已经到期。无论是 2016 年前还是 2016 年后,中国的市场经济地位都不是自动获取的,目前中国企业的一些经营行为仍然不符合国际会计准则,如果中国想要获得市场经济地位,就必须向欧盟证明其符合欧盟的五项标准。参见 Bernard O'Connor, "China and Market Economy Status Ⅲ", http://worldtradelaw.typepad.com/ielblog/2012/05/china-and-market-economy-status-iii.html。2015 年, Bernard O'Connor 再次对 2016 年后中国是否可以获得市场经济地位进行论述,他认为这个问题"没什么好说的"(much ado about nothing)。他指出《入世议定书》第 15 条由四款组成,a 款关于倾销调查中的价格比较方法;b 款处理补贴调查中的利益计算;c 款是关于对 WTO 的通知;d 款则说明了中国市场的状态和属性。Bernard O'Connor, "Much Ado About 'Nothing': 2016, China and Market Economy Status", *Global Trade and Customs Journal*, Vol.10, No.5, 2015, p.176.

了对此的争论。Bernard O'Conner 和 Brian Gatta 认为《入世议定书》第 15 条第 a 款 (ii)项的终止并不会导致该条其他款项失效。换言之,中国的 NME 身份不会发生改变,其他 WTO 成员对待来自中国出口产品进行反倾销调查时,仍然可以采用第三国价格标准。①举证责任倒置论、②"法律依据缺失论"和"客观事实不符论"等观点也否认了 NME 条款的自动到期。③当然也有学者支持第 15 条的自动到期。④

但是,法律界的论战甚至现行国际法的规定⑤都无法解决 NME 问题。WTO 规则是产生该问题的起点也是解决该问题的终点。我们应以更加务实的态度解决这一纷争,就必须深入解读《入世议定书》第 15 条及相关条款。

(一)《入世议定书》和《工作组报告》的法律性质

中国《入世议定书》第 1.2 条⑥明确规定了《入世议定书》、《工作组报告》第

---

① Brian Gatta, "Between 'Automatic Market Economy Status' and 'Status Quo': A Commentary on 'Interpreting Paragraph 15 of China's Protocol of Accession'", *Global Trade and Customs Journal*, Vol.9, No.4, 2014.

② Jorge O.Miranda 是一位著名具有 20 多年处理 GATT/WTO 贸易救济和补贴纪律的经济专家,曾担任 WTO 规则司顾问(1995—2002),协助 WTO 专家组和成员处理过大量的争端案例。该观点的核心思想是第 15 条 d 款的第二句无法起到消除中国非市场经济地位的作用,其仅导致了举证责任的转移。他认为 2016 年前中国出口企业如果无法证明自身符合市场经济条件,则反倾销调查国就可以采取特殊的替代国方法计算正常价值;而 2016 年后,除非申请调查方的企业来举证中国出口企业不符合市场经济条件,反倾销调查国才能采用"替代国"方法计算正常价值。

③ "法律依据缺失论"认为 2016 年后第 15 条 a 款(ii)项的到期,并不影响第 15 条 d 款的第一句和第三句的法律效果,因此,不能认为 2016 年后中国将自动获得市场经济地位,即便到时一些国家给予中国市场经济地位,更多地是基于政治角度而非法律或技术角度出发。尽管《工作组报告》第 151 段对《入世议定书》第 15 条的适用做了相关的规定,但是更多是关于通知、透明度等程序性的规定,并未指明 2016 年中国将获得市场经济地位,也没有禁止其他成员方采用替代国成本作为正常价值的计算方式。

④ Henry Gao 教授认为,尽管《入世议定书》第 15 条并没有直接表明 2016 年之后 WTO 成员方应认可中国的市场经济地位,但是第 15 条 a 款只有(i)和(ii)两项,随着作为非市场经济特殊计算方法的(ii)项终止,自然意味着中国 2016 年后将自动获得市场经济地位的效果。参见 Henry Gao, "If You Don't Believe in the 2012 Myth, Do You Believe in the 2016 Myth?", http://worldtradelaw.typepad. com/ielblog/2011/11/if-you-dont-believe-in-2012-myth-do-you-believe-in-the-2016-myth.html, 2015。

⑤ 在现行国际法中根本不存在国家的市场经济地位的问题,不论是联合国、WTO、经济合作与发展组织(OECD)、世界银行集团(WBG)均没有对如何判断一个国家是否属于市场经济国家做出界定标准。对中国《入世议定书》第 15 条规定的理解正确应该是,如果涉诉中国企业能证明自己取得了市场经济条件地位,在反倾销调查中就可以适用 WTO 的一般条款,否则就可能适用替代国条款。

⑥ 中国《入世议定书》第 1.2 条规定"中国所加入的《WTO 协定》应为经由加入之日前已生效的法律文件所更正、修正或修改的《WTO 协定》。本议定书,包括工作组报告书第 342 段所指的承诺,应成为《WTO 协定》的组成部分"。

342 段中所指的承诺均构成《WTO 协定》的组成部分。根据《WTO 协定》第 12 条①的规定,中国《入世议定书》构成了中国与 WTO 原有成员之间的一种特殊权利与义务安排。相比《入世议定书》,《工作组报告》内容更接近于入世谈判时各方意见的记录编纂,基本可以视为 1969 年《维也纳条约法公约》第 32 条所指的"补充材料",即当《入世议定书》内容不明确或者无法解释时,《工作组报告》可以发挥补充说明的作用。从这个角度讲,《入世议定书》和《工作组报告》与 WTO 规则一起构成了中国在 WTO 框架下的整体义务。

(二) 对《入世议定书》第 15 条的解释

1. 对第 15 条的整体理解

《入世议定书》第 15 条有关"非市场经济"的问题涉及三个层级——整个国家、特定行业、相关企业。表面看,2016 年 12 月 11 日之后,进口成员不能因为中国尚未被承认具有市场经济地位,或其某个行业没有被认定符合市场经济条件,就拒绝给予符合条件的某个中国企业以市场经济待遇。但是具体到实践中,第 15 条可能存在某些理解分歧。

首先,对市场经济认定范围认定存在两种标准:第一,整体认定标准,即如果中国的经济环境在整体上能够达到其他 WTO 进口成员国内法上规定的市场经济标准,或因时效届满等原因得以彻底废止,中国即可在整体上被视为完全市场经济国家,对中国产品提起反倾销调查时采用替代国标准的问题似乎可以迎刃而解;第二,局部认定标准,即如果中国的经济环境在整体上不能达到完全市场经济国家标准,但某个特定的产业、某个部门或某个企业能够明确证明其在制造、生产和销售该产品方面具备市场经济条件,可以被单独认定为市场经济主体,并允许其申请单独反倾销税率。

其次,对进出口双方的贸易地位和权益地位认知存在差异:从双方市场地位看,中国是产品出口方,似乎处于主动地位,而 WTO 进口成员是产品进口方,似乎处于被动地位;但从双方权力看,WTO 进口成员在确定倾销和征收反倾销税

---

① 《WTO 协定》第 12 条规定"任何主权国家或在对外商业关系以及本协定和多边贸易协定规定的其他事务上(... matters provided for in this Agreement and Multilateral Trade Agreements acceded to this Agreement ...)具有高度自治的单独关税区,可以在它(申请加入者)与 WTO 达成的条件基础上加入本协议。"

问题上具有绝对主动地位，审议依据也是其国内法；而中国生产商和出口商处于被调查和被审议地位，从实体和程序各方面均处于被动地位。

最后，尝试解决 NME 路径有两种方法：第一，根据"一旦中国根据该 WTO 进口成员的国内法证实已经建立了市场经济，则 a 款的规定即应终止"的规定，推断出中国必须依据该案中进口成员的国内法来"自证清白"；第二，根据第 15 条 d 款的规定"无论如何"（in any event）因时效届满而废止。

2. 对第 15 条第 a 款的解释

从条约解释角度讲，应将第 15 段 a 款视为一个整体。第 15 条 d 款规定，第一句和第三句规定在 15 年内，一旦中国证明国家或行业达到市场经济标准，中国生产商不再需要承担 a 款的倒置举证责任；而第二句则规定了入世 15 年后，"在任何情况下"中国生产商不再承担倒置举证责任，当然更加没有义务去证明生产同类产品或部分达到市场经济标准。

3. 第 15 条 a 款与 d 款的关系

第 15 条是一个有机整体，其中 a 款和 d 款的差别就在于证明主体不同。第 15 条 d 款的证明主体是中国（证明自己或者某个行业是市场经济）；a 款的证明主体是企业（前提是中国尚未证明，具有偶发性）。2016 年 12 月 11 日后中国应自动取得市场经济地位，若认为第 15 条 a 款（i）项继续有效则会使中国继续承担市场经济地位的举证责任，这将导致第 15 条 a 款（ii）项与第 15 条 d 款失去意义，因而违背条约解释的"全部有效原则"。①

（三）潜在的"特殊市场情况"风险

我们除了研究 NME 问题外，更要注意即便将来美国和欧盟都承认了中国具有市场经济地位，还应该关注 WTO 反倾销协议项下的"特殊市场情况"（PMS）问题。② WTO 协议本身对比没有规定，实践也很少，因此 PMS 本身并没有得到明确解释。③

---

① 张燕：《论中国"市场经济地位"之"自动取得"——兼谈〈中国入世议定书〉第 15 条之解读》，《WTO 法与中国论丛（2013 年卷）》，知识产权出版社 2014 年版。转引自张丽英：《〈中国入世议定书〉第 15 条到期的问题及解读》，《中国政法大学学报》2017 年第 1 期。

② 《反倾销协议》第 2 条第 2 款规定："在出口国国内市场在正常贸易过程中不存在该同类产品的销售时，或者该项销售由于该市场的特定情况（the particular market situation），或在出口国国内市场的销售量太少，而不能用于适当的比较时（such sales do not permit a proper comparison），则倾销幅度应通过与向一个合适的第三国出口的同类产品的可比价格（如果该价格是有代表性的话），进行比较而确定，或者与原产地国的生产成本，加上合理数额的管理费、销售费和一般成本并加利润进行比较而确定。"

③ Petros C.Mavroidis, *The Regulation of International Trade*, Vol.2, The MIT Press, 2016, p.77.

如同 NME 一样,PMS 方法也给予适用替代价格以计算正常价值的路径。PMS 问题最早出现在欧盟生物柴油案中。①美国在 2015 年《贸易优惠扩展法》中将"正常贸易过程之外"(outside the ordinary course of trade)扩展到"行政当局确定特定市场情况妨碍与构造出口价格的出口价格进行适当比较的情况"和"材料和制造或其他任何加工的成本不能准确反映正常贸易过程中的生产成本"时,可以将 PMS 应用扩大到替代成本的适用。②美国商务部在对来自韩国的 Certain Oil Country Tubular Goods 进行调查的时候就采用了 PMS 标准,2017 年 4 月 17 日发布的最终决定中,美国商务部认为"相关记录支持了在韩国存在特殊市场情况扰乱了 OCTG 生产价格"。③

五、 WTO 争端解决实践中对涉华案件中 NME 问题的解读

由于 WTO 规则和中国入世相关文件中对 NME 问题并未进行具体解析,因此要对该问题有全面正确把握,离不开对涉华案件中 NME 问题的解读。

(一)欧盟紧固件案中对涉华 NME 相关问题的解读

欧盟紧固件案④是首个涉及解读《入世议定书》第 15 条的案件,对理解 WTO

① 欧盟对从阿根廷和印度尼西亚出口的生物柴油征收反倾销税。在确定倾销幅度时,欧盟当局担心阿根廷的差别出口税(DET)制度对大豆和豆油的出口征税,这是生物柴油生产中使用的主要原料。欧盟当局发现 DET 系统抑制了原材料的国内价格,并在相关市场中创造了 PMS。在此基础上,欧盟认为阿根廷生产商提供的记录未能合理反映出国际价格水平,因此未予采纳。

② Matthew R.Nicely and Brian Gatta, "U.S. Trade References Extension Act(TPEA) of 2015 Could Lead to Increased Use of 'Particular Market Situation' in Calculating Normal Value in Anti-dumping Cases", *Global Trade and Customs Journal*, Vol.11, No.5, 2016, p.143.

③ United States: International Trade Administration, *Issues and Decision Memorandum for the Final Results of the 2014—2015 Administrative Review of the Anti-dumping Duty Order on Certain Oil Country Tubular Goods from the Republic of Korea.* http://enforcement.trade.gov/frn/summary/korea-south/2017-07684-1.pdf.

④ *European Communities, Definitive Anti-Dumping Measures on Certain Iron or Steel Fasteners from China, DS397.* 2007 年,欧盟委员会应本国个别企业要求,立案对中国出口到欧盟的部分紧固件进行反倾销调查。2009 年 1 月,欧盟决定对中国碳钢紧固件产品征收 26.5% 至 85% 的反倾销税。2009 年 7 月 31 日,磋商未果后,中国将欧盟有关立法及反倾销措施诉诸 WTO 争端解决机制。2010 年 12 月 3 日,WTO 专家组发布裁决报告,支持中国在单独税率问题上的全部主张及紧固件反倾销措施方面的部分主张。2011 年 3 月 25 日,欧方提出上诉;2011 年 3 月 30 日,中方就未获专家组支持的问题另行提出上诉。2011 年 7 月 15 日,上诉机构裁定欧盟败诉,并"建议"欧委会重新修改法律并重新开始复审调查。然而欧盟并没有认真履行上诉机构裁决,而是重新对涉案紧固件企业征收反倾销税。因为欧盟没有履行裁决,中国之后又根据 DSU 第 21.5 条的规定就执行问题提起了争端解决。

争端解决机构特别是上诉机构对《入世议定书》第15条的态度有着关键的参考价值。上诉中,欧盟诉称由于《入世议定书》第15条将中国定性为NME,因此在2016年12月11日之前,欧盟在反倾销调查中可以将中国所有生产者和出口商不加任何区分地作为单一实体对待。①而中国指出《入世议定书》第15条并不意味着中国自己承认NME地位,而仅是允许发起国在对来自中国的进口反倾销调查时认定正常价值方面可以暂时的、有限的减损《反倾销协定》的规则。②上诉机构在解释《入世议定书》第15条时明确指出"议定书第d款规定该条a款在中国加入之后15年到期",③值得注意的是,上诉机构明确提及第15条a款,对a款中的(i)项和(ii)项未做进一步区分,证明上诉机构对第15条a款进行了整体解释而非分项解释。

1. 第15条a款和d款的关系

上诉机构指出,"由于第15条d款规定了终止第15条a款的规则,因此d款的适用范围不可宽于第15条a款。第15条a款包含了在涉及中国的反倾销调查中正常价值的认定规则。第15条d款接着确立这些特别规则将在2016年到期,并规定了在2016年之前提前终止这些特别规则的一些条件。"④上诉机构指出,在以往一系列案件中,对条款的解释必须"协调"(harmonious)并"将其置于条约整体之中"⑤,因此对a款和d款进行解释时必须置于第15条和中国《入世议定书》的其他条款和WTO协定规则中一并予以考虑,同时在解释中也不能脱离第15条序言。

2. 关于"一国一税"制度

针对欧盟指出根据《入世议定书》第15条的规定,有权将中国作为NME;特别是根据《反倾销基本条例》第9条第5款,有权将中国所有生产者和出口商视

---

① European Union's appellant's submission, para.46. 转前引 DS397/AB/R, para.284。

② 参见 China's appellee's submission, para.49 和 DS397/AB/R, para.284。

③ 参见 China's appellee's submission, para.49 和 DS397/AB/R, para.289。

④ 参见 DS397/AB/R, para.289。

⑤ 参见 Appellate Body Report, United Nations—Continued Existence and Application of Zeroing Methodology, WT/DS350/AB/R, adopted by February 19, 2009, para.268; Appellate Body Report, China—Measures Affecting Trading Rights and Distribution Services for Certain Publications and Audiovisual Entertainment Products, WT/DS363/AB/R, adopted January 19, 2010, para.399。

为与国家一致的单一实体的观点,上诉机构指出《入世议定书》第 15 条在确立有关价格可比性的国内价格方面特别规则的同时,并不是一个毫无边际的例外,并不意味着 WTO 成员为了《反倾销协定》和 GATT 项下的其他目的(如认定出口价格或个别对国家范围的幅度与关税)而区别对待中国。

3. 关于《入世议定书》第 15 条的评析

上诉机构明确表示,《入世议定书》第 15 条既不是对中国属于 NME 的结论,也不是中国对 NME 正式承认,而仅仅是对《反倾销协定》有关正常价值确定规则的暂时而有限的减损或偏离。《入世议定书》第 15 条并未授权其他成员在反倾销调查中可对中国适用其他差别待遇。上诉机构通过对《入世议定书》适用范围的界定,以及对《反倾销协定》第 6 条第 10 款和第 9 条第 2 款的合理解释,否定了欧盟国别税率的合法性基础。当然我们也应该清醒地认识到,欧盟紧固件案中,中国仅仅在国别税率问题上得到了胜诉结果,中国仍然面临着替代国方法和国别税率的继续适用。

(二)欧盟皮鞋制品案对涉华 NME 相关问题的解读

欧盟皮鞋制品案也涉及部分涉及了 NME 问题:①

1. 专家组报告裁定

第一,在抽样措施的合规性问题上,中国认为欧盟没有在原始调查中对非抽样企业实施"市场经济国家待遇"审查,未"对中国应诉企业提供充分的抗辩和推理的机会",违反了 WTO《反倾销协定》第 2 条第 4 款、第 6 条第 10 款第 2 项、

---

① 2005 年之前,欧盟对中国皮鞋实施了长达十年的配额限制;2005 年之后,欧盟虽然取消了配额,采取了为期 1 年的"预先进口许可监控措施";2005 年 7 月 5 日,欧盟启动对中国皮鞋的反倾销调查;2006 年 10 月,2006 年 10 月 5 日,欧盟作出了反倾销终裁决定(Council Regulation(EC) No 1472/2006 等),对来自中国和越南的皮面鞋分别征收税率 16.5% 和 10% 的反倾销税(中国鞋类企业只有海南金履鞋业征收税率为 9.6% 的反倾销税),为期 2 年;2008 年 4 月,对产自中国澳门的皮鞋征收税率 16.5% 的反倾销税(Council Regulation(EC) No.388/2008)。2008 年 10 月,经代表了超过欧盟皮鞋产量 35% 的欧洲鞋类产业联合会(European Confederation of the Footwear Industry, CEC)提起,欧盟发起了鞋类产品的期终复审,经过为期 1 年左右的审查,欧盟根据第 1294/2009 号实施规则(Council Implementing Regulation(EU) No.1294/2009)自 2009 年 12 月 22 日起到 2011 年 3 月 1 日,继续征收为期 15 个月的反倾销税,复审期间维持原税率。其间,以奥康为代表的中国鞋业企业就欧委会作出的征收反倾销税向欧盟法院提起诉讼,但并未得到法院支持。不过,到期终复审延长的征税期期满,亦即 2011 年 3 月 1 日,欧盟并未再次提起期终复审。

第 17 条第 6 款(i)项;而欧盟认为这并非是 WTO 成员方的法律义务。专家组在该问题中全盘否决了中方的主张,认为中方未能证明抽样措施在审查市场经济待遇时是禁止的,也没有证明抽样的标准是不正当的。

第二,在计算反倾销税率的程序问题上,专家组除了对 WTO《反倾销协定》第 6 条第 5 款和第 6 条第 5 款第 1 项(机密信息的对待)方面,专家组支持了中国主张外,在其他方面专家组基本拒绝了中国所提出的原始调查和复审调查中涉及的程序和实体问题的诉请。此外,专家组还就排除某些产品、进口产品累计评估、损害因素估计等方面进行了审查,但是或认为中方提出的证据不足,或认为欧盟有权采取这些措施而最终未支持中国的主张。WTO 争端解决机构通过专家组报告后,双方均未上诉。

2. 案件评析

在该案中,中国再次挑战欧盟国别税率的法律和具体措施,还首次质疑欧盟对华反倾销替代国选择程序和结果,主张其违反《反倾销协定》第 2 条第 1 款、第 2 条第 4 款和第 17 条第 6 款的要求,专家组裁定欧盟违反《反倾销协定》;同时,专家组又否定了中方对欧盟对华反倾销替代国选择程序和结果的诉求。

"个案待遇"与"市场经济地位"存在差别,如果没有获得市场经济地位,只获得个案待遇,企业则只能使用本企业的出口价格,与被选定的替代国的价格相比较,从而确定是否存在倾销及倾销的幅度,最终确定反倾销税的幅度。对于应诉企业,无论获得市场经济地位还是个案待遇,他们都将得到单独的倾销幅度,适用单独税率,但是,对于既没有获得"市场经济地位"也没有获得"个案待遇"的应诉企业,欧盟将对它们裁定一个较高的全国统一税率。

对于遭遇反倾销调查的中国企业,可以先申请"市场经济地位测试",如果满足欧盟《反倾销基本条例》第 2 条第 7 款规定的相关条件,则可被视为来自市场经济国家,以中国的国内价格作为确定其正常价值的依据;而未通过市场经济地位测试的企业还可以根据欧盟《反倾销基本条例》第 9 条第 5 条申请"单独税率测试",对于符合单独税率标准的非市场经济国家的出口企业,欧盟将依据出口同一种产品的出口企业各自的出口价格分别裁定倾销幅度,此即所谓"个案待遇"原则。总体而言,"市场经济国家待遇"、"个案待遇"和"一国一税"下企业所享有的倾销税率是依次上升的。

六、中 国 对 策

NME 是中国参与国际经贸竞争中的重要障碍,是其他成员对中国产品施加不公平待遇的依据和"杀手锏"。美国和欧盟都不愿意主动放弃这一有力武器。对此,中国政府仅仅强调 WTO 规则本意和中国《入世议定书》的缔约背景等是不够的,我们必须采用更加务实的态度和方法来加以应对,具体而言,应从国际法和国内法两方面进行准备。

(一) 应对 NME 条款争议的国际法路径

1. WTO 框架下对 NME 条款的应对

(1) 积极推动 WTO 立法层面对 NME 条款的完善

由于 WTO 现行规则中对 NME 条款并没有明确且具有可操作性的规定,部分进口成员方滥用国内法、扩张自由裁量权,对 NME 的解读已经违反 WTO 宗旨、违背普遍的最惠国待遇这一 WTO 基石性原则的要求,严重侵蚀了 WTO 这个多边贸易机制和全球贸易治理机构。在美欧等传统推动全球化的主要国家(组织)反全球化抬头甚至可能摒弃 WTO 的背景下,中国不仅应该继续作为 WTO 规则的遵守者和维护者,还应该成为新规则制定的参与者乃至推动者。2018 年 11 月 23 日商务部召开的世界贸易组织改革有关问题新闻发布会上,商务部副部长兼国际贸易谈判副代表王守文就强调,中国支持在维护多边贸易体制核心价值、保障发展中成员发展利益并遵循协商一致的决策机制这三大原则基础上积极推进 WTO 进行改革。中国应当在 WTO 框架内推动修改和消除此类与 WTO 整体宗旨"背道而驰"的规则,从而促使 WTO 向着良性、健康的方向发展。从这个角度讲,中国可以考虑向 WTO 部长级会议或理事会对该条款进行修改或澄清(解释),以期切实保障好中国以及相关成员的贸易利益,使 WTO 规则体系朝着更加公平的目标迈进。当下各成员方对 WTO 的向心力不足、中国领导能力有待加强,加之对 WTO 规则修改程序复杂、过程繁琐,短期内达到现实成果的可能性不大。

(2) 有效运用 WTO 争端解决机制积极维权

相较于从立法层面对 NME 条款进行修改和澄清的远期目标,WTO 争端解决更加明确和可得,2016 年 12 月 12 日,中国同时将美国、欧盟与价格比较方法有关的措施诉至 WTO,这是中国加入 WTO 以来第一次就同一个主题同时针对美国、欧盟两个最大的贸易伙伴提起争端解决,既反映了该问题对中国的关键价值,同时也预示这两个案件最后的发展走向可能会关涉到全球贸易走向。目前 DS515 和 DS516 两案进展缓慢,DS515 案至今处于磋商阶段,DS516 案虽然在中国的强烈的建议下,在 2017 年 7 月 10 日成立了专家组,但是专家组报告尚未发布。这既反映了案情重要且复杂,也体现了 WTO 争端解决机构对问题的高度慎重。尽管欧盟紧固件案上诉机构对中国《入世议定书》第 15 条进行了有利于中国的解释,但是到了 DS516 案中,专家组和/或上诉机构对《入世议定书》第 15 条的解读是否同样符合中国的意愿,中国远没有充分把握。因此,需要国内理论界和实务界做好充分准备,就此问题积极准备证据,阐述有利于中国的观点,以期尽量说服 WTO 争端解决机构中的裁决者,并使其做出对中国有利的裁决。

当然,由于 WTO 正面临着前所未有的危机,上诉机构未能在 2018 年 9 月前完成换届,因此 2018 年 10 月起 WTO 仅剩 3 名上诉机构成员,这已是上诉机构运转的底线要求。即便 DS516 专家组支持中国主张,如果欧盟上诉,包含中国籍成员在内的 3 名上诉机构成员能否组成合议庭受理 DS516 可能的上诉? 进一步而言,即便能够做出上诉机构报告,又能在多大程度上得到各方的认可都是未知之数。特别是,如果 2019 年底前 WTO 上诉机构仍不能正常完成换届,仅剩下 1 名成员的上诉机构将彻底瘫痪,有鉴于此,中国政府一方面要积极维护 WTO 争端解决机制,同时中国企业和中国政府必须考虑 WTO 框架外对 NME 条款予以准备和应对。

2. WTO 框架外对 NME 条款的应对

从实践看,以往中国企业在欧洲法院起诉欧委会反倾销措施案件的结果案,中国企业诉欧盟"皮鞋反倾销措施案""草甘膦反倾销措施案""橘子罐头反倾销措施案""熨衣板反倾销措施案""无缝钢管反倾销措施案"等多个案件取得了欧洲法院的支持。这些案件的胜利不仅仅局限于程序性实现,也有部分涉及了市场经济待遇或单独税率有关的重大实体规则的胜利。比如在皮鞋反倾销措施案中,欧洲法院认定欧委会在审查中国应诉企业市场经济待遇问题上的实体、程序做法存在违法情形。在草甘膦案中,法院判决认定,欧委会仅依据国家对企业存在控制即裁定国家对企业实施了重大干预并据此拒绝给予该企业市场经济待遇的做法是错误的。因此,在反倾销个案应诉中,企业可以以欧委会违反其在

WTO 项下的义务为由将相关措施诉至欧洲法院并寻求司法救济。

当然,除了法律层面的努力之外,中国也应该积极运用经济、外交、文化等多种途径寻求与欧盟之间的合作,以期获得更多欧盟及其成员国对中国市场经济地位的官方承认,通过更多成员公开承认中国的市场经济地位,形成国际示范和相互影响的效应;同时考虑将承认中国市场经济作为 BIT 和 FTA 谈判、签署的前提条件,通过综合博弈寻求尽早获得完全市场经济地位。

(二) 应对 NME 条款争议的国内法路径

在国际法层面对 NME 条款争议进行应对的同时,中国在国内法层面也要做好相关准备。其中包括:第一,在贸易救济方面,关注 2016 年前后各主要成员方对待中国非市场经济地位认定的立法动态,关注实践中对华反倾销中适用非市场经济条件的宽严标准,警惕 2016 年后部分成员转而主要依靠反补贴的方式应对中国的贸易出口;第二,推进国内市场化改革,坚持国内市场化和法制化的改革方向,制定和颁布一些关于强化市场化发展的法律文件或措施,减少政府对价格和贸易的控制和干预;第三,推进政企改革,处理好政府与企业的关系,在公司章程中明确其市场化的发展导向,并积极摆脱依赖政府的习惯;第四,强化企业的举证能力,在具体的案件中,中国企业应该积极举证证明其生产、制造和销售符合市场经济的条件等。

七、结　语

我们必须清楚认识到,中国从 NME 向市场经济地位转变绝非"一日之功",而是一个长期市场化改革的综合结果。当然中国即便获得完全市场经济地位也并不是万事大吉,即便是对完全市场经济地位的成员方,在具体的案件中,进口成员仍可能依据前述的 PMS 标准继续采用替代国标准进行调查。综上,从维护国际经贸公平合理规则、维护中国国家利益和企业合法权益等多种目标出发,中国政府应在规则制定的立法层面调整好退与守的内容;在解决 NME 的核心争端时,中国政府应直面核心诉求,在国际和国内两个层面探讨应对路径,做好应对争端综合博弈的必要准备,方是寻求今后长期发展的正确路径。

(第一作者为复旦大学法学院副教授,第二作者为复旦大学法学院 2017 级硕士研究生)

侦查预审体制改革七十年：回顾与展望[*]

兰跃军

党的十九大报告提出,深化司法体制综合配套改革,全面落实司法责任制。司法责任制的核心意涵是"谁办案谁负责,谁决定谁负责"和"让审理者裁判,由裁判者负责"。全面落实司法责任制既是我国宪法第140条和《刑事诉讼法》第7条规定的公、检、法三机关分工配合制约原则的重要保证,又是《刑事诉讼法》第3条第1款规定的三机关职权分工负责原则的必然要求。以审判为中心的刑事诉讼制度要求侦查为起诉做准备,侦查、起诉共同为审判服务,并服从审判的标准和要求。[①]这要求公安机关在侦查终结移送起诉前,对刑事案件质量进行初次检验把关,检验标准与检察机关提起公诉、法院作出有罪判决保持一致,达到"犯罪事实清楚,证据确实、充分"。侦查阶段这项任务是通过预审完成的。长期以来,我国司法实践将刑事案件的侦查分为前期侦查和预审两个阶段,前期侦查由侦查部门负责,主要任务是收集证据、查明案情;预审由预审部门负责,主要任务是审查、核实前期侦查收集、调取的证据材料,作出侦查终结的决定。但是,经过1997年刑侦体制改革,全国大部分公安机关取消了独立设置的预审部门,实行"侦审一体化"或"侦审合一",以提高侦查效率,导致"预审功能全面崩溃",刑事案件质量明显下降。为了改变这一不良现象,许多地方公安机关近年来又相继恢复独立的预审机构。我国《刑事诉讼法》对预审仅仅作了原则规定,内涵不明确,功能不健全,程序缺失,各地出现多种模式,运行效果很不理想。深化以审判为中心的刑事诉讼制度改革,构建以审判为中心的刑事诉讼新格局,全面落实司法责任制,需要进一步明确预审的内涵,准确定位预审的功能,完善预审的程序,从而充分发挥预审的侦查把关作用,为起诉做准备,并为审判服务,防止出现

———————————

* 本文是国家社科基金项目"刑事诉讼法律责任研究"(16BFX034)的阶段性成果。

① 关于以审判为中心的刑事诉讼制度改革的研究,参见兰跃军:《以审判为中心的刑事诉讼制度改革》,社会科学文献出版社2018年版。

"起点错",防范冤假错案。本文拟从解读中国语境下预审的内涵入手,研究分析司法责任制背景下预审的功能,并提出完善预审程序的若干构想,以期对解决预审的实践困境有所裨益。

一、 中国语境下预审的特定内涵

预审制度源于法国,有纯粹司法审查意义上的预审和侦查兼司法审查意义上的预审之分。我国 1979 年《刑事诉讼法》只有一处出现"预审"一词,1996 年、2012 年和 2018 年《刑事诉讼法》前后两处出现"预审"一词,其中第一处都是第 3 条第 1 款规定的公、检、法三机关在刑事诉讼中的职责分工,将预审与侦查、拘留、执行逮捕并列为公安机关的法定职权。①为了落实该规定,进一步明确预审的诉讼地位和任务,1996 年《刑事诉讼法》增加第 90 条(2012 年《刑事诉讼法》第 114 条、2018 年《刑事诉讼法》第 116 条),专门对预审程序作出规定,作为第二编第二章"侦查"的"一般规定"之一。按照诉讼法理,它应当适用于整个侦查阶段。根据这两处规定,"预审"作为刑事诉讼的一个专业术语,在我国具有特定内涵。概括起来,包括五个方面。

第一,预审和侦查(狭义上)是我国刑事诉讼中广义上侦查权的两种具体权能,都由公安机关负责,属于公安机关的法定职权,除法律特别规定的以外,其他任何机关、团体和个人无权行使。因此,有学者主张由法官或检察官负责预审,②笔者认为缺乏法律依据。

第二,预审的启动条件包括程序条件和实体条件两个方面。程序条件是"经过侦查"。没有经过前期侦查的案件,包括自诉案件,不能进行预审。预审的目的是对前期侦查收集、调取的证据材料进行审查、核实。而审查、核实证据材料是"审查批准逮捕""审查起诉""审判"等刑事诉讼中各种"审"的基本任务和功能,只是审查、核实的内容存在阶段性区别。这说明"预审"作为公安机关对刑事

---

① 除非特别说明,本文所用的《刑事诉讼法》法条和内容都是指 2018 年《刑事诉讼法》。

② 参见洪浩:《从"侦查权"到"审查权"——我国刑事预审制度改革的一种进路》,《法律科学》2018 年第 1 期;王俊阳:《对我国设立预审法官的法律思考》,《湖北警官学院学报》2016 年第 6 期;洪浩、罗晖:《法国刑事预审制度的改革及其启示》,《法商研究》2014 年第 6 期。

案件的一种预备性审查，本身就是一种审查权、核实权，它是保证起诉和审判顺利进行的一项必要工作，具有"准备性司法权"性质，与审查批准逮捕、审查起诉，以及审判程序中的"审"一样，都是刑事诉讼中的一种"审"，是以审判为中心的刑事诉讼制度的"审"的一种表现形式，具有共同的诉讼职能。

预审的实体条件（或证据条件）是"有证据证明有犯罪事实"。该条件与《刑事诉讼法》第 81 条规定的逮捕的证据条件一致。根据最高人民法院、最高人民检察院、公安部、国家安全部、司法部、全国人大常委会法制工作委员会 1998 年印发的《关于刑事诉讼法实施中若干问题的规定》（以下简称"六机关规定"）第 26 条解释，"有证据证明有犯罪事实"，是指同时具备下列情形：（一）有证据证明发生了犯罪事实；（二）有证据证明犯罪事实是犯罪嫌疑人实施的；（三）证明犯罪嫌疑人实施犯罪行为的证据已有查证属实的。公安部 1979 年制定的《预审工作规则》规定，预审是在审查批准逮捕后开始的，预审部门需要对侦查部门提请审查批准逮捕犯罪嫌疑人的申请进行审核，并负责执行逮捕。因此，"六机关规定"第 26 条同样适用于《刑事诉讼法》第 116 条规定的预审。换言之，预审的前提不仅要有犯罪嫌疑人实施了刑法规定的犯罪行为，而且要求该犯罪行为必须有相应的证据材料予以证明，是犯罪嫌疑人实施的。至于这种犯罪事实是否清楚，证据是否确实、充分，需要通过预审来审查、核实。这显然比《刑事诉讼法》第 112 条规定的作为立案条件之一的"有犯罪事实"要求高。因为预审之前已经经过前期侦查收集、调取证据材料。但是，预审的启动并不要求"需要追究刑事责任"。根据《刑事诉讼法》第 162—163 条规定，是否需要追究刑事责任，属于预审结束时作出侦查终结决定的内容。

预审启动的两个条件说明，侦查和预审的关系紧密，它要求公安机关将侦查和预审两种不同的侦查权能相对分离设置，各自独立行使。公安机关内部的侦查部门和预审部门应当分别由不同的领导分管。在全国刑侦体制改革前，公安部设有刑侦局和预审局，他们是平级的，各地公安机关分管刑侦和预审的领导也是分开的，目的就是保障侦查权和预审权各自独立行使，互相监督制约。预审的启动条件也说明，并非侦查部门侦查结束的所有案件都要经过预审。经过侦查后，如果侦查部门认为没有证据证明有犯罪事实，依法不应对犯罪嫌疑人追究刑事责任，可以不经预审就直接撤销案件。这种案件处理方式明显缺乏监督与制约,很容易导致侦查权滥用。司法实践中公安机关撤销案件广受诟病,很多犯罪嫌疑人"另案处理"异化为不处理,也正源于此。为此,笔者认为,对于侦查部门认为没有证据证明有犯罪事实的案件,应当移交预审部门,经预审审查,发现不应对犯罪嫌疑人追究刑事责任的,再作出撤销案件或其他决定。与之相适应,《刑事诉讼法》第116条后面应当补充一句:"侦查部门发现不应对犯罪嫌疑人追究刑事责任的,应当移交预审部门审查,作出撤销案件或其他决定。"这样,《刑事诉讼法》第116条真正成为所有刑事案件侦查的一般规定,预审成为所有案件侦查终结前的必经程序,从而实现公安机关内部预审权对侦查权的程序性控制。

第三,预审和侦查是我国侦查阶段两个相对独立的程序,各自的任务不同。我国预审是一种具有侦查属性的预审,置于侦查终结前,通过对前期侦查收集、调取的犯罪嫌疑人有罪或者无罪、罪轻或者罪重的各种证据材料进行审查、核实,从而对侦查终结移送起诉的案件质量把关,为起诉做准备,并与起诉一起为审判服务。我国立法设置的这种预审程序,虽然也是为审判服务,符合以审判为中心的刑事诉讼制度的要求,但是,它是为检察机关审查起诉做准备,直接服务于审查起诉,而审查起诉才直接服务于审判。这明显区别于法国、德国、意大利和我国澳门特别行政区等在侦查和审判之间设置的独立的预审程序,后者直接为审判服务,目的是解决是否将被告人交付审判的问题,由预审法官负责,同时对侦查权进行控制和对公诉权进行制约。另外,我国预审也不同于苏联刑事诉讼中的"预审",①具有中国特色。换言之,此预审非彼预审,各自设置的诉讼阶段和任务不同,不能等同。因此,有学者主张借鉴域外做法,在我国刑事诉讼的侦查和审判之间设置一个独立的预审程序,以改革或替代现行的侦查预

---

① 苏联《刑事诉讼法》中的"预审"置于"提起刑事案件"和审判之间,也是一个独立的诉讼程序。苏联学者认为,之所以叫做"预"审,是由于它是在法庭审理之前进行的活动并能保证法庭审理的顺利进行。但不能将预审仅仅看作是在法院审理之前进行和为法院审理做准备的一个阶段。预审是侦查员和调查机关根据法律和在检察长的监督下进行的复杂的、多种多样的活动。他们收集和保全证据,为了发现和充分揭发犯罪、揭露犯罪人并追究其刑事责任而全面调查案件的所有情况。他们还采取措施来预防和制止犯罪、查明和消除促成犯罪的原因和条件,以及采取必要的措施来保证赔偿由犯罪造成的物质损失。参见[苏]H.B.蒂里切夫等编著:《苏维埃刑事诉讼》,张仲麟等译,法律出版社1984年版,第223—297页。

审程序,①笔者认为也没有法律依据。

第四,预审在我国刑事诉讼中具有相对独立的诉讼职能,既是对侦查部门收集、调取的证据材料的审查、核实,又是对侦查程序合法性的监督与制约,从而为《刑事诉讼法》第162条规定的侦查终结时做到"犯罪事实清楚,证据确实、充分"的证据标准提供保障,从源头上保证案件质量。因此,公安机关进行"侦审一体化"改革,应当保证落实法律规定的预审程序和独立的预审职能,绝不能为了提高侦查效率而由负责侦查的同一部门尤其是同一警察进行预审,从而使得法定的预审程序名存实亡。

第五,预审只有审查、核实证据材料的任务,没有对侦查进行"查漏补缺",即"进一步发现犯罪线索,扩大侦查战果"和"查清余罪"的侦查职责。《预审工作规则》第3条规定的预审人员的职责也不包括该内容。有学者对我国预审运行状况调研后发现,现行预审以审查、核实侦查案卷证据材料为主要内容,以批准、决定报请逮捕、移送起诉为主要任务。原来承担的大部分侦查职责被归还于侦查,即使在内部规定预审仍然承担取证办案、深挖犯罪等职责的地区,其规定也大多流于形式。②有的地方尽管仍然规定预审民警承担深挖余罪的职能,并在考核中有奖励等,但是,每个预审人员并没有深挖余罪、追诉漏罪的指标。③因此,参与立法者对预审的任务进行扩张解释,主张通过预审活动进一步发现犯罪线索,深挖余罪,扩大侦查战果。④笔者认为值得商榷,它混淆了侦查与预审的界限,与《刑事诉讼法》第116条规定不符。正如学者指出,将深挖余罪作为预审的基本职能和价值,是犯罪控制诉讼模式的典型体现。⑤笔者没有发现任何规范性

① 参见洪浩:《从"侦查权"到"审查权"——我国刑事预审制度改革的一种进路》,《法律科学》2018年第1期;侯海东:《基于审判中心主义的我国预审制度的改革和完善》,《北京警察学院学报》2017年第4期;洪浩、罗晖:《法国刑事预审制度的改革及其启示》,《法商研究》2014年第6期。

② 参见李欣:《侦审体制改革以来我国侦查预审制度调整与运行状况的考察》,《北京警察学院学报》2009年第6期。

③ 参见唐雪莲:《公安法制部门承担预审职能新模式的实证研究》,《四川警察学院学报》2016年第4期。北京市公安机关一直保留相对独立的预审部门,笔者调研得知,预审部门深挖余罪的职责已经名存实亡,他们即使发现,一般都是转交侦查部门处理。

④ 参见全国人大常委会法制工作委员会刑法室编:《中华人民共和国刑事诉讼法条文说明、立法理由及相关规定》,北京大学出版社2008年版,第208页;《中华人民共和国刑事诉讼法释义》,载中国人大网 www.npc.gov.cn。

⑤ 参见步洋洋:《我国侦查程序中的预审制度研究》,《三峡大学学报》(人文社会科学版)2015年第3期。

文件为这种扩大的职能提供依据。而且预审部门"人少、案多、装备差",根本无力履行该项扩大的职能。由预审人员深挖余罪,也影响其客观中立的审查判断者地位。为此,笔者建议有关部门就此作出统一规定,将这些侦查职责明确归还给前期侦查。

二、 中国语境下预审的应然功能

预审有哪些功能?学者们有不同认识。有学者认为,我国预审具有但不限于五种功能:一是收集、审查和核实证据,二是审讯犯罪嫌疑人,三是侦查终结和公诉准备,四是监督侦查,五是人权保障。①笔者认为,审讯犯罪嫌疑人是预审审核证据材料的一种方式,预审审查、核实证据材料,本身就是为侦查终结和公诉做准备,没有必要单列为一种功能。而人权保障是《刑事诉讼法》第 2 条规定的根本任务,并不限于预审。将收集证据列为预审的功能,也有混淆侦查与预审之嫌。有学者认为,预审应具备承续侦查、监督保障和诉讼准备三大功能。②还有学者认为,以审判为中心的诉讼制度改革需要重新定位预审的功能,树立以保障为主、监督制约和补充侦查为辅的多元功能。③上述观点都是对《刑事诉讼法》第 116 条和《预审工作规则》等进行字面解释得出的结论,难以全面概括预审的功能。深化以审判为中心的刑事诉讼制度改革,全面落实司法责任,既要遵循公、检、法三机关分工配合制约原则,又要充分发挥侦查(包括预审)的起诉准备和审判服务功能,这要求坚持系统论观点,结合 2018 年《刑事诉讼法》和深化司法体制综合配套改革的要求,对《刑事诉讼法》第 116 条进行体系性解释,合理定位预审的功能。笔者将其概括为五个方面。

(一)审查、核实证据材料

审查、核实证据材料是指对前期侦查收集、调取的证据材料进行审查、核实,

---

① 参见洪浩:《从"侦查权"到"审查权"——我国刑事预审制度改革的一种进路》,《法律科学》2018 年第 1 期。

② 参见马方、王仲羊:《"以审判为中心"视域下侦查预审的模式重构》,《西南政法大学学报》2017 年第 5 期。

③ 参见周青莹、吴璨:《反思与展望:侦查预审制度功能研究》,《四川理工学院学报》(社会科学版)2016 年第 3 期。

作出是否侦查终结的结论。这是预审的基本功能。审查、核实的对象是《刑事诉讼法》第 115 条规定的前期侦查中收集、调取的犯罪嫌疑人有罪或者无罪、犯罪情节轻重的各种证据材料。根据《公安机关办理刑事案件程序规定》第 188 条规定，审查、核实的内容包括收集、调取的证据材料的真实性、合法性及证明力。主流观点认为，真实性、合法性决定证据的证据能力，关联性决定证据的证明力。因此，预审审查、核实的内容涉及证据的两个基本属性，既要审查、核实证据材料的真实性、合法性，保障其证据能力，又要审查、核实证据材料的关联性，保证其证明力，从而保证作为侦查终结依据的所有证据材料都具有证据能力和证明力，为起诉和审判奠定坚实的基础。预审审查、核实证据材料的方法因案而异，最常用的是书面审核和讯问犯罪嫌疑人。但是，与侦查部门讯问犯罪嫌疑人旨在获取口供破案不同，预审部门讯问犯罪嫌疑人主要是审查、核实证据材料，他们可以综合全案证据进行有针对性的讯问，从而发现证据体系的虚假成分和证据链的缺陷。

（二）统一证据标准

以审判为中心的刑事诉讼制度的基本特征之一是统一刑事司法标准，表现在诉讼过程中首先是统一证据标准。根据《刑事诉讼法》第 162 条、第 176 条和第 200 条规定，公安机关侦查终结、检察机关提起公诉和法院作出有罪判决都要达到"犯罪事实清楚，证据确实、充分"的程度。而对"犯罪事实清楚、证据确实、充分"的审查判断，是一种具有裁判性质的诉讼认识活动，需要裁判者处于客观中立的地位，与裁判结果没有利害关系。域外国家（地区）实行审判中心主义，区分不同诉讼阶段由不同法官负责履行裁判职能，正是这一原理所在。在我国理论和实务中，人民检察院和人民法院都被视为司法机关，他们负有客观公正义务，都可以进行"审"。因此，人民检察院审查起诉后，作出提起公诉的决定，达到"犯罪事实清楚，证据确实、充分"的证据标准，与人民法院审判后作出有罪判决，达到"犯罪事实清楚，证据确实、充分"的证明标准，很容易理解。公安机关侦查阶段要达到这一证据标准，也必须存在一种具有"审"的性质的诉讼认识活动。笔者认为，这就是我国预审程序设置的法理所在，也是全面准确理解公、检、法三机关分工配合制约原则的前提。侦查部门负责收集、调取犯罪嫌疑人有罪或者无罪、犯罪情节轻重的各种证据材料，需要主动采取侦查措施，很难保持客观中立,也不可能从事具有"审"的性质的诉讼认识活动。而预审恰好可以弥补这一不足。根据《预审工作规则》第 44 条规定,公安机关在预审结束时,应当运用审查核实的证据材料对刑法规定的犯罪构成要件进行认定,包括是否有犯罪事实发生,犯罪嫌疑人是否实施了犯罪行为,犯罪嫌疑人是否具备刑事责任能力,犯罪的时间、地点、目的、动机、手段、过程、结果、危害程度等事实,以及有无从重、从轻、减轻或免除处罚的情节等,做到犯罪事实、情节清楚,证据确实、充分,犯罪性质和罪名认定正确,法律手续完备,从而作出侦查终结移送起诉的决定,或者提出撤销案件的意见,报领导批准。从这个意义上说,预审既是贯彻落实公、检、法三机关分工配合制约原则的一项重要制度设置,又是实现以审判为中心的刑事诉讼制度的一项必要程序配置。

(三)听取律师意见

《刑事诉讼法》第 34 条明确了律师在侦查阶段的辩护人地位。虽然立法并没有改变单轨制侦查模式,没有明确律师在侦查阶段的调查取证权,律师只能为犯罪嫌疑人提供有限的法律帮助,但是,《刑事诉讼法》第 38 条规定,律师可以"向侦查机关了解犯罪嫌疑人涉嫌的罪名和案件有关情况,提出意见"。第 161条规定,在侦查终结前,律师可以要求侦查机关听取意见,或者提出书面意见。这体现了对律师辩护人地位的尊重和辩护权的保障。从第 161 条的立法本意看,这种听取律师意见可以在侦查终结前的任何时间进行,可以一次,也可以随时。听取意见应按照辩护律师的要求,但并不排除律师没有提出要求时,侦查机关认为有必要就某一问题听取律师的意见。而且按照本条的规定,如果律师提出要求,侦查机关必须听取律师的意见。①第 161 条放在第二章第十节"侦查终结"中,立法者显然将听取律师意见作为侦查终结的一项内容,赋予辩护律师要求听取意见和提出书面意见的权利,使侦查终结结论的作出和起诉意见的提出考量辩护方的意见,移送起诉的案卷材料中内含辩护方的观点和意见,从而让检察机关审查起诉、接触案卷材料时就能全面了解控辩双方的意见,做到兼听则明。显然,这种侦查终结前听取律师意见的诉讼活动最好在预审程序中进行,既有利于避免侦查部门调查、收集证据时受到律师意见的不利影响,又有利于律师

---

① 参见《中华人民共和国刑事诉讼法释义》,载中国人大网 www.npc.gov.cn。

向预审部门全面陈述关于案件事实、证据和法律适用等意见，预审部门通过对全案证据的审查，核实律师意见的正确与否，从而充分发挥听取律师意见的功能，保证侦查终结结论的全面性、准确性，防止"起点错"，减少和避免各种实体性或程序性争议。

（四）排除非法证据

证据材料的合法性是预审审核的重要内容。以审判为中心的刑事诉讼制度要求预审部门以审查起诉和审判的证据合法性标准，来审视证据材料的合法性，对合法性欠缺的证据材料，应当依法予以排除，或者要求侦查部门进行补正或作出合理解释，必要时进行补充侦查，使移送起诉和审判的所有证据材料经得起庭审的检验。通过预审发现侦查人员的违法侦查或其他程序性违法行为，不仅可以及时要求侦查人员改正，避免程序违法给侦查人员带来刑事诉讼法律责任，实现侦查人员对法律风险的规避，而且可以补正瑕疵证据和排除非法证据。

我国《刑事诉讼法》第56—60条确立了中国模式非法证据排除规则，其中第56条第2款明确了公安机关在侦查阶段依职权排除非法证据的权力和职责。最高人民法院、最高人民检察院、公安部、国家安全部、司法部于2017年6月印发的《关于办理刑事案件严格排除非法证据若干问题的规定》第14条第2款和第15条再次明确，侦查机关对审查认定的非法证据，应当予以排除，不得作为提请批准逮捕、移送审查起诉的根据。对侦查终结的案件，侦查机关应当全面审查证明证据收集合法性的证据材料，依法排除非法证据。显然，侦查阶段依职权排除非法证据的职能也只能通过预审完成。因为侦查部门作为证据收集或非法取证的实施者，即使发现非法证据，也很难主动排除。预审部门审查、核实证据材料时，一旦发现属于《刑事诉讼法》第56条第1款规定的应当排除的非法证据，应当及时启动非法证据排除程序，依法排除非法证据；发现瑕疵证据，应当依法要求侦查部门予以补正或作出合理解释。只有这样，才能保证所有证据材料的合法性，防止"起点错"，防范冤假错案。《预审工作规则》第31条规定，对收集到的证据，要反复核实，甄别真伪。只有经过查证属实的证据，才能作为定案的根据。通过预审排除非法证据和补正瑕疵证据，既是我国非法证据排除规则的一大特色，也是预审核实证据材料的又一延伸功能。

（五）监督制约侦查

与法国、意大利等实行两步式侦查一样,我国《刑事诉讼法》规定的侦查(即"大侦查")也是分两步进行的,即侦查(即"小侦查")和预审。通过预审对前期侦查程序、方法的合法性和案件事实的真实性进行监督制约,体现了预审的监督制约性质,从而延伸出预审的监督制约功能。上述统一证据标准、听取律师意见和排除非法证据都是预审监督制约侦查的具体手段。《预审工作规则》第 3 条规定了预审的任务,不仅明确预审具有核实侦查收集、调取的证据材料的功能,与《刑事诉讼法》第 116 条规定一致,而且规定预审具有监督制约侦查功能。我国法院不进入审前程序履行司法审查和司法救济职能,侦查阶段审查批准逮捕由检察机关负责,但侦查部门提请审查批准逮捕的申请必须经预审部门审查。同理,笔者认为,侦查部门采取其他涉及公民基本权利的强制性措施,也应当提交预审部门审查决定。通过这种具有中国特色的强制侦查的"司法审查",实现公安机关内部预审权对侦查权的监督制约,不仅可以减少公安机关广受诟病的自行批准自行实施绝大部分强制性侦查行为的弊端,而且可以与检察机关的侦查监督相结合,共同为侦查终结的案件质量把关。虽然这种监督制约属于公安机关的内部监督,但它作为中国语境下预审程序设置的基本原理之一,仍不失为现行刑事司法体制下从程序上控制侦查权滥用的一种途径,值得立法肯定。

三、 中国语境下预审程序的完善

《刑事诉讼法》第 116 条对预审程序作出原则规定,并没有明确预审的具体程序。《预审工作规则》虽然对预审程序有所规范,但很多内容已经不适应《刑事诉讼法》和以审判为中心的刑事诉讼制度的需要,司法实践中各地做法不一。针对 1997 年全国刑侦体制改革引发的争论和预审制度运行存在的各种问题,贯彻落实公、检、法三机关分工配合制约原则,适应以审判为中心的刑事诉讼制度改革的要求,全面落实司法责任制,反思并准确定位预审的五项功能,恢复并重构独立的预审程序日益成为各界的共识。但如何完善该程序,学界存在不同观点。有学者认为,我国预审制度具有审理和补充侦查的双重性质,应实行独立的多元预审制度,包括将预审从侦查中分离出来,成为处于侦查、起诉之间的独立的刑事诉讼程序。①还有学者认为,我国应当改变目前预审程序由侦查机关主导的制度体系,改由检察官或预审法官进行,从而在根本上实现对整个侦查程序的司法控制。②上述观点都主张构建独立的预审程序,但是,主张由法官或检察官负责预审,不符合我国预审的侦查属性,是不可取的。

司法责任制背景下完善预审程序,充分发挥预审的审核把关作用,防止"起点错",要求立足宪法和《刑事诉讼法》规定,将预审定位于审查起诉和审判前的一种预备性审查活动,具有"准备性司法权"性质,预审需要对刑事案件是否达到"犯罪事实清楚,证据确实、充分"的证据标准作出判断,从而为侦查终结移送起诉提供依据。它作为公安机关的一项法定职权,不得放弃,更不能废弃或名存实亡。根据预审的五项功能,结合《刑事诉讼法》和以审判为中心的刑事诉讼制度改革的要求,笔者认为,完善预审程序需要解决三个问题。

(一)预审的主体

完善预审程序,首先要求公安机关内部都恢复设置独立的预审部门,严格执行侦查、预审分离体制。预审的主体是指预审部门主持进行预审的人员。他们只能是公安机关的警察,而不是检察官或法官。鉴于预审权作为侦查权的一项具体权能,具有"准备性司法权"性质,与审查批捕、审查起诉、审判一样,都是一种"审",因此,其行使应当满足正当法律程序要求,适度公开。为了实现预审的核实证据材料、统一证据标准和听取律师意见三项功能,保证侦查终结与提起公诉、审判定罪的证据标准一致,必须保障同一刑事案件的证据材料的审理(或审查)主体的专业素质具有同一性,诉讼地位具有中立性。这就要求由那些具有扎实的法学专业知识尤其是刑法和刑事诉讼法知识的警察作为预审人员,相对独立地进行预审。侦查、预审作为侦查阶段两种不同的诉讼职能和诉讼活动,对侦查、预审人员业务素质的要求不同,这是侦查、预审体制格局维持各自独立的重要原因,也是公安机关设置相对独立的预审部门的主要根据。为此,主持预审的警察的法律专业素质应当与法官、检察官、律师一样,通过国家统一司法考试或

---

① 参见云山城:《重构我国预审制度的思考》,《政法论坛》1996 年第 1 期。

② 参见洪浩:《从"侦查权"到"审查权"——我国刑事预审制度改革的一种进路》,《法律科学》2018 年第 1 期;侯海东:《基于审判中心主义的我国预审制度的改革和完善》,《北京警察学院学报》2017 年第 4 期;洪浩、罗晖:《法国刑事预审制度的改革及其启示》,《法商研究》2014 年第 6 期。

法律职业资格考试,取得国家统一法律职业资格,并接受统一的法律职业培训,从而形成法律职业共同体。这样,预审人员在预审、审查批准逮捕过程中才能与律师、检察官进行平等的法律专业交流,并与检察官、法官一样,对"犯罪事实清楚,证据确实、充分"的证据标准作出同一理解与认定。

党的十八届四中全会通过的《中共中央关于全面推进依法治国若干重大问题的决定》提出完善法律职业准入制度,健全国家统一法律职业资格考试制度,建立法律职业人员统一职前培训制度。为了贯彻落实这一精神,中共中央办公厅、国务院办公厅 2017 年印发《关于完善国家统一法律职业资格制度的意见》,将司法考试调整为法律职业资格考试,并建立法律职业人员统一职前培训制度。但是,该意见仅规定担任法官、检察官、律师等七类法律职业从业人员应当取得国家统一法律职业资格,不包括公安机关的警察,后者作为"其他行政执法人员",属于国家鼓励参加考试的人员。笔者认为,这不利于公安机关选拔符合条件的警察从事预审工作,建议国家有关部门将公安机关从事预审工作的警察增列为应当取得国家统一法律职业资格的从业人员,必须接受法律职业人员统一职前培训。

此外,由于预审还要排除非法证据和监督制约侦查,所以,主持预审的警察不仅法律专业素质应当高于从事刑事侦查工作的警察,而且应是具有丰富的刑事侦查实务经验、警衔级别较高、资格较老的警官,这样,才能保证预审结果的权威性。2000 年 6 月 15 日法国"关于加强保障无罪推定和被害人权利的法律"增设的自由和羁押法官制度值得我国借鉴。①2014 年公安部印发《关于全面深化公安改革若干重大问题的框架意见》,明确提出按照职位类别和职务序列,对人民警察实行分类管理,建立警务技术职务序列。②2018 年 3 月,中央全面深化改革

---

① 在法国,从 2001 年 1 月 1 日起,预审法官无权作出先行羁押决定,此权力交由新设立的自由和羁押法官行使。虽然自由和羁押法官与预审法官都是大审法院的法官,但法律规定,自由和羁押法官必须是大审法院级别高于预审法官的坐席法官,这一法官的级别相当于院长、第一副院长、副院长,或者是级别最高、资格最老的法官,由大审法院院长任命。参见 Mireille Delmas-Marty & J.R.Spencer, *European Criminal Procedures*, Cambridge University Press, 2002, pp.224—226;[法]贝尔纳·布洛克:《法国〈刑事诉讼法〉》(译者导言)(原书第 21 版),罗结珍译,中国政法大学出版社 2009 年版,第 401—407 页。

② 参见刘子阳:《人民警察将实行分类管理 建立警务技术职务序列》,《法制日报》2015 年 9 月 25 日。

领导小组审议通过《公安机关警务技术职务序列改革方案(试行)》,正在全面推开实施。这为公安机关选拔任命那些办案经验丰富、警衔级别较高、资格较老的警官进行预审提供了条件,有利于公安机关内部人员培养和分类管理。根据目前改革方案,笔者认为,预审警官的警务技术职务应当是四级主任及以上,相当于执法勤务警员四级高级警长及以上,精通刑事法律,并且具有至少5年以上的刑事侦查实务经验。由于公安机关长期以来没有要求警察通过司法资格考试或律师资格考试,目前符合该条件的警官不多。作为过渡,目前可以暂时不作法律职业资格要求,在公安机关内部选拔那些刑事侦查实务经验丰富、警衔级别较高、资格较老的警官进行预审。各级公安机关有计划地加强这方面人员的招聘和培养,待3—5年后条件具备时再统一实施。

(二)预审的程序

从司法实践看,预审主要包括受理、审核和决定三个环节。对于侦查部门提交的符合预审启动条件的案件,预审部门都应当受理,并按规定分给预审警官进行审核。预审警官根据案件不同情况,采取相应的方式,综合全案对各种证据材料进行审查、核实,形成审核报告和补充侦查提纲,退回侦查部门并责成其补充侦查,①或者作出侦查终结决定,报领导批准,移送审查起诉或撤销案件。笔者认为,这又有三个问题需要解决。

1. 律师了解案件情况问题

《刑事诉讼法》第38条规定辩护律师在侦查阶段有四项职责,包括"向侦查机关了解犯罪嫌疑人涉嫌的罪名和案件有关情况,提出意见"。同时,第161条赋予律师要求听取意见或提出书面意见权,这是保障侦查阶段辩护权有效行使的一种重要机制。根据参与立法者解释,第38条规定的"了解案件有关情况"主要是指向侦查机关了解案件的性质、案情的轻重以及案件侦查的有关情况,包括有关证据情况等。在不影响侦查顺利进行的前提下,侦查机关应当尽量向辩护律师告知案件的有关情况。"提出意见"主要是指依照《刑事诉讼法》第161条规定,辩护律师在案件侦查终结前,有权要求侦查机关听取其意见,或者向侦查机

---

① 参见唐雪莲:《公安法制部门承担预审职能新模式的实证研究》,《四川警察学院学报》2016年第4期。

关提出书面意见。提出意见既包括对案件事实和证据提出意见,也包括对侦查活动是否合法等提出意见。辩护律师提出要求的,侦查机关应当听取其意见,并记录在案。辩护律师提出书面意见的,应当附卷。①立法赋予律师提出意见的前提是他们了解案件有关情况,但第38条仅规定律师有权向侦查机关了解案件有关情况,是否告知和告知范围等由侦查机关决定。而侦查机关没有强制性的告知义务。从司法实践看,侦查机关往往以侦查不公开或影响侦查顺利进行等为由,拒绝告知律师有关案件情况。这样,律师往往只能向侦查机关了解犯罪嫌疑人涉嫌的罪名,全面了解案件有关情况几乎不可能。而我国《刑事诉讼法》又没有明确辩护律师在侦查阶段的调查取证权,这就很难保证他们在侦查终结前包括预审期间能够提出有价值的意见,第161条精心设计的听取律师意见或提出意见制度可能成为一种摆设。

为此,笔者建议借鉴俄罗斯侦查终结前了解刑事案件材料制度,②赋予辩护律师在前期侦查结束后、预审开始前了解案件材料的权利,便于他们全面了解案件情况,在预审中提出有价值的意见。同时,通过立法解释或有关规范性文件,将《刑事诉讼法》第38条规定的保障律师"了解案件有关情况"解释为侦查机关的一项职责,要求侦查部门在前期侦查结束后必须通知律师了解案件情况,包括允许律师根据《刑事诉讼法》第40条规定查阅、摘抄、复制本案的案卷材料。这要求律师在侦查阶段接受犯罪嫌疑人及其法定代理人、近亲属委托后,及时将委托书交给侦查机关,并留下详细的联系方式。一旦律师了解案件情况后,他们就可以及时向预审部门提出听取意见的要求,甚至申请预审部门采取听证的方式进行预审。案件进入预审程序后,预审警官在预审开始前应当通知

---

① 参见《中华人民共和国刑事诉讼法释义》,载中国人大网 www.npc.gov.cn。

② 《俄罗斯联邦刑事诉讼法典》第215—219条规定了侦查终结前了解刑事案件材料制度,包括第216条"被害人、民事原告人、民事被告人及其代理人了解刑事案件材料"和第217条"刑事被告人及其辩护人了解刑事案件材料"。俄罗斯学者认为,让刑事被告人及其辩护人了解刑事案件材料既是维护他的辩护权的重要保证,也是检查已经进行的侦查或调查是否充分、全面和客观的诉讼手段之一。参见《俄罗斯联邦刑事诉讼法典》,黄道秀译,中国政法大学出版社2003年版,第164—167页;[俄]К.Ф.古岑科主编:《俄罗斯刑事诉讼教程》,黄道秀等译,中国人民公安大学出版社2007年版,第351—362页。但我国《刑事诉讼法》将犯罪嫌疑人、被告人和被害人都作为法定证据来源,赋予犯罪嫌疑人、被害人在侦查阶段了解案件情况的权利可能会影响其在后续程序中作证陈述的客观性,因此,犯罪嫌疑人、被害人不宜列为了解案件情况的主体。

律师,安排时间听取律师的意见,或者接受律师提交的书面意见。预审警官对律师提交的书面意见应当进行审核。如果发现律师意见与证据材料不符,应当采取必要措施予以核实。这样,才能保证预审结果和侦查终结结论建立在审查、听取侦查部门和辩护方双方意见的基础上,符合我国立法设计的预审作为一种"审"的"控辩式三角结构",也使律师知情权、参与权和提出意见权得以落实。

此外,为了保证预审审查、核实证据材料能够充分了解被害方的意见,平等保障被害人作为原告的合法权利,笔者认为,我国应当修改《刑事诉讼法》第46条规定,将公诉案件被害人及其法定代理人或者近亲属,附带民事诉讼的当事人及其法定代理人委托诉讼代理人的时间提前到侦查阶段,与犯罪嫌疑人委托辩护人的时间一致,而且在侦查阶段也只能委托律师作为诉讼代理人。同时,赋予诉讼代理律师与辩护律师基本一致的诉讼权利,包括在前期侦查结束后、预审前向侦查部门了解案件情况,要求预审部门听取意见或提出书面意见的权利。但附带民事诉讼当事人的诉讼代理律师只能了解与附带民事诉讼有关的情况。

2. 律师讯问时在场权问题

在司法实践中,预审主要通过讯问犯罪嫌疑人来审查、核实证据材料。但是,我国《刑事诉讼法》并没有赋予辩护律师讯问时在场权。如果说对犯罪嫌疑人第一次讯问乃至整个前期侦查期间讯问不允许律师在场,有利于侦查机关全面、客观地收集证据、查明案情的话,在前期侦查已经结束,各种证据材料基本固定,侦查部门认为已经破案,并提交预审部门进行预审,笔者认为,预审期间讯问犯罪嫌疑人应当允许律师在场。这样不仅有利于更好地审查、核实各种证据材料,而且有利于保障律师在侦查阶段的知情权和参与权,尽早发现前期侦查中存在的各种问题,包括程序性违法行为,从而启动程序性辩护活动,提前解决各种程序性纠纷,监督制约侦查,保证侦查结果的合法性。《法国刑事诉讼法典》第199条规定,受审查人在接受预审法官讯问时,律师有权在场。在侦查中,受审查人可以通过律师将自己的意见以书面形式放入案卷。针对我国司法实践中口供收集合法性争议不断,而非法证据排除程序难以启动的现状,理论界和实务界提出建立律师在场权制度的呼声越来越高,樊崇义教授还为此开展了实证研究。①笔者认为，我国可以先赋予律师预审讯问时在场权，待条件成熟时再推广到整个侦查阶段讯问，与目前正在试点的律师辩护全覆盖制度推广相配套。

3. 预审听证问题

我国《刑事诉讼法》坚持侦查不公开原则，各种侦查行为原则上不公开进行。但是，预审作为一种预备性审查，应当具有"审"的诉讼品质和三方构造。《刑事诉讼法》及司法解释没有明确预审的审查方式，实践中主要通过书面审核或讯问犯罪嫌疑人等不公开调查的方式进行，不询问证人等诉讼参与人。而《刑事诉讼法》第 162 条规定，公安机关侦查终结与检察机关提起公诉、法院作出有罪判决一样，必须达到"犯罪事实清楚，证据确实、充分"的证据标准，这需要相应的对抗式程序来保障。

我国将侦查阶段设计为前期侦查和预审两个环节，预审审查、核实证据材料，具有"准备性司法权"性质，应当适度公开进行，并根据案件情况采取繁简分流的多元化处理机制，兼顾公正与效率。赋予辩护律师讯问时在场权和听取意见权是保障预审适度公开的一个方面。在预审过程中，如果预审警官对某些证据材料的内容或收集程序的合法性存在疑问，或者发现各种程序性争议，包括侦查部门提交的证据材料与律师提供的证据材料、提出的意见存在较大分歧时，应当借鉴《刑事诉讼法》第 88 条审查批准逮捕适度诉讼化的做法，通过听证的方式进行预审，增强预审的对抗性。这种听证由预审警官主持，通过听取侦查人员、辩护律师、诉讼代理律师的意见，必要时还可以讯问犯罪嫌疑人、询问被害人和证人等诉讼参与人，然后作出相应的决定。这不仅有利于实现预审程序的适度诉讼化，而且有利于全面审查、核实各种证据材料，充分保护犯罪嫌疑人和被害人权利。但为了防止听证对后续诉讼带来不利影响，笔者认为，应借鉴德国、意大利、俄罗斯等做法，要求所有参加听证的人员履行保密义务，非经公安机关批准，不得以任何方式泄露刑事案件事实和证据材料的内容，对此，应当要求他们签订书面保证书，明确违反该规定需要承担相应的刑

---

① 参见樊崇义、兰跃军、潘少华：《刑事证据制度发展与适用》，人民法院出版社 2012 年版，第 36—42 页。

事诉讼法律责任。①

(三) 预审的救济

预审作出移送审查起诉或撤销案件的侦查终结结论,直接影响相关当事人的权利保障。但预审决定又是一种具有"准备性司法权"性质的决定,不同于《刑事诉讼法》第117条规定的侦查程序违法情形,因此,不宜通过向同级检察机关申诉进行救济。预审的救济分两种情形:一是预审结果作出移送起诉的结论,诉讼继续推进,案件由检察机关审查起诉和法院审判解决。二是预审结果作出撤销案件的结论,导致刑事诉讼终结,被害人的追诉请求可能落空,这对被害人是极端不利的,需要给予救济。根据《刑事诉讼法》第210条第三项规定,如果被害人有证据证明对被告人侵犯自己人身、财产权利的行为应当依法追究刑事责任,而公安机关不予追究,包括撤销案件,被害人可以直接向法院提起自诉进行救济。鉴于我国预审的侦查属性和"准备性司法权"性质,笔者主张由各级公安机关的预审部门和法院进行救济,与《刑事诉讼法》第180条规定的被害人对不起诉决定不服的救济机制保持一致。具体来说,公安机关经过预审作出撤销案件的决定后,应当在3日内书面通知被害人及其诉讼代理人。被害人不服,可以在收到决定书后5日内向上一级公安机关(预审部门)申请复核,上一级公安机关(预审部门)应当在收到复核申请后5日内作出决定,书面通知被害人。对上一级公安机关(预审部门)维持决定的,被害人可以向法院起诉。被害人也可以不经复核,直接向法院起诉,从而将公诉转为自诉,适用自诉程序处理。如果上一级公安机关(预审部门)作出撤销决定的,下级公安机关应当服从,并根据《刑事诉讼法》第162条规定向同级检察机关移送审查起诉。

---

① 参见 John Sprack, *Emmins on Criminal Procedure*, eighth edition, Blackstone Press Limited, 2000, pp.218—220。《俄罗斯联邦〈刑事诉讼法〉典》第161条规定"不允许泄露审前调查的材料"。检察长、侦查员或调查人员为了防止泄露的不良后果出现(包括妨碍确定案件真相、过早地或没有根据地对被追究刑事责任的人的信誉造成歪曲的社会舆论等),应当警告侦查行为参加人不得泄露他们所知悉的审前调查材料,对此应由他们具结,同时还要向他们事先说明违反保证时应承担的法律责任(《俄罗斯联邦刑法典》第310条)。这种具结应形成单独文件或反映在有被警告人在场的侦查行为笔录中。审前调查材料只有经检察长、侦查员、调查人员的许可才能公开,并且公开的内容只能是被认为是可以公开的,即这些内容的泄露不违背审前调查的利益,也不侵犯刑事诉讼参加人的权利和合法利益。没有刑事诉讼参加人的同意,不允许泄露有关他们私生活的材料。参见[俄]к.ф.古岑科主编:《俄罗斯刑事诉讼教程》,黄道秀等译,中国人民公安大学出版社2007年版,第303页。

余　论

随着《监察法》的生效实施和国家监察体制改革的全面推进,职务犯罪侦查权由检察机关转到监察机关。监察机关在调查处置职务犯罪案件时,是否设置独立的预审程序,《监察法》没有明确。根据《监察法》第 33 条第 2 款规定,监察机关收集、固定、审查和运用证据,应当与刑事审判关于证据的要求和标准保持一致。同时,《监察法》第 45 条第四项规定了监察机关对涉嫌职务犯罪案件的处置,要求调查结果必须达到"犯罪事实清楚,证据确实、充分"的证据标准,才能移送检察机关审查起诉,这与公安机关侦查终结的条件是完全一致的。在监察程序中,这种处置标准和条件是由监察机关内部设置的案件审理部门审核把关的。笔者认为,监察机关案件审理部门对调查部门收集、调取的证据材料进行审查、核实时,也应当参照《刑事诉讼法》规定的预审程序进行,从而保证调查处置案件的质量,为审查起诉做准备,并为审判服务,防止"起点错",防范冤假错案。

(作者为上海大学法学院教授)

社会情境理论视角下的城市贫困群体问题及其治理

——以上海为例

罗　峰

一、引言：被"冷落"的城市贫困群体

"阅读"中国的现实可以发现,社会转型已经掀起了一轮新阶层的涌动:"新中产阶层""新管理精英"开始登上历史舞台的同时,始料未及的城乡新贫困群体——城市农民工、下岗工人和那些因制度变迁而越发贫困的乡村贫穷人口也相继出现。[①]而无论是出于政权合法性的考虑还是社会福祉提升的意愿,各国政府和学者都把反贫困视为不可推卸的责任。由于我国长期城乡二元结构的存在,对于贫困问题的认识与解决也沿着城乡两条不同的维度展开。过去中国的贫困人口主要集中在农村地区,城市贫困并不是突出问题,但近年来随着城市化的快速推进和农民市民化进程严重滞后,城市贫困和低收入群体不断扩大,日益成为影响社会和谐稳定的重要因素。可以说,中国已进入城市与农村反贫困并重的新阶段。[②]

通过历史回顾可以发现,改革开放以来城市作为承载快速的社会转型的重要场域,分化出了一个规模庞大的城市贫困群体,并有逐步衍生出社会学意义上"底层社会"的趋势。[③]国家的统计数据(诸如历年的《国家统计年鉴》《社会服务发展统计公报》等)以及学界的实地调研纷纷指出,该群体在组成上主要包括了国有、集体企业的下岗失业人员;从事临时性劳务工作的人员;传统意义上的"三

---

① 周怡:《贫困研究:结构解释与文化解释的对垒》,《社会学研究》2002 年第 3 期。

② 魏后凯、王宁:《参与式反贫困:中国城市贫困治理的方向》,《江淮论坛》2013 年第 5 期。

③ 文军、吴晓凯:《大都市底层社会的形成及其影响——以上海市的调查为例》,《华东师范大学学报(哲学社会科学版)》2015 年第 5 期。

无"人员;社会保障不足的老年人口及特殊困难群体;刚毕业的"蚁族"大学生们等。①在人口规模上则以千万计(例如,有学者指出,可以依据国际贫困补助范围可以对我国城市贫困群体的数量进行大致估算。②当前国际上,发达国家的社会救助制度覆盖率为 10%以上,而发展中国家为 6%左右,因此,中国的城市贫困救助覆盖面为 6%—8%左右,根据国家统计局发布《中华人民共和国 2017 年国民经济和社会发展统计公报》中的数据显示,城镇常住人口 81 347 万人,因此城市贫困群体的数量应该为 4 900 万—6 500 万人之间)。与此同时,围绕规模庞大、组成复杂的城市贫困群体的脱贫研究与实践以及社会治理研究也同步展开。学者们提出通过构建城市新贫困救助体系③、构建"价值反思—主体重构—路径创新"的治贫之道④等措施解决城市贫困问题。在城市贫困群体的研究中,最不容被忽视的就是城市贫困问题所引发的大量群体性抗争事件,⑤并且形成了不同于农村底层群体的"以法抗争"和"以身抗争"的城市贫困群体的"以理抗争"和"合法抗争"的中国经典研究路径。⑥

相对而言,以农村贫困群体为对象的扶贫开发社会实践则更为热烈。改革开放以来,在党和国家的扶贫开发工作的不懈努力之下,我国的贫困群体人数大规模缩减,成就举世瞩目。其中我国农村贫困人口数量大幅降低,2013 年至2016 年农村累计脱贫 5 564 万人;贫困发生率从 2012 年底的 10.2%下降至 2016年底的4.5%。⑦中共中央、国务院在 2015 年 11 月 29 日发布了《关于打赢脱贫攻坚战的决定》,也将脱贫的主要目标明确的指向了农村居民。⑧巨大的现实成就

---

① 文军、吴晓凯:《大都市底层社会的形成及其影响——以上海市的调查为例》,《华东师范大学学报(哲学社会科学版)》2015 年第 5 期;姚迈新:《中国城市扶贫:经验分析与发展路向》,《广东行政学院学报》2017 年第 5 期;范逢春:《城市新贫困:扶贫之围与治理之道》,《理论探讨》2016 年第 1 期。

② 李刚、周加来:《中国的城市贫困与治理——基于能力与权利视角的分析》,《城市问题》2009年第 11 期。

③ 陈云:《城市新贫困治理问题研究》,《理论探索》2015 年第 2 期。

④ 范逢春:《城市新贫困:扶贫之围与治理之道》,《理论探讨》2016 年第 1 期。

⑤ 汪玉凯:《当前社会转型的特殊性》,《党政视野》2010 年第 10 期。

⑥ 罗峰:《身体、空间与关系:大都市底层群体日常生活政治研究》,华东师范大学,2014 年。

⑦ 刘永富:《不忘初心坚决打赢脱贫攻坚战——党的十八大以来脱贫攻坚的成就与经验》,《求是》2017 年第 11 期。

⑧ 欧健、刘晓婉:《十八大以来习近平的扶贫思想研究》,《社会主义研究》2017 年第 6 期。

也离不开学界的不懈努力,尽管学术界的"贫困"研究最早兴起于城市研究,例如贫困的最早定义就来源于英国学者 Rowntree 在 1902 年撰写的《贫困:城镇生活的研究》一书,Rowntree 将贫困界定为:"如果一个家庭的总收入不足以维持家庭人口最基本的生存活动要求,那么这个家庭就基本上陷入了贫困之中。"但是,当前中国的现状却是城市贫困的研究远远落后于乡村。以"农村+贫困"为关键词在知网进行搜索可知,学界的关注热情极高,且研究成果呈逐年攀升的态势。(一共可以找到 15 534 条结果,且自 2000 年以来,年均保持 700 条文献,2016、2017 年分别达到了 1 388 条及 1 758 条文献),相较而言,以"城市+贫困"为题的搜索结果则仅为 3 266 条。

由此可见,城市贫困群体所获得的关注度明显低于农村。相较于农村研究通过各种方式的"重返底层",城市社会群体(阶层)的研究尽管主题较为广泛,涉及阶层结构、阶层意识、消费分层、社会网络、阶层政治等各个方面,但其研究对象往往更多的倾向于中产阶层。①客观地说,城市贫困群体的相对被"冷落",从根源来看是由中国社会所处的发展阶段所决定的。城市贫困本身属于一种相对贫困,正如既有研究所指出的那样,中国在 90 年代以前是没有城市贫困的问题的,这种城市低贫困率是建立在农村整体贫困的代价基础之上的,即使是身处贫困的广大城市群体,相较于农村居民而言,依旧在绝对的生活质量及社会保障方面有着巨大的优势。

此外,对于贫困的结构解释视角的盛行也在一定程度上加深了对于城市贫困问题的"冷落"。以结构视角解释城市贫困问题针对 20 世纪 80 年代西方工业化国家所经历的社会转型导致的城市贫富差距问题,形成了"极化理论"②、"社会排斥"、③"社会剥夺"④等经典理论框架。基于结构视角的学者及其主导的社会政策往往倾向于通过改善贫困群体的外部环境、从社会政策和制度设置的视

---

① 魏程琳:《发现底层——1990 年以来中国阶层研究的进路与转向》,《西南大学学报(社会科学版)》2016 年第 5 期。

② 钱志鸿、黄大志:《城市贫困、社会排斥和社会极化——当代西方城市贫困研究综述》,《国外社会科学》2004 年第 1 期。

③ 皮埃尔·斯特罗贝尔:《从贫困到社会排斥:工资社会抑人权社会?》,《国际社会科学杂志》1997 年第 2 期。

④ 曹扶生、武前波:《国外城市反贫困理论研究综述》,《城市问题》2008 年第 10 期。

角来看待和处理贫困问题,这不仅强调了社会与政府的责任,也在实践层面具有更强的操作性。但是,由于我国城市贫困群体的某些特质,导致了由经典的结构解释视角所衍生的理论框架的解释力被无形的削弱了。其原因正在于中国的城市贫困是一种处于特定社会情境下的贫困,基于文化解释的社会情境理论在回应城市贫困的问题上存在的先天优势,因为这种贫困本身就是基于城市这一特定的社会情境之中才得以成立的。于是社会情境的贫困文化解释视角也就成为了研究城市贫困问题不得不提及的一种考量。

二、 社会情境理论下城市贫困及本研究假设

最早将贫困视作一种文化现象进行专门研究的是美国人类学家刘易斯(Oscar Lewis)。刘易斯通过对城市"贫民区"的实证分析,在其所著的《五个家庭:墨西哥贫困文化案例研究》(*Five Families: Mexican Case Studies in the Culture of Poverty*)一书中,首次提出"贫困文化"这一概念。他认为,贫困文化指的是贫困群体为了适应社会的不利地位,而被迫产生并维持的一整套社会价值体系及生活方式。①刘易斯的研究,将文化因素引入了社会贫困的解释框架之中,并形成了贫困的文化研究视角。

(一) 文化视角下的城市贫困群体

文化解释视角又被总结为社会情境理论,试图从情境出发,解释社会适应过程中贫困群体的生长原因,并确立了社会适应缺失是造就贫困群体原因的核心观点。②20 世纪 50 年代初,美国社会学家塔尔科特·帕森斯和爱德华·希尔斯在《关于行动的一般理论》一书中强调了"社会情境"对于社会行动的重要意义。"社会情境"概念被用以表达实现社会目标时"所面临的各种环境要素",以及促进目标实现所具备的"条件和手段"。③值得一提的是,文化视角的解释力在人们

---

① Lewis O., "Five Families: Mexican Case Studies in the Culture of Poverty", *American Journal of Sociology*, 1959, 34(1):99—100.

② 周怡:《社会情境理论:贫困现象的另一种解释》,《社会科学》2007 年第 10 期。

③ 景天魁、高和荣:《探索复杂社会的治理之道——中国社会治理的情境、逻辑与策略》,《人民论坛·学术前沿》2016 年第 1 期。

对贫困的界定由单纯的收入贫困向多维的福利贫困转变的过程中得到进一步证实。本文在整合了相关研究的同时,制作下表用以概括结构解释与文化解释的差异:

表1　贫困的结构及文化解释视角的差异

差　异	结构解释	文化解释
现象描述	客观状态,认定贫困是一种客观拥有的匮乏状态	主观特征,贫困群体的价值规范和行为特征、态度及主观心理感受等
贫困归因	制度或政策派生的外在致贫因素	规范衍生的内在因素
适用对象	绝对贫困/客观贫困	相对贫困/主观贫困
治理领域	扶贫脱困	社会失范行为的治理

从现象描述及贫困归因来看:结构解释注重贫困的客观状态,认定贫困是一种客观拥有的匮乏状态:收入、职业、权利、地位、市场机会的缺乏。而文化解释则强调贫困是一种特征:贫困群体的价值规范和行为特征、群体的态度、主观心理感受等特征;同时,结构解释较注重经济财富的研究,明显偏向于那些由制度或政策派生的致贫因素:市场机会、体面的工作、较高的收入、种族主义、结构变迁,等等。文化解释则关注那些主要由规范衍生的穷人们已经习惯的内在因素:个人的动机、信仰、生活态度、行为特征和心理群像,等等。①从适用对象及治理领域来看,随着社会发展水平及整体生活水平的提升,结构视角下的绝对贫困渐渐的被相对贫困所替代,贫困的内涵也从客观贫困拓展到了主观贫困,②因此,相对于以单纯的收入等资源占有的指标作为核心分析变量的结构视角,更为关注主观体验等要素的文化视角,无疑是回应民众诉求、彰显社会关怀、激励反贫困参与的有效形式,这也再次印证从文化角度解释贫困问题的合理性。③而从贫困治理的适用范围来看,相较于结构视角对于社会整体的贫困现象的治理及个体扶贫脱困的诉求,文化视角不仅仅能够作为前者在该领域的有利补充,更能够

---

①　周怡:《贫困研究:结构解释与文化解释的对垒》,《社会学研究》2002 年第 3 期。

②　绝对贫困被认为是一个客观的定义,它建立在维持生活这个概念的基础上。维持生存就是延续生命的最低需求,因此低于维持生存的水平就会遭受绝对贫困。而相对贫困是一种较为主观的标准,往往取决于个体所选择的参照标准。参见:Pete Alcock, *Understanding Poverty*, London: Macmillan, 1993。转引自唐钧:《确定中国城镇贫困线方法的探讨》,《社会学研究》1997 年第 2 期。

③　谢治菊、李小勇:《认知科学与贫困治理》,《探索》2017 年第 6 期。

通过对于具体社会情境的充分分析,实现对于贫困治理的另一重要领域——由贫困引发的"社会失范行为"的分析及治理。

因此,通过对于既有文献的进一步梳理,可以将一组有关贫困群体的文化解释进一步总结为社会情境理论,[1]其研究路径可以表述为:贫困群体的根源往往在于他们与现实社会的紧张导致其面临生活机会狭窄、流动机会有限的窘境之中,并且形成了贫困群体所特有的社会心态——社会紧张感知,同时,在对于大众社会价值观念的认同感,也会在普遍的焦虑和不信任中被逐步消解,甚至形成一整套亚文化的社会价值取向,从而形成文化价值观整合缺乏的社会情境,身处这种情境中的人们会不可避免的产生迷茫和无所适从,[2]进而导致其形成与主流文化、主流群体之间的激烈冲突,[3]从而引发危机的爆发,导致社会失范行为的产生。对于贫困群体而言,对于社会紧张的感知以及对于社会价值的认同,正是其"所面临各种环境要素"的一种"社会心态"[4]的总反映,而社会失范行为的实施正是"社会心态"导致的一种社会行动的选择。

(二) 研究假设

基于前文的分析,本研究提出如下假设:1.社会紧张的感知程度越高的贫困群体,越倾向于采取社会失范行为来改变现状;2.社会价值的认同程度越低的贫困群体,越倾向于采取社会失范行为来改变现状。

三、 数据来源及研究方法

(一) 数据来源

本研究将"底层群体"界定为"经济收入处于社会底层(低于上海市家庭人均收入线下)、生活处于较为困难并存在失业或半失业、失地等现象的城市人

---

[1]　周怡:《社会情境理论:贫困现象的另一种解释》,《社会科学》2007 年第 10 期。

[2]　李汉林:《中国单位社会:议论、思考与研究》,上海人民出版社 2004 年版。

[3]　涂尔干:《自杀论》,商务印书馆 2009 年版。

[4]　社会心态是指"一定时期的社会环境和文化影响下形成并不断发生着变化的,在一定的文化和亚文化下社会中多数成员或较大比例成员表现出的普遍的、一致的心理特点和行为模式"。它与个体的生活经历和体验相关,反映出个体的生存状态。参见王俊秀:《社会心态理论:一种宏观社会心理学范式》,社会科学文献出版社 2014 年版,第 25 页。

群"。这仅是一个范围性的界定,而非概念性界定。本研究的数据来源于 2014 年上海市决策咨询研究项目——《上海市底层群体生存与发展状况调查研究》,问卷共发放 1 000 份,回收 931 份,为符合本研究的研究要求,在处理数据时,剔除了高收入(高于上海市平均收入)、在校学生及管理人员,共得到有效问卷 884 份。

(二) 变量及模型

因变量:本文考察的是社会情境理论下城市贫困群体的问题,其中主要考察的因变量即社会失范行为的产生概率,以往对于贫困群体的研究通常都会将体制外的集体行动视为社会失范行为,因此本文选择调查问卷中"因为政策调整而导致自己利益受损之时,是否愿意找政府要个说法"作为自变量,其中选择"大力支持,积极参与"以及"参与,但不出头"视为有参与集体行动的意愿,赋值为 1,其他的选项视为无参与集体行动的意愿,赋值为 0。

自变量:为了验证本文的假设,社会紧张感知及社会价值认同对于城市贫困群体参与社会失范行为的影响,本文选择了以下问题作为核心自变量来对上述问题进行考察:1.社会紧张感知:"相对于去年,您觉得家庭经济生活的变化是?"(1 为变宽裕、2 为基本无变化、3 为变的艰难了);"在和政府接触的过程中,您的满意程度是?"(1 为很满意、2 为比较满意、3 为一般、4 为不太满意、5 为很满意);"认为当前的社会矛盾情况如何?"(1 为非常激化、2 为比较激化、3 为一般、4 为比较平和、5 为非常平和)。2.社会价值认同:"农民工应当获得城市户口并享受和市民平等的保障""个人贫困主要是由于自己的不努力造成的,责任不在社会""相对于社会上和网络上的传言,我更相信国家主流媒体的信息"(以上 3 个问题的赋值均为:1 为非常同意、2 为比较同意、3 为一般、4 为不太同意、5 为很不同意)。

控制变量:同时,参考以往研究中对于贫困群体的认定及个体特征的描述,本研究还选取了性别、年龄、政治面貌、学历、是否失业、家庭收入区间及住房面积等作为控制变量。

回归模型:由于本研究探讨的核心问题在于城市贫困群体参与集体行动意愿的影响因素,因此将以基本的控制变量为基础,建立基本的 Logistic 回归模型,再引入社会紧张感知以及社会价值认同,以研究两者对于集体行动参与意愿的影响。同时,由于集体行动的参与意愿为二分变量,故采用 Binary Logistic 回归模型来分析,其基本估计模型如下:

$$\text{Logit}(P) = \beta_0 + \beta_1 x_1 + \cdots + \beta_p x_p$$

表 2 对调查样本的基本情况做了分析,具体如下:表现出较为强烈的集体行动参与意愿的群体占被访者的 20.6%,被访者中,男性比例为 49.3%,平均年龄为 49.47 岁,平均学历略低于高中或中专,失业率为 19.9%,家庭收入平均维持在 8 001—20 000 元的区间,人均住房面积为 26.7 平方米,明显低于《2014 年上海市国民经济和社会发展统计公报》显示的 35.1 平方米。图 1—图 4 则分别考察了调查样本在社会紧张感知及社会价值认同方面的基本情况:

表 2 描述性统计

变 量	均值	标准差	最大值	最小值
集体行动参与意愿(1 为是,0 为否)	0.206	0.405	0	1
性别(1 为男,2 为女)	1.493	0.500	1	2
年龄(周岁)	49.47	15.61	18	92
政治面貌(1 为党员,2 为非党员)	1.896	0.306	1	2
学历	2.727	1.001	1	5
是否失业(1 为失业,0 为非失业)	0.199	0.400	0	1
家庭人均年收入区间(1 为 0—8 000 元,2 为 8 001—20 000 元,3 为 20 001—40 000 元,4 为 40 001—56 000 元)	2.086	0.934	1	4
家庭人均住房面积(m²)	26.70	22.68	0	300

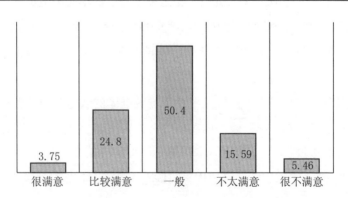

图 1 在和政府接触的过程中,您的满意程度是?(单位为%)

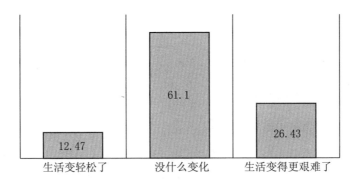

图2 相对于去年,您觉得家庭经济生活的变化是?(单位为%)

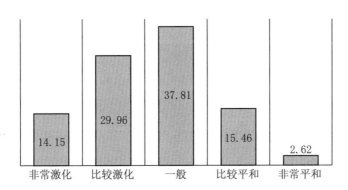

图3 认为当前的社会矛盾情况如何?(单位为%)

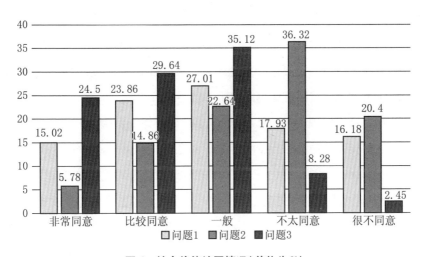

图4 社会价值认同情况(单位为%)

注:问题1"农民工应当获得城市户口并享受和市民平等的保障";问题2"个人贫困主要是由于自己的不努力造成的,责任不在社会";问题3"相对于社会上和网络上的传言,我更相信国家主流媒体的信息"。

（三）访谈说明

为了进一步提升本研究的客观性,在进行问卷调研的同时,笔者还选取了部分实际参与了集体行动的调查对象进行深度访谈。主要包括低保户等底层群体,以期对其社会紧张感知及社会价值认同的情况以及对于社会失范行为——集体行动的影响作出更准确的把握。

四、 实证结果分析及访谈发现

（一）实证结果分析

通过模型 1 可以发现,以往的区分社会阶层的诸多要素——即本研究的基本控制变量中,性别、政治面貌、学历、就业状况及家庭人均收入均与集体行动的参与意愿没有显著关系。只有年龄对于集体行动的参与产生了显著影响,且随着贫困群体的年龄增大,其参与的意愿越低,这也符合以往的研究结论。[1]而在逐步加入了本研究所考察的因变量:社会紧张感知及社会价值整合的考察之后,家庭人均住房面积也开始表现出对于集体行动参与意愿的显著影响($p<0.1$),收入则并无显著影响,这背后的原因可能有如下两点:第一,本研究的调查对象的收入经过了筛选,都属于收入较低的范畴,因此收入的差异性并不显著;第二,对于城市,尤其是上海这样的一线城市居民而言,住房的财富效应及依附于其之上的社会公共服务价值的重要性要远远超过收入。而系数正,则意味着家庭人均住房面积越大的城市贫困群体越倾向于参与集体行动。

从模型 2 可以发现,本文用以考察城市贫困群体的社会紧张感知程度的三个问题均与其集体行动的参与意愿存在显著关系。具体而言三个问题——"相对于去年,您觉得家庭经济生活的变化是?""在和政府接触的过程中,您的满意程度是?""认为当前的社会矛盾情况如何?"——分别对应了紧张感知程度的个体、政府及社会层面。分析结果显示,个体层面的紧张感知度越高,即认为自己的生活相对于去年变的艰难的贫困群体越倾向于参与集体行动;而对于政府的满意程度越

---

① 党春艳:《制度与行动:城市贫困群体的生存逻辑——基于社会互构论视角》,《河南社会科学》2012 年第 12 期。

低,对于社会矛盾激化程度的认识越强烈,其参与集体行动的意愿也越强烈。

从模型 3 可以发现,本文用以考察城市贫困群体的社会价值观整合程度的三个问题与其集体行动的参与意愿影响更为显著。具体而言,三个问题——"农民工应当获得城市户口并享受和市民平等的保障""个人贫困主要是由于自己的不努力造成的,责任不在社会""相对于社会上和网络上的传言,我更相信国家主流媒体的信息"——分别考察了社会公平价值观、社会责任价值观以及社会信任价值观。本研究的分析进一步证明,越认同农民工与市民之间平等关系的城市贫困群体,其参与集体行动的意愿越低。这不由让人回想起广受关注的城市居民的"集体自私"①问题。这种价值观的背后深刻说明了城市贫困群体,身处城市外来人员及城市本土中上阶层的双重压力;而对于贫困根源认同的价值观,也与集体行动的参与存在显著关系,越认同个人归因,则越不愿意参与到集体行动之中;从社会信任的角度来看,对于主流媒体的信任度也有助于降低其参与集体行动的意愿。

表3　集体行动参与意愿的 logit 回归分析

	模型 1	模型 2	模型 3
性别(以女性为参照)	0.152 (0.182)	0.285 (0.190)	0.332* (0.200)
年龄	−0.018 4*** (0.006 58)	−0.013 9** (0.007 00)	−0.013 6* (0.007 44)
政治面貌(以党员为参照)	0.305 (0.322)	0.306 (0.329)	0.188 (0.338)
学历	−0.020 2 (0.099 9)	−0.053 7 (0.104)	−0.036 8 (0.110)
就业状况(以有工作为参照)	−0.247 (0.259)	−0.155 (0.273)	−0.142 (0.288)
家庭年收入区间	−0.019 1 (0.108)	0.000 911 (0.114)	−0.008 46 (0.120)
家庭人均住房面积	0.004 29 (0.004 20)	0.008 71* (0.004 52)	0.008 04* (0.004 69)

---

① 文军:《"被市民化"及其问题——对城郊农民市民化的再反思》,《华东师范大学学报(哲学社会科学版)》2012 年第 4 期。

（续表）

	模型 1	模型 2	模型 3
相对于去年的心态变化		0.301* (0.169)	0.386** (0.178)
政府满意程度		0.181* (0.109)	0.206* (0.118)
社会矛盾激化程度		−0.324*** (0.099 7)	−0.399*** (0.105)
是否认同:农民工应当获得城市户口并享受和市民平等的保障			−0.206** (0.084 4)
是否认同:个人贫困主要是由于自己的不努力造成的,责任不在社会			0.401*** (0.096 2)
是否认同:相对于社会上和网络上的传言,我更相信国家主流媒体的信息			−0.318*** (0.110)
常数项	−0.819 (0.666)	−1.543* (0.904)	−1.677* (0.980)
样本量	884	884	884
Pseudo R^2	0.017 1	0.048 6	0.093 1

注: *** $p<0.01$, ** $p<0.05$, * $p<0.1$,括号内为标准误。

（二）访谈发现

为了进一步验证本研究的实证结论及丰富研究层次,笔者在进行问卷调研的同时,还选择了一部分实际参与了集体行动的贫困群体进行访谈研究。通过对于访谈的分析可以发现,其叙事逻辑包含了以下关键词:贫困强调化、归因社会化、诉求正当化。正如前文的实证分析中发现,底层群体在收入、住房面积等衡量生活贫困的指标上处于较低的位置,而且在教育程度、年龄、工作状态等个体资本指标上也处于不利的社会地位,在实际的访谈过程中,被访者对于日常生活贫困状态的描述也比比皆是:

当然城市群体处于较为窘迫的生活状态是不言自明的,但是从其叙事中却可以发现这种贫困状态被"有意无意"地强化了,强化的目的则是实现其"归因社会化"的目的,并进而强化对于贫困现状的不合理性的质疑,并且在质疑过程中进一步消解其对政府乃至主流社会的整体信任感。

通过叙事的"贫困强调化"和"归因社会化",被访的城市贫困群体最终实现了逻辑目标——"诉求正当化",并且将其他社会群体排除在这种正当化的诉求背后所能够实现的现实利益之外。

访谈的发现,进一步佐证了本研究的定量分析。对于已经积极投身集体行动的城市贫困群体而言,如何感知贫困的生活状态,往往比贫困本身更为重要,因为社会紧张的强烈感知,才是促使其开始"社会失范行为"的根源。而叙事逻辑背后透露出的现实就是,城市贫困群体的价值取向已经开始逐步偏离主流社会所认同的对于平等自由等基础价值观,这也使得以其打破社会道德"枷锁",开始追求实现自我切身利益的行为模式。而这一结论,也切合了布迪厄关于"生存心态"(habitus)的基本论断①,这是作社会的结构性因素内化为个体倾向系统的过程,亦即基本的社会条件决定了对于特定的社会群体而言什么是可能的、什么是不可能的;这些基本条件透过个人的实践和通过实践获得的社会化经验,内化为个人的倾向。

五、 结 论 与 启 示

相对于国内当前对于城市贫困群体及其集体行动的研究,本文在以下两个领域进行了创新,首先是从实证的角度,丰富了对于城市贫困的理解维度,城市贫困的表现不仅仅在于物质匮乏,社会资源的缺乏,更在于贫困文化的累积和社会失范行为。是一种"多维度"的综合现象。并论证了社会情境理论——即文化解释——对于贫困群体社会失范行为的影响,其次是通过定量分析的方法,丰富了当前社会底层群体集体行动的研究。研究发现:第一,城市特有的社会情境导致了城市贫困群体的需求差异性,例如本研究发现,相对于收入而言,住房方面的窘迫现状是导致其集体行动意愿增强的重要原因,因此准确识别贫困群体的需求是治理的前提。第二,城市贫困群体在个体生活、政府满意程度以及社会矛盾的认识等方面的紧张感知,可能成为其社会失范行为的导火索,尽管这种感知往往是其生活的主观体验而非客观现实。第三,分歧于社会主流价值观念的文

---

① Bourdieu P., *Outline of a Theory of Practice*, Cambridge University Press, 1977.

化要素可能在城市贫困群体中流行,成为其社会失范行为的助推器。因此,警惕贫困群体内部的亚文化甚至是反文化①的形成,将成为城市社会治理中不容忽视的领域。

透过本文的研究,可以对当前大都市贫困群体的精准扶贫及社会治理提供如下启示:首先,习近平总书记曾提出专门指示,精准扶贫要"把贫困人口、贫困程度、致贫原因等搞清楚,以便做到因户施策、因人施策"。本研究的结论,有助于进一步深化对于精准扶贫的理解。通过贫困的不同解释视角可以发现,贫困可以分为两类:一类可以通过较短时间内的社会结构调整以及贫困群体的自我努力加以克服的,而另一部分则有可能在和文化的互构过程中得以持续,形成贫困文化,甚至激发出社会失范行为。这就意味着精准扶贫实质上包含了两个层面,一方面是对于贫困根源的治理,扶持贫困群体摆脱物质贫困的现状,另一方面则是对于因贫困而产生的"社会失范行为"的治理,前者是基础,后者是提升。双管齐下,才能从根本上解决贫困问题,构建更和谐的社会。相对于乡村贫困群体而言,城市贫困群体的贫困表现为一种相对贫困和主观贫困,因此,其贫困现状就不仅仅是一种生活状态,更是一种基于特定社会情境的主观体验。由于社会情境触发的贫困文化则不仅是阻碍贫困群体脱离贫困状态的阻力,更有可能导致社会失范行为的产生,从而对社会治理带来沉重的威胁,因此,城市贫困群体的精准扶贫,最重要的并不是变革贫困的社会结构,实现物质扶贫,而是在解决其基本生活保障的基础之上,从贫困文化的角度入手,预防其反社会行为,这就需要从通过社会情境的改变,既防止其集体行动的发生,也通过杜绝其底层文化土壤的形成来达到治理贫困的目的。

其次,城市扶贫工作不可能一劳永逸,这有赖于整个社会持之以恒的不懈努力。需要认识到的是,贫困文化是对城市贫困群体对于贫困现状的一种适应以及自我维护的需要。②行为模式、规范与期待的发展是适应现存的情境而来的,但并非情境改变,规范(行为模式或期待)就会随即反应而改变,两者间存在滞差(lag),③亦即贫困文化具备相当的惯性特质,这意味着贫困群体所秉持的文化价

---

① J.弥尔顿·英格、黄瑞玲:《反文化与亚文化》,《国外理论动态》2013 年第 10 期。

② 吴理财:《论贫困文化(上)》,《社会》2001 年第 8 期。

③ 周怡:《贫困研究:结构解释与文化解释的对垒》,《社会学研究》2002 年第 3 期。

值取向不会轻易形成,但是一旦形成,要想改变的话,则会破坏其脆弱的生存平衡而招致激烈的反弹。①因此,在试图重新塑造城市贫困群体的价值取向甚至是文化之时,有待心理、思想、态度和行为方式上的全范围转变。

最后,尽管本研究显示,客观的生存现状对于城市贫困群体的社会失范行为并无直接且显著的影响,但是这并不是可以对其掉以轻心的理由。毕竟城市贫困产生的根源还在于配置性资源、权威性资源、规范性规则和解释性规则等社会结构因素,②美国学者威尔逊在城市贫困问题的鼻祖之作——《当工作消失时:城市新穷人的世界》中也曾经指出,一般而言,社会中所有的群体都会分享共同的价值取向,而不同的群体之所以会在观念和行为上存在差异,往往是由于其具体的社会地位导致的社会体验差异所造成的,③因此,从理论上而言,本研究中的城市贫困群体所表现出的对于社会主流价值观的不认同,使之很难去践行原本服膺的价值观,在文化要素的"情境适应性"(situationally adaptive)原则下,对价值观进行了理性的自我选择。因此,在我们关注城市贫困群体的价值观念的"改造",从而试图去消弭其社会失范行为的同时,更不能忘却的是对其客观生存结构的"改进"。

(作者为中共上海市委党校公共管理教研部主任、教授)

---

① 吴理财:《论贫困文化(下)》,《社会》2001 年第 9 期。

② 韩莹莹、范世民:《结构化理论视角下城市贫困的致贫因素及作用机理》,《求索》2016 年第 7 期。

③ [美]威廉·朱利叶斯·威尔逊:《当工作消失时:城市新穷人的世界》,成伯清、王佳鹏译,上海人民出版社 2016 年版,第 83 页。

全球新博弈格局下中国应对气候变化的战略

自 1949 年新中国成立以来,中国的经济发展无不与自然资源和生态环境的变化息息相关。即使在 20 世纪 80 年代之前,中国劳动人民已经深深地感受到气候变化对人们生产、生活带来巨大的影响,因而新中国成立初期国家领导人就提出了用"人定胜天"思想来建设百废待兴的新中国。20 世纪 80 年代之后,气候变化问题被国际社会鲜明地提出来,备受发达国家重视,并成为全球性环境问题。随着气候变化影响的日益加剧以及 2020 年气候治理新秩序的形成,气候变化的适应及减缓策略正在对世界各国的社会、经济、政治、外交、技术等多方面产生难以估计的影响,并且这些影响是深远的、长期的(魏一鸣,2017)。根据最新达成的应对气候变化国际协议《巴黎协定》(2015),全球各国面临将平均温升控制在工业革命(1750 年)以来 2 ℃ 以内,甚至在 1.5 ℃ 之内的挑战,从而也使应对气候变化成为世界各国多边和双边合作的重要内容,如在《中美气候变化联合声明》(2014)、《第十次中欧领导人会晤联合声明》(2007)中都有强调共同应对气候变化的具体合作领域。其中,绿色低碳技术、弹性城市等成为国际合作的热点,由此,实现绿色低碳发展也将成为新时代中国经济高质量发展重要路径,同时,中国积极应对气候变化并参与到国际气候变化事务合作中将对全球二氧化碳(CO_2)减排和实现温控 2 ℃ 目标具有重要意义。

一、 全球气候博弈格局迭代中的不确定性

全球应对气候变化治理经历多个阶段,全球气候变化协议所遵循的原则以及责任主体、减排义务和减排目标都发生了比较大的变化,尤其是以《巴黎协定》为转折点,各利益集团通过相互博弈形成新的国际气候秩序

和战略格局。①由于全球气候治理中主要国家对更新"共同但有区别的责任和各自能力原则"(CBDR-RC)解读不同,为发达国家在履行相应义务和承担责任出现困难时提供了借口,也为强化发展中大国的责任和义务提供了依据(巢清尘等,2016;李慧明,2016)。2016年6月1日,特朗普的新一届美国政府以气候协议不具约束力、让美国利益受损而他国获利、振兴美国化石能源产业以及减排公平性质疑为由退出《巴黎协定》,并修改旨在减少发电厂碳排放的《清洁电力计划》和停止向一些联合国应对气候变化项目拨款,同时削减美国环保局的预算。②其行为首先将可能导致美国2025年国家自主贡献(NDC)目标的实现存在不确定性;其次,可能会动摇以发达国家为代表的伞形国家NDC承诺的决心和意愿;对发展中国家而言,如金砖四国,其对全球合作应对气候变化的信心也会下降;同时,《巴黎协定》规定的发达国家每年义务资助发展中国家1 000亿美元适应和减缓气候变化的计划受到阻挠,低碳技术进步也相应会滞缓,从而能影响缔约方承诺目标的实现,特别是对贫穷国家和小岛联盟国家应对气候变化造成负面影响。因此,由CBDR-RC原则和NDCs方案形成国际气候新秩序,短期看来存在较多的不确定性,可能会导致全球气候制度存在不确定性,并可能造成巴黎会议以后各国围绕NDC及安排的执行履约和全球盘点等问题进行激烈博弈。③

二、 新气候博弈格局的特征

但是新气候博弈格局下,个别发达国家动摇不能影响总体应对气候变化的趋势,全球大部分国家仍会遵守气候协定和《联合国气候变化框架公约》(以下简称《公约》,UNFCCC)的要求为减缓和适应气候变化进行多边合作,实现全球气候治理的合作共赢。新的博弈格局也将发展中大国推向全球应对气候变化的历史舞台。

---

① ② 柴麒敏:《美国退出"巴黎协定"全球气候治理或迎"3.0时代"》,《瞭望》2017年第21期。

③ 于宏源:《〈巴黎协定〉、新的全球气候治理与中国的战略选择》,《太平洋学报》2016年第11期。

（一）多方合作治理全球气候变化

2016 年 11 月在摩洛哥马拉喀什召开的第二十二次缔约方大会（COP22），明确了《巴黎协定》的实施细则，包括谈判的时间表和路线图，要求最迟不晚于 2018 年完成《巴黎协定》的操作性安排。气候谈判进程正在走向"技术层面"，针对众多被《巴黎协定》技巧性掩盖的分歧逐渐又重新浮上水面。例如，如何体现发达国家和发展中国家区别、如何明确发达国家其他缔约方提供资助的主体和对象、是否以减缓为中心以及如何确保发达国家提供有效和充足的支持等。《巴黎协定》赋予了多边框架外气候治理机制的合法性，为全球经济的低碳转型注入新的政治动力，并将激起大国围绕低碳经济、低碳技术、低碳规则等议题的新一轮博弈。[1]复杂混乱的多边框架外气候治理机制有着共同的目标，即要实现经济增长方式的低碳转型。气候框架下的利益主体不断改变全球贸易规则，使气候变化问题已然演变成低碳竞争问题。总体而言，全球气候治理正在走上非对抗的、合作共赢的正轨，政府、企业、社会组织等各方力量正在凝聚，多元化、多层次和复杂化进程加快，多利益相关方为治理主体[2]共同分享低碳转型效益的治理新格局正在逐步形成，同时以中、美、欧为代表的核心大国治理主体间气候博弈合作的趋势愈来愈明朗。[3]

（二）中国成为绿色发展主导力量

事实上，不管美国特朗普政府是否退出《巴黎协定》，都不影响国际气候秩序和格局演化进入一个新时期。准确地说，特朗普退出《巴黎协定》是美国联邦政府的决定，并非涵盖全部美国地方政府和企业[4]，如纽约市一直坚定为应对气候变化采取积极的减缓和适应措施，努力实现低碳、适应性强的经济增长[5]。由于《巴黎协定》积极而稳妥的开放和进取属性，个别缔约方的单边行为不足以终止甚至改变巴黎气候进程。美国退出《巴黎协定》，并不必然表明美国会退出全球气候治理的主导地位，也不必然意味着世界温室气体排放第一大国、经济体量第

---

①③　于宏源：《〈巴黎协定〉、新的全球气候治理与中国的战略选择》，《太平洋学报》2016 年第 11 期。

②　柴麒敏：《美国退出"巴黎协定"全球气候治理或迎"3.0 时代"》，《瞭望》2017 年第 21 期。

④　潘家华：《负面冲击　正向效应——美国总统特朗普宣布退出〈巴黎协定〉的影响分析》，《中国科学院院刊》2017 年第 32 期。

⑤　[美]迈格尔·布隆伯格：《城市的品格》，周鼎烨、卢芳译，中信出版社 2017 年版。

二大国的中国可以填补美国退出所产生的空缺①;而且从温室气体历史累计排放来划分减排责任,欧美仍为主要温室气体减排责任主体(图1)。但作为发展中国家中的大国,中国应当仁不让,担当全球气候治理积极参与的角色,发挥"积极引领,有限担当"作用。同时,经过40年的发展变化,发展中国家的社会经济水平、节能环保能力、减排潜力日益增加。而中国正值改革开放40年的红利期,其在气候资金、技术等方面不断创造新机制、发展新兴推动力,培育新的碳要素市场。进入发展新常态后,中国的社会经济环境等国情发生了较大改变,也使得国内各界更加积极主动地去思考和推动发展各领域的低碳转型。尤其在推动建设"人类命运共同体"的伟大进程中,中国完全可以为其他发展中国家提供更多绿色的公共产品并成为发达国家绿色技术项目实施的试验地。即使在近期出现中美贸易摩擦的新形势下,中国通过在绿色技术领域如新能源、新材料、信息通讯的不断创新和向"一带一路"进行绿色技术转移转化,与世界共同分享低碳转型的经济和社会效益。

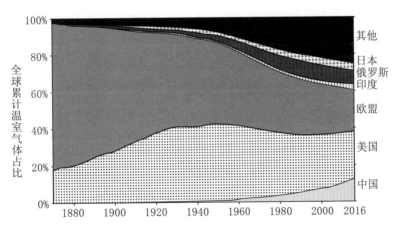

图1　全球工业革命以来化石能源和工业活动累计产生温室气体排放量(1870—2016)②

资料来源:CDIAC;Le Quéré et al.,2017;Global Carbon Budget 2017

①　潘家华:《负面冲击　正向效应——美国总统特朗普宣布退出〈巴黎协定〉的影响分析》,《中国科学院院刊》2017年第32期。

②　"其他"包括所有其他国家以及备用燃料和统计差异。1990—2016年全球累计产生温室气体国别占比:中国20%、美国20%、欧盟14%、俄罗斯6%、印度5%、日本4%。数据来源:《GCP全球碳排放预算(2017)》。

三、 中国应对气候变化的行动历程与国际贡献

中国应对气候变化的战略演变经历了对气候变化认识不断深化的过程,从科学研究的角度看待气候变化到化解外来压力维护发展权益,再到内源性的协同需要与责任担当,始终做到了"知行合一"。中国积极应对气候变化的动因,主要有两点:一是从碳排放轨迹和生态环境约束视角上看,中国急需减少化石能源消耗,减缓碳排放压力,从而拓展发展空间;二是从国际气候谈判格局演变上看,中国作为发展中大国和 CO_2 排放大国,面对全球性的气候变化问题,中国不仅要做好自己的事情,也要为全球安全作出贡献,不断增强国际话语权,与国际社会加强合作,共同应对气候变化。[①]

(一)应对气候变化的中国行动历程

20 世纪 80 年代,中国开始意识到气候变化已经对国民经济产生重大的影响,并从 20 世纪 90 年开始,我国就开始针对气候变化影响采用适应性评估,从相关研究来看,气候变化对中国国民经济的影响主要集中在五个领域:水资源、农业、陆地生态系统、海岸和近海生态系统、人类健康(表1)。

表1　气候变化对中国国民经济的影响

影响领域／评价阶段	水资源	农业	陆地生态系统	海岸与近海生态系统	人类健康
1954—1994 年	近 40 年 6 大江河实测径流量呈下降趋势;90 年代以来洪水频发	农作物减产、品种布局北移	物候期提前,植被带或气候带向高纬或向西移动	20 世纪 50 年代以来中国沿海平面呈上升趋势,近几年平均速率为 1.4—2.6 毫米	无数据披露
1975—2005 年	中国水资源分布的变化:北方水资源量减少、南方水资源量增加	中国高纬度地区作物,生育期延长,喜温作物界限北移	森林树种分布界限北移、林线上升、物候提前、林火和病虫害加剧等	近 30 年来,沿海海平面平均上升速率为每年 2.6 毫米;沿海的风暴潮灾害也愈发严重	高温死亡率增加,热浪对慢性病患者健康影响明显;对虫媒传染病影响明显

① 庄贵阳:《中国在全球气候治理中的角色定位与战略选择》,《世界经济与政治》2018 年第 4 期。

（续表）

影响领域 评价阶段	水资源	农业	陆地生态系统	海岸与 近海生态系统	人类健康
1980—2016年	极端暴雨、大范围干旱等发生的频次和强度增加,洪涝灾害的强度呈上升趋势	农田风蚀严重;2016年,全国农作物受灾面积2 622万公顷,其中绝收290万公顷①	自然灾害风险等级处于全球较高水平;20世纪70年代至本世纪初,冰川面积退缩约10.1%,冻土面积减少约18.6%	沿海海平面1980—2012年期间上升速率为2.9毫米/年,高于全球平均速率;强风暴潮等极端事件增加	对气候变化敏感人群增多

资料来源:不同阶段的影响数据来自《中国气候变化信息通报》(2004年、2012年、2016年)

本文通过整理《中国气候变化信息通报》(2004年、2012年、2016年),《中国应对气候变化的政策与行动报告》(2007—2017年),从4个方面梳理了1992年以来中国应对气候变化的国内行动。

1. 20世纪末至21世纪初(1992—2000年):意识觉醒,补齐短板

《京都议定书》的签署使中国开始意识到参与国际气候变化框架与其他国家一同应对气候变化的重要性,同时也看到自身的发展条件和能力限制,因此,中国在应对气候变化问题上既要做好本国分内事又要积极参与国家气候谈判事务。

(1) 逐渐提升应对气候变化问题的认识

从1992年签署国际《公约》开始,我国就意识到要采取适应和减缓气候变化的行动和措施,有效地推动了中国的可持续发展进程;1993年我国正式批准《公约》,1994年制定和发布中国的可持续发展战略——《中国21世纪议程》。这一时期,虽然中国经历经济增速10%以上、以重工业化为特征的高速现代化发展阶段(图2),使中国成为能源消费和碳排放的第一大国,但由此带来的环境问题和自然资源枯竭问题是人们意识到生态环境保护的重要性。因此,在这一时期中国颁布了13部保护自然资源和生态环境的相关法律和条例,从顶层设计强化人

---

① 数据来源:《2016年国民经济和社会发展统计公报》。

们对气候变化带来环境问题的认识。

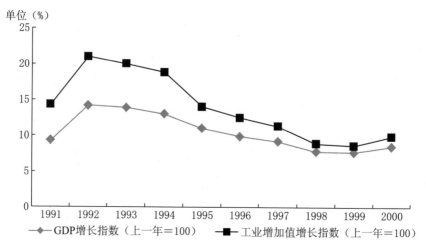

图 2　1991—2000 年中国 GDP 增长率和工业增加值增长率

数据来源：国家统计局

（2）实施生态补偿战略，投资基础设施建设

这一时期，我国在水利工程方面，通过纵向生态补偿机制建设长江、黄河、松花江等大江大河退耕还林工程，实施南水北调工程，以缓解我国在防范洪涝灾害和水资源空间不平衡方面的压力。同时，在农业方面，调整农业结构和种植制度，抗逆品种的选育和推广，增强农业生产抵抗气候变化的能力；在林业方面，制定和修订森林法规、建立森林生态效益补偿制度等多种森林保护制度，建立自然保护区、森林公园和天然林保护区等；在草原方面，实施草场家庭承包责任制保护草原；在城市环境治理方面，出台城市污水、垃圾治理法律法规，加大城市垃圾处理的基础设施建设。

（3）调整经济结构，提升能源利用效率

从 20 世纪 80 年代后期我国开始转变经济增长方式和调整经济结构，将降低资源和能源消耗、提高资源和能源的利用效率、推进清洁生产、防治工业污染作为中国产业政策的重要组成部分，我国的环保产业也是从 1990 年国务院首次明确界定并提出积极发展的若干意见，相应地在能源、钢铁、化工、建筑、交通等高耗能部门实施一系列节能减排的改革和政策措施。同时，利用世界银行和全球环境基金的资助,实施了"中国终端用能效率""中国节能促进"和"加速中国可再生能源商业化"等项目。这一时期,我国的经济增长主要依赖于第二产业,第二产业贡献在从90年代初期至中期逐年提高并于后期区域平稳,第二产业中工业增加值占比一直在40%左右(图3);我国能源利用效率不断提升、能源强度不断下降(图4),能源消费中化石能源比重虽然仍在90%以上,但开始呈现下降趋势,天然气和电力比重不断上升(图5)。

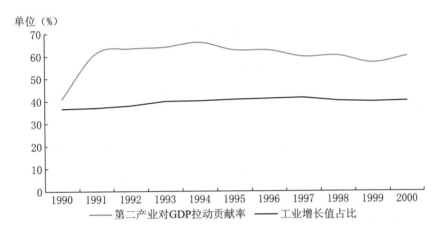

图3　1990—2000年中国第二产业对GDP拉动贡献率和工业增长值占比变化

数据来源:国家统计局

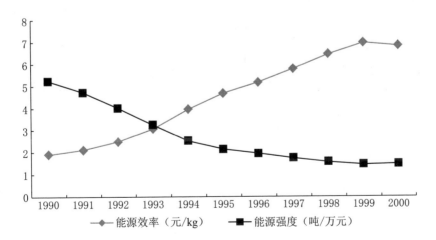

图4　1990—2000年中国能源效率和能源强度变化

数据来源:国家统计局

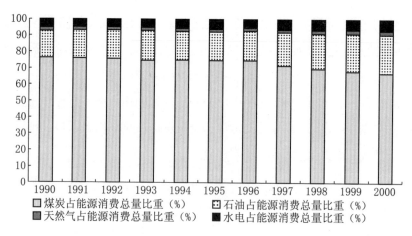

图 5　1990—2000 年中国能源结构变化

数据来源:国家统计局

（4）加强应对气候变化工作的能力建设

1990 年中国政府成立了应对气候变化相关机构,1998 年建立国家气候变化对策协调小组。但作为发展中国家,由于经济发展水平低、技术开发能力不足,面临发展经济和保护环境的双重压力,需要来自国际资金和技术的帮助,为此,针对《公约》第七次缔约方会议达成的《马拉喀什协定》(2001)提出的发展中国家应对气候变化能力需求,中国 2003 年底启动了"国家能力需求自评估"项目,该项目将全面评估中国的能力建设需求,并于 2004 年底完成。①

2. 21 世纪初的前十年(2001—2010 年):重视问题,履行国际承诺

进入新世纪头十年,中国的国内生产总值增长速度仍保持在年均 7%左右,相应的能源需求及其二氧化碳排放也保持一定增长速度,两者呈现高度相关性。因此,中国逐渐重视气候变暖问题,并进一步采取有效的政策和措施,增强适应、减缓气候变化能力,并深入开展应对气候变化的国际事务。

（1）启动中国应对气候变化国家方案

2002 年核准《议定书》后,2003 年我国进一步制定《中国 21 世纪初可持续发展行动纲要》。作为一个负责任的发展中国家,2007 年中国政府正式发布了《中

---

①　国家发展改革委员会:《中华人民共和国气候变化初始国家信息通报》,中国计划出版社 2004 年版。

国应对气候变化国家方案》,明确提出了到 2010 年控制温室气体排放的相关目标,并于 2009 年哥本哈根会议上(COP15)向世界做出减排和应对气候变化的承诺,即到 2020 年单位国内生产总值二氧化碳排放比 2005 年下降 40%—45%,非化石能源占一次能源消费的比重达到 15% 左右,森林面积比 2005 年增加 4 000 万公顷,森林蓄积量比 2005 年增加 13 亿立方米等控制温室气体排放行动目标[1],这是中国根据国情采取的自主行动。同时,中国自 2008 年开始每年发布《中国应对气候变化的政策与行动白皮书》,总结每一年中国采取的减缓和适应气候变化政策和措施的成效,如在防控抗旱基础设施建设方面、蓄养林草工程建设方面的进展;各类生态系统保护与管理能力建设方面的提升;以及公共环境卫生体系的信息化、现代化建设体系的完善等。

(2)加快经济结构调整,推动节能减排

进入新世纪,大量的国内外实证数据,如 IPCC 报告,已经证实温室气体的排放量与经济增长所消耗的化石能源量呈现显著正相关关系。这一时期,中国的工业化进行总体经济增速的拉动下保持的平稳状态(图 6),然而第三产业增加值比重不断增加,呈现出对 GDP 拉动的增长趋势(图 7)。作为本身相对低碳的第三产业,其增加值的增长对于中国整个社会的节能减排起到了积极的作用,同时,2001 年原国家经贸委等 8 部门联合发布《关于加快发展环保产业的意见》,明确了节能减排及其相关产业在国民经济中的发展定位。据中国环境联盟产业数据统计,2010 年我国环保企业数量为 26 510 家,是 2005 年的 10 倍;环保产业营业收入与 GDP 的比值从 2005 年的 0.4% 增长到 2010 年的 0.7%,2010 年对国民经济直接贡献率为 1%。环保产业的蓬勃发展使得中国整个社会掀起节能减排的浪潮。党中央在十六届五中全会(2005 年)上也明确提出了建设"资源节约型社会、环境友好型社会"两型社会实验区的重大决策。2001—2010 年,中国以化石能源燃烧碳排放强度下降了 33%,2011 年为 0.58 吨/万元;相应的能源消费强度下降 38.2%,2011 年为 0.88 吨/万元(图 8);水电、核电和风电消费占能源消费总量比重上升为 8.5%,比 2001 年高出 1.2 个百分点。

---

[1]　国家发改委应对气候变化司:《中国应对气候变化的政策与行动 2017 年度报告》,http://qhs. ndrc.gov.cn/gzdt/201710/t20171031_866086.html,2017。

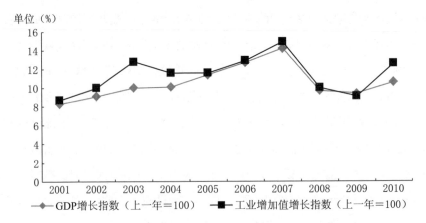

图 6　2001—2010 年中国 GDP 增长率和工业增加值增长率

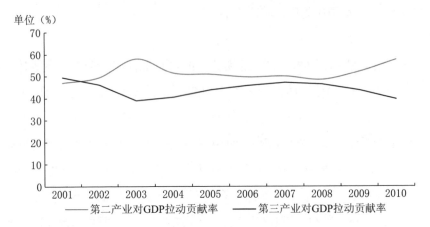

图 7　2001—2010 年中国第二、三产业对 GDP 拉动贡献率比较

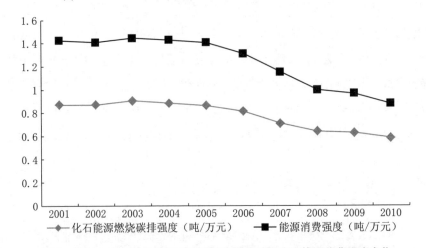

图 8　2001—2010 年中国化石能源燃烧碳排放强度和能源消费强度变化

（3）援助发展中国家，承担排放大国责任

这一阶段，中国已经从单纯的获得国际应对气候变化援助转变为开展气候变化领域的对外交流和项目合作。通过在清洁能源、农业抗旱技术、水资源利用和管理、森林可持续管理、适应气候变化能力建设等领域实施对外援助项目，帮助发展中国家提高应对气候变化能力。从2004年至2010年，已完成和正在实施的对发展中国家进行援助的应对气候变化相关项目共115个，总投资约11.7亿元人民币。

（4）完善应对气候变化管理体制，创新工作机制

在适应气候变化的能力建设方面，2007年中国成立国家应对气候变化领导小组，由国务院总理担任组长，负责制定国家应对气候变化的重大战略、方针和对策，协调解决应对气候变化工作中的重大问题。2008年在机构改革中，进一步加强了对应对气候变化工作的领导，国家应对气候变化领导小组的成员单位由原来的18个扩大到20个，具体工作由国家发展和改革委员会承担，领导小组办公室设在国家发展和改革委员会，并在国家发展和改革委员会成立专门机构，专门负责全国应对气候变化工作的组织协调；同时为加强能源统计工作，新设立了能源统计司。在减缓气候变化的工作实践中，中国不断创新管理体制和工作机制，逐步建立和完善控制温室气体排放相关的统计和考核体系以及市场机制等。2005年有关部门制订并实施了《清洁发展机制项目运行管理办法》，截至2010年底，中国政府已批准了2 847个清洁发展机制项目。中国政府鼓励温室气体自愿减排交易活动，并着手选择有条件的地区开展碳排放权交易试点。

3. 21世纪初的后十年（2011—2020年）：积极应对，推动能源革命

中国对气候变化敏感性高，气候变化利弊共存呈现向经济社会系统深入的显著趋势，但总体弊大于利。"十二五"以来，中国高度重视气候变化问题，把积极应对气候变化作为经济社会发展的重大战略，把控制温室气体排放作为应对气候变化的重要任务，把绿色低碳发展作为生态文明建设的重要途径，采取了一系列政策与行动，既有国内资金投入又获得国际支持。

（1）推进重点领域应对气候变化的能力

21世纪初的后十年，气候变化对经济、环境、社会的影响已经得到公认，中国也在农业、水资源、林业和生态系统、海岸带及相关海域、城市、气象、防灾减灾这

7 个重点领域采取相关行动,包括能源节约、可再生能源、能源管理、自然生态保护、天然林保护、退耕还林、风沙荒漠化治理、退耕还草等。2011 年至 2016 年间,国家财政用于支持减缓和适应气候变化的资金 22 392.94 亿元人民币。[①]

（2）实施能源转型战略,发挥市场化减排作用

在"十二五"期间,中国将单位国内生产总值二氧化碳排放降低 17% 作为约束性指标,并进一步要求合理控制能源消费总量。2016 年底,我国发布《能源生产和消费革命战略（2016—2030）》,明确到 2020 年能源消费总量控制在 50 亿吨标准煤以内,煤炭消费比重降至 58%,消费量在 41 亿吨左右,非化石能源占能源消费比重 15%,单位 GDP 能耗比 2015 年下降 15%,单位 GDP 的 CO_2 排放比 2015 年下降 18%,能源自给能力保持在 80% 以上;2021—2030 年能源消费总量控制在 60 亿吨标准煤以内,煤炭比重降至 50% 左右,消费量在 42 亿吨以上（哥本哈根承诺和"十三五能源规划"）,非化石能源占能源消费比重达到 20% 左右,其中天然气占比达到 15%,单位 GDP 的 CO_2 排放比 2015 年下降 60%—65%,CO_2 排放 2030 年左右达到峰值并争取今早达峰。为此,我国加快低碳技术研发应用,控制工业、建筑、交通和农业等领域温室气体排放,探索建立低碳产品标准、标识和认证制度,建立完善温室气体排放统计核算制度,逐步建立碳排放交易市场,以高效的市场化机制,如合同能源管理和新能源替代,如发展水电、风电和太阳能,确保实现 2020、2030 年中国能源消费"双控"和温室气体排放行动目标。2011—2016 年中国能源消费强度下降 21%;水电、风电、核电、天然气等清洁能源消费量占能源消费总量的 19.7%。

（3）依托南南合作推动发展中国的参与国际气候治理

中国本着"互利共赢,务实有效"的原则积极参加和推动与各国政府、国际组织、国际机构的务实合作,签署一系列合作协议,实施一批研究项目,内容涉及气候变化的科学问题、减缓和适应、气候智慧/低碳城市、应对政策和措施等。2013 年中国提出了"一带一路"倡议,增强了应对气候变化的南南合作,2011—2015 年,中国政府与亚洲、非洲、拉丁美洲、南太平洋等地区近 100 个发展中国家,在紧急救灾、卫星气象监测、清洁能源开发利用、农业抗旱技术、森林和野生动物保

---

① 数据来源:《中国财政年鉴》（2011—2017 年）,采用决算数。

护、水资源利用和管理、沙漠化防治等领域开展了形式多样的合作,实施了近500个成套、物资、技术合作、紧急救灾等各类应对气候变化项目。同时,中国在"里约+20"会议上宣布将安排2亿元人民币开展为期三年的应对气候变化"南南合作",与41个发展中国家建立了联系渠道。

(4)完善应对气候变化立法与管理制度

2011年,我国发布了《"十二五"控制温室气体排放工作方案》,提出进一步完善应对气候变化政策体系和体制机制,逐步建立温室气体排放统计核算体系。2014年9月国务院印发《国家应对气候变化规划(2014—2020年)》明确中国应对气候变化能力建设的具体要求。在法律体系建设方面,稳步推进应对气候变化立法的相关研究工作,2015年国家发改委会同有关部门完成了《应对气候变化法(初稿)》,并征求了地方政府、企业和社会组织的意见,2014年国家发改委发布了《碳排放权交易管理暂行办法》,并在研究论证的基础上,向国务院法制办提交了《碳排放权交易管理条例(送审稿)》,2017年全国碳排放交易市场建立;在管理体制方面,2013年根据国务院机构设置及人员变动情况和工作需要,国务院办公厅调整了国家应对气候变化领导小组,完善了由国家发改委归口管理、有关部门和地方分工负责、全社会广泛参与的应对气候变化管理体制和工作机制,2018年我国深化国务院机构改革中在新成立的生态环境部专设了"应对气候变化司";在统计核算方面,2013年国家发改委会同国家统计局发布了《关于加强应对气候变化统计工作意见》,进一步加强了应对气候变化统计的能力建设。

(二)新博弈格局下中国应对气候变化的国际贡献

新博弈格局下中国在应对气候变化的国际事务中,仍然坚定为实现《巴黎协定》中承诺的NDCs而积极努力推动国际多边交流与合作进程,在发展中国家中树立主动承担应对气候变化责任,积极减排温室气体的大国形象。

1. 积极参与推动国际气候谈判

(1)推动多边交流与合作进程

从20世纪90年代以来,中国通过参与联合国气候变化框架公约的谈判和利用高层互访,分别与美国、欧盟、法国、英国等发表气候变化联合声明,为推动气候变化谈判多边进程,特别是《巴黎协定》的落实作出了重要贡献。即使在美国政府退出《巴黎协定》之后,中国借助国家气候变化专家委员会平台,推动中美、中欧、中英、中法、中印等专家层面的对话交流。深化与发达国家城市、行业、企业、社区等多个层面在气候变化领域的双边合作,推进技术、研究、节能以及替代能源和可再生能源等领域合作。同时,中国仍广泛地与联合国环境规划署、世界银行、亚洲开发银行、《公约》资金机制运营实体绿色气候基金和全球环境基金、适应基金、技术执行委员会,联合国基金会、全球清洁炉灶联盟、全球碳捕集和封存研究院、国际能源署等国际组织建立联盟,开展务实合作。尤其在 IPCC 有关工作中,中国积极开展多层次解读第五次评估报告的成果解读工作,并在第六次评估报告主席团成员的提名和竞选工作中发挥积极作用。

(2) 积极推动中国能源低碳转型

全球应对气候变化的核心问题是控制温室气体排放,其中,主要是控制能源消费的二氧化碳(CO_2)排放。根据中国统计数据和 IEA 统计数据,中国在人均 CO_2 排放和人均历史累计排放仍远远少于主要发达国家,但是随着中国近年来化石能源消费总量和相应 CO_2 总量的快速增加(图 9),2016 年中国 CO_2 排放总量已占世界 28%,人均 CO_2 排放也已经达到 7 吨,接近某些欧洲发达国家,如英国、法国的人均排放水平(图 10),很多发达国家欲将中国纳入量化减排的名单(发展中国家)。目前,在没有承担量化减排义务的非附件一国家中,中国的温室气体排放量约占总量的 53%,是发展中国家中排放第二位的印度的 4.4 倍。然而,

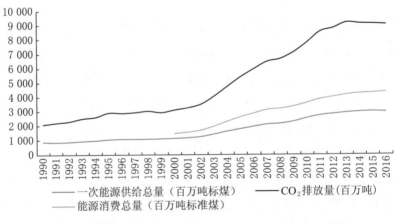

图 9 1990—2016 年中国化石能源消费总量与相应 CO_2 总量

数据来源:IEA、中国统计年鉴 2017

全球应对气候变化,将极大压缩世界化石能源消费空间,发展中国家已经不具备沿袭发达国家以高能耗、高排放为支撑的工业化和现代化发展路径,必须探索新型的绿色低碳发展路径。那么,作为发展中国家中经济大国,中国绿色低碳的高质量发展路径将会引导《巴黎协定》中作为缔约方的发展中国家在应对气候变化过程的积极落实减排承诺,同时,对于非缔约方发展中国家也形成一种压力。而且,中国也积极为发展中国家争取合理的碳排放空间,以帮助发展中国家实现必要的工业化和现代化。

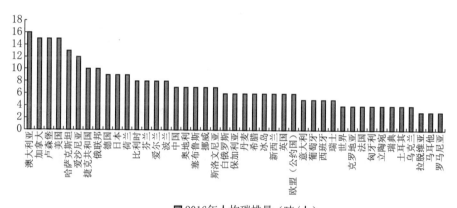

■2016年人均碳排量（吨/人）

图10 世界、中国与国际气候公约附件——主要国家、地区 2016 年人均碳排比较

数据来源:IEA、UNFCCC

2. 积极履行《巴黎协定》承诺

中国从未缺席参与全球气候治理,新的气候治理格局给中国创造了成为全球气候治理的积极参与主体的机会,中国为兑现《巴黎协定》承诺,在 CO_2 减排、气候变化资金投入、国内制度创新方面作出应有的努力和贡献。在 CO_2 减排方面,经过各方努力,2016 年中国能源消费总量得到有效控制,能源消费总量 43.6 亿吨标准煤,同比增长仅 1.4%,较"十二五"和"十一五"期间年均增速分别低 2.2% 和 5.3%。全国单位国内生产总值能耗同比下降 5%,超额完成 2016 年目标认为,实现节能量 2.3 亿吨标准煤,相当于减少 CO_2 排放约 5 亿吨。[①]在应对气候

① 国家发改委应对气候变化司:《中国应对气候变化的政策与行动 2017 年度报告》,http://qhs.ndrc.gov.cn/gzdt/201710/t20171031_866086.html,2017。

变化的资金投入方面,中国经济实力的增强使得应对气候变化的各方面投入也相应增加。即使面对承担应对气候变化主要责任的发达国家大国政府临时退出《巴黎协定》的局面,中国依旧重视应对气候变化的资金投入。据中国气候变化事务特别代表解振华表示,为实现应对气候变化的 NDC 目标,2005 年至 2015年,中国已投入 10.4 万亿元人民币,2016 年到 2030 年将继续投入 30 万亿元人民币。①在应对气候变化制度建设方面,总结近十年的中国应对气候变化的政策与行动白皮书中关于规划制定和制度建设内容发现,中国政府在控制温室气体排放的规划和方案编制、完善应对气候变化体制机制、强化应对气候变化法规标准、加强碳交易市场机制建设、推动绿色低碳金融的方面不断作出努力,并取得了积极成效。

3. 新博弈格局下中国碳排峰值抉择

在《巴黎协定》后的 15 年中,美国的退约以及由此造成个别国家对各自NDCs 承诺的动摇,不禁让人质疑中国 2030 碳排放峰值的承诺能否如期实现?然而,中国的国内行动和国际贡献已经坚定了这一目标,同时中国的能源转型与煤炭峰值的实现也将促使中国碳排峰值有可能出现提前。

作为目前全球能源消费和温室气体排放第一的国家,中国的社会经济发展面临着不确性和巨大的挑战。在国内,我国以煤炭为主的一次能源供给结构和较高的能源消费增速(图 11)带来了一系列的生态环境问题,其中空气污染问题已经成为近年来公众关心的热点问题。在国际上,中国每年较高温室气体排放量及较快的增速(图 12),将中国推向全球气候变化谈判的风口浪尖。在国内能源革命和国际应对气候变化的双重压力下,2016 年 12 月,中国政府正式出台了《能源生产和消费革命战略(2016—2030)》,这一战略首先关注能源消费革命,通过能源消费革命改变不合理的能源消费方式和实现一次能源消费,尤其是煤炭消费总量控制。其次,通过发展清洁煤技术和可再生能源技术实现能源生产革命。根据国际能源安全的要求,能源技术革命是能源革命的驱动力,能源系统进步更需要能源革命的制度创新。目前,中国的能源系统随着世界第三次能源革

---

① 中新社联合国 2016 年 4 月 22 日电,中国气候变化事务特别代表解振华 22 日在纽约联合国总部表示,为实现应对气候变化的国家自主贡献方案(INDC)目标,中国从 2016 年到 2030 年将投入 30 万亿元人民币,http://finance.ifeng.com/a/20160423/14341545_0.shtml。

命的到来也已进入转型时期,这一转型将是一个长期过程,包含新能源生产、输配、消费、存储四个战略层面的系统设计,主要内容既涉及新能源品种有序发展、能源生产技术和利用方式创新所带来能源结构调整以及新能源产品竞争力、规模化应用水平提升,也涉及能源基础设施网络升级和相配套的能源管理机制体制创新,从而我国将构建一套区别于传统能源的新能源战略体系。[①]

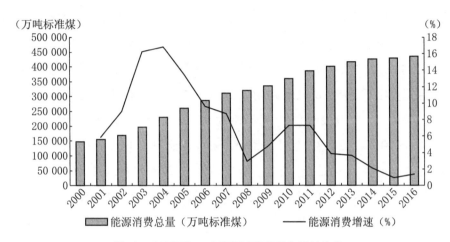

图 11　中国历年一次能源消费总量与增速变化

数据来源:IEA

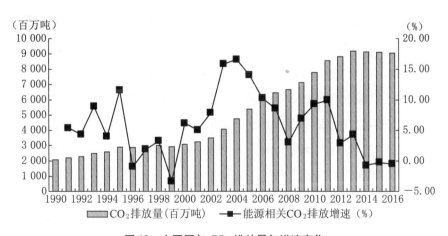

图 12　中国历年 CO_2 排放量与增速变化

数据来源:IEA

---

① 曹莉萍、周冯琦:《能源革命背景下中国能源系统转型的挑战与对策研究》,《中国环境管理》2017 年第 9 期。

2014 年,APEC 会议期间,中美共同发布气候变化联合声明,中国的 CO_2 将在 2030 年左右达到峰值。2015 年中国在向 UNFCC 递交 INDC 方案是也承诺在 2030 年甚至是更早时间实现 CO_2 达峰[1],同时,碳排强度要比 2005 年下降 60%—65%,非化石能源消费比重提高 20% 左右。但是,美国的退约又将全球的焦点聚焦到中国是否能够遵守气候承诺实现碳排峰值;而从图 4 分析来看,中国的能源相关的碳排总量已经趋于平稳甚至出现下降的趋势,那么是否意味着中国的碳排放峰值有可能会提前到来?虽然根据最新《中国低碳发展报告》(2016、2017 年)以及清华大学低碳经济研究团队与英国伦敦政治经济学院气候变化研究专家尼古拉斯斯特恩研究团队的共同研究,中国煤炭消费峰值已经于 2014 年出现。2016 年,中国煤炭消费量 37.8 亿吨,较 2015 年减少 1.9 亿吨,下降 4.7%[2];较 2014 年减少 3.3 亿吨,下降 8.1%,中国能源局、国际能源署(IEA)也支持中国煤炭消费达峰的结论。但是,从 2017 年至 2018 年我国煤炭消费量来看,煤炭消费恢复增长,2017 年同比增长 0.7%,2018 年增长 2.5%。其中,电力行业煤炭需求增长是我国煤炭消费量恢复增长的最主要因素,2017 年、2018 年,电力行业耗煤同比分别增长 4.9% 和 6.4%。需要注意的是,煤炭占一次能源消费比重逐步下降,2018 年煤炭在中国一次能源消费结构占比约 59%,比 2017 年下降 1.4 个百分点,这是自 2011 年煤炭占比高达 70.2% 以来的持续下降。从资源可靠性、价格低廉性、利用的可洁净性,决定了在今后一个较长时期内,煤炭作为我国主体能源的地位和作用仍难改变。[3]

从发达国家的经验来看,煤炭消费达峰是碳排放达峰的基本前提,英国、法国、德国的煤炭消费分别在 20 世纪 40、50、60 年代到达峰值,波兰的煤炭消费在 20 世纪 80 年代达峰,美国的煤炭消费也在 2005 年达峰(图 13)。2019 年 2 与发布的《全球煤炭市场报告(2018—2023)》显示,为落实《巴黎协定》中的节能减

① GOV.CN, 2015a. China Submitted Intended Nationally Determined Contributions File to UNFCCC [N]. (30 June 2015). http://www.gov.cn/xinwen/2015-06/30/content_2887337.htm. GOV.CN, 2015b. China.

② 国家发改委应对气候变化司:《中国应对气候变化的政策与行动 2017 年度报告》,http://qhs.ndrc.gov.cn/gzdt/201710/t20171031_866086.html,2017。

③ 黄晓芳:《国际能源署报告引发行业热议,未来煤炭消费何去何从》,《经济日报》2019 年 2 月 28 日。

排目标,逐步淘汰煤炭政策已经在欧洲国家广泛发布并实施,其中德国煤炭退出委员会宣布将在 2038 年前关闭所有煤炭发电厂;英国决定在 2025 年前关闭所有煤电设施;法国计划在 2021 年关闭所有燃煤电厂;芬兰打算到 2030 年全面禁煤;西班牙电力集团计划到 2020 年完全关闭燃煤电厂;荷兰将从 2030 年起禁止使用煤炭发电。①长期以来,中国经济发展严重依赖煤炭这一固体化石能源,煤炭消费占总能源消费的 70%以上,同时,中国每年煤炭消费均占全球的 50%左右。但中国 70%的燃煤发电实现了超低排放,意味着达到了天然气的排放水平,同时《全球煤炭市场报告(2018—2023)》报告称,煤炭未来的可持续发展取决于碳捕获、利益和储存(CCUS)技术,这一技术将成为中国履行应对气候变化责任、实现温室气体排放目标、控制总体减排成本的重要技术路径之一。因此,若中国能使煤炭消费尽早达峰再加上能源系统转型将会推动能源结构、效率的优化、提升,最终有可能促使中国碳排放峰值提前,甚至推进全球碳排放峰值提前。

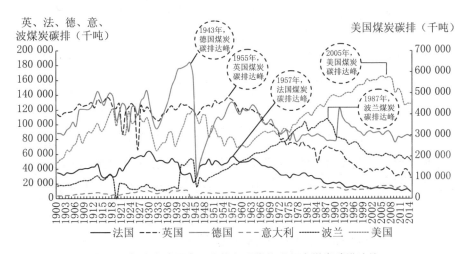

图 13 部分发达国家工业化和现代化进程中煤炭碳排峰值

数据来源:美国橡树岭国家实验室 CO_2 信息分析中心②

---

① 《全球煤炭市场报告(2018—2023)》,https://webstore.iea.org/market-report-series-coal-2018。

② 美国橡树岭国家实验室 CO_2 信息分析中心的化石燃料燃烧的 CO_2 与 IEA 的化石燃料的 CO_2 数据基本一致,误差在 1%左右。

五、 新博弈格局下中国应对气候变化的新战略

新中国成立 70 年以来,中国经济经历了曲折发展、飞速发展到稳步提质的过程,虽然在改革开放初期经济优先的发展理念下,粗放的发展模式给中国的自然资源造成了严重的破坏,并形成环境赤字,但在后 20 年,资源环境压力倒逼中国发展模式转向集约发展,并在气候变化政策指导下转向绿色低碳发展。因此,新时代中国在实可持续发展的道路上,不断提升应对气候变化的能力和水平,为实现全球温控 2 ℃目标积极作为。

(一)致力共建共享共赢的中国生态文明战略

自全球经济进入深度调整与再平衡的新常态,中国经济也将处于调结构、稳增长的新常态,经济增速将告别"十二五"之前每年7%以上快速增长。在全球经济增速放缓的趋势下,中共十八届五中全会提出了"创新、协调、绿色、开放、共享"五大发展新理念,从而保证中国经济在新常态中提质增效。其中,绿色发展理念以及党的十九大报告提出的"人类命运共同体"积极倡导建设清洁美丽的世界,那么,中国应对气候变化的国际谈判、政策与行动、努力与智慧不仅是构建世界人类命运共同体应尽的义务,也将为命运共同体国家提供了绿色转型和国内生态文明建设的经验,与世界各国共享生态文明建设红利。因此,未来中国将继续深化生态文明建设,积累生态文明理念融入国家发展规划的做法和经验,跳出传统的工业化和现代化先污染后治理、经济发展与碳排放高度相关的发展范式困境,探索出一条应对气候变化、保护环境与实现经济稳步增长多赢的发展路径。

(二)推进基于绿色技术的"中国制造"战略

在经济新常态下,绿色转型升级是中国"十三五"期间经济发展的战略性目标,通过经济增长方式的绿色转变,经济结构绿色提升,实现支柱产业的绿色替换,是国民经济体制和结构改革从量变到质变的过程。其中,产业结构绿色升级将提升中国传统产业可持续发展能力,使地方的经济发展摆脱资源和环境的约束,实现资源环境污染与社会经济发展脱钩,从而更好地参与国际竞争。因此,未来中国需要在开发和应用先进绿色技术、工艺和装备,在提高绿色产品质量、

扩大绿色产品服务出口和控制污染等方面继续加大资金、政策支持力度,让"中国制造"战略变得更加绿色。

(三)加入全球能源互联网提速中国能源革命

IPCC 第五次评估报告指出,要将全球温升控制在 2 ℃温升以内,全球累计 CO_2 排放不能超过 800~800 GtC(1 GtC 为 10 亿吨碳),目前已经排放了 531 GtC,未来要最大限度的压缩碳排空间。按照 2050 年全球温室气体减少 50% 的目标,2050 年全球人均 CO_2 排放量将不到 2 吨,尚不到中国目前人均排放量的 1/3。综合国内最新相关预测研究成果和技术经济设想,中国即使大力推进节能降耗和优化能源结构,到 2030—2050 年,中国 CO_2 年排放量也要达 100 亿吨[①]。但是,全球鲜有国家能够重视各国在这一温控目标下的"碳预算",即未来各国在符合温控 2 ℃规则下能够排放的碳容量。而能源低碳化是最直接实现碳减排,扩充碳容量的途径,因此,控制全球平均气温升高的减缓措施需要依靠能源低碳转型来实现。新能源及其技术替代是能源低碳转型重要路径之一。然而,由于目前新能源中可再生能源存在间歇性的技术问题,中国要实现新能源战略还需时日。为此,中国提出建设一个全球联通的能源电网,并已经创建了全球能源互联网(Global Energy Interconnection Development and Cooperation Organization, CEIDCO),这一能源互联网以可再生能源、超高压输电和人工智能电网为基础[②],既能够避免可再生能源的技术问题,加快实现提高能源消费中新能源比重的目标,同时,也能够通过市场化的手段降低可再生能源和清洁能源发电成本,从而降低我国发电、交通、建筑等高耗能部门的能源强度,加速中国第三次能源革命的进程。

(四)创新对外开放模式,开展多边合作战略

虽然《巴黎协定》对帮助发展中国家应对气候变化作出重要安排,尤其重视发展中国家的能力建设,但是随着新兴经济体的崛起,以"G77+中国"为代表的发展中国家阵营内部也因量化减排义务、出资、援助竞争日益呈现利益多元化。中国越来越重视与发展中国家在应对气候变化方面合作治理,即南南合作,从资

---

① 《第三次气候变化国家评估报告》编委会:《第三次气候变化国家评估报告》,科学出版社 2015 年版。

② [美]杰弗里·萨克斯、王艺璇:《构建"全球能源互联网"》,《中国经济报告》2018 年第 8 期。

金、技术、管理等方面与最不发达国家、小岛屿国家和非洲国家等发展中国家开展一系列的合作。特别是 2015 年,中国国家主席习近平正式宣布建立 200 亿元的中国气候变化南南合作基金,将在发展中国家建设低碳示范区,开展适应和减缓项目、组织人员培训、赠送节能及气候变化监测预警设备,支持编制应对气候变化政策规划,推广气候友好型技术等。①同时,借助"一带一路"战略构想,中国将继续发挥作为新兴市场和发展中国家经济合作领军者的角色和作用,将中国的绿色发展理念、低碳技术、绿色产业和产品、可持续发展管理模式以企业为主导,以绿色技术银行、绿色基金等绿色金融模式为辅助"走出去"。在全球经济复苏乏力、保护主义和单边主义盛行国际趋势下,中国需要与美、欧发达国家电力部门和高耗能部门之间开展有限额的国际碳交易,更多与发展中国家开展国际碳交易,构建发展中国家的区域碳市场,化解因各国碳市场存在较大的价格差别导致国际碳交易不公平问题,并有利于实现全球碳减排。

(第一作者为上海社会科学院生态与可持续发展研究所助理研究员,第二作者为上海社会科学院生态与可持续发展研究所所长)

---

① 王文涛等:《适应气候变化的国际实践与中国战略》,气象出版社 2017 年版。

新中国成立七十年来上海对口支援
新疆阶段、成效和模式研究

傅尔基

在新中国成立至今的 70 年伟大历程中,对口支援对于新中国建设、改革和发展具有特别重要的历史作用和深远意义。本文以习近平新时代中国特色社会主义思想为指导,着重通过对新中国成立 70 年来对口支援的重大范例——上海对口支援新疆改革开放前后"两大阶段"和"三次高潮"特征和成效考察,尤其是改革开放以来上海对口支援新疆的成功模式分析,阐述具有时代特征、中国特色和上海特点的对口支援对于促进西部地区经济社会发展、加强中华民族团结和巩固边疆长治久安的卓有成效举措和丰富有益经验,为上海自身与国内其他对口支援地区继续巩固和深化对口支援成果提供一个可资借鉴"上海方案",也为世界上发展中国家和地区促进区域协调发展、加强民族团结、实现后来居上、共享发展成果提供一个可以学习的"上海智慧"。

一、 上海对口支援新疆的"两大阶段"和"三次高潮"

新中国成立 70 年来,上海对口支援(对口支援是 20 世纪 80 年代提出,之前称作支援)新疆历程大体上可以分为新中国成立初期到改革开放前与改革开放后"两大阶段",出现"三次高潮":20 世纪 60 年代初中期上海人口迁移和屯垦成边支援新疆;改革开放 13 年(1997—2010 年)上海干部人才和扶贫开发支援新疆;上海新一轮对口支援新疆(2011—2020 年)——"全方位"和"多目标"对口支援新疆。

(一)上海支援新疆第一次高潮(20 世纪 60 年代初中期)

新中国成立以来到改革开放前是上海支援新疆第一阶段,在这一阶段中,上海第一次参与支援新疆的高潮是 20 世纪 60 年代初中期,有约 10 万知青上海进入新疆支边,屯垦戍边,"献了青春献终身,献了终身献子孙",丰富了新疆人口结构,促进边疆地区发展,极大地改变了新疆"一穷二白"的历史面貌。

第一,上海 10 万知青进入新疆支边,改善了新疆就业结构。

根据《新疆通志·兵团志》,1963 年至 1966 年"文革"之前,上海约有 9.7 万知青(其中女知青占一半以上)响应党和国家号召,告别繁华上海,远离家乡和亲人,进入新疆支边。其中,约 5 万人落户阿克苏,其余大部分集中在阿拉尔,也有到叶城、石河子等。上海等地知青进入新疆支边,使得新疆人口总量、就业人员有所增加。1960 年,新疆总人口和就业人员分别为 686.33 万人和 338.32 万人,经过短短五年,到 1965 年,新疆总人口和就业人员就分别达到 789.10 万人和 350.25 万人,总人口和就业人员分别增加了 102 万人和 11 万人。到 1970 年,新疆总人口和就业人员就分别达到 976.58 万人和 410.33 万人,总人口和就业人员又分别增加了 187.48 万人和 60 万人。同时,上海等地知青进入新疆支边,还改变了新疆人口和民族结构,汉族知青人数增加,使得兵团老军垦有了接班的新军垦,丰富了新疆多民族集聚格局,新疆也成为他们的第二故乡。

第二,上海 10 万知青屯垦戍边,促进边疆地区发展。

20 世纪 60 年代初中期上海知青进入新疆支边基本上是到新疆生产建设兵团,开荒种地、放羊,住地窝子、干打垒,喝河水,与老军垦、各族群众一起,自力更生,艰苦创业,逐步改变边疆"一穷二白"的面貌,垦殖出一片片沙漠绿洲,建设成一处处"塞上江南",建立起一个个新农工商业和新军垦团场,成长为新疆生产建设兵团和新疆当地教师、医生、领导干部,将上海海派文化与新疆兵团文化、边疆民族文化融合起来,提高了新疆生产建设兵团和新疆当地教育(尤其是汉语教育)、医疗和管理水平。如 20 世纪 80 年代新疆考大学录取率最高的地区是石河子、阿克苏,这两个地区从小学到高中,师资中坚是上海知青。他们为边疆开发建设、经济社会发展打下了坚实基础,作出了巨大贡献,为促进东部与内地联系、各民族交流团结、边防稳定巩固增添了坚强力量,作出了巨大努力。

(二)上海对口支援新疆第二次高潮(1997—2010 年)

新中国成立以来上海第二次对口支援新疆高潮是自 1997 年到 2010 年改革开放时期,也可以说是上海对口支援新疆改革开放阶段的第一次对口支援新疆高潮,响应党中央号召和国务院部署,以干部、人才支援新疆为主,帮助扶贫开发,"阿拉"上海人再次来到阿克苏对口支援,资助、帮助阿克苏社会经济建设和发展,产生了广泛和深远的良好影响,至今留下很好口碑。

第一,以干部人才支援新疆为主。

1996年《中共中央关于新疆稳定工作的会议纪要》作出决策部署,培养和调配一大批热爱新疆,能够坚持党的基本理论、基本路线和基本方针,正确执行党的民族宗教政策的汉族干部去新疆工作。按照党中央精神要求,上海对口支援阿克苏主要是干部、人才支援。自1997年到2010年的13年间,上海先后选派6批251名优秀干部和专业技术人才到上海对口支援阿克苏地区市县,设立联络组,负责开展对口支援工作。2005年,党中央调整支援新疆政策,中共中央办公厅下发15号文件,要求对南疆四地州和兵团实行干部对口支援与经济对口支援相结合。上海对口支援阿克苏由主要是干部、人才对口支援阿克苏变为干部、人才对口支援阿克苏带动经济对口支援阿克苏。

第二,同步开展扶贫开发支援新疆。

按照"动真情、办实事、求实效"的原则,从群众最关心、最需要、最迫切的项目入手,自1997年到2010年的13年间,上海无偿援助资金近4亿元,帮助阿克苏地区市县先后建设了"白玉兰"示范村、地区电视台演播厅、少年宫、急救中心、图书馆、博物馆、妇幼保健院等一批造福当地各族人民群众的支援新疆项目,同时,上海给予对口支援阿克苏地区市县扶贫开发、教育培训支持和帮助等方面,共投入帮扶资金2.5亿元,实施对口帮扶项目400多项。据统计,上海支援新疆干部共计捐款150余万元,帮助地区贫困群众和困难学生2.7万余人(次);先后安排1万余名地区党政干部、专业技术人员到上海市学习培训和挂职锻炼;牵头举办各类培训班400期,培训专业技术人才近2万人(次),填补自治区、地区教育、医疗技术空白200余项。

(三) 上海对口支援新疆第三次高潮(2011—2020年)

2010年3月29日至30日,全国对口支援新疆工作会议在北京召开。5月17日至19日,中央新疆工作座谈会又在北京举行。这两次会议全面总结新中国成立以来特别是改革开放以来新疆发展和稳定工作取得的成绩和经验,深刻分析新疆工作面临的形势和任务,进一步明确当前和今后一个时期做好新疆工作的指导思想、主要任务、工作要求,对推进新疆跨越式发展和长治久安作出了战略部署,掀起了全国 19 个省市负责承担、全面实施新一轮对口支援新疆高潮。新一轮对口支援新疆工作不仅在新疆工作历史上具有里程碑意义,而且对党和国家工作具有全局性意义。按照党中央、国务院部署和安排,上海新一轮(2011—2020 年)对口支援新疆地区由原来的阿克苏地区的阿克苏市、温宿县和阿瓦提县,调整为喀什地区的莎车县、泽普县、叶城县和巴楚县四县。

上海新一轮对口支援新疆具有新时期、新形势下新特征,就是从以往干部支援新疆为主转向全面对口支援新疆,包含了干部、人才、经济、教育、医卫、科技、文化、社会等全方位支援新疆,助推新疆跨越式发展和长治久安。

第一,从干部对口援疆为主转向全面对口援疆。

与 20 世纪 60 年代初上海支援新疆是人口迁移支援新疆、屯垦戍边支援新疆和第二次援疆高潮期间上海支援新疆是干部人才支援新疆、扶贫开发支援新疆不同,上海新一轮对口支援新疆是举全市之力、借全国之力开展的干部、人才、经济、教育、科技和社会等全面支援新疆,不仅是支援新疆经济社会发展、实现东西部区域协调发展和并重开放、共同建设全面小康社会的战略部署需要,而且是关系民族团结、国家安全、祖国统一、中华民族复兴的重大政治问题。为此,按照党中央、国务院要求,上海市对口支援新疆工作前方指挥部成立,具体负责指挥上海新一轮全面、综合、立体对口支援新疆工作。

第二,承担促进发展、脱贫致富和社会稳定的历史重任。

按照党中央和国务院部署要求,做好新形势下新疆工作必须紧紧围绕推进新疆跨越式发展和长治久安这两个重大而紧迫的任务来进行,党的十八大以后,以习近平同志为核心的党中央提出新时代对口支援新疆的重点任务是围绕长治久安和民族团结,2014 年以来,上海新一轮对口支援新疆进入全力以赴做好各项对口帮扶工作、助力对口帮扶地区到 2020 年全部如期脱贫摘帽的攻坚阶段。上海新一轮对口支援新疆喀什地区莎车县、泽普县、叶城县和巴楚县都是国家级贫困县,而且维稳形势严峻,"新疆稳定看南疆,南疆稳定看喀什,喀什稳定看叶城"。上海通过从 2011 年到 2020 年两个"五年计划"即十年时间,上海派出干部人才四批约 1 000 人次,财政转移投资 200 多亿元,企业投资和社会捐赠数百亿元,援建城乡住房、基础设施、教育、就业设施及劳动力培训、社会事业、产业发展、干部人才支援及培养培训、基层政权及阵地建设、交流交往及其他项目约 300 多个,为对口支援新疆喀什地区四县到 2015 年人均生产总值翻一番半、城乡居民收入显著增加、人均基本公共服务能力接近全疆平均水平、财政收入快速增长提供有力支撑,为四县到 2020 年基本消除贫困现象、全部摘除贫困县帽子、与全疆和全国同步进入全面小康、实现党中央提出的跨越式发展和长治久安的目标奠定基础。

二、 改革开放以来上海对口支援新疆的成功模式

自 20 世纪 90 年代初以来,在党中央和国务院统一领导、决策部署和特殊政策支持下,依靠上海支援方、受支援方等各方的团结协作,全力投入,共同奋斗,争创一流,创造了内涵丰富、外延广泛的上海对口支援新疆的成功模式:坚定不移地遵循"中央决策、国家部署、祖国需要、服务大局"的对口支援根本原则;始终确立贯彻"规划为先、民生为本、产业为重、人才为要"的对口支援基本方针;创新建立、健全"党委领导、政府负责、社会动员、企业参与"的对口支援基本体制;积极探索创建"科学指导、继承创新、务实有效、运作规范"的对口支援机制体系;全面加强和完善"组织人事、协调信息、资金监管、绩效评估"的对口支援保障制度;助力协同实现"跨越发展、脱贫致富、民族团结、长治久安"的对口支援中长期目标;弘扬"爱国爱疆、团结协作、创新进取、拼搏奉献、共创辉煌"的对口支援时代精神。

（一）坚定不移地遵循"中央决策、国家部署、祖国需要、服务大局"的对口支援根本原则

新中国成立以来,上海成长为共和国"长子",上海是全国的上海,上海积极响应和服从党中央、国务院战略决策和部署,服务好全国是上海"分内事",是上海城市品格之一,是上海做好对口支援新疆工作的根本遵循。这从新中国成立以来上海三次支援新疆高潮的历史背景和实践中可以清楚见证。

20 世纪 60 年代初中期,上海第一次支援新疆高潮正处于中苏关系恶化时期,中国周边的国际局势趋于紧张,国家出于"反修防修"战略考虑,需要培养新型革命接班人,同时也解决城市知青就业现实问题。

上海第二次对口支援新疆高潮是在改革开放时期,落实关于我国区域经济发展"两个大局"战略思想,先改革开放、先富裕起来的东部地区、上海,针对新疆尤其是南疆发展滞后,派出优秀干部、人才帮助新疆尤其是南疆扶贫开发,解决东西部经济发展不平衡突出问题。

上海第三次对口支援新疆高潮实际上是从 2010 年开始,又称上海新一轮对口支援新疆(2011—2020 年),是在新疆发展和稳定面临重大机遇和挑战、我国全面建设小康社会、打赢扶贫脱贫攻坚战进入关键时期下开展的。

改革开放以来,在党中央正确领导下,在各地区各部门大力支持下,新疆各级党委和政府团结带领各族干部群众艰苦奋斗、锐意进取,新疆经济社会发展取得举世瞩目的成就,新疆正处于经济社会快速发展、综合实力明显增强、各族群众得到实惠最多的时期,各族人民共同团结奋斗的物质基础、政治基础、思想基础、群众基础不断巩固,各项事业已站在新的历史起点上。由于历史、自然、社会等多方面因素影响,新疆发展和稳定仍然面临许多特殊困难和严峻挑战。新疆与我国东部地区的发展差距仍然较大,同时,新疆还存在着"三股势力"的威胁。新疆正处在发展和稳定的关键时期。加快新疆发展、维护新疆稳定,要继续发挥新疆各族干部群众积极性,继续加大中央对新疆支持力度,同时,进一步动员全国各地的力量,切实加强对口支援新疆工作。

新疆工作在党和国家工作全局中具有特殊重要的战略地位。实施全国新一轮对口支援新疆工作,促进新疆发展和稳定,关系全国改革发展稳定大局,关系祖国统一、民族团结、国家安全,关系中华民族伟大复兴。进一步加强和推进对口支援新疆工作,是中央新时期新疆工作总体部署的重要组成部分,是贯彻"两个大局"思想、促进区域协调发展的战略举措,是发挥社会主义制度优越性、巩固和发展各民族大团结的重要体现,是增强新疆自我发展能力、促进新疆跨越式发展的有效途径,是促进新疆社会和谐稳定、实现新疆长治久安的必要保证。与全国 18 个省市一起负责承担、全面实施新一轮对口支援新疆工作,上海新一轮对口支援新疆使命光荣,责任重大,任务艰巨,卓有成效。

(二)始终确立贯彻"规划为先、民生为本、产业为重、人才为要"的对口支援基本方针

"规划为先、民生为本、产业为重、人才为要"相结合的对口支援基本方针由改革开放以来上海新一轮对口支援新疆首次完整提出,得到了上海市委、市府领导认可和赞扬,成为上海对口支援西部地区的基本方针。

上海新一轮对口支援新疆时间长、资金大、任务重、要求高,为了提高对口支援的科学性、合理性和有效性,严格按照党中央、国务院战略决策和部署要求,组织上海的主要咨询、规划、设计单位,依靠受援地区,开展对口支援调查研究,对接中央和新疆维吾尔自治区部署和要求、喀什地区和受援四县经济社会发展规划和实际需求,高起点、高标准、高水平地编制上海对口支援喀什四县综合规划和专项规划,做好城乡总体规划,合理分配和安排上海援疆资金和项目,坚持规划引领,实现科学发展,取得了预期好绩效,经得起历史检验。

在上海新一轮全方位对口支援新疆中,始终把保障和改善民生作为出发点和落脚点,优先对口支援涉及各族人民生活改善的就业培训、"双语"和职业教育、人才培养、安居富民和定居兴牧、医疗卫生、养老和残疾人和产业带动就业项目等,援助资金向困难地区、贫困人口倾斜,逐步解决好各族人民最急需、最直接、最普遍的利益问题,让各族人民在较短时期内普遍得到、切实感受党和政府的温暖关怀、上海人民的真情实意。

上海新一轮全方位对口支援新疆注重通过长期的产业扶持,稳定、持续地保障和扩大就业规模,实现农业剩余劳动力的非农就业,引导创业,带动就业,增加收入,改善各族人民生活。用足用好中央特殊优惠政策,大力协助对口支援喀什四县改善投资环境,积极协助开展招商引资工作,鼓励和支持纺织业等劳动密集型企业。重点援建当地有特色、有竞争优势的农牧业种植、养殖基地、旅游业、资源开发以及工业开发区和连接全国、周边国家和地区的商贸市场等,增强经济发展后劲,提升自我发展能力,将"输血"与"造血"相结合,壮大对口支援新疆喀什四县的县域经济实力,提高人均收入水平。

上海新一轮对口支援新疆把干部人才援疆作为主攻方向,利用上海干部人才、信息、管理的相对优势,根据四县经济社会发展对干部人才和智力的需求,加大对当地各种人才培养,统筹推进各类党政人才、专业技术人才、企业经营管理人才、农村实用人才和高技能人才的当地培训、来沪培训,同时要制定政策选派上海各类优秀人才到新疆开展短期培训,扩大高中、职业教育和大学的招生数量,为建设一大批稳疆兴疆的干部人才发挥应有的作用。

（三）创新建立、健全"党委领导、政府负责、社会动员、企业参与"的对口支援基本体制

"党委领导、政府负责、社会动员、企业参与"是改革开放以来上海对口支援新疆、主要是上海新一轮对口支援新疆的基本机制，并被参照复制到上海对口支援西部地区。

加强和推进新一轮对口支援新疆工作，是党在新时期新疆工作总体部署的重要组成部分。党委领导是做好新形势下新疆工作的核心和关键，是推进新疆跨越式发展和长治久安的根本保证。上海新一轮对口支援新疆是在党中央统一领导下，服从新疆维吾尔自治区和喀什地区党委领导，依靠对口支援四县党委，上海支援方党委切实加强对口支援工作的针对性和有效性，探索形成援疆工作的好制度、好办法，上海对口支援新疆喀什四县的项目和资金按照当地党委的讨论决定安排，上海援疆干部接受当地党委的领导、管理和监督，把党的统一领导贯彻到对口支援新疆工作的各方面和全过程。

上海新一轮对口支援新疆主要是在中央总体部署下沪疆两地政府跨行政区域的对口支援和协作，新疆受援地政府、上海支援方政府统筹协调，上海市对口支援新疆工作前方指挥部组织实施，按照国家确定的对口支援新疆目标和任务，举全市之力，前后方协同，动员各方力量，配合受援地政府，共同制定科学规划，精心组织实施，注重实际成效，满足各族群众需求，为受援地跨越式发展和长治久安敢于担当，走在全国对口支援新疆工作前列。

从本意上讲，上海新一轮对口支援新疆是沪疆两地政府之间对口支援和相互协作，但从广义上讲，上海新一轮对口支援新疆也是上海各界与新疆各族群众之间互助互帮和友爱团结，需要进行广泛社会动员，发扬社会帮扶优良传统，壮大对口支援新疆社会力量，提高对口支援新疆社会效益。从受援地的实际出发，由上海市人大审议和市政协协商参与，充分利用各种动员方式和激励机制，形成全社会全面、综合、立体参与援疆的良好氛围，激发和调动工青团妇、社会各界、中介组织、专业机构和广大市民的对口支援新疆积极性、主动性和创造性，捐款捐物，智力支持，志愿行动，结对帮困，奉献爱心，为受援地社会事业良好发展、各族群众脱贫致富作出贡献。

上海新一轮对口支援新疆仅靠沪疆两地政府之间以及各级政府之间对口支

援和相互协作,是很难实现新一轮对口支援新疆助推跨越式发展的目标和任务,必须要有企业参与、产业发展。因此,为要推进经济援疆,上海新一轮对口支援新疆注重援助当地营造招商亲商利商的投资发展环境,为招商引资牵线搭桥,筑巢引凤,为引进企业的员工培训、资金融通、优惠政策等提供优质、便利服务。积极引进民营、国有企业和三资企业等各类企业,突出龙头企业尤其是劳动密集型企业带动就业和产业发展作用,在骨干、龙头企业带动下形成四县开发农副产品生产、贸易和建筑装潢、旅游资源等支柱产业,扩大招工,增加就业,开拓市场,提高财政收入和居民收入。

(四) 积极探索创建"科学指导、继承创新、务实有效、运作规范"的对口支援机制体系

自上海新一轮对口支援新疆以来,在党中央和国务院统一领导和部署下,在沪疆两地党委和政府的领导和支持下,上海市对口支援新疆工作前方指挥部会同各方,贯彻中央决策部署,依靠当地干部群众,充分发挥上海优势,积极探索创新路子,形成一系列的具体机制体系:"官、研、企、地"相结合的规划对口支援新疆机制;"引进来""走出去"相结合的干部(人才)对口支援新疆机制;"政府补贴、援疆资助与个人出资"三方结合的保障住房对口支援新疆机制;突出双语教育和职业教育两大重点的多样化教育对口支援新疆机制;围绕公共卫生和学科医疗提升两大重点建立的沪喀联手的新型医卫对口支援新疆机制;建立与喀什经济开发区联动推进,招商、招工和职业培训"三位一体"的产业对口支援新疆机制;科技与产业发展和民生改善结合、科技兴县的科技对口支援新疆机制;通过文化周和艺术节等形式促进沪喀文化交流合作的文化对口支援新疆机制;爱国爱疆和团结互助精神激励全民参与的社会对口支援新疆机制;重大援建项目的招投标机制、"绿色通道"的审批机制和多渠道、多元化的投融资对口支援新疆机制;援疆财政资金封闭运行、全程监管和"两地三方"建设项目管理与确保廉洁工程的监管对口支援新疆机制;技防为主和人技结合、促进长治久安的维稳对口支援新疆机制,等等;构成全面、综合、立体的上海新一轮对口支援新疆机制体系。

全面、综合、立体的上海新一轮对口支援新疆机制体系内涵丰富,外延广泛,其主要特性概括起来就是"科学指导、继承创新、务实有效、制度规范"。

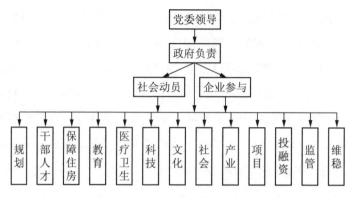

图 1　上海新一轮对口支援新疆机制体系

上海新一轮对口支援新疆机制始终立足于受援喀什四县各族干群切身利益,从受援喀什四县各族干群生活生产实际诉求出发,围绕脱贫致富,把民生发展改善放在第一位,科学规划援建,开展全面援疆,协调各方关系,使援疆项目在当地行得通、可持续,经得起历史检验,做到普遍受惠、满意受用和长期受益。

上海新一轮对口支援新疆机制继承了新中国成立以来尤其是改革开放以来上海干部人才援疆为主、带动项目援疆的传统,同时,根据新世纪、新情况、新目标、新要求和新条件,创新建立和运作领导、规划、干部(人才)、民生、产业、资金(项目)、科技、文化、社会、监督、维稳等全面、综合、立体援疆机制。

上海新一轮对口支援新疆机制是结合对口支援当地的实际需求,对接喀什四县"十二五"发展规划目标,在当地党委和政府的统一领导下,依靠当地干群,发挥上海优势,因县制宜,统筹兼顾,不搞"花架子",不搞"表面文章",力争经过受援方、支援方和各方的努力,明显促进跨越式发展和长治久安的总体目标实现。

上海新一轮对口支援新疆机制要在达成共识和协调一致的基础上建章立制,形成制度体系,确立办事程序,规范执行监督,做到有章可据,依章办事,违章必究,确保上海新一轮对口支援新疆工作的决策正确、方案科学、职责到位、协调通达、执行有力、流程有序、监管规范、务实高效。

(五) 全面加强和完善"组织人事、协调信息、资金监管、绩效评估"的对口支援保障制度

上海新一轮对口支援新疆取得预期好绩效,得益于在达成共识和协调一致

的基础上建章立制,形成的一整套行之有效的保障制度体系,确立办事程序,规范执行监督,做到有章可据,依章办事,违章必究,从而确保上海新一轮对口支援新疆工作的决策正确、方案科学、职责到位、协调通达、执行有力、流程有序、监管规范、务实高效。

上海贯彻落实对口支援新疆工作的总体要求,建立、健全组织指挥体系,形成上海市领导小组"统揽全局、统筹推进",领导小组办公室"后方协调、服务保障",前方指挥部"一线指挥、实施推进"。进一步完善承担上海对口支援新疆任务的相关市级部委办局、区(县)、人民团体、企事业单位等相关单位"结对帮扶、务实对接,全市共同推进"的工作机制。在上海市领导小组办公室指导下,建立对口支援新疆后方联席会议,定期交流工作情况,开展产业运行分析,研究部署有关上海对口支援新疆工作,发挥本区(单位)优势,建立健全上海对口支援新疆政策措施,因地制宜地开展形式多样的上海对口支援新疆工作。

建立和加强对口支援新疆前方、后方信息报送制度。上海对口支援新疆前方工作信息(含动态、工作简报、情况专报等)由上海市对口支援新疆前方指挥部上报至中共上海市委、上海市政府,并抄送上海市领导小组办公室。上海对口支援新疆后方工作信息由上海市领导小组办公室汇总报送中共上海市委、上海市政府,并抄送上海市对口支援新疆前方指挥部。党中央、国务院各相关部门需要报送的信息由上海市领导小组办公室会同上海市对口支援新疆前方指挥部整理后上报。上海市对口支援新疆前方指挥部四县分指挥部的上海对口支援新疆工作信息,在报送市援疆前方指挥部的同时,抄报对口支援区。

上海对口支援新疆工作充分考虑受援地区对上海对口支援新疆工作干部支援的实际需求,选派政治素质高、工作能力强、年轻有潜能的干部参加上海对口支援新疆工作。选派对重点工程、项目投资、组织人事、产业发展及民生建设等富有经验的人才参加上海对口支援新疆具体项目实施。针对上海对口支援新疆喀什地区四县农业、科技、教育、卫生、文化等专业技术人才的短缺,从全市组织动员相关各种专业人才赴上海对口支援新疆喀什地区四县服务,提供必要的生活、工作保障。借鉴援建都江堰和兄弟省市经验,增设对参与对口支援新疆项目的单位集体和干部人才的工作评估表彰和奖励机制,对表现突出、成绩显著的,给予相应的表彰,更好地发挥对口支援新疆示范榜样和典型带动作用,建立前后方联动的激励机制。结合负责对口支援新疆项目锻炼,对经受重大考验的、有突出成绩或贡献的、符合条件的对口支援新疆干部实施"援(疆)中提拔"。

为确保上海对口支援新疆建设项目资金及时、充足到位与使用的规范、有序和安全高效,结合上海和当地实际,实行预算网上申报、批准,确保项目资金预算及时进入上海预算管理系统,经审核后及时将上海对口支援新疆建设项目资金按季分月拨付至上海市对口支援新疆前方指挥部或建设单位专用账户,同时引入浦发银行对项目资金实行全过程封闭式管理。根据对口支援新疆项目的不同性质,按工程进度实行资金拨付,拨付时待用款单位提出拨付申请,经审核后通过浦发银行将援疆项目资金及时下拨至县财政局或建设单位专户,确保援疆项目顺利开展。探索试行项目网上申报审批、审计、验收管理。

明晰上海市对口支援新疆前方指挥部分级负责职责,积极发挥分指挥部落实推进作用。指挥部在项目管理上的职责是制定计划、统筹平衡、督促检查,具体为组织编制相关经济社会发展规划、援建规划和总体规划;分指挥部按照规划,开展年度项目计划的上报、协助所在县政府职能部门做好项目的报批,工程建设协调推进工作。上海市对口支援新疆前方指挥部按照受援县的人口系数、困难程度和援建规模、结构和支持方向,统筹平衡后,在与地委、行署沟通后上报,批准实施。

立足中央建立喀什特殊经济政策开发区的优惠政策,结合上海市国内合作交流专项资金,构建以产业为主的各项援疆项目发展和扶持政策体系,引导鼓励上海及其他地区企业到四县投资兴业,促进地区经济发展。确保政策支持体系与国家、自治区、地区及四县已有政策良好衔接,重点协同四县建立招商引资的零土地批租、企业所得税"二免三减半"优惠政策、项目落地信贷支持、安居工程贷款贴息及招商引资项目技术工人培训补贴等政策落实。明确不同援疆产业项目和不同投资方式所享有的政策,规范政策落实条件和流程,做到操作上程序化、规范化、透明化,防止支援项目空置或他用。

切实抓好上海市对口支援新疆工作内部廉政建设,规范支援项目相关单位和从业人员的廉洁行为,保障工程建设项目决策正确、方案科学、管理规范、质量可靠、廉洁高效。健全监管工作体系,明确监管任务、范围以及各相关部门的责任和分工,确保对口支援物资监管工作有力、有序、有效运转。建立完善监管制度,规范项目资金的筹集、管理、使用范围、拨付程序、财务核算以及监督检查。强化监督关键环节重点领域,通过环节控制、实地督察和社会监督保证项目的管理、工程招投标、资金使用、物资采购等关键环节透明可控,促进项目管理规范,保障资金安全。

建立上海对口支援新疆建设项目资金监督机制和资金透明、封闭、安全的运行流程。根据中央纪委、监察部的要求,借鉴上海援建都江堰的成功经验,建立两地(上海、喀什)三方(上海市监察部门、喀什地区监察部门和前方指挥部)援建项目管理的监督和保障机制。以体制约束、机制保障、流程控制、过程监督为核心,引入浦发银行网银支付系统和账户管理系统平台,建立上海对口支援新疆建设项目资金网上封闭管理系统,确保资金都用到实处,切实让群众受益,探索出公共资金管理新路。

上海对口支援新疆喀什四县综合规划是指导上海新一轮对口支援新疆工作科学发展的指导性文件,也是年度计划编制的基本依据,必须坚决贯彻落实,同时,适时适地进行调整,加强综合平衡和实施绩效评估,确保上海新一轮对口支援新疆规划项目的务实有效,科学发展。为了更好使上海对口支援新疆综合规划更好符合实际,在对口支援综合规划实施中期,上海市对口支援新疆前方指挥部会同喀什地区和上海有关部门对规划的实施进行中期评估,检查规划的落实情况,分析规划实施效果,找出规划实施的问题,提出解决问题的建议,推动规划有效实施,为动态调整和修订规划提供依据。同时,分析对于上海对口支援新疆喀什地区四县发展规划目标体系指标值的贡献度。

(六) 助力协同实现"跨越发展、脱贫致富、民族团结、长治久安"的对口支援中长期目标

上海对口支援新疆工作是在党中央和国务院统一领导和决策部署下,主要依靠中央和支援方党政干部人才和财政转移支付与受援方党政干部群众支持和参与,以特定项目为载体,共同完成对口受支援地区的民生、经济、人才、科技、文化等对口支援任务,协助促进对口支援地区经济社会跨越式发展、各族群众脱贫致富、民族团结进一步加强、边疆地区长治久安的对口支援目标实现。

"十二五"时期,按照中央提出的跨越式发展和长治久安的对口支援新疆总体目标,上海新一轮对口支援新疆对接喀什地区四县"十二五"发展规划目标,力争经过受援方、支援方和各方的努力,通过加强农牧民住房、城镇居民住房等基本民生保障,加强教育、卫生、文化等公共服务建设,扶持新型产业发展,完善城乡总体规划和布局,配合当地政府,努力促进上海对口支援喀什四县"六个明显"即经济发展明显加快、社会事业明显进步、城乡面貌明显改观、人民生活明显提高、安定团结明显巩固,基层组织建设明显加强,到 2015 年,为支持四县人均生产总值翻一番半、城乡居民收入显著增加、人均基本公共服务能力接近全疆平均水平、财政收入快速增长提供有力支撑,为四县到 2020 年基本消除绝对贫困现象、与全疆和全国同步进入全面小康、实现中央提出的跨越式发展和长治久安的目标奠定基础。

2014 年 5 月,习近平总书记在第二次中央新疆工作座谈会上发表重要讲话强调,要围绕社会稳定和长治久安这个总目标,以推进新疆治理体系和治理能力现代化为引领,以经济发展和民生改善为基础,以促进民族团结、遏制宗教极端思想蔓延等为重点,坚持依法治疆、团结稳疆、长期建疆,努力建设团结和谐、繁荣富裕、文明进步、安居乐业的社会主义新疆。因此,上海新一轮对口支援新疆"十三五"发展规划目标,紧紧抓住西部大开发历史机遇,坚持以规划统筹发展、以政策引导发展、以产业提升发展,围绕丝绸之路经济带建设,努力把新疆建设成为我国向西开放的桥头堡,把推进受援地区社会稳定和长治久安作为对口援疆的根本目标,在做好政府资金和项目援疆的同时,进一步发挥上海在技术、人才、管理、体制创新等方面的优势,坚持"软件"与"硬件"并重、"输血"与"造血"并举,加大管理和技术的支持力度,努力促进上海对口支援喀什四县经济发展平稳提速、各族群众生活明显改善、社会稳定形势显著好转、社会治理能力加快提升、公共服务水平持续提高、民族团结更加巩固、自我发展能力稳定增强。

进入"十三五"时期,上海紧紧围绕党和国家精准扶贫脱贫攻坚的要求和部署,"以助力扶贫攻坚统领援疆工作"来推进各项对口支援工作,把精准扶贫脱贫作为重要政治任务和头等大事,纳入喀什地区"四位一体"即专项扶贫脱贫、行业扶贫脱贫、援疆扶贫脱贫、社会扶贫脱贫的大扶贫脱贫格局中,实施精准扶贫脱贫基本方略的"六个精准"即扶贫对象精准、项目安排精准、资金使用精准、措施到户精准、结对派人精准、脱贫成效精准,因地制宜助推"五个一批"即继续改善民生条件脱贫一批、发展生产销售增收脱贫一批、加强教育培训就业创业脱贫一批、转移外出打工扶贫脱贫一批、通过社会捐助帮扶脱贫一批。以对口支援为推手，以沪喀协作为纽带，以当地干群为主体，找准"短板"，精准发力，助推喀什地区四县到2020年实现"两个确保"目标即确保农村贫困人口全部脱贫和确保贫困县全部脱贫摘帽，在此基础上，与全疆、全国同步进入全面小康社会。

（七）弘扬"爱国爱疆、团结协作、创新进取、拼搏奉献、共创辉煌"的对口支援时代精神

上海新一轮对口支援新疆实践取得成效，集中、鲜明和生动地体现了上海新一轮对口"援疆精神"——"爱国爱疆、团结协作、创新进取、拼搏奉献、共创辉煌"，是上海城市精神的发扬光大，是全国建设全面小康过程中社会主义核心价值彰显，指引、鼓舞上海援疆干部和群众真情、创新、有效、出色地完成新一轮对口支援新疆的神圣使命、重大职责和艰巨任务，努力促进受援地跨越式发展和长治久安，造福受援地各族人民，进而教育、引领全国人民进一步增强爱国主义、集体主义、社会主义觉悟，进一步坚定走中国特色社会主义道路的信念，推动全国新一轮对口支援新疆深入开展，共同建设全面小康社会，实现民族伟大复兴的"中国梦"。

爱国爱疆。新疆是我国陆域面积最大自治区，占我国陆地总面积六分之一，是我国西北的战略屏障，对外开放的重要门户，战略资源的重要基地，实施西部大开发战略的重点地区。新疆又是我国维吾尔族集聚、多民族共居的地区。新一轮对口支援新疆是我国全面建成小康社会时期和实现中华民族伟大复兴进程中党和国家的一项重大战略部署和任务。新疆的发展和稳定，关系全国改革发展稳定大局，关系祖国统一、民族团结、国家安全，关系中华民族伟大复兴。上海新一轮对口支援新疆体现社会主义核心价值，就是热爱祖国、热爱社会主义大家庭的跨行政区域的协助行动，抱着一腔爱国热情，把新疆当成自己家乡、家园，真心实意地支援新疆各族人民跨越式发展，与全国同步进入全面小康社会，实现长治久安。

团结协作。上海新一轮对口支援新疆要充分发挥支援省市的生力军作用，但是，仅此力量是不能有效地完成"啃硬骨头"、促进受援地县跨越式发展和长治久安的任务，必须要在党中央、国务院领导下，在中央部门的组织、协调、推动下，依靠新疆自治区和兵团的主体作用和中央企业的排头兵作用，广泛联合全国支援力量,举全市之力,前后方协调联动,与受援地县各族干部群众心一起想、一起干,形成"承中央之力、举全市之力、靠当地之力、借各方之力"相结合的对口支援协作主体,发扬社会主义大家庭团结协作的崇高精神,全心全意地干、争分夺秒地干、务求实效地干,确保到 2020 年实现脱贫摘帽、进入全面建设小康社会目标。

创新进取。上海新一轮对口支援新疆涉及国家核心利益,面对复杂国际环境,承担"啃硬骨头"任务。因而,面对新形势、新任务,上海新一轮对口支援新疆解放思想、更新观念,创新精神、创新作风,创新机制、创新工作,锲而不舍、开拓进取,解决新问题,开创新局面,全面、持续、高效地推进住房、教育、医疗、就业、社保等民生项目,加强交通、水利等重大基础设施和生态环保建设,推进产业援疆,发展特色经济,加大科教、人才、干部等智力援疆力度,推动、加深新疆与内地之间、各民族之间经济、人文等交流交往交融,努力完成党和国家交给的光荣使命、艰巨任务,走在全国对口支援新疆前列。

拼搏奉献。上海新一轮对口支援新疆干部和各界人士坚决贯彻中央决策部署,肩负上海重托,远离家乡和亲人,来到南疆,克服水土不服、时差较大、"反恐"任重等一个个困难挑战,"五加二"、"白加黑",夜以继日,长年累月,不讲报酬,不计得失,不畏艰苦,不怕牺牲,发扬连续作战精神,亲临第一线,深入调研思考,协商决策部署,同心同德,同甘共苦,身先士卒,不辱使命,特事特办,急事急办,肯干善干,苦干实干,把对口支援新疆作为人生一次有意义的锻炼、考验和经历,自觉做一名新疆跨越式发展和长治久安的援建者、奉献者。

共创辉煌。全部脱贫摘帽、全面建成惠及十几亿人口的更高水平的小康社会,是党中央确定的到 2020 年奋斗目标。没有新疆如期全部脱贫摘帽、实现全面小康、各族人民共同富裕,也就没有全国如期全部脱贫摘帽、实现全面小康、各族人民共同富裕。上海新一轮对口支援新疆喀什地区四县是贫困县,促进受援地县跨越式发展,到 2020 年消除贫困、如期实现全面小康,是先富起来的上海应尽的责任,也是上海"创新驱动、转型发展"需要,是互利双赢。按照"呼应国家、对接四县、立足当前、着眼长远"的原则,上海对口支援新疆体现国家战略要求、上海服务优势和四县特殊性质,反映新一轮援建的时代特征、中国特色和四县特点,确保援建的科学性、合理性、前瞻性和有效性,无论是支援规划、工作,还是支援成果、评价,力争高起点、高效率、高质量和高满意,确保到 2020 年实现全部脱贫摘帽、全面建设小康社会目标。

参考文献:

1. 郝志景:《新中国 70 年的扶贫工作:历史演变、基本特征和前景展望》,《毛泽东邓小平理论研究》2019 年第 5 期。

2. 刘金山、徐明:《对口支援政策有效吗——来自 19 省市对口援疆自然实验的证据》,《世界经济文汇》2017 年第 4 期。

3. 傅尔基:《全力以赴做好上海对口支援喀什地区四县精准扶贫脱贫的十条对策建议》,《上海综合经济简报》2017 年第(2017-2)号。

4.《习近平的精准扶贫方略走向世界》,《学习中国》2015 年 10 月 18 日。

5.《推动共建丝绸之路经济带和 21 世纪海上丝绸之路的愿景与行动》,新华社 2015 年 3 月 28 日。

6.《张春贤在丝绸之路经济带国际研讨会上的致辞》,中国网 2014 年 6 月 26 日。

7.《民族团结是发展进步的基石 把祖国的新疆建设得越来越美好——习近平总书记新疆考察纪实》,新华社乌鲁木齐 2014 年 5 月 3 日。

8. 钟开斌:《对口支援:起源、形成及其演化》,《甘肃行政学院学报》2013 年第 4 期。

9. 傅尔基:《论发达地区与欠发达地区金融对接——基于金融深化与上海金融援疆分析》,《上海金融》2013 年第 7 期。

10. 傅尔基:《"十二五"新疆努力推进跨越式发展和长治久安——兼析上海对口支援新疆喀什四县"十二五"发展目标》,《上海综合经济简报》2012 年第 13 期。

11. 傅尔基:《上海援疆金融要解决好"供给"与"需求"关系》,《联合时报》2012 年 10 月 12 日第 78 期。

12. 赵明刚:《中国特色对口支援模式研究》,《社会主义研究》2011 年第 2 期。

13. 兰英:《对口支援:中国特色的地方政府间合作模式研究》,西北师范大学 2011 年学位论文。

14. 傅尔基:《关于做好上海新一轮援疆工作的思考》,《上海致公》2010 年第 11 期。

（作者为上海市发展改革研究院研究员）

中国特色社会主义经济转型思想的理论价值研究

马 艳

一、引 言

自 1917 年第一个社会主义国家苏维埃俄国诞生以来,国际经济形势发生了波澜诡谲的变化。社会主义国家在没有现成经验可以借鉴,也没有成熟理论进行指导的历史条件下,开始了建设社会主义制度的探索。在这一艰难的探索过程中,第一个社会主义大国苏联解体并转向资本主义制度,东欧的社会主义国家也纷纷放弃了社会主义制度。而中华人民共和国作为一个发展中大国,在坚持社会主义制度的基础上,走出了一条从计划经济体制向市场经济体制转型的成功道路,在经济建设和社会发展的方方面面取得了举世瞩目的伟大成就。其独特的建设道路被誉为"中国模式",由世界银行高度肯定,并向发展中国家推广。转型实践的成功离不开转型理论的指导,转型理论的发展又与转型实践之间存在矛盾统一的辩证关系。为此,研究中国经济转型思想的发展和演变,尤其是剖析其理论价值,对于总结中国以建设社会主义事业为目标为推行的经济转型之路的成功经验和教训,以及指导转型最终完成,具有十分重要的理论和现实意义。

要研究中国经济转型思想的发展演变与理论价值,首先必须对经济转型的内涵进行界定。对于经济转型的概念,理论界没有太大争议,即认为经济转型是指一个国家或地区为了应对自身经济发展中出现的瓶颈和问题,而对原有的经济发展方式、经济结构乃至经济发展的体制机制等进行的变革。①但对于经济转型涉及的经济制度和体制机制变革的内涵和范围,则存在狭义和广义等不同观

---

① 黄南、张二震:《经济转型的目标、路径与绩效:理论研究述评》,《经济评论》2017 年第 2 期;谢鲁江:《中国经济转型问题的理论探讨》,《哈尔滨市委党校学报》2014 年第 7 期。

点。有学者将经济转型(转轨)狭义地理解为后社会主义国家的制度与全球资本主义制度趋同的过程。①更多的学者对转型的理解相对广泛,认为转型并不一定是社会主义制度向资本主义制度的转型,而是从中央计划经济体制向市场经济体制的演变,即从基于国家控制的社会主义集中计划经济转向自由经济。②还有学者从更广的范围理解制度转型,认为转型是一个"大规模的制度变迁过程"③。"转型是一个大概念,不能仅仅简单归结为从计划经济到市场经济的转轨。转型并不仅仅指包括经济的转型,还包括了生活方式、文化的转型,政治、法律制度的转型等多个方面,因此必须多维度地考察转型。"④这些对经济制度与机制体制转型的不同理解,是学者对转型实践的不同国别特征与不同历史阶段的不同侧重点的研究的必然结果。

基于中国经济转型的实践,本文所分析的中国经济转型,是指在坚持社会主义基本经济制度的基础上,从计划经济体制向市场经济体制转型的过程。其包含着两个层面的内涵:其一,中国经济转型的首要特征是坚持走社会主义道路。因为中华人民共和国的基本制度是社会主义制度,无论是政治目标的约束还是经济实践,均证明了中国经济的转型不是也不可能是社会主义制度向资本主义制度的转型。其二,中国经济转型是一个长期的历史过程,中间经历了不同的发展阶段。长期来看,中国经济转型是从社会主义计划经济体制向社会主义市场经济体制的转型,而根据其转型的阶段性特征,又可以划分为不同的中期阶段。

在以上中国经济转型内涵界定基础上,"中国经济转型思想"的含义也随之清晰,即是对中国经济转型特殊案例的总结和抽象,应当建立在对中国历史和国情具体研究的基础上。其具体内容至少包括如下四个方面:第一,转型的初始条件思想,即对中国不同历史阶段社会主要矛盾的抽象和总结,从而确立转型的初始状态即起点;第二,转型的目标思想,即基于不同阶段所要解决的重点问题,形

---

① Sachs, Jeffrey D., Wing Thye Woo, and Xiaokai Yang. 2000. "Economic Reforms and Constitutional Transition." Annals of Economics and Finance 2(1):435—491.

② 刘伟、范从来、黄桂田主编:《现代经济学大典(转型经济学分册)》,经济科学出版社2016年版,第7页。

③ Roland, Gérard, The Political Economy of Transition, Journal of Economic Perspectives, Vol.16, No.1, 2002.

④ [匈]雅诺什·科尔奈:《大转型》,载《比较》第17辑,中信出版社2005年版。

成对转型方向和转型目标的认知;第三,转型的路径思想,即对不同阶段转型道路的选择和具体路径的论述;第四,转型的绩效思想,即对不同阶段中国经济转型的现实绩效和理论绩效进行考察。

本文即以新中国成立以来的中国经济转型思想为主要研究对象,旨在分阶段、成系统地梳理新中国 70 年经济转型思想的演变轨迹和发展脉络,并在此基础上深入剖析这一转型思想的发展和践行对于推动中国特色社会主义经济理论创新的重要理论贡献和理论价值。

二、 新中国 70 年中国经济转型思想的发展脉络

新中国成立以来,我国经历了若干阶段的经济体制改革过程。依据历史的逻辑,可将新中国经济转型的历史进程划分为四个阶段,分别为 1949—1978 年早期探索阶段、1978—1992 年自觉探索阶段、1992—2012 年全面探索阶段和2012 年以来深化探索阶段。沿着这四个阶段,对中国经济转型思想的核心特征进行深入梳理和挖掘,即可勾勒出中国经济转型思想的整体发展脉络。

(一) 早期阶段的思想发展脉络

1949 年至 1977 年,我国将计划经济体制看作社会主义制度的本质特征,进行了完善社会主义制度的改革尝试。在 1956 年和 1960 年,进行了引入商品和市场关系的探索性改革,但这一改革并未持续,相应的转型思想也是零散和不成体系的。为此我们将这一阶段命名为“中国经济转型的早期探索阶段”。这一阶段的经济转型思想特征包括以下几方面:

一是马克思主义的绝对主流地位决定了转型思想以马克思主义经济学和苏联社会主义经济理论为指导思想。

二是中国在经济不发达的条件下建立社会主义经济制度,与马克思主义经典作家的阐释并不一致,同时历史上没有建设社会主义制度的成功检验可以借鉴,要求思想界基于当时的历史现实总结和抽象中国社会主义制度的基本经济规律的内容,表现形式以及作用范围,从而明确经济建设和转型的历史起点。

三是迅速建成并不断强化的早期计划经济体制下政府的高度集权特征,决定了该阶段中国经济改革的探索遵循自上而下的单一路径。改革的方向和路径

由政府领导人的认识绝对把握,思想界的自主探索相对不足。因此,早期的经济转型思想一方面由政府改革措施的推行而被动地推动,另一方面,多集中于围绕政策和中央观点的解读。

四是早期探索期,中国对于建设社会主义可以有哪些模式并不明确。由于当时的意识形态高度统一,认为计划经济体制就是社会主义的基本特征之一,因此虽没有明确的理论观点,经济体制探索实际以建立和完善计划经济体制为导向。其间,党和国家领导人认识到了高度集中的计划经济体制不能适应当时社会生产力的发展,因此进行了以"权利下放"为特征的系列改革探索,但是由于对经济体制探索初始条件,即当时生产力与生产关系的矛盾关系认识的不足,以及经济体制探索目标思想发展的相对滞后,经济体制探索在试错中不断进行。而早期经济体制探索思想也在这些具有试验性质的阶段性改革过程中逐步推进。思想界对于社会主义条件下,包括人民公社条件下商品市场关系的存在性、作用范围;价值规律的存在性,作用范围与作用方式;以及如何正确处理有计划成比例规律与价值规律的关系等进行了零散的同时也是闪耀着科学思想光辉的总结,形成了早期的社会主义商品经济思想。

由此可见,这一时期经济体制探索思想与经济建设的试验性特征相吻合,经济体制探索思想是零散的非系统的,具有早期探索的特征。但这一时期形成的社会主义商品经济思想,对于转型自觉探索期社会主义商品经济理论的形成打下了坚实的理论基础,具有重要的先行意义。

(二)自觉探索阶段的思想发展脉络

1978 年 12 月,党的十一届三中全会做出了将全党的工作重点转移到社会主义现代化建设上来的决定,这是一个具有全局性根本性意义的伟大历史转折。必须在坚持社会主义制度的基础上对传统计划经济体制进行全面改革,这是社会的统一认识。但是,关于改革方向、改革模式、改革力度等具体问题,理论界和实践界尚未形成明确的结论。这一阶段我国在经济体制转型的目标确立和路径选取方面还具有十分明显的摸索性特征,即"摸着石头过河"。因此,我们将这一阶段命名为"中国经济转型的自觉探索阶段"。这一阶段的经济转型思想特征包括以下几方面:

一是随着改革开放的逐步推进,西方经济思潮开始进入中国,并开始对理论界产生逐步增强的影响。此时,经济转型思想仍然以马克思主义经济学为基本指导理论,对西方经济学有学习,有借鉴,但主要还是持否定态度,对于国外经济理论的吸收主要集中于东欧前社会主义国家进行的经济体制改革的理论总结的吸收。

二是上一阶段经济转型的成功经验和历史教训,以及国际交流的增多,对本阶段转型思想的形成产生了重要影响。一方面,1949 年至 1978 年的经济建设从社会主义计划经济体制建成初期带来的社会经济建设各方面取得蓬勃发展的巨大成功开始,到 1978 年人们带着对计划经济体制的浓浓困惑而结束,思想界开始总结计划经济体制的弊端,以及我们在建设计划经济体制过程中形成的成功经验;另一方面,中国与成熟市场经济国家在经济发展成效上的巨大差距,促使思想界讨论市场机制在促进效率提升方面的优点所在。同时,在总结上一阶段,不顾生产力发展现状,急于实现经济快速发展的赶超战略下的"大跃进"运动,以及急于向共产主义制度过渡的"人民公社化"运动的失败的基础上,党和国家领导人对我国当前所处的历史阶段做出了"社会主义初级阶段"的正确判断,思想界也进行了多方解读和总结。

三是 20 世纪 70 年代末期中国进行的真理标准大讨论解放了人们的思想。同时十一届三中全会做出了以经济建设为中心,全面推动改革开放的决定。原来铁板一块的计划经济体制开始松动。始于农村家庭联产承包责任制的农村经济改革体现出自下而上推动改革的新特征。这一阶段,虽然政府仍然是经济体制改革的主导力量,但思想界开始主动探索经济体制改革的方向、改革的程度与路径,各种思想大为活跃,呈现出"百家争鸣,百花齐放"的特征。

四是这一阶段经济转型思想试图解决的问题,集中在明确转型的阶段性目标之上。虽然政府确立了要改革经济体制改革的思路,社会普遍认为应逐步放松计划经济体制。但改革是在计划经济体制内部进行,还是向一个新的体制变革;计划经济体制放松到什么程度,以及放松的具体措施等问题尚不明确。思想界集中讨论了这些问题,整体而言,该阶段思想界对于市场手段和市场机制的重要性的认识经历了一个逐步增强的过程。

五是计划和市场结合的经济体制改革模式探讨是这个阶段研究的热点。具体而言,思想界基于这一阶段以家庭联产承包责任制为核心的农村改革,以开放国有企业自主经营权为核心的国有企业改革,流通领域推进商品自由交换和价格形成的"双轨制"改革,对外开放的发展,以及政府职能转型等改革探索,进行了多方理论探索,形成了社会主义商品经济理论。

由此可见,这一阶段中国经济转型思想的整体特征是在明确了要改革传统计划经济体制后,对体制改革的方向、程度和路径的自觉探索。经济改革仍然带有试验性质,但试验的指导思想相对早期探索阶段更为明确,因此经济转型思想仍然具有探索特征,但是在目标相对明确的条件下的自觉探索。

(三)全面探索阶段的思想发展脉络

1992年10月,社会主义市场经济体制的改革目标确立,标志着中国转型进入了新的阶段。这一阶段我国经济体制改革方向和模式的探讨已经尘埃落定,并被社会主义市场经济体制框架的探讨所取代,经济转型的阶段性目标十分明确,就是实现从"双轨制"向"社会主义市场经济体制"的全面转型。改革涉及社会经济生活的方方面面,范围更加全面,步伐更为坚定,方式更为大胆。因此,我们将这一阶段命名为"中国经济转型的全面探索阶段"。这一阶段转型特征的特征包括以下几方面:

一是部分转型经济思想仍然建立在马克思主义政治经济范式基础上。但基于"新古典范式""凯恩斯范式""新制度经济学范式"西方转型经济学的引入,尤其是市场经济理论等思潮对中国经济转型思想的发展起到了重要的作用。这是因为,一方面随着中国经济社会的国际交流不断增多,西方经济理论在中国的传播越来越广泛,二是随着非公有经济成分在我国国民经济结构中的占比不断增加,以及市场化改革的不断深入,市场经济理论的影响不断增强。

二是这一阶段的转型目标思想已经十分明确,就是建立和完善社会主义市场经济体系。针对上一阶段转型末期,社会出现的对改革方向是姓资还是姓社的困惑,邓小平1992年的南方谈话彻底统一了思想,明确了社会主义的本质特征是解放和发展生产力,以及实现共同富裕。确立了社会主义市场经济体制改革的方向。这一阶段对于转型的性质和目标再无分歧,理论界对经济转型的研究也开始正式进入核心内容的研究。

三是这一阶段经济转型思想的核心是解决社会主义如何与市场经济体制相结合的问题,转型经济理论围绕着向市场经济体制转型的全面铺开而进行。包括:(1)明确社会主义与市场经济体制结合的可行性和科学性问题;(2)明确社会主义市场经济条件下的所有制问题和分配制度问题;(3)讨论如何培育"独立自主、自负盈亏、自我发展、自我约束的"的独立市场微观主体问题,由此形成了国有企业改革的产权理论等系列理论;(4)如何完善社会主义市场经济体系的问题,就建立和完善劳动力市场、资本市场、知识产权市场,如何构建社会保障体系,如何转变政府职能,处理好市场与宏观经济调控等问题,进行了系列理论探索。

四是随着转型经济学的兴起,对中国经济转型的路径进行了研究和探索,包括对苏联"激进式"改革模式的反思和中国"渐进式"改革成功经验的总结。主要是针对苏联东欧在转轨过程中面临的种种困难和中国改革的成功所展开的全球性经济转型话题,主要围绕"激进改革"与"渐进改革","中国模式"与"中国奇迹","华盛顿共识"与"北京共识"等展开的争论与讨论,在探讨社会主义国家经济转型经验的基础上,明确了中国转型的路径和模式问题。

由此可见,这一阶段中国经济转型思想的整体特征是首先明确了转型目标,是建立和完善社会主义计划经济体制,接着围绕着市场经济体制改革的全面推进,对转型的理论探讨也全面铺开。随着转型经济学的出现和中国转型经验的不断增多,国内对经济转型的初始条件,目标、实施路径和绩效进行了全方位的探讨。转型经济思想也呈现出全面突破的特征,中国转型经济理论逐步形成。

(四) 深化探索阶段的思想发展脉络

中国在经济转型的全面探索期已经基本建成了社会主义市场经济体系,但随着经济发展,出现了通过经济进一步转型,实现转变经济发展方式,提升经济结构,解决市场化进程中出现的一些民生问题的新要求。这意味着中国建成成熟完善的社会主义市场经济体制进入了攻坚阶段,即要求进行社会政治体制等上层建筑的调整。这些调整是基于向社会主义更高阶段的转型的要求,也是改革市场经济体制中一些不适应社会生产力发展现状,全面建成成熟社会主义市场经济体制的要求。这些要求意味着我国要同时对一些历史遗留问题,以及一些新的问题进行重点深化改革。因此,我们将这一阶段命名为"中国经济转型的深化探索阶段"。这一阶段转型思想的特征包括以下几方面:

一是中国经济新常态的论断促进了经济转型思想的深化。转型深化期在坚持社会主义市场经济体制的转型目标基础上,更强调对转型一贯目标,即推动财富生产方式更加可持续,财富分配方式更加公平合理方面发展。这一时期经济转型思想在持续批判性吸收西方市场经济理论科学成分的基础上,加强了对马克思主义经济理论的应用和发展,逐步向中国特色社会主义政治经济学理论的有机组成部分发展和完善。

二是在新转型的初始条件探索上,主要集中于对中国当前新常态的认识和讨论,包括:(1)如何认识经济增速放缓这一新常态,是发展瓶颈还是发展新阶段;(2)对经济"新常态"的内涵的理论探讨;(3)对"新常态"时期经济发展模式的探索。上述讨论均对转型思想的发展提出了新的要求。

三是明确了新中国经济转型深化期经济转型思想的内核和外延。这一时期经济转型思想的内涵是新发展理念,集中讨论了新发展理念的形成脉络、理论内涵和如何贯彻新发展理论等问题;同时,这一时期经济转型思想的外延是构建人类命运共同体,讨论了人类命运共同体的形成脉络、理论内涵以及探讨了初步实施路径等。

需要指出的是,由于这一阶段转型的目标尚未达成,阶段性转型过程仍在进行,因此经济转型思想必将呈现出不断变化的特征。

综上,新中国成立70年以来,中国共产党带领中国人民完成社会主义革命,确立社会主义基本制度,探索了中国特色社会主义市场经济体制的中国道路,实现了社会经济结构和制度体系的系列变革与提升。70年来,中华民族从根本上扭转了贫穷落后的命运,持续走向繁荣富强,实现中华民族的伟大复兴的"中国梦"不再是遥不可及的幻想。在新中国转型探索中形成的转型思想,与中国经济转型的道路一起,经历了几许曲折和发展变迁。新中国经济转型思想紧密结合中国经济转型的实践,并从理论上抽象和总结了这一伟大历史过程中每一阶段的经验教训,形成了新的理论体系。

三、 中国特色社会主义经济转型思想的理论贡献

中国特色社会主义道路的成功,也是中国向社会主义市场经济体制转型的阶段性成功。转型实践的成功离不开卓有成效的转型理论发展的指导,综合考

虑中国转型经济思想的发展演变过程及其阶段性理论成果,可以得出其为中国特色社会主义经济理论体系的完善和发展,至少作出了三方面理论贡献。

(一)证明了马克思主义唯物辩证法的正确性与中国价值

唯物辩证法是马克思两个伟大发现之一,主要包括四方面内容:(1)从生产力与生产关系的矛盾运动中理解社会经济形态的变化,因此重视对社会基本矛盾的研究和分析,强调矛盾分析法的运用;(2)强调人民群众在历史创造中的作用;(3)强调实事求是,求真和务实统一;(4)使用整体性、联系性和动态性的系统方法。①

中国经济转型实践是唯物辩证法在中国大地上的发展和应用,中国经济转型思想的理论成果证明了马克思主义唯物辩证法的正确性与中国价值。表现在:(1)我国经济转型的过程中,始终坚持以人民为中心的评判标准,始终看"人民是否真正得到了实惠,人民生活是否真正得到了改善,人民权益是否真正得到了保障。"②(2)基于不同阶段中国的具体国情,总结出了不同的转型初始状态思想,包括社会主义基本经济规律、社会主义初级阶段、社会主义本质理论和中国经济新常态理论等,并对这些不同初始状态的社会主要矛盾和具体问题进行了充分的讨论与论述;(3)转型过程中始终注意激发人民群众的主观能动性,转型理论和转型政策注意吸收人民群众自主创新的实践成果,形成了转型路径的"渐进性"特征;(4)通过改革经济关系和上层建筑以促进生产力发展是贯穿于始终的一个重大原则。

对唯物辩证法中的生产力原则的认识,在中国经济转型中的每个具体阶段有不同的表现,形成了以改革生产方式和上层建筑以"发展生产力"到"解放和发展生产力"再到"解放、发展和保护生产力"三者并举的发展过程。

在经济转型的早期探索阶段,我国整体坚持了发展生产力这个唯物史观的基本观点,强调发挥人民群众在经济建设中的主观能动性,并结合实际,进行了

---

① 刘伟:《在马克思主义与中国实践结合中发展中国特色社会主义政治经济学》,《经济研究》2016 年第 5 期;洪银兴:《以创新的理论构建中国特色社会主义政治经济学的理论体系》,《经济研究》2016 年第 4 期;张宇:《中国特色社会主义政治经济学的科学内涵》,《经济研究》2017 年第 5 期;周文、宁殿霞:《中国特色社会主义政治经济学:渊源、发展契机与构建路径》,《经济研究》2018 年第 12 期。

② 《十八大以来重要文献选编》,中央文献出版社 2016 年版,第 698 页。

经济体制改革的早期探索。毛泽东多次指出,党的根本任务是发展生产力。20世纪 50 年代,毛泽东紧密结合我国国情,分析了我国社会的复杂矛盾,深刻揭示了社会主义社会发展的根本动力。他指出,社会主义社会同其他任何社会一样,"基本矛盾仍然是生产关系和生产力之间、上层建筑和经济基础之间的矛盾"。科学地阐明了社会主义社会基本矛盾的性质、特点和主要表现,指明了解决社会主义基本矛盾的途径和方法。遗憾的是这一正确思想由于受"左"的思想干扰等原因,未能始终坚持贯彻。

在经济转型的早期探索阶段,我国在研究中国国情特征的基础上,提出了社会主义初级阶段思想,明确了我国这一阶段的社会主要矛盾,提出了不仅要发展生产力,而且要发展生产力,即从根本上改变束缚生产力发展的经济体制,从对传统的计划经济体制变革起,逐步走向全面建设社会主义市场经济体制。

在经济转型的早期探索阶段,党的十四大报告深刻论述:"判断社会主义事业和各方面工作的是非得失,归根到底,要以是否有利于发展社会主义的生产力,是否有利于增强社会主义国家的综合国力,是否有利于提高人民的生活水平为标准。"这三个有利于的标准,是生产力标准的进一步发展和完善,是对马克思唯物史观关于生产力原理的具有重大理论意义的新的贡献和发展。①此后改革在先期探索的基础上全面推进,既包括对基本经济制度的改革和完善,又包括资源配置方式的改革、国有企业的改革、分配制度的改革和完善、宏观调控体系的改革和完善等。

在经济转型的早期探索阶段,思想界对经济发展与生态环境矛盾关系的认识不断加强,通过对新发展理念的绿色发展内涵的表述,指出了保护生产力的有效途径,即通过构建绿色发展方式和生活方式,实现永续发展的必要条件并满足人民对美好生活的追求。促使资源环境和生态得到有效保护,实现人与自然和谐共生和可持续发展。

(二) 构成了中国特色社会主义政治经济学的有机组成部分

党的十八大以来,以习近平同志为核心的党中央特别强调将中国特色社会主义政治经济学作为总结和指导中国特色而社会主义改革发展的实践的理论依

---

① 辛竹:《唯物史观在当代中国的新发展》,《实事求是》1994 年第 2 期。

据。2015 年 12 月习近平同志在中央经济工作会议上的讲话中指出,要坚持中国特色社会主义政治经济学的重大原则。由此可见,中国经济转型进入到深化探索阶段,要求形成系统化的经济学说,以指导中国特色社会主义建设道路的进一步推进并取得成功。研究理论界对中国特色社会主义政治经济学的基本特征的概括,可以发现,中国经济转型思想的研究和理论成果,构成了中国特色社会主义政治经济学的有机组成部分。

一方面,中国经济转型思想的研究和发展在立场、观点和研究方法上与中国特色社会主义政治经济学具有高度的内在统一性。

中国特色社会主义政治经济学,是一种以研究如何巩固和完善中国特色社会主义经济制度,持续有效发展中国特色社会主义经济为主要任务的无产阶级政治经济学。与一般意义的社会主义政治经济学更多侧重于说明社会主义"应该如何"的研究侧重点不同,中国特色社会主义政治经济学则需要更多地分析显示的社会主义究竟如何巩固和发展、发展的形式、道路和规律是什么等问题。因而中国特色社会主义政治经济学从根本上来说是中国特色社会主义实践的产物,是其经济建设实践的理论概括。①

中国特色社会主义政治经济学的基本研究方法是唯物辩证法,研究立场是在坚持马克思主义政治经济学为无产阶级劳苦大众谋利益的鲜明的根本立场基础上,始终坚持以"以人民为中心"。②研究对象是一定生产力水平基础上的生产关系,基本任务是阐述经济规律。研究主题是在今天全球化加快发展、世界政治经济格局发生重大变化的复杂环境下,探讨中国这样经济文化落后的国家以怎样的方式发展社会主义经济。③因此,其研究主题即包括对中国特色社会主义"生产关系多层次"的研究,又包括对"具体经济制度多层次"的探讨。中国特色

① 邱海平:《国家、政府、市场:以中国特色社会主义政治经济学为视角》,《教学与研究》2017 年第 3 期;简新华:《创新和发展中国特色社会主义政治经济学》,《马克思主义研究》2018 年第 3 期。

② 北京市中国特色社会主义理论体系研究中心课题组:《人民主体论:中国特色社会主义政治经济学的逻辑起点》,《中国特色社会主义研究》2017 年第 1 期;张雷声:《论中国特色社会主义政治经济学的发展与创新》,《马克思主义研究》2017 年第 5 期。

③ 洪银兴:《以创新的理论构建中国特色社会主义政治经济学的理论体系》,《经济研究》2016 年第 4 期;张雷声:《论中国特色社会主义政治经济学的发展与创新》,《马克思主义研究》2017 年第 5 期。

社会主义政治经济学的基本研究方法是唯物辩证法。

从对上述中国特色社会主义政治经济学的定义、方法、立场和研究主题的表述,可以看出中国经济转型思想的研究和发展与中国特色社会主义政治经济学内在的高度统一性。

另一方面,中国特色社会主义政治经济学的重要理论创新来自中国经济转型思想的先期研究和理论发展。

关于中国特色社会主义政治经济学研究已经获得的重要理论创新,理论界主要总结为三个方面:一是对社会主义基本经济制度理论的伟大发展,包括社会主义本质理论,以公有制为主体多种所有制经济共同发展理论,以按劳分配为主体多种分配方式并存的理论,社会公平正义与全体人民共同富裕理论等;二是社会主义发展阶段理论的丰富与完善,包括社会主义初级阶段理论,经济新常态理论,新发展理念和社会主义对外开放理论等;三是关于社会主义市场经济理论的伟大创新,包括社会主义经济体制改革理论等。①从上述表述可以看出,中国经济转型思想的发展和阶段性理论成果正是中国特色社会主义政治经济学理论创新的来源。

(三)证明了改革开放前后两个历史时期的内在一致性

习近平总书记深刻指出,我们党领导人民进行社会主义建设,有改革开放前和改革开放后两个历史时期,这是两个相互联系又有重大区别的时期,但本质上都是我们党领导人民进行社会主义建设的实践探索。他强调,对改革开放前的历史时期要正确评价,不能用改革开放后的历史时期否定改革开放前的历史时期,也不能用改革开放前的历史时期否定改革开放后的历史时期。②

改革开放前后两个历史不能相互否定的重要论述,对于我们坚定不移地继续推进中国特色社会主义伟大事业,坚持中国特色社会主义的道路自信、理论自

---

① 洪银兴:《以创新的理论构建中国特色而社会主义政治经济学的理论体系》,《经济研究》2016年第4期;简新华、余江:《发展和运用中国特色社会主义政治经济学的若干问题》,《中国高校社会科学》2016年第6期;张雷声:《论中国特色社会主义政治经济学的发展与创新》,《马克思主义研究》2017年第5期;顾钰民:《改革开放40年中国特色社会主义政治经济学的三大创新》,《高校马克思主义理论研究》2018年第4期。

② 中共中央党史研究室:《正确看待改革开放前后两个历史时期》,《中共党史研究》2013年第11期。

信和制度自信具有重要的指导意义。提出"两个不能相互否定"有一定的现实原因,因为在改革开放前后,思想界对于转型初始状态、转型路径与转型目标等的理解的确存在较大差异。通过对转型思想形成路径与理论逻辑的具体阐述,有利于证明改革前后两个历史阶段的内在联系与统一性。

对中国经济转型实践与转型思想的研究表明,改革开放以来,中国始终坚持了中国共产党的领导,始终坚持了党和政府对转型方向与转型路径的主导作用,始终坚持了以建设中国特色社会主义为长远发展目标,始终坚持了以人民中心的改革利益取向,在此基础上,从经济转型理论的构成来看,各阶段对转型初始状态、转型目标和转型路径的认识的确存在差异,相应地形成的转型基本理论的构成也有所不同,但各阶段转型思想均体现出了逻辑的内在统一性与认识的不断深化发展过程。

第一,从经济转型的初始状态思想来看,我国经历了社会主义基本经济规律、社会主义初级阶段、社会主义本质理论和社会主义经济新常态四个发展阶段。这体现出了我国对在落后国家的基础上建设社会主义制度,其经济规律的内涵和作用范围将存在怎样的特征的发展性研究。同时,研究了伴随社会生产力的阶段性发展,社会主义矛盾将产生怎样的变化问题。

第二,从经济转型的目标思想来看,我国经历了从完善社会主义计划经济体制,到在计划经济体制内部引入市场机制,到全面建设社会主义市场经济体制,再到深化建设成熟社会主义市场经济体制的变化过程。在这一过程中,我们对社会主义初级阶段仍然需要商品货币关系,仍然需要市场机制有效发挥资源配置作用,市场经济仍然需要政府有效调控,建设社会主义市场经济体制要求正确处理政府与市场关系等系列认识不断加强。可以说,如果没有改革开放前,探索完善社会主义计划经济体制的艰难探索,后期对于计划经济体制与市场经济体制,关于计划手段与市场手段的关系,关于政府与市场关系的理论将成为无本之源、无根之木。

第三,从经济转型的路径思想来看,这一阶段经历了正确处理农、工、重各类产业比重,正确处理中央集权与地方分权等转型路径探索。一方面,相关探索的路径变化,在一定的历史阶段内构成了转型的渐进式特征,另一方面,正是这些早期探索中付出的改革成本,为改革开放后期实施审慎的渐进式转型路径的提供了宝贵的经验。

第四,从经济转型的基本理论来看,我国在不同阶段分别形成了社会主义商品经济思想、社会主义商品经济理论、社会主义市场经济理论等系列转型基本理论。从这些理论的内容构成来看,先期理论为后期理论的形成和发展提供了丰富的思想来源,后期理论是对先期理论进行发展和深化的结果。

由此可见,中国经济转型思想的形成和发展,对中国特色社会主义经济理论的发展作出了重要理论贡献。它证明了马克思主义唯物辩证法的重要性和中国价值,为中国特色社会主义政治经济学的形成和发展提供了研究基础与重要思想来源,证明了中国社会主义建设道路的内在一致性。结合转型经济思想对转型经济绩效的研究可以证明,中国经济转型思想研究对于强化中国特色社会主义的道路自信、理论自信、制度自信和文化自信均有重要的理论意义。

（作者为上海财经大学经济学院教授）

追溯中国经济奇迹的源头

——七十年的历程与四十年的改革开放

周 宇

在过去40年中,中国实现了年均近10%的高速经济增长,这一现象被国际社会誉为中国奇迹。本文将从70年的视野,探究中国奇迹的源头。本文的结构和逻辑关系如下:第一,通过比较中国改革开放前后两个时期的经济发展情况,确认中国奇迹发生的时期;第二,通过对不同经济增长率国家的比较,确认中国高速经济增长的主要动因;第三,通过对日本奇迹、东亚奇迹和中国奇迹的比较,探讨中国奇迹超越前两个奇迹的原因;第四,分析改革开放之前30年与之后40年的内在联系,并从前30年的经济发展轨迹中寻找后40年中国奇迹形成的远因。

为了便于分析和比较,本文把中华人民共和国成立以来的70年分为两个阶段,即从1949年到1979年的30年和从1979年到2019年的40年,前者是中国统一市场和公有制形成的30年;后者是中国推进改革开放的40年。借助这一分类,本文将从70年的跨度追溯中国经济崛起的足迹。

一、 经济数据展示的两个不同发展阶段

从经济数据来看,在过去的70年中,前30年和后40年之间存在着截然不同的差异。通过经济数据分析,我们很容易得出中国经济奇迹发生于后40年的结论。中国奇迹具体表现为中国经济占全球份额的急速上升,这一变化主要起因于中国经济的高速增长。

表1的数据比较了主要经济大国和经济体占全球的份额和该份额的历史变动情况。经济规模的计算有两种方法,即汇率计价法和购买力平价计价法(PPP)。通常由于发展中国家的货币普遍存在低估倾向,而且其非贸易品价格也普遍低于发达国家,受此影响,以汇率计算的发展中国家的经济规模也同样存

在低估倾向。为了纠正这一偏差,学术界和国际金融机构开发了多种 PPP 经济规模计价法。尽管 PPP 计价法的使用没有汇率计价法广泛,但是前者的准确程度要高于后者。表 1 是以 PPP 计算的主要经济大国的全球份额比较。

表 1　主要经济大国的全球份额　　　　（PPP 计价,单位:%）

	欧洲（欧盟）	美国	中国	日本	印度	俄罗斯（苏联）
1952 年	29.3	27.5	5.2	3.4	4.0	9.2
1978 年	27.8	21.6	4.9	7.6	3.3	9.0
1998 年	23.9	20.3	6.9	7.2	4.0	3.0
2018 年	16.3	15.2	18.7	4.1	7.8	3.1

资料来源:1952 年和 1978 年的数字来自 http://www.ggdc.net/Maddison,欧洲包括东西欧 39 个国家。1998 年和 2018 年的数据来自 World Economic Outlook Databases（WEO）,其中欧洲为欧盟的数据

从横向国际比较来看,在我国改革开放开始起步的 1978 年,以 PPP 计价的 GDP 全球份额为 4.9%,我国经济规模小于欧盟、美国、苏联和日本。1998 年,在经历了 20 年的改革开放后,我国 GDP 的全球份额上升至 6.9%,在全球的排名位于欧盟、美国和日本之后,为全球第四大经济体。2018 年,我国在全球的份额上升到 18.7%,超过了欧盟的 16.3% 和美国的 15.2%,如果以购买力平价进行计价,我国已经成为全球第一大经济大国。

另外,从纵向历史比较来看,在新中国成立初期的 1952 年,以 PPP 计算的中国份额为 5.2%。到改革开放起步的 1978 年,该份额不仅没有增加,反而下降到 4.9%。然而,1978 年以后,随着改革开放政策的实施,我国经济占全球的份额开始出现回升的趋势。从 1978 年到 1998 年,在改革开放的头 20 年中,我国经济占全球的份额从 4.9% 上升到 6.9%,升幅为两个百分点。从 1998 年到 2018 年,在改革开放的后 20 年中,我国经济占全球的份额进一步从 6.9% 上升至 18.7%,升幅达十二个百分点。以上数据非常直观地表明,中国经济增长的奇迹主要出现在改革开放的后 20 年中。

比较新中国成立以来前 30 年和后 40 年的经济发展情况,我们不难发现改革开放以来我国经济占世界份额的上升主要受两方面因素的影响:

第一,经济增长率的大幅度上升提高了中国经济在全球的份额。从 1952 年

到 1978 年,中国的平均经济增长率为 4.39%,这一速度低于 4.59% 的同期全球平均速度。受这一因素的影响,中国的份额不仅没有增加,反而有所下降。但是,1978 年以后,中国经济增长率开始急速上升,到 2003 年为止,年均 GDP 增长率上升到 7.85%。是前 30 年的近两倍。①2003 年以后,中国经济进一步加快了增长速度。从 2003 年到 2011 年我国平均经济增速超过 10%。由于我国经济增长速度远远高于其他国家和地区,这一差异大幅度提高了中国经济的全球份额。

第二,发达国家经济增长速度的大幅度下降也是中国份额提高的原因之一。该因素对提高中国经济份额上升的作用尽管没有第一个因素那么引人注目,但是其影响力却不容忽视。从 1952—1978 年,全球主要经济大国维持了较高的经济增长,这一高增长在很大程度上归功于战后的恢复性经济增长。与以上时期相比,主要经济大国在 1978—2003 年期间的年均 GDP 增长普遍出现了大幅度的下滑。欧洲从 4.37% 下降到 2%,美国从 3.61% 下降到 2.94%,日本从 7.86% 下降到 2.53%。②从 2003 年到 2018 年,发达国家的平均增速进一步下降到 1.8%。③发达国家经济增长速度的下降同样起到了提高中国相对经济实力的作用。

二、 中国奇迹的主要动因:出口

在改革开放的 40 年中,是什么让中国经济成为一匹如此出色的"黑马"?由于一国经济的发展受制于经济政策、文化、政治和国际环境等多方面因素的综合影响,因此我们很难武断地断言是某一特定因素成就了中国经济。尽管如此,基于常理的逻辑推理有助于我们大体上确认实现中国经济崛起的主要动因。

首先,我们有必要考察文化、政治和国际环境对中国经济的影响。就文化和政治的影响而言,有一种观点认为儒家文化和强势政府的结合成就了日本奇迹、东亚奇迹和中国奇迹。但是这两个因素无法解释中国奇迹为什么出现在 1978 年之后,而没有出现在 1978 年之前。在 1978 年以前,中国也从来没有缺失过这两个因素。另外,还有一种观点认为,1978 年以后国际环境的变化成就了中国奇

---

① ②　http://www.ggdc.net/Maddison.

③　IMF, World Economic Outlook Databases(WEO).

迹。从国际环境因素来看,20 世纪 80 年代初期以后,全球性市场化和自由化潮流确实为中国利用外部资源实现崛起提供了绝好的机会。但是,这一因素无法解释为什么在同样有利的国际环境下,唯有中国能够实现连续 40 年的高速经济增长。

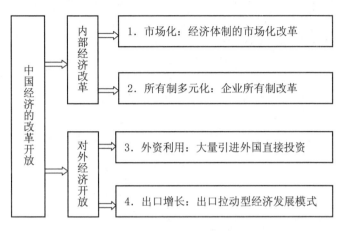

图 1　中国经济改革开放的四大内容

与以上因素相比,经济政策的变化对中国经济的影响更为重要。尽管我们不能完全排除文化、政治和外部环境因素对中国奇迹的正面影响,但是,与这些因素相比,中国在经济领域的改革开放政策发挥了更为重要的作用。中国的改革开放政策带有明显的中国特色,这一特色在一定程度上可以解释为什么唯有中国经济能够在全球经济中脱颖而出。正是基于这一事实,国际社会达成了以下共识,即改革开放成就了中国奇迹。

然而,就中国改革开放的内容而言,需要进一步进行确认的是:在众多的改革开放措施中,是什么让中国如此"与众不同"? 图 1 将中国改革开放的内容分为内部改革和对外开放两个部分,前者又进一步分为市场化改革和所有制多元化改革,后者分为外资利用和出口。

如果对表 1 中的 6 个主要经济体,即美国、欧盟、中国、日本、印度和俄罗斯进行比较,我们不难发现,在图 1 所涉及的市场化、所有制多元化、外资利用和出口四个方面,中国经济在前三项中都不占有明显的领先优势。

首先,就市场化和所有制多元化来说,中国的进展不仅不及欧洲、美国和日本等发达国家,甚至还落后于印度和俄罗斯等一部分新兴市场国家。即使与南美和东南亚多数新兴市场国家和经济体相比,中国在市场化和所有制多元化程度上也不存在领先优势。

表 2　FDI 占国内固定资本形成总额比重的国际比较　（单位:%）

年　份	所有国家	发达国家	发展中国家	中东欧国家	中国
1991—1997 年平均	5.00	4.10	7.10	7.60	12.30
1998 年	10.87	10.34	12.52	12.46	13.62
1999 年	16.35	16.41	16.12	15.77	11.32
2000 年	20.25	21.57	16.25	11.40	10.33
2001 年	12.41	11.87	14.20	11.83	10.54
2002 年	10.75	11.03	9.82	11.34	10.41
2003 年	9.20	8.78	10.59	16.85	8.63
2004 年	7.50	6.10	10.50	19.10	8.20
2005 年	10.35	9.25	12.62	16.14	8.78
2006 年	12.62	11.83	13.77	20.77	8.00

资料来源:
江小涓编:《中国开放 30 周年:增长、结构和体制变迁》,人民出版社 2008 年版,第 83 页

　　其次,就外资利用而言,尽管近年来,中国是发展中国家最大的外资利用国,但是,与美国等一部分发达国家相比,中国在引进外资规模上并不占明显的优势。从外资占国民经济的比重来看,中国也不存在明显优势。表 2 是直接投资占国内固定资本形成总额比重的国际比较。从该数据可以看到,尽管在 20 世纪 90 年代,中国的该比重要高于其他国家的平均水平,但是 1999 年以后,中国的这一比重开始出现明显的下降趋势,而且低于全球平均水平。另外,从人均引进外资的数量来看,中国也不存在优势。2004 年,中国人均利用外资 47 美元,拉丁美洲国家 99 美元,马来西亚 106 美元,韩国 78 美元。①这些数据显示,中国在引进外资方面,并没有独领风骚。

　　以上分析并没有否定市场化、所有制多元化和外资利用对中国经济的推动作用,只是反映了这样一个简单事实,即我们无法用市场化、所有制多元化和外资利用这三个因素单独解释中国崛起的动因。尽管这些因素是中国实现崛起的必要条件,但是它们并没有扮演主角。与这三个因素相比,出口发挥了更为重要

---

① 龚雯:《5 621 亿美元外资过剩吗》,《人民日报》2005 年 1 月 28 日。

的作用。如果用"一个好汉三个帮"的说法来进行比喻,那么出口更接近于"一个好汉"的角色,而市场化、所有制多元化和外资利用充当了推动出口的"三个帮手"。

表3　中国、印度和日本人均出口比较　　　　　（单位:美元）

	中国	印度	日本
1950 年	1.01	3.18	9.95
1973 年	6.60	5.00	341.00
2003 年	339.96	54.40	3 278.90

资料来源:
[英]安格斯·麦迪森:《中国经济的长期表现》,武晓鹰等译,上海人民出版社 2008 年版,第 48 页。注:按当年价格和汇率计算

　　表3 和表4 的内容涉及中国出口的国际比较。从这些数据中,我们可以看到中国出口的"与众不同",中国出口的出众表现在很大程度上可以解释中国奇迹的出现,这是因为出口可以直接通过外部需求加速经济增长。

　　表3 比较了中国、印度和日本人均出口金额。该数据显示,2003 年中国人均出口金额远远超过印度,前者为后者的 6 倍。中国与印度在出口方面的差异,在一定程度上反映了中国与其他发展中国家的差异。而这一差异最终又反映到经济增长速度的差异上。另外,2003 年中国人均出口额接近日本在 20 世纪 70 年代初期的人均出口额。这一相似之处反映了 20 世纪后期日本奇迹与中国奇迹的共同之处,即出口都发挥了至关重要的作用。

表4　出口增长率的比较　　　　　（单位:%）

	1929—1952 年	1952—1978 年	1978—2003 年
中国	1.1	2.6	14.3
日本	−0.2	13.2	4.1
韩国	−13.1	26.1	11.2
中国台湾	1.7	16.6	7.8
德国	−2.3	10.0	4.8
英国	1.6	4.6	3.1
美国	2.3	5.2	5.9

资料来源:
[英]安格斯·麦迪森:《中国经济的长期表现》,第 90 页

表 4 从一个较长的时间跨度，比较了一部分经济体的出口增长速度。从该数据中可以看到，1978—2003 年中国的年均出口增长速度是 1952—1978 年的近 6 倍，这一差异在一定程度上可以解释改革开放前后的经济增长差异。

另外，表 4 还反映了一个非常值得关注的现象，即几乎在所有高速经济增长中，出口都扮演了主角的作用。战后日本和德国是两个发展速度最快的发达国家，而这两个国家的经济增长动力显然来自出口，1952—1978 年，这两个国家的出口增速达 10% 以上，接近美国和英国的两倍。20 世纪 80 年代以后，世界经济出现过两个公认的经济增长奇迹，即东亚奇迹和中国奇迹。东亚奇迹的两个代表性经济体是韩国和中国台湾，而这两个经济体的出口增速接近发达国家的两倍。①1978—2003 年中国出口的增速超过 14%，是同期发达国家的三倍。在这里，我们看到一个简单明了的事实：即经济增长的奇迹归根到底是出口增长的奇迹。换而言之，不同国家的内需增长都有一个相近的、最大极限的制约，而出口拉动型经济增长可以突破内需增长的极限。

三、 出口增长奇迹与中国优势

日本、东亚经济体和中国的高速经济增长出现在不同时期，但是这些高速经济增长拥有一个共同的特点，即都起因于出口的高速增长，而出口增长的动力又主要来自通过引进先进技术实现追赶的后发优势和利用廉价劳动力推动出口的低成本优势。然而，与日本和东亚经济体相比，中国经济的不同之处是：其出口实现了更快和更持久的高速增长，这是因为中国特有的大国规模优势和以强势政府为特征的制度优势强化了后发优势和低成本优势的作用。

首先，就日本而言，其出口拉动型高速经济增长从 20 世纪 60 年代持续到 70 年代初期，此后，日本出口增长速度回落到发达国家的平均水平。从表 4 中可以看到，1978—2003 年，日本和德国出口的增速分别下降到 4.1% 和 4.8%，低于美国的 5.9%。这是因为有三个因素明显削弱了日本和德国的后发优势和低成本优

---

① 韩国和中国台湾的出口起点较低，因此早期的出口高速增长属于恢复性增长。20 世纪 70 年代中期以后这两个经济体开始了出口拉动型经济增长。

势。第一,日本、德国与美国在技术方面的差距明显缩小,后发优势已经不复存在;第二,日本、德国的货币出现大幅度升值;第三,日本和德国的工资明显上升。

其次,从东亚国家和经济体来看,其出口拉动型高速经济增长先后开始于20世纪70年代后期以后。如表5所示,进入20世纪90年代,韩国、中国台湾、中国香港、新加坡、泰国等一部分经济体的出口出现下降趋势。受此影响,这些经济体的经济增长先后告别了高速增长期。与日本一样,后发优势的减弱、本币汇率的升值和劳动力成本的上升是导致东亚经济体出口下降的主要原因。在一部分东亚经济体,出口的下降引起经常收支状况的恶化,后者又导致了亚洲金融危机的发生。亚洲金融危机平息后,受惠于本币的大幅度贬值,东亚经济体的出口增速有所上升。但总体上远远低于中国出口的增长。

表5 东亚经济体出口增长率的比较 （单位:%）

年　　代	中国	东亚平均	韩国	中国台湾	中国香港
1980 年代	14.4	11.4	15.3	15.2	17.0
1990 年代	16.8	10.9	8.7	5.8	12.5
2000—2008 年	25.1	10.6	13.4	9.0	8.7
年　　代	新加坡	印度尼西亚	泰国	马来西亚	菲律宾
1980 年代	12.1	3.6	14.3	8.5	5.4
1990 年代	10.5	9.3	11.7	12.6	16.0
2000—2008 年	13.1	12.5	13.4	10.3	4.2

资料来源:
[日]日本经济企画厅调查局编:《亚洲经济 2000》,2000 年;亚洲开发银行数据库。
注:东亚平均不包括中国和日本

与以上日本和东亚经济体相比,中国的不同之处在于:其出口不仅实现了更快的增长,而且还实现了较长时期的增长。20 世纪 80 年代,中国 14.4% 的出口年均增长率比东亚的平均值高出 3 个百分点,90 年代的 16.8% 比东亚平均值高出 6 个百分点,2000—2008 年的 25.1% 比东亚平均值高出近 15 个百分点。

从日本和其他东亚经济体的经历来看,出口增长的极限大约在 15%,而中国在 21 世纪的头 9 年里,实现了 25% 的增长。另外,在通常情况下,一个国家或地区能够维持出口高速增长的期限大约为 10—20 年,然而,中国出口在近 30 年的跨度里,实现了年均15%以上的高速增长。在改革开放的头30年中,出口的持续高速增长为中国维持年均近10%的经济增长奠定了基础。

长期以来,日本和东亚经济体一直被国际社会视为是实现出口快速增长的"优等生",但是中国更快、更为持久的出口增长使这些昔日"优等生"所创造的历史纪录黯然失色。是什么因素能够让中国的出口如此出众呢?图2在一定程度上回答了这一问题,即中国优势创造了中国出口奇迹。

如前所述,20世纪后期,所有实现出口高速增长的国家和经济体都利用了学习前人已有技术的后发优势和利用廉价劳动力的低成本优势。当技术追赶进程接近尾声,而且本国(经济体)劳动力成本丧失竞争力之日,正是这些国家(经济体)出口高速增长落下帷幕之时。

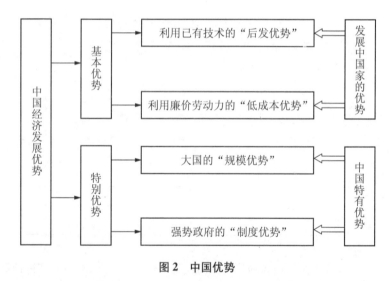

图2 中国优势

资料来源:

周宇:《人民币汇率机制》,上海社会科学院出版社2007年版,第146页

就出口高速增长的动因而言,中国与其他国家没有本质上的区别,中国的不同之处是:中国政府利用中国的特殊优势,即大国的规模优势和强势政府的制度优势,强化并延长了后发优势和低成本优势的利用。如图2所示,中国的经济发展拥有四大潜在优势,其中后发优势和低成本优势是发展中国家可以共享的两大优势,而大国的规模优势和强势政府的制度优势是中国特有的两大优势。这两大特别优势为中国充分发挥和利用后发优势和低成本优势提供了有利条件。

这是中国能够长期维持出口高速增长的主要原因。

四、 后 40 年的中国奇迹与前 30 年的关系

在庆祝中华人民共和国成立 70 年之际,如何评价前 30 年与后 40 年对中国经济发展的影响是一个耐人寻味的问题。在这一问题上,通常人们更倾向于认为前 30 年与中国经济崛起不存在内在联系。表 1 的数据也很容易让我们得出这一结论。但实际情况并非如此,事实上,前 30 年的成绩和过失都与后 40 年的经济崛起有着密切的联系。

首先,从前 30 年的过失来看,这些过失通过以下途径"成全"了后 40 年的高速经济增长:

第一,较低的技术起点积蓄了后发优势。完全封闭的经济体制使前 30 年的技术进步几乎处于停滞状况,其结果,在改革开放开始之际,中国与发达国家之间的技术差距要远远大于其他发展中国家与发达国家之间的技术差距,这一差距意味着中国利用后发优势加速经济发展的潜力要大于其他发展中国家。

第二,低收入强化了低成本优势。前 30 年的另一重要过失是:计划经济体制使中国的劳动生产率处于极低水平,而与低劳动生产率相对应,中国的工资也处于极低水平。这一状况为中国持久利用低成本优势提供了有利条件。

第三,前 30 年建立的平均主义体制在一定程度上缓解了后 40 年由市场化改革引发的社会矛盾。市场化改革必然会引起两极分化,而由两极分化引起的社会矛盾通常会增加改革的阻力。从中国的情况来看,改革之初平等的收入结构在一定程度上延缓了两极分化的进程。

第四,前 30 年优先发展重工业的"过失"为后 40 年的改革开放奠定了工业基础和提供了发展潜力。

其次,从前 30 年的成绩来看,国内市场的统一、政府大量的公共投资以及强势政府管理体制的确立为中国充分发挥规模优势和制度优势提供了有利条件。以下,我们依次考察这些因素对中国经济崛起的潜在影响:

第一,在前 30 年中,中国国内统一市场的形成为后 40 年的中国崛起奠定了基础。1949 年 10 月,新中国成立。但是新中国成立并不意味着市场的统一。前

30 年的最大功绩之一是逐步建立了高度统一的国内市场。在后 40 年中,中国之所以能够发展成为"世界工厂",是因为一方面,中国庞大的生产资料市场为全行业产业链的形成提供了有利条件,另一方面,中国用之不竭的廉价劳动力供给支撑了中国出口产业的发展。如前所述,中国经济奇迹源于出口的高速发展。中国出口基地分布于沿海地区,其大量廉价劳动力来自西部地区,大量农村劳动力后备军的存在为中国长期发挥低成本优势创造了条件,这使中国出口维持近 40 年的高速增长成为了可能。这一切都源于中国拥有一个统一的劳动力市场。巨大劳动力市场的存在体现了大国的规模优势,这一规模优势又起到了强化低成本优势的作用。

第二,前 30 年我国在交通等公共设施和基础教育等方面的大量投资为后 40 年政府推进改革开放政策提供了有利条件。表 6 和表 7 的数据反映了前 30 年我国铁路建设和基础教育的发展情况。其中铁路营业里程从一个侧面反映了我国基础设施建设的发展进度。这些数据表明,前 30 年我国在公共基础设施建设方面取得了非常显著的进步。

表 6　铁路营业里程 1950—1995　　　　　　　（单位:千米）

	中国	印度	日本
1950 年	22 238	54 854	27 401
1975 年	46 000	60 438	26 752
1995 年	54 000	63 000	27 258

数据来源:
［英］安格斯·麦迪森:《中国经济的长期表现》,第 50 页

表 7　中国基础教育入学人数　　　　　　　（单位:千人）

	中等教育	小学教育	学前教育
1949 年	1 268	24 391	140
1978 年	65 483	146 240	7 877
2005 年	85 809	108 641	21 790

数据来源:
［英］安格斯·麦迪森:《中国经济的长期表现》,第 64 页

从发展经济学的视点来看,在工业化起步阶段,受经济外部性的影响,市场

经济常常无法有效发挥作用。鉴于这一状况,为了防止市场的失灵,政府有必要加强对交通等公共基础设施和基础教育的投资,这些部门都属于外部性相对显著的领域。从以上视点来看,前30年的大规模政府公共投资为后40年的经济发展奠定了坚实的基础。在这一方面,尤其是基础教育投资为中国后40年引进和消化先进技术,从而充分发挥后发优势提供了有利条件。

第三,前30年确立的强势政府管理体制为后40年的改革开放提供了制度保障。前30年的重要遗产之一是:中国政府可利用的资源要远远多于其他发展中国家,而且,中国政府对企业的影响力要远远大于其他发展中国家,政府的这一有利地位为其推动出口拉动型经济增长提供了有利条件。

首先,土地的公有制性质为政府建立各种出口工业园区提供了便利,同时也为政府快速推进公路、铁路、港口和机场等基础设施建设提供了有利条件。政府的以上努力降低了企业经营成本,从而为充分发挥低成本优势提供了保证。通过出口工业园区建设,政府以提供廉价劳动力和廉价土地的方式,吸引了大量出口型直接投资。如前所述,外资在中国国民经济中的比重并不是很高,但值得强调的是中国外资企业的出口比重要远远高出其他国家。2003年中国外资企业占全国进出口总值的比重为55.5%。而马来西亚是45%,新加坡是38%,墨西哥是31%,韩国是15%。①由此可见,外资企业对中国经济增长的贡献主要体现在贸易和出口方面。

其次,中国在前30年确立的政府主导型开发体制为后40年实现出口拉动型经济增长提供了有利条件。在其他发展中国家,政府常常受制于各种利益集团的牵制,从而无法有效实施实现国家利益最大化的经济发展战略。与这些国家相比,中国强势政府的重要特征之一是:国家利益凌驾于各种利益集团之上,这一状况保证了中国产业政策、税收政策、融资政策和汇率政策向出口的倾斜。

最后,前30年建立的中国式工会制度为后40年中国经济发挥低成本优势提供了有利条件。在过去的70年中,中国工会组织的职能主要局限于提供后勤福利服务,工会组织基本上不具有工资交涉职能。与其他国家相比,这一状况在一定程度上减缓了中国工资的上升速度。从改进民生的角度来看,这未必是一

---

① 龚雯:《5 621亿美元外资过剩吗》,《人民日报》2005年1月28日。

件好事,但是从维持高速经济增长的视点来看,这一因素起到了积极作用。

五、结　论

本文从 70 年的时间跨度,分析了中国高速经济增长产生的原因,本文的结论如下:

第一,中国后 40 年的经济奇迹主要表现为中国经济在全球份额的急速上升,这一变化一方面起因于中国经济增长率的快速上升,另一方面,也起因于发达国家经济增长率的大幅度下降。

第二,日本奇迹、东亚奇迹和中国奇迹都起因于出口的高速增长。与前两个奇迹相比,中国奇迹的特点是实现了更快和更持久的出口增长。

第三,在一般情况下,推动出口增长的动力是后发优势和低成本优势,中国之所以能够实现更快和更持久的出口增长是因为中国特有的两个优势,即规模优势和制度优势强化和延长了后发优势和低成本优势的利用。

第四,前 30 年对后 40 年高速经济增长的贡献表现为:统一市场的建立确保了中国的规模优势,而政府权威的树立确保了中国的制度优势。从这一事实来看,后 40 年中国经济发展奇迹的一部分远因存在于前 30 年的经济变革中。

（作者为上海社会科学院世界经济研究所研究员、博士生导师、国务院特殊津贴专家）

上海超大城市生活垃圾分类政策：
执行困境及治理路径

随着城市的快速发展，在超大城市精细化治理浪潮下，生活垃圾分类已经成为城市治理关注的焦点议题。为此，上海先后制定和颁布了《上海市生活垃圾全程分类体系建设行动计划(2018—2020年)》《上海市生活垃圾管理条例》等政策法规。目前上海城市生活垃圾分类工作已经成为一项令人瞩目的政策试点，正处于快速推进的过程中。从总体上看，上海城市生活垃圾分类政策具有非常强的自上而下特征。2018年11月，习近平总书记在上海视察期间指出："垃圾分类工作就是新时尚。我关注着这件事，希望上海抓实办好。"在具体的执行过程中呈现全面政策动员与基层自发探索并行的实践态势，但也面临着政策创新性多样和规范性不足的实际情况。本文将以吴泾镇生活垃圾分类及其运行机制作为分析对象，探讨当前超大城市生活垃圾分类工作的基层实践困境和路径机制，从而为深化政策执行可行性、精细化提供研判。

一、 超大城市生活垃圾分类的执行困境与政策空转

上海城市生活垃圾分类与治理工作由来已久，早在1995年上海就在个别社区进行了垃圾分类的试点工作，至今已走过20多年的历程。随着城市经济和社会生活水平的不断发展，上海城市生活垃圾总量日益增加，以填埋为主，焚烧为辅的传统垃圾处理模式空间日益艰难。据环卫部门的相关数据显示：2018年上海年垃圾总产量约为900万吨，人均垃圾总产量400公斤，人均垃圾日产量约为1.1公斤。目前这一峰值还在继续攀升，使得上海面临着严峻的垃圾围城风险。围绕生活垃圾分类的政策干预大致经历了政策试点(1995—1998年)、政策推广(1999—2006年)、政策调整(2007—2013年)、政策实施(2014年至今)四个

阶段。

表 1　上海城市生活垃圾分类治理的政策干预与实施情况

政策阶段	政策概况与目标	分类标准	政策执行困境
试点阶段	曹杨五村七居委垃圾分类试点（1995），废电池、废玻璃专项回收（1998）	"有机垃圾""无机垃圾"和"有毒有害垃圾"	1. 政策执行标准多变、连续性不足 2. 政策执行目标对象知晓率不高、参与率低 3. 政策执行基础设施不完备 4. 政策执行过程缺乏监管 5. 政策执行分工缺位,缺乏激励、制约手段
推广阶段	《上海市生活垃圾分类收藏、处置实施方案》（1999）;《上海市环保三年行动计划》、首批 100 个住宅小区垃圾分类试点（2000）;全市有条件的居住区垃圾分类覆盖率超 60%	"干垃圾""湿垃圾"和"有害垃圾";分焚烧区域和其他区域分别分类	
调整阶段	逐步推行垃圾四分类、五分类新方式（2007）、世博园区周边区域垃圾分类覆盖率 100%（2009）;全市有条件居住区垃圾分类覆盖率超 70%（2010）;"百万家庭低碳行,垃圾分类我先行"1 080 个小区试点（2011）	"废玻璃""有害垃圾""可燃垃圾""可堆肥垃圾"和"其他垃圾";分居住区、办公场所、公共场所和其他区域分别分类	
实施阶段	《上海市促进生活垃圾分类减量办法》（2014）;《上海市单位生活垃圾强制分类实施办法》（2017）;《上海市生活垃圾全程分类体系建设三年行动计划》（2018）;《上海市生活垃圾管理条例》（2019）	可回收物、有害垃圾、湿垃圾、干垃圾	

资料来源:作者根据上海市政府相关政策文件自行整理

　　从政策执行的效果来看,上海城市生活垃圾分类一直处于探索、调整和完善阶段,虽然也取得了一定的政策成效,但在政策执行过程中始终存在着治理困境与政策空转问题,具体体现在:

（一）政策目标:分类标准与理念偏移

　　回溯上海市生活垃圾分类试点的政策历程,政策干预在目标设定上的模糊和偏移始终存在。从垃圾分类政策的标准和名称上看,四阶段的垃圾分类标准一直在变动,发展到目前的垃圾"四分法"已经是"五次变脸",政策标准的模糊导致市民在参与分类的过程中产生了困惑和消极情绪,"居民对分类标准知晓率低,社区内的垃圾分类设施也几乎形同虚设"①。虽然目前垃圾"四分法"在一定程度上综合考虑了将资源回收利用、焚烧、堆肥、填埋等处理方式综合推进,但在政策执行过程中依然存在着分类不清和过于复杂的现实情况。分类标准的界定不清实质上与垃圾治理理念直接相关。传统生活垃圾治理方式的目标将重心放在垃圾末端处理,未能从源头上减少城市垃圾产生的问题,从而造成了垃圾分类政策执行被动。国际前沿的垃圾分类政策理念则将目标指向低废、无废城市。无废城市理念下控制末端处理量,倒逼前端垃圾的源头减量、分类收集和资源化利用,才是政策执行目标设定的发展方向。(图1)②

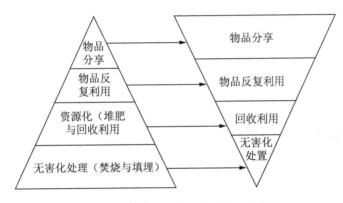

图1　上海城市垃圾治理的政策理念变迁

(二) 政策宣传:单向互动和转化薄弱

目前生活垃圾分类的宣传工作主要靠各级政府自上而下的宣传引导,从政策执行的宣传渠道上看,主要通过有线电视、广播电台公益广告、垃圾分类设施的配备和标识宣传、居委会在社区内的宣传、家庭垃圾分类桶(袋)的发放以及报纸杂志等,在宣传覆盖的方式上投入了大量的政策资源。但从宣传效果来看,以信息告知为主的宣传模式在互动效果上存在政策缺欠,没有起到深入小区住户、逐户对居民进行面对面的宣传,把垃圾分类收集的意义、各类设施规范、处置的方法、操作的流程等宣传到位的作用。虽然许多居民表示知晓垃圾

①　石超艺:《大都市社区生活垃圾治理推进模式探讨——基于上海市梅陇三村的个案研究》,《华东理工大学学报(社会科学版)》,2018 年第 4 期。

②　诸大建:《从"无废城市"理解上海垃圾治理》,《文汇报》2019 年 3 月 12 日。

分类的政策,认为应该进行垃圾分类,但实质转换为政策执行行动的比例依然偏低。

> "市里面领导来视察和动员,开会说现在垃圾分类的宣传力度还不够,居民知晓度不高,说原因是我们的宣传工作不到位,没有组织大型活动。我们不敢说,但心里有一些想法的,经费非常有限,我们大大小小的宣传活动组织了很多次,宣传牌子也放在每个楼道和门栋,指示牌也有清楚标识,居民还说不知道要全面推广垃圾分类了……其实他们是乱说的,你私下和他们聊天,他们其实是知道的。"(访谈资料:A20190112)

(三)政策基础:设施细化与衔接不足

从政策执行的基础准备来看,市级层面要求全面动员、全员参与,逐步实现垃圾减量化、资源化、无害化的目标,并就各部门、各级政府的相关责任做了原则性的规定。但政策执行的外部环境分析、城市精细化治理所需要的政策支撑、财政资金和人力资本至关重要,城市基层社会"强行政弱治理"的格局将严重制约精细化治理所能达到的水平和境界。①但在具体的政策执行中,各部门职责不清,垃圾分类基础设施建设、衔接不到位的问题依然很多。较为典型的有社区内居委会、物业公司和居民在垃圾分类工作中的履职方面存在缺失。许多街道基层存在环卫设施的建设和规划布局不能满足垃圾分类发展的需要的情况,建筑垃圾中转处置站、湿垃圾处置站、干垃圾压缩站以及"两网融合"中转站设施配置不足。

> "我们非常着急,7 月 1 日条例要生效,但现在垃圾厢房还没有建好,规建办、网格化中心也不考虑我们的意见,这个垃圾厢房设置不合理,连雨棚也没有,下雨天居民要打着伞来分类,而且厢房里面空间很少,物业和环卫推诿及时撤桶的责任,很多垃圾一会就扔满了,居民又把垃圾混着扔在旁边。"(访谈资料:A20190302)

(四)政策试点:责任模糊与主体缺位

垃圾分类治理作为一项涉及多部门、多主体、多环节的综合性工作,需要政府、社区和企业构建起稳定、完善的合作机制。但试点过程中行政资源和目

---

① 唐皇凤:《我国城市治理精细化的困境与迷思》,《探索与争鸣》2017 年第 9 期。

标的"漏斗"属性、试点的程式化和多点运作等特征部分消解了试点的目的和作用,在紧张的基层行政资源和繁重的试点任务矛盾下,基层对于生活垃圾分类的动力不足。①上海生活垃圾分类试点、推广和调整阶段将垃圾分类的重心放在社区体现了基层社区和市民作为垃圾分类政策执行主体的角色和定位。但以行政倡导和强力推动的执行方式客观上造成了政策执行主体的模糊和缺位。以分类投放为核心的政策执行忽略了分类收集、分类运输和分类处置的政策全过程体系。政府在垃圾分类中的角色和作用没有很好地发挥和体现。

实证研究发现,以社会网络、社会规范和社会信任为要素的社会资本,对提高居民生活垃圾分类水平有显著的正向影响。②居民对于垃圾分类的意识不足和分类投放后垃圾处置的疑虑则直接影响了垃圾分类的执行参与度和效果。据上海市统计局生活垃圾分类减量状况调查报告显示:"市民不愿意进行垃圾分类主要原因是没有分类装运,调查 100 个居委小区,47 个完全分类运输、26 个建筑垃圾单运,其他垃圾混装运输,23 个部分垃圾分类运输,其他垃圾混装运输,另有 4 个小区垃圾完全混装运输。"③

> "我们志愿者团队都积极投身到了垃圾分类当中,每天都在分、在宣传,但比较让人泄气的是周围邻居不理解,说这是政府一时兴起,三分钟热度的拍脑袋政策。我们分了,垃圾清运时又混在一起,最多推广持续几个月,没什么花头的。"(访谈资料:A20180914)

而以企业和园区为代表的市场力量在垃圾分类中承担什么角色并不清晰,街面餐饮清运按消费标准需收取相应费用,店铺商家为减少、规避费用,甚至出现了部分沿街商户将店内的湿垃圾、餐厨垃圾混入小区居民垃圾的现象,导致居民区垃圾量居高不下,大幅度增加了社区生活垃圾清运量。居民感知的他人负面行为、感知的行为成本、对政府生活垃圾处理的信任,对垃圾分类行为产生了

---

① 陈那波、蔡荣:《"试点"何以失败?——A 市生活垃圾"计量收费"政策试行过程研究》,《社会学研究》2017 年第 2 期。

② 韩洪云、张志坚、朋文欢:《社会资本对居民生活垃圾分类行为的影响机理分析》,《浙江大学学报(人文社会科学版)》2016 年第 3 期。

③ 上海市生活垃圾分类减量状况调查报告, http://www.shshjs.gov.cn/shjs/node5/node34/u1a21763.html。

直接或间接影响。①

"目前生活垃圾分类情况已经进展开始在缓慢推进,针对固体垃圾超标的问题,我们需要梳理一下工业园区和厂区,将其中前 20 家企业排出来,具体一家家去了解,做工作。"(访谈资料:A20181206)

(五) 政策实施:激励走样与监管缺失

现阶段居民对于垃圾分类的知晓率有所提高,但是离真正做到还有一定的距离。为此,许多社区设置了垃圾分类绿色账户,但是在实际执行过程中出现了政策走样。部分小区绿色账户点位监督员责任意识不到位,存在不检查垃圾,只要来人就刷卡积分的现象,甚至有些志愿者会对与自己关系密切的居民,不管来不来分类投放都给予积分,影响其他居民对于垃圾分类的积极性,并对绿色账户积分的公平、公正性产生怀疑,部分社区绿色账户积分兑换比较困难,造成热闹一阵子后,垃圾绿色账户就进入活跃度不高的休眠状态。

"垃圾分类的绿色账户刚开始居民还是很欢迎的,很多居民尤其是老年人就是冲着积分兑换来扔垃圾的,但后来看到积分兑换的东西也只是一些小东西,而且什么时候兑换,兑换什么也没有很固定的方式,好虚的,效果也不怎么好,很多人就不拿卡了,拿卡还麻烦。"(访谈资料:A20190118)

二、 基层经验:生活垃圾分类的个案分析与分类治理

上海要引领"垃圾分类新时尚",离不开每个基层治理单位尤其是街镇社区的有效推进。作为全国科技时尚特色小镇、上海南部科创中心核心区、生态宜居现代化新城区吴泾镇的管理单元涵盖紫竹科学园区、化工区、上海交通大学、华东师范大学、居民住宅区,是集"园区、厂区、校区、居民区"四位一体的快速城市化核心地带,集中体现了随着经济的发展和城市社会结构变迁给城市生活垃圾分类方面带来的困境和挑战,其垃圾分类政策、规律与经验具有突出的代表性。吴泾地处闵行区东南部,黄浦江东流北折处,具有浦江第一湾的美誉。镇域面积

---

① 樊博、朱宇轩、冯冰娜:《城市居民垃圾源头分类行为的探索性分析——从态度到行为的研究》,《行政论坛》2018 年第 6 期。

37.15 平方公里,下辖居民区 22 个,行政村 8 个,常住人口 20 余万。从 2018 年 4 月起,本研究对吴泾生活垃圾分类工作进行了为期一年的蹲点式研究,通过参与式观察、深度访谈和社会科学实验方式,收集了吴泾街道垃圾分类实践一手材料。其生活垃圾分类实施在意识培养机制、源头减量机制、分类实施机制、政策监管机制上进行顶层设计和政策引导,具体而言:

(一)意识培养:生活垃圾分类的教育机制

生活垃圾综合治理离不开全民源头分类减量意识的提升,吴泾镇在幼儿园、小学和初中学校先行试点,开展全覆盖型的垃圾分类宣传教育活动。在学生中开展"我为上海做件事——垃圾分类家庭倡议"活动,参照绿色账户的积分卡,发放家校联动卡,通过垃圾分类投放来换取积分,形成持续性的垃圾分类教育。通过提升学生的环保意识,从身边的事情做起,将分类从校园到家园,由孩子来带动家庭,促进全社会习惯养成,共建绿色生态城区。同时,在居民的意识培养方面,通过入户宣传、公共阵地宣传、媒介宣传、活动宣传等形式,结合科技时尚特色小镇特点塑造垃圾分类宣传时尚品牌,通过营造浓厚的居民素养教育与提升机制,逐步使垃圾分类减量从"口号"走向"习惯",进而转化为"意识"。

(二)源头减量:生活垃圾分类的参与机制

由于生活垃圾分类问题是一个兼具私人利益与公共事务双重属性的议题,其公共性、外部性的特征使其免不了会产生"公地悲剧"。因此,生活垃圾分类问题的核心在于如何克服具有不同甚至相互冲突的利益的行动者集体行动的问题。[①]但城市居民垃圾分类治理的难点,在于政府管理的触角无法延及数量庞大的居民家庭。[②]从社区治理的逻辑看,如何将垃圾分类从单纯政府管理转向与民众自治相结合的路径,真正把"全民参与"的原则落到实处至关重要。

为确保单位生活垃圾强制分类制度的落实,在党建引领红色物业创建的基础上,吴泾镇网格化中心联合环卫公司对全镇 300 余家单位进行了上门宣传,引导相关单位知晓强制分类制度。餐厨垃圾签约 89 家,生活垃圾签约 252 家,同

---

① 刘建军、李小雨:《城市的风度:城市生活垃圾分类治理与社区善治——以上海市爱建居民区为例》,《河南社会科学》2019 年第 1 期。

② 陈蒙:《保甲制度对城市居民垃圾分类治理路径和机制的借鉴价值》,《人文杂志》2018 年第 12 期。

步推进居住区生活垃圾分类全覆盖,在每个绿色账户小区设立定时定点分类投放标准点位,每个点位平均每日产生湿垃圾 1.5 桶。绿色账户开卡总完成率 92.1%。取得了比较明显的政策成效。由此可见,走向参与式治理,是公众有序的组织化参与与地方政府管理创新双向互动的产物,这不仅有助于破解垃圾围城的公共性困局,也应该成为地方治理创新的基本趋向。①

(三) 分类实施:生活垃圾分类的行动机制

垃圾分类是一种建立在个体行为基础上的社会行为。垃圾分类提供的是一种公共产品,因而会面临集体行动的困境。在垃圾源头分类的集体行动中,政府应率先垂范,培育社会资本。②吴泾按照"先党政机关及公共机构,后全面覆盖企事业单位"的工作推进节奏,创建了一批垃圾分类示范型单位。同时,结合"美丽街区"创建,加快推行商业综合体的生活垃圾强制分类,探索垃圾"公交"收运模式。网格化中心将根据不同单位的类型,开展不同形式的宣传告知活动。在此基础上,建立起个体、社区、社会组织、企业等共同参与的横向网络,各主体各尽其责,合力推进生活垃圾分类。

居民区生活垃圾治理则是一个从量变到质变的过程。结合"美丽家园"建设,落实居住区分类容器和垃圾箱房改造。通过创建垃圾分类示范小区,逐步推行居民区生活垃圾"定时定点"投放。以干湿垃圾分类投放为主要内容,根据小区的实际情况,因地制宜确定定时定点的分类投放点、投放时间,提高居民源头分类的参与率和准确率。相关研究表明,激励政策对于居民垃圾分类行为具有积极的促进作用,且相对于宣传政策,激励政策的效果往往更佳。③但需要通过绿色账户全覆盖,增加垃圾分类及绿色账户社区活动,提升绿色账户的激励成效比,使绿色账户的活跃率再提高。吴泾结合区域实际情况打造"绿色空间",集合垃圾分类宣传、培训、绿色账户积分兑换超市等功能,常态化开展垃圾分类及绿色账户活动。

---

① 张紧跟:《从抗争性冲突到参与式治理:广州垃圾处理的新趋向》,《中山大学学报(社会科学版)》2014 年第 4 期。

② 张莉萍、张中华:《城市生活垃圾源头分类中居民集体行动的困境及克服》,《武汉大学学报(哲学社会科学版)》2016 年第 6 期。

③ 徐林、凌卯亮、卢昱杰:《城市居民垃圾分类的影响因素研究》,《公共管理学报》2017 年第 1 期。

（四）政策监管：生活垃圾分类的责任机制

我国现有的城市垃圾分类存在制度缺失，缺乏明确细致、可操作性政策法规的情况，几乎所有的垃圾分类政策文件倾向于对城市生活垃圾的分类收集作原则性规定，但没有对政府、企业和个人应负的责任和义务进行明确规定，更没有制定有关违规行为的具体惩罚标准，导致这些规定往往形同虚设。[①]在新颁布的《上海生活垃圾分类条例》指导下，吴泾镇根据生活垃圾"谁产生、谁负责"的原则，针对不同源头主体特点，切实发挥政府主体作用，加强监督管理，抓好责任落实。在对居民区生活垃圾的管理上，积极发挥小区物业管理主体作用，将生活垃圾分类的规范化管理纳入对物业公司的考核，与政府物业补贴和共建考核奖励相挂钩，促进物业履职尽责；在对沿街店面及企事业单位生活垃圾的管理上，由网格巡查员对街面单位及时发送生活垃圾处置告知书，督促业主及时到镇网格化中心备案并与清运单位签订协议，委托有资质的运输公司严格按照规定和要求对进行处置消纳；在对在建工程、工地和拆违建筑垃圾的管理上，严把建筑垃圾运输处置审核关，凡存在未按要求落实卸点、未规范路线、运输车辆证照不齐、各类防尘、抑尘、降尘设施损坏或未按要求配备的，一律不予审批。同时，落实城管中队、规建办等职能部门主动对接建筑工地建设单位进行责任告知。《条例》开始实施后，街镇城管中队持续加强对生活垃圾分类的执法力度，配合宣传教育形成制度威慑。2019 年 3—6 月共检查复查辖区内党政机关、居民小区、学校、医院、商业综合楼宇、收运企业等 136 家，对复查整改不到位单位开展集中整治，共开展集中整治 14 次，约谈企业 5 家，立案查处 3 起，罚款 3 100 元。7 月 1 日以后，开展生活垃圾分类执法整治行动 9 次，检查 40 余家单位，教育劝阻相对人 35 人次，督查限期整改 26 起，体现了监管机制在垃圾分类中的监督合力。

三、 经验启示：超大城市生活垃圾治理模式研判与治理路向

城市生活垃圾实施强制分类必须具备以下条件：全面梳理城市公共垃圾筒，

[①] 薛立强、范文宇：《城市生活垃圾管理中的公共管理问题：国内研究述评及展望》，《公共行政评论》2017 年第 1 期。

生活垃圾处置付费并强制分类装袋,生活垃圾定时定点收集,垃圾由具有资质的专业公司依法依规运输和处置。①实践证明,垃圾产生的源头治理、垃圾分类过程中的政策监管和垃圾产生末端的分类治理形成的闭环模式是行之有效的垃圾分类模式。通过上述行动,基层的生活垃圾分类工作实效性显著提升。但从整体层面上看,目前上海城市生活垃圾治理政策实施依然存在机制设计有瑕疵、利益分配不合理、前置环节不到位增加末端处置压力等困境。②未来在继续完善城市垃圾分类工作中还需要强化垃圾分类治理模式的研判。

（一）政策逻辑:延伸社会治理功能

从以往的研究看,政府干预是城市垃圾分类秩序建构的重要条件,既有研究对政府构建垃圾分类秩序的研究处于政策主张面,疏于解答政府干预如何奏效这个关键问题。③而城市垃圾治理是一项复杂而又极其重要社会政策,未来的研究需要更加深入更加微观。生活垃圾分类政策的有效运转需要同时关注向下分权和向外分权(公众参与)两大问题。④从破解垃圾围城的政策困境来看,需要在社会治理的逻辑和理念下进行延伸。企业和家庭都能为垃圾源头减少有所贡献,但基于竞争博弈决策的企业和基本成本收益分析的家庭在现有的垃圾分类模式下都难以自然选择"降废"和"减量"。⑤

（二）政策共识:培育政社合作路径

面临利益多元化和博弈复杂化的外部政策环境,地方政府需要更加重视寻求公众的政策支持。不局限于强制灌输、利益动员和信息发布,而需要更加注重公众的影响,从分析识别、评估研判、匹配满足公共政策需求等方面来创造政策共识。⑥

---

① 张劲松:《城市生活垃圾实施强制分类研究》,《理论探索》2017 年第 4 期。

② 叶岚、陈奇星:《城市生活垃圾处理的政策分析与路径选择——以上海实践为例》,《上海行政学院学报》2017 年第 2 期。

③ 吴晓林、邓聪慧:《城市垃圾分类何以成功？——来自台北市的案例研究》,《中国地质大学学报(社会科学版)》2017 年第 6 期。

④ 赵细康等:《多层次治理中的向下分权与向外分权:基于农村垃圾治理的观察》,《中国地质大学学报(社会科学版)》2018 年第 5 期。

⑤ 刘曼琴、谢丽娟:《"垃圾围城"的化解:实施按量收费的价格规制》,《江西社会科学》2016 年第 5 期。

⑥ 谭翀、严强:《从"强制灌输"到"政策营销"——转型期中国政策动员模式变迁的趋势与逻辑》,《南京社会科学》2014 年第 5 期。

在基层政府做好垃圾分类工作应在居民意识培养机制、源头减量机制、社会参与机制、分类实施机制上进行制度设计和政策引导。可以根据地方政府的发展阶段、资源禀赋和制度环境就城市垃圾分类的政社合作模式进行制度探索,从目标契合、内力支撑和外因驱动等维度对生活垃圾分类的政社合作意愿进行路径培育。①

(三) 政策整合:评估分摊政策成本

政策监管机制在当前生活垃圾分类试点工作中非常必要。既针对薄弱环节和重点人群,如外来流动人口和租户,部分顽固不遵守分类人员的规训和惩罚来推动政策的实施和突破,但也要在现有严格执法的基础上深入思考城市生活垃圾分类的便利化、科学性和可持续性问题。城市生活垃圾分类作为一项参与度最高、长期性的社会政策,其和城市管理、社会治理之间的高度关联要求政府以整合的思维来持续推进,而不仅仅是一项应急性、临时性、专项性的政策来看待。其政策成本的长期投入和有效平衡将会成为未来考验生活垃圾分类政策真正成效的试金石。因此,城市生活垃圾减量化的计量收费也将是一项必要的政策储备②,当政策收益大于政策执行成本时机到来时即可考虑作为政策工具进行实施。未来对城市垃圾分类治理需要在价格规制和社区监督上进行政策设定与完善,通过自上而下的政策试点推进与自下而上的监督执行结合,重视基层社区的监督和创新,逐步在全社会成员中形成刚性约束和习惯养成。

(作者为中共上海市委党校城市社会研究所副教授、复旦大学城市发展研究院研究员)

---

① 谭爽:《城市生活垃圾分类政社合作的影响因素与多元路径——基于模糊集定性比较分析》,《中国地质大学学报(社会科学版)》2019 年第 2 期。

② 吕君、张樱:《基于供求视角的上海市生活垃圾处理分类收费制度研究》,《华东师范大学学报(哲学社会科学版)》2016 年第 2 期。

试论中国"一带一路"倡议与联合国 2030 年可持续发展议程之间的关系

叶 江

自 2013 年以来,世界人民见证了中国的"一带一路"("丝绸之路经济带"和"21 世纪海上丝绸之路")倡议的提出、推进与发展。2015 年 9 月联合国发展峰会一致通过由联合国大会第六十九届会议提交的决议草案——《改变我们的世界:2030 年可持续发展议程》,[①]该议程中的 17 项"可持续发展目标"(SDGs)成为"世界各国领导人与各国人民之间达成的社会契约。它们既是一份造福人类和地球的行动清单,也是谋求取得成功的一幅蓝图。"[②]实际上,中国政府所提出和践行的"一带一路"倡议与联合国"2030 年可持续发展议程"(以下简称"2030议程")之间有着十分紧密的联系,而对这两者之间的关系十分需要做全面的探讨与研究,从而能促使当前全球社会对中国"一带一路"倡议的深入理解,并帮助推进"一带一路"倡议的实施乃至助力于"一带一路"沿线国家的全面落实联合国 2030 年可持续发展议程。

一、 问题的提出

迄今有关中国的"一带一路"倡议与联合国"2030 议程"相互关系的学术论文相对较少,其中比较引人注意的是清华大学公共管理学院薛澜与翁凌飞合作发表于《中国科学院院刊》2018 年第 1 期的文章《关于中国"一带一路"倡议推动

---

① 《联合国大会第六十九届会议提交关于通过 2015 年后发展议程的联合国首脑会议的决议草案》,United Nations General Assembly, Seventieth session Agenda items 15 and 116, "Transforming our world: the 2030 Agenda for Sustainable Development", A/70/L.1. p.4/35。

② 新华网:"联合国《2030 年可持续发展议程》正式生效",http://news.xinhuanet.com/world/2016-01/01/c_128587404.htm。

联合国〈30 年可持续发展议程〉的思考》。该文从"联合国《2030 年可持续发展议程》实施的政策挑战""'一带一路'倡议给推进 SDGs 提供的重大历史机遇""'一带一路'倡议给实施 SDGs 带来的挑战""如何通过'一带一路'建设推进沿线国家实现 SDGs"等四个方面讨论了"一带一路"倡议与联合国 SDGs 对接问题,并且"结合对国有中资企业在印尼和柬埔寨的基础设施建设项目的实地考察,通过对基础设施建设的深度调研来了解'一带一路'倡议的具体执行情况和面临的挑战,分析中国的'一带一路'倡议在多大程度上参与并推动沿线国家实现 SDGs"。[①]

毫无疑问,《关于中国"一带一路"倡议推动联合国〈30 年可持续发展议程〉的思考》一文的重点在于论证如何"将'一带一路'倡议的实施纳入联合国 SDGs 的框架下,兼顾各个国家的不同利益需求和关切点,寻找契合点,在政策层面上与 SDGs 实现对接,将有关项目融入各国政府的国家与地方发展议程……"[②]这无疑对中国全面推进"一带一路"建设有充分的理论与实践的参考价值。同时,该文还指出:"'一带一路'倡议与联合国宪章的目标和原则一致,倡议中的 5 个合作领域,即政策沟通、设施联通、贸易畅通、资金融通和民心相通,与联合国制定的 17 项可持续发展目标即 SDGs 也有着密不可分的联系。"[③]但是,恰恰在论证中国的"一带一路"倡议与联合国"2030 议程"及其所提出的 17 项可持续发展目标(SDGs)之间相互联系方面似还有一定的补充余地。

众所周知,联合国"2030 议程"所提出的"可持续发展目标"具有普遍适用性,即既对发展中国家也对发达国家都具有约束力,并且已经得到了联合国所有会员国的赞同与支持。就如联合国"2030 议程"反复强调的那样:"所有国家和所有利益攸关方将携手合作,共同执行这一计划……在踏上这一共同征途时,我们保证,不让一个人掉队。"[④]这也就意味着,所有联合国"2030 议程"的 17 项可持续发展目标表(SDGs),诸如"消除贫困与饥饿""促进包容的可持续经济增长""实现男女平等""获得公平优质教育""提供清洁的饮用水及获取经济的清洁能

---

① ② ③ 薛澜、翁凌飞:《关于中国"一带一路"倡议推动联合国〈30 年可持续发展议程〉的思考》,《中国科学院院刊》2018 年第 1 期。

④ 《改变我们的世界:2030 年可持续发展议程》,联合国大会文件,2015 年 9 月 18 日,A/70/L.1,第 1 页。

源""建设有韧性的可持续城市与人类居住区"等,都具有明显的普遍性,是世界各国不论是发展中国家还是发达国家必须一起来共同落实的可持续发展目标。正因为如此,深入地剖析和阐释中国"一带一路"倡议与联合国"2030 议程"及其可持续发展目标(SDGs)之间的有机联系,对国际社会进一步理解和接受"一带一路"倡议有极大的助益,也能更有助于"一带一路"沿线国家在全面落实联合国可持续发展议程的过程中,加强与中国在推进共建"一带一路"方面的合作。为此本文接下来将从论证"一带一路"倡议是中国的新发展议程及外交方略、考察"一带一路"倡议与联合国"2030 议程"在基本精神与原则方面的有机关联,以及解析"一带一路"倡议的重点合作领域与联合国"2030 议程"中的 17 项 SDGs 之间的相互关系等三个方面,全面探讨中国的"一带一路"倡议与联合国"2030 议程"之间的关系,深入分析前者如何为全面落实后者的 17 项可持续发展目标做贡献。

二、"一带一路"倡议是中国的新发展议程及外交方略

在很大程度上,"丝绸之路经济带"("一带")和"21 世纪海上丝绸之路"("一路")倡议是中国政府提出的具有中国特色的发展议程,其重点在于推进中国与欧亚国家、非洲国家、乃至与拉美甚至北美国家之间的连通与合作。要之,"一带一路"倡议所强调的是:在全球发展事务中,中国如何努力发挥自身的更大作用。2013 年 9 月和 10 月,中国国家主席习近平在出访中亚和东南亚国家期间,先后提出共建"丝绸之路经济带"和"21 世纪海上丝绸之路"之后,在坚持共商、共建、共享原则指导下,中国政府积极推进"一带一路"沿线国家的发展战略之间的相互对接,取得了一系列成果。尽管西方媒体认为"一带一路"倡议是有史以来最大的基础设施和投资大型项目之一,它涵盖超过 68 个国家,相当于世界人口的 65%,占全球 GDP 的 40%(截至 2017 年)并且投资的重点主要在诸如建筑材料,铁路和公路,汽车,房地产,电网和钢铁等方面,[1]但是,实际上"一带一路"倡议是中国在国内外推进的具有中国特色新的可持续发展议程,并且与保

---

① "What to Know About China's Belt and Road Initiative Summit". *Time*, 2018-01-30.

障国内可持续发展的外交紧密相联。中共十九大报告中的相关论述充分地说明了这一点。

首先,在十九大报告的第一部分"过去五年的工作和历史性变革"中,习近平总书记将"一带一路"倡议与建设与中共十八大以来中国的经济建设和外交成就相互联系,明确指出:"经济建设取得重大成就……区域发展协调性增强,'一带一路'建设、京津冀协同发展、长江经济带发展成效显著。"并且"全方位外交布局深入展开。全面推进中国特色大国外交,形成全方位、多层次、立体化的外交布局,为我国发展营造了良好外部条件。实施共建'一带一路'倡议,发起创办亚洲基础设施投资银行……为世界和平与发展作出新的重大贡献。"①其次,恰恰就是在十九大报告的第五部分"贯彻新发展理念,建设现代化经济体系"中习近平总书记再度强调了"一带一路"在中国未来的建设和发展中的地位和作用。他指出:"推动形成全面开放新格局。开放带来进步,封闭必然落后。中国开放的大门不会关闭,只会越开越大。要以"一带一路"建设为重点,坚持引进来和走出去并重,遵循共商共建共享原则,加强创新能力开放合作,形成陆海内外联动、东西双向互济的开放格局。"②最后,习近平总书记在十九大报告的第十二部分"坚持和平发展道路,推动构建人类命运共同体"中再度强调:"中国坚持对外开放的基本国策,坚持打开国门搞建设,积极促进'一带一路'国际合作,努力实现政策沟通、设施联通、贸易畅通、资金融通、民心相通,打造国际合作新平台,增添共同发展新动力。"③十九大报告有关"一带一路"倡议的这一系列重要论述清楚地表明,"一带一路"倡议是促进中国和平发展的新议程,也是保障中国经济实现可持续发展的重要外交途径。

更值得注意的是,习近平总书记在十九大报告中就中国的外交战略明确指出:"中国秉持共商共建共享的全球治理观,倡导国际关系民主化,坚持国家不分大小、强弱、贫富一律平等,支持联合国发挥积极作用……"④这在很大的程度上

① 习近平:《决胜全面建成小康社会 夺取新时代中国特色社会主义伟大胜利——在中国共产党第十九次全国代表大会上的报告》,《中国共产党第十九次全国代表大会文件汇编》,人民出版社2017年版,第6页。

② 同上书,第28页。

③④ 同上书,第48页。

意味着,作为保障中国经济实现可持续发展的重要外交途径,"一带一路"倡议实际上与中国积极参与全球发展治理,尤其是参与联合国 2030 年可持续发展议程密切相关。2015 年 9 月 25 日至 27 日,举世瞩目的"联合国可持续发展峰会"在纽约的联合国总部成功举行,会议通过了一份由 193 个会员国共同达成的成果文件——《变革我们的世界:2030 年可持续发展议程》,该议程中的 17 项"可持续发展目标"(SDGs)成为未来 15 年(2016—2030)联合国各会员国继续完成"千年发展目标"(MDGs)未竟之业、不断推进可持续发展的指导方针和奋斗目标。中国国家主席习近平在该次可持续发展峰会上发表演讲指出:"中国郑重承诺,以落实 2015 年后发展议程为己任,团结协作,推动全球发展事业不断向前。"①正是因为"支持联合国发挥积极作用"是中国外交政策的重要原则,且中国国家主席习近平明确地承诺将切实落实联合国 2030 年可持续发展议程,所以作为中国新的发展议程的"一带一路"倡议就必然与联合国"2030 议程"有机地相互关联。这也就是说,中国积极推进"一带一路"倡议实际上与落实联合国"2030 议程"中的 17 项可持续发展目标和 169 项具体目标密切相关。

三、"一带一路"与"2030 议程"在基本精神和原则等方面有着密切联系

实际上,中国的"一带一路"倡议在促进落实联合国"2030 议程"方面发挥着重要的作用。之所以如此判断是因为中国的"一带一路"倡议与联合国"2030 议程"有着共同的愿景、相似的精神、一致的基本原则、乃至相同的优先事项。

毫无疑问,中国的"一带一路"倡议与联合国"2030 议程"都具有明显的倡导共同繁荣的精神。中国的"一带一路"倡议追求和谐包容的发展,倡导宽容而不是文明之间的冲突,尊重不同国家选择自己的发展道路和模式,支持不同文明之间的对话,促使"一带一路"沿线以及所有相关国家都能和平共处,共同繁荣。就

---

① 《习近平在联合国可持续发展峰会演讲》,东方网:http://news.eastday.com/eastday/13news/auto/news/china/u7ai4663907_K4.html。联合国《变革我们的世界:2030 年可持续发展议程》被正式通过之前,该议程称为:"联合国 2015 年后发展议程",通过之后就称为:"联合国 2030 年可持续发展议程",简称"2030 议程"。

如经中国国务院授权发布的《推动共建丝绸之路经济带和 21 世纪海上丝绸之路的愿景与行动》文件所指出的那样:"'一带一路'是促进共同发展、实现共同繁荣的合作共赢之路,是增进理解信任、加强全方位交流的和平友谊之路。中国政府倡议,秉持和平合作、开放包容、互学互鉴、互利共赢的理念,全方位推进务实合作,打造政治互信、经济融合、文化包容的利益共同体、命运共同体和责任共同体。"①同样,联合国"2030 议程"开宗明义地指出:"本议程是为人类、地球与繁荣制订的行动计划"且"我们决心让所有的人都过上繁荣和充实的生活,在与自然和谐相处的同时实现经济、社会和技术进步。"同时该议程还明确提出:"我们要创建一个普遍尊重人权和人的尊严、法治、公正、平等和非歧视,尊重种族、民族和文化多样性,尊重机会均等以充分发挥人的潜能和促进共同繁荣的世界。"②由此可见,不论是中国的"一带一路"倡议还是联合国"2030 议程"都强调共同繁荣的精神,并且指出:发展的本质应该是人类、地球和共同繁荣,而不是单个国家的国内生产总值,没有以共同繁荣为前提的包容性发展就不可能实现可持续发展。对于联合国来说,没有人类的共同繁荣,以致全球人口中的很大一部分人仍然生活在贫困之中,那么无论如何发展,世界将不会是一个美好的世界。对中国而言,如果拒绝与其他国家分享繁荣,那么其自身的繁荣也将不会持久。

在追求共同繁荣的同时,中国的"一带一路"倡议与联合国"2030 议程"都强调尊重各国主权的原则。即在促进世界各国追求共同繁荣的过程中,必须尊重各国的主权。中国政府十分明确地指出:中国的"一带一路"倡议"恪守联合国宪章的宗旨和原则。遵守和平共处五项原则,即尊重各国主权和领土完整、互不侵犯、互不干涉内政、和平共处、平等互利。"③而联合国"2030 议程"则明确提出:"我们重申,每个国家永远对其财富、自然资源和经济活动充分拥有永久主权,并应该自由行使这一主权。我们将执行这一议程,全面造福今世后代所有人。在此过程中,我们重申将维护国际法,并强调,将采用信守国际法为各国规

---

①③ 国家发展改革委、外交部、商务部:《推动共建丝绸之路经济带和 21 世纪海上丝绸之路的愿景与行动》,2015 年 3 月。http://zhs.mofcom.gov.cn/article/xxfb/201503/20150300926644.shtml。

② 联合国:《变革我们的世界:2030 年可持续发展议程》,载中华人民共和国外交部网站:https://www.fmprc.gov.cn/web/ziliao_674904/zt_674979/dnzt_674981/qtzt/2030kcxfzyc_686343/t1331382.shtml。

定的权利和义务的方式来执行本议程。"①虽然在全球化的世界中,需要在不同的全球事务领域采取不同形式的全球治理,而在全球治理的发展过程中,主权国家已经很难垄断所有的权力,即一些与全球治理相关的权力会从国家转移到国际政府间组织、非政府组织、乃至私营部门和其他行为者。然而,即便如此,在当今全球化的世界中,主权国家仍然是当代国际体系的主要行为体,在很大的程度上主权国家依然主导着全球治理的发展进程,其中包括全球发展治理,而中国的"一带一路"倡议和联合国"2030 议程"就是全球发展治理的有机组成部分。由此,不论是"一带一路"倡议还是"2030 议程"都十分强调在各自的实施过程中必须尊重各国的主权这一国际法的基本原则。

正是在倡导共同繁荣的精神和坚持尊重各国主权的原则的前提下,中国的"一带一路"倡议"以政策沟通、设施联通、贸易畅通、资金融通、民心相通为主要内容"②与沿线国家进行全面的合作。首先,政策沟通就是在推进"一带一路"过程中要加强与沿线各国实现政策协调,这是实施"一带一路"倡议的重要保障。其中包括促进政府间合作,建立多层次的政府间宏观政策交流和沟通机制,扩大共同利益,增进政治互信,达成新的合作共识等。第二,设施联通是指在尊重彼此主权和安全关切的基础上,"一带一路"沿线国家应加强基础设施建设规划和技术标准体系的连通性,共同推进国际干线通道建设,形成连接所有分区的基础设施网络。同时,要充分考虑气候变化对建设的影响,努力推进绿色低碳基础设施建设和运营管理。交通,能源和通信基础设施都属于这一领域。第三,贸易畅通无疑旨在改善投资和贸易便利化,消除投资和贸易壁垒。"一带一路"倡议的目标就是在所有相关国家中创造良好的商业环境。金融一体化是实施"一带一路"倡议的重要基础。第四,资金融通是指深化与"一带一路"沿线国家之间的金融合作,比如加大力度建设亚洲货币稳定体系,投融资体系和信用信息系统等。目前与"一带一路"倡议密切相关的亚洲基础设施投资银行(AIIB)和金砖

① 联合国:《变革我们的世界:2030 年可持续发展议程》,载中华人民共和国外交部网站:https://www.fmprc.gov.cn/web/ziliao_674904/zt_674979/dnzt_674981/qtzt/2030kcxfzyc_686343/t1331382.shtml。

② 国家发展改革委、外交部、商务部:《推动共建丝绸之路经济带和 21 世纪海上丝绸之路的愿景与行动》,2015 年 3 月。http://zhs.mofcom.gov.cn/article/xxfb/201503/20150300926644.shtml。

国家新开发银行已经投入运营。最后,民心相通意味着广泛有效的民间联系为实施"一带一路"倡议提供了坚实的社会基础。"一带一路"倡议十分注重促进与沿线国家广泛的人员、文化、学术等各方面的交流与合作。通过诸如媒体合作、青年与妇女交流、教育交流,文化年、艺术节、旅游合作、卫生合作、研究合作等以赢得参与"一带一路"各国公众对深化双边和多边合作的支持。

从以上"一带一路"倡议的五个重点合作领域我们可以看到,所有的这些实际上都与联合国"2030 议程"中的 17 项可持续发展目标(SDGs)有关。在很大的程度上,不断地推进"一带一路"倡议所强调的这五大重点合作领域对全面落实联合国"2030 议程"的可持续发展目标具有明显的促进作用。对此我们将做进一步的分析和讨论。

四、"一带一路"五大重点合作领域与落实
"2030 议程"可持续发展目标

众所周知,联合国"2030 议程"提出了 17 项可持续发展目标(SDGs)和 169 项子目标(targets)。联合国将 17 项可持续发展目标简明扼要地概括为:"目标 1:无贫穷;目标 2:零饥饿;目标 3:良好健康与福祉;目标 4:优质教育;目标 5:性别平等;目标 6:清洁水源和卫生设施;目标 7:经济适用的清洁能源;目标 8:体面工作和经济增长;目标 9:产业创新和基础设施;目标 10:减少不平等;目标 11:可持续城市和社区;目标 12:负责任的消费和生产;目标 13:气候行动;目标 14:(保护)水下生物;目标 15:(保护)陆地生物;目标 16:和平、正义与强大机构;目标 17:促进目标实现的伙伴关系。"[①]联合国明确指出:这 17 个可持续发展目标是"变革世界的 17 个目标——可持续发展目标呼吁所有国家(不论该国是贫穷、富裕还是中等收入)行动起来,在促进经济繁荣的同时保护地球。目标指出,消除贫困必须与一系列战略齐头并进,包括促进经济增长,解决教育、卫生、社会保护和就业机会的社会需求,遏制气候变化和保护环境"[②]。

[①] 联合国官方网站:"可持续发展目标",https://www.un.org/sustainabledevelopment/zh/sustainable-development-goals/。

[②] 联合国官方网站:"可持续发展目标",https://www.un.org/sustainabledevelopment/zh/。

实际上,作为中国的一项新发展议程及外交方略,"一带一路"倡议不仅在促进世界人民共同繁荣的精神和坚持各国主权的原则这两方面与联合国的"2030议程"相互契合,而且其中所提出的五大重点合作领域对"一带一路"沿线国家与相关国家全面落实"2030 议程"的 17 项可持续发展目标具有直接的重要影响。之所以如此,是因为"共建'一带一路'致力于亚欧非大陆及附近海洋的互联互通,建立和加强沿线各国互联互通伙伴关系,构建全方位、多层次、复合型的互联互通网络,实现沿线各国多元、自主、平衡、可持续的发展。'一带一路'倡议的互联互通项目将推动沿线各国发展战略的对接与耦合,发掘区域内市场的潜力,促进投资和消费,创造需求和就业,增进沿线各国人民的人文交流与文明互鉴,让各国人民相逢相知、互信互敬,共享和谐、安宁、富裕的生活。"①不仅如此,根据对"一带一路"倡议持客观看法的西方学者的说法,"一带一路"倡议是一个商业而非地缘政治的框架,主要通过国家间和私营部门的运作,反映市场规则和国际法规定的比较优势,有望成为可持续经济增长的平台。②总体而言,中国的"一带一路"倡议所提出的五大重点合作领域既可直接地,又可间接地对沿线国家全前面落实"2030 议程"的 17 项可持续发展目标作出贡献。

我们首先考察分析"一带一路"倡议的五个重点合作领域对沿线国家落实可持续发展目标的直接影响。在很大程度上,"一带一路"的重点合作领域二(设施联通)、领域三(贸易畅通)和领域四(资金融通)对落实可持续发展目标 1(无贫穷)、目标 2(零饥饿)、目标 7(经济适用的清洁能源)、目标 8(体面工作和经济增长)、目标 9(产业创新和基础设施)和目标 10(减少不平等)有直接的重要影响。基础设施建设、贸易增长和投资扩大在消除贫困和饥饿、促进经济增长、产业创新、基础设施建设、增加就业等方面发挥着重要的作用,这些都受到经济理论和实证研究的支持,也是联合国制订可持续发展目标背后的哲学。

---

① 国家发展改革委、外交部、商务部:《推动共建丝绸之路经济带和 21 世纪海上丝绸之路的愿景与行动》,2015 年 3 月。http://zhs.mofcom.gov.cn/article/xxfb/201503/20150300926644.shtml。

② Balazs Horvath, "Identifying Development Dividends along the Belt and Road Initiative: Complementarities and Synergies between the Belt and Road Initiative and the Sustainable Development Goals", SCOPINGPAPER 1 of 2016 HIGH-LEVEL POLICY FORUMON GLOBAL GOVERNANC "BELTANDROAD": A NEW PATH TO REGIONAL DEVELOPMENT co-organized by UNDP and CCIEE(China Center for international Economic Exchanges), p.12.

具体而言,设施联通及与之相关的资金融通对落实可持续发展目标的影响在于下述几个方面。第一,基础设施的投资与建设,如港口、铁路、公路、乃至信息高速公路的投资与建设可以降低物流成本和运输时间,从而促进出口,使出口产品在国际市场上更具竞争力;同时基础设施建设还能促进钢铁、水泥、机车制造等相关行业的发展以促进经济的增长从而有助于消除贫困与饥饿、增长就业、创新产业等。第二,在运输、水、卫生、灌溉、电信和能源等领域的基础设施投资可以通过提供基本需求来直接改善穷人的福利。根据麦肯锡研究机构的研究报告,早在 2013 年,在快速发展的亚洲,基础设施的公共投资占国内生产总值的5%—7%或更多。但是,要实现 2030 年议程,世界仍然面临着基础设施投资的巨大差距。据估计,"要跟上预计的全球国内生产总值的增长速度,到 2030 年,基础设施投资估计需要 57 万亿美元"。①第三,能源是设施联通的一个关键部门,旨在促进能源基础设施连接,石油和天然气管道的安全联通,以及跨境供电网络和输电线路、区域电网升级和转型等;除传统能源外,设施联通还包括促进可再生能源的合作。所有的这一切显然对落实可持续发展目标 7 有直接的作用。

贸易畅通对"一带一路"沿线国家落实可持续发展目标 1、2、7、8、9 和 10的直接影响是显而易见的,其中特别值得一提的是贸易畅通对促进农业、畜牧业和渔业,以及扩大在农业机械制造、农产品加工、海产品种植、深海捕捞和水产品加工方面的合作等方面具有重要的影响,这无疑将有助于切实地落实"2030 议程"的可持续发展目标 2。在资金融通方面,"一带一路"倡议特别强调了要扩大相互投资领域,加强在煤炭、石油、天然气、金属矿物和其他常规能源的勘探和开发方面的合作。此外,在水电、核电、风电、太阳能和其他清洁可再生能源的合作也将在资金融通的框架下展开。其中还包括在其被开发地点或附近处理和转换能源和资源的合作,以便建立能源和资源合作的综合产业链。上述所有的重点合作领域十分明显地有助于实现可持续发展目标 7(经济适用的清洁能源)。

"一带一路"倡议重点合作领域一(政策沟通)强调:"加强政府间合作,积极构建多层次政府间宏观政策沟通交流机制,深化利益融合,促进政治互信,达成

---

① McKinsey Global Institute, *Infrastructure productivity: How to save $1 trillion a year*, 2013. https://www.mckinsey.com/~/media/McKinsey/Industries/Capital%20Projects%20and%20Infrastructure/Our%20Insights/Infrastructure%20productivity/MGI%20Infrastructure_Full%20report_Jan%202013.ashx.

合作新共识。沿线各国可以就经济发展战略和对策进行充分交流对接,共同制定推进区域合作的规划和措施,协商解决合作中的问题,共同为务实合作及大型项目实施提供政策支持。"①而重点合作领域五(民心相通)则提出:"加强沿线国家民间组织的交流合作,重点面向基层民众,广泛开展教育医疗、减贫开发、生物多样性和生态环保等各类公益慈善活动,促进沿线贫困地区生产生活条件改善。加强文化传媒的国际交流合作,积极利用网络平台,运用新媒体工具,塑造和谐友好的文化生态和舆论环境。"②由此可见,政策沟通与民心相通这两个重点合作领域对"一带一路"沿线国家落实可持续发展目标 17(促进目标实现的伙伴关系)具有直接的影响。

可持续发展目标 17 旨在加强实施手段并振兴全球可持续发展伙伴关系。该目标包括五个具体的筹资、技术、能力建设、贸易和系统问题领域。"一带一路"倡议的重点合作领域一和五——政策沟通及民心相通对落实该可持续发展目标中的一系列具体目标有明显的直接作用。比如在筹资领域,可持续发展目标 17 强调"从多渠道筹集额外财政资源用于发展中国家国内资源调动……"在技术领域则提出:"加强在科学、技术和创新领域的南北、南南、三方区域合作和国际合作,加强获取渠道……"在能力建设领域指出:"……支持各国落实各项可持续发展目标的国家计划,包括通过开展南北合作、南南合作和三方合作……",在系统性问题领域,更是强调:"加强全球宏观经济稳定,包括为此加强政策协调和政策一致性。"③"一带一路"倡议所强调的政策沟通和民心相通无疑对落实这一系列可持续发展目标 17 中的具体目标有积极的影响,因为通过与"一带一路"沿线国家的政府间政策协调及民间的广泛深入交流,其中包括多层次政府间宏观政策交流和沟通机制以及经济发展战略和政策的协调,可切实地帮助落实这些可持续发展目标 17 中重要的内容。

接下来,我们进一步简要地分析一下"一带一路"倡议对落实"2030 议程"的

①② 国家发展改革委、外交部、商务部:《推动共建丝绸之路经济带和 21 世纪海上丝绸之路的愿景与行动》,2015 年 3 月。http://zhs.mofcom.gov.cn/article/xxfb/201503/20150300926644.shtml。

③ 联合国:《变革我们的世界:2030 年可持续发展议程》,载中华人民共和国外交部网站:https://www.fmprc.gov.cn/web/ziliao_674904/zt_674979/dnzt_674981/qtzt/2030kcxfzyc_686343/t1331382.shtml。

可持续发展目标的间接作用与影响。总体而言,"一带一路"倡议的第二、第三和第五重点合作领域对可持续发展目标 3(良好健康与福祉)、目标 4(优质教育)、目标 5(性别平等)、目标 6(清洁水源和卫生设施)、目标 11(可持续城市和社区)、目标 13(气候行动)和目标 16(和平、正义与强大机构)具有相当大的影响。通过设施联通,"一带一路"沿线国家的医院和学校可随着基础设施投资增加以及道路的改善而得到加强,从而间接地有利于落实好"2030 议程"中的健康与福祉及优质教育等目标。可持续发展目标 5 旨在改善性别平等和妇女的地位。妇女的地位与发展和人类的未来密切相关。如果一半的人口生活在弱势地位,没有机会在经济和社会领域发挥积极作用,那么很难想象一个国家能够实现真正的发展。随着"一带一路"重点合作领域二和三的不断推进,沿线国家基础设施建设与投资能间接地促进这些国家妇女将有更多机会为未来更高收入的经济活动做好准备。信息和通信技术基础设施的改善往往促进教育和就业方面的性别平等,普通人口中改善教育对改善两性平等有明显的作用。随着贸易便利化的扩展,"一带一路"沿线国家的女性将有更多机会销售他们在国际市场上生产的产品,这将为妇女创造大量就业机会,并改善她们在家庭和社会中的经济地位。

可持续发展目标 6 旨在确保所有人能使用上清洁水源和卫生设施,而"一带一路"的重点合作领域二将通过增加对沿线国家的水和卫生基础设施的投资,为实现这一目标做出贡献。可持续发展目标 11 旨在使城市和人类住区具有包容性、安全性、适应性和可持续性,"一带一路"沿线国家的核心城市是"一带一路"倡议重点合作领域二将为这些核心城市的基础设施建设做出贡献,间接地促进该可持续发展目标的落实。可持续发展目标 13 将采取行动应对气候变化及其影响。要缓解气候变化,需要探索使用清洁、可再生能源如水电、核电、风电和太阳能的可能性。为了应对与气候有关的灾害和自然灾害并探索上述可再生能源,"一带一路"沿线国家可以通过重点合作领域二和三来加强合作,促进具体的落实行动。可持续发展目标 16 旨在促进和平和包容性社会促进可持续发展,为所有人提供诉诸司法的机会,并在各级建立有效,负责和包容的机构。毫无疑问,"一带一路"倡议的重点合作领域五(民心相通)可以为沿线国家落实该目标作间接的贡献。有关的措施可包括技术转让、青年就业、创业培训、职业技能发展、社会保障管理、公共行政和管理方面的合作。加强"一带一路"沿线国家的立法机构,主要政党和政治组织之间的交流等。

应当承认,"一带一路"倡议的五项重点合作领域与落实"2030 议程"的可持续发展目标 12(负责任的消费和生产)、目标 14(保护水下生物)、目标 15(保护陆地生物)等相互间的直接和间接的关系都不明显。然而,需要注意的是,指导"一带一路"倡议的各重点合作领域的基本精神与原则与沿线国家落实这些可持续发展目标也是相合的。同时,随着"一带一路"倡议的推进,相信针对这几项可持续发展目标的合作领域也会进一步形成。

综上所述,我们可以清晰地看到,"一带一路"倡议是中国的新发展议程及外交方略,它将促进中国在全球发展治理中发挥更大作用。"一带一路"倡议与联合国"2030 议程"具有相同的对人类未来发展的愿景以及实现这一愿景的基本精神和指导原则。同时,"一带一路"倡议的五大重点合作领域对沿线国家和相关国家落实"2030 议程"的 17 项可持续发展目标也有着直接或间接的作用与影响联系。要之,中国的"一带一路"倡议已经并将在未来对全面落实联合国"2030 议程"做出令世人瞩目的巨大贡献。

(作者为上海国际问题研究院研究员)

南南合作的演变与中国对联合国的外交筹划[*]

毛瑞鹏

南南合作是南方人民和国家团结一致的表现,源于共同的经历和共鸣。①进入 21 世纪以来,南南合作已成为全球发展合作不可或缺的组成部分,是对南北合作的重要补充。发展中国家是中国参与国际事务的有力同盟军。在新中国成立 70 年的外交历程中,南南合作始终发挥着不可或缺的作用。随着国力提升,中国已成为南南合作的重要参与者和贡献者。在国际格局深刻演变、多边主义国际秩序面临重大挑战的时代背景下,我国应积极筹划对联合国外交,提升联合国应对全球性威胁和挑战的能力,推动发展中国家的群体性崛起。

一、 联合国南南合作的历程

南南合作以发展中国家间的联合自强为基础,兼具政治性和经济性。联合国南南合作办公室将南南合作界定为,发展中国家一道探寻应对共同的发展挑战的解决方案;由于发展背景和挑战的相似性,南方国家越来越积极地分享知识、交流技术及形成共同的议程和集体行动。②总体而言,南南合作是发展中国家在双边、区域或区域间在政治、经济、社会、文化、环境、技术领域进行合作的广泛框架。③

---

* 本文系国家社会科学基金规划项目"特朗普政府的联合国政策及中美互动研究"(项目号 18BGJ060)的阶段性成果。

① 联合国文件,《2011—2020 十年期支援最不发达国家行动纲领》(伊斯坦布尔行动纲领),A/CONF.219/7, 2011 年 5 月 23 日。

② United Nations Office for South-South Cooperation, http://www.arab-ecis.unsouthsouth.org/about/what-is-south-south-cooperation/.

③ 关于南南合作概念的相关讨论还可参见,联合国联合检查组:《联合国系统内的南南合作和三角合作》,2011 年版,第 5—8 页,https://www.unjiu.org/sites/www.unjiu.org/files/jiu_rep_2018_2_chinese.pdf。

南南合作的发展历程并非一帆风顺,而是与发展中国家集体身份的塑造、南北对话的进展、新兴国家的作用发挥等因素紧密联系。联合国南南合作经历了从兴起到相对平寂再到全面复兴的过程,也经历了从突出强调政治联合到更多体现发展合作的转型,在国际发展合作议程中面临着逐步实现主流化的任务。

(一) 联合国南南合作的兴起

联合国南南合作的兴起是与第二次世界大战后席卷全球的非殖民化浪潮及第三世界集体意识的觉醒相伴而生的。一方面,随着世界殖民体系的瓦解,刚刚获得独立的亚非拉新兴民族国家面临着迫切的发展需求,成为国际发展合作的关注重点。尤其是在冷战的背景下,第三世界成为东西方阵营竞相争取的对象,客观上为发展中国家在联合国表达合理诉求提供了更大的空间。1949 年,联合国大会决定建立首个针对欠发达国家的技术援助项目(EPTA),重点提供发展规划建议、专业技术支持及人员培训。①这一项目开启了联合国南南合作的先河。

另一方面,相似的历史遭遇、共同的发展挑战以及在国际政治经济秩序中的弱势地位,促使发展中国家通过集体行动维护国家独立和实现经济发展。1955年召开的万隆会议对南南合作具有重要的历史意义,凸显出发展中国家团结合作以一个整体参与国际事务的决心。会议公报强调亚非国家在互利和相互尊重国家主权的基础上开展经济合作和技术援助,还要求联合国扩容以实现会员的普遍性和提升亚非国家在安理会的代表性。万隆会议后,亚非国家派驻联合国的代表定期举行会晤,被视为一个整体。

20 世纪 60 年代,随着非洲和亚洲一大批新独立的民族国家加入联合国,亚非集团逐渐成为一支举足轻重的力量,极大地推动了联合国南南合作的进程。1945 年联合国建立时会员国中仅有 3 个非洲国家和 9 个亚洲国家,合计占联合国会员国总数的 22.2%。1963 年,来自非洲和亚洲的会员国已经分别达到 33 个和 26 个,合计占总数的 52.7%。②在发展中国家的共同推动下,1964 年,第一届联

① United Nations, "Expanded Programme of Technical Assistance for economic development of under-developed countries," UNGA Resolution 304(Ⅳ), 1949. M.Perez-Guerrero, "The Expanded Program of Technical Assistance," *Unasylva*, Vol.4, No.4, 1950, http://www.fao.org/3/x5357e/x5357e03.htm# the%20expanded%20program%20of%20technical%20assistance.

② 根据联合国会员国信息综合得出,http://www.un.org/chinese/members/growth.htm。

合国贸易和发展会议(UNCTAD)在日内瓦召开,并随后成为联合国的一个常设机构。在这次会议上,77个发展中国家共同发表了联合宣言。77国集团作为由发展中国家组成的组织应运而生。为更有效地协调对发展中国家的技术援助,1966年初,联合国开发计划署(UNDP)宣告成立,开始在联合国的国际发展合作中扮演重要的协调者的角色。

进入20世纪70年代,发展中国家在联合国的影响力进一步提升。尤为重要的是,在发展中国家的支持下,1971年第26届联合国大会表决通过第2758号决议,恢复了中华人民共和国在联合国的合法席位。由此掀起了中华人民共和国外交的新篇章,发展中国家在联合国的力量得到显著提升。

这一阶段,发展中国家在联合国掀起了争取公平发展权利的浪潮,南南合作朝着更加深入和制度化的方向发展。1972年,联合国大会首次创建了关于发展中国家间技术合作的工作组。两年后,1974年,联大通过决议在UNDP内设立发展中国家间技术合作特设局,旨在推动将发展中国家间的技术合作融入到UNDP的项目规划和实施过程中。尤其重要的是,1974年,联合国大会通过了《建立新的国际经济秩序宣言》,明确宣布既有的国际经济秩序难以实现国家间的均匀和平衡的发展,并要求联合国在建立新的国际经济秩序方面发挥更大的作用。①

这一时期,南南合作的一个重要里程碑是1978年9月联合国发展中国家技术合作会议通过的《促进和实施发展中国家间技术合作的布宜诺斯艾利斯行动计划》(简称《布宜诺斯艾利斯行动计划》)。②《布宜诺斯艾利斯行动计划》是发展中国家间技术合作的首个主要蓝图,为发展合作的路径提供了新的方向。据此,发展中国家单独和集体自力更生被作为新的国际经济秩序的基础。此后,参与国际发展合作的国家和国际机构都将这一计划纳入其制定发展援助规划和项目时的考虑因素。③从1980年开始,联合国大会发展中国家间技术合作高级别委

---

① 联合国文件,《建立新的国际经济秩序宣言》,A/RES/3201(S-VI),1974年5月1日,https://digitallibrary.un.org/record/218450/files/A_RES_3201%28S-VI%29-ZH.pdf。

② 1978年12月19日,联合国大会通过第33/134号决议认可《布宜诺斯艾利斯行动计划》。

③ United Nations Conference on South-South Cooperation, "Buenos Aires plan of Action(1978)," https://www.unsouthsouth.org/bapa40/documents/buenos-aires-plan-of-action/.

员会,负责对《布宜诺斯艾利斯行动计划》的执行情况进行定期审议和监督。发展中国家间的技术合作也成为联合国的一项固定议程。

总体而言,发展中国家作为一个整体出现在世界舞台,推动了联合国对于发展议程和国际经济秩序的关注。这一时期,南南合作兼具政治合作和经济合作双重功能,且以政治合作尤为突出。发展中国家通过在联合国的团结一致增强了同发达国家进行谈判的力量。

(二) 联合国南南合作的平寂

进入 20 世纪 80 年代,发展中国家在联合国推动国际经济新秩序的努力遭受极大挫折,南南合作陷入到相对平寂的状态。1979 年,发展中国家提出举行全球性国际谈判的建议,并在随后的联合国大会上得以通过,成为联大第 34/138 号决议。然而,主要由于美国的抵制,1980 年的第 11 届特别联大和第 35 届联大都未能就全球谈判的议程和程序达成协议。1981 年 10 月,包括中国在内的 14 个发展中国家和 8 个发达国家的元首或政府首脑参加了在墨西哥坎昆举行的关于合作与发展的国际会议。这是历史上首次发展中国家首脑和发达国家首脑正式专门讨论南北关系问题。然而,会议没有改变北方国家的强硬立场。此后,尽管发展中国家在南南会议"新德里磋商"等国际场合,提出将达成促使全球谈判得以举行的政治谅解作为主要目标,然而,由于北方国家对南北对话持消极态度,南北谈判始终停滞不前。

与此同时,这一时期,很多发展中国家出现生产停滞、出口锐减、债台高筑和通胀严重的状况,开展南南合作的能力和意愿受到削弱。尽管发展中国家持续地在联合国贸发会议、77 国集团部长级会议等很多国际场合呼吁加强合作促进经济发展,然而发展中国家群体的内部凝聚力明显下降,南南合作陷入低潮,77 国集团等发展中国家组织的影响力也不及从前。[①]

1990 年,由坦桑尼亚前总统尼雷尔领导的南方委员会发布题为《对南方的挑战》的报告。报告分析了南方国家在 80 年代陷入的发展危机,指出南北关系仍然处于不对称和扭曲状态,南方国家继续沦为北方国家的边缘。为此,报告一

---

① John Toye, "Assessing the G77: 50 years after UNCTAD and 40 years after the NIEO", *Third World Quarterly*, Vol.35, No.10, 2014, p.1768.

方面强调加强南南合作的必要性,另一方面也主张吸引北方国家重新回到南北谈判桌。①这一报告也被认为标志着发展中国家在前一阶段所推动的国际经济新秩序的倡议被迫搁置。值得说明的是,尽管这一时期南南合作陷入低潮,但合作的基础并没有动摇。归根结底,发展中国家在国际秩序中的弱势地位依然突出,南北差距不但没有缩小反而有不断扩大的趋势。发展中国家有着很多共同的利益诉求,在很多国际事务上的立场相同或相近。

20世纪90年代,联合国南南合作的一个新的发展是,合作内涵变得更为宽泛,开始涵盖所有形式的合作,而不只限于技术合作。1991年,联合国大会第46/159号决议首次在正式文件中提出南南合作的表述。1995年4月,联合国高级别委员会提交的《发展中国家间技术合作的新方向》(TCDC/9/3)报告,主张在业务上将技术合作与经济合作更加密切地结合起来。报告还建议提倡三边合作安排,由捐助国资助发展中国家间的交流。②这一时期,发展中国家合作焦点的扩大和合作形式的创新为21世纪南南合作的复兴奠定了基础。

(三)联合国南南合作的复兴

2000年以来,发展中国家群体性崛起,包括中国在内的一些发展中国家积累了一定的金融和技术能力,成为全球发展合作的重要行为体。这为南南合作的开展提供了新的动力。2005年在苏格兰格伦伊格尔举行的八国集团会议就强调指出,中国、印度、巴西等新兴国家的迅速崛起,产生了新的贸易关系、投资关系和知识关系地理格局。

在这一背景下,国际发展合作格局发生巨大变化,南南合作的重要性日益提升。南南合作也显示出相较于南北合作的比较优势,即它是一种基于团结一致的平等伙伴关系,有助于在发展中国家互利和谅解的基础上,通过强调相似的发展背景下的共同价值观来应对南方国家面临的发展挑战。③

2001年5月在比利时布鲁塞尔举行的第三次联合国最不发达国家问题会议

---

① 陈兆兴:《南方发展经济的纲领——介绍〈对南方的挑战〉报告》,《国际问题研究》1991年第4期。

② 联合国文件,《发展中国家间技术合作的新方向》,1995年4月7日,TCDC/9/3,https://digitallibrary.un.org/record/186959/files/TCDC_9_3-ZH.pdf。

③ 联合国秘书长报告:《南南合作的作用与执行〈2030年可持续发展议程〉:挑战与机遇》,A/73/383,2018年9月17日,第3页。

被认为是南南合作的一个里程碑。①会议达成的《2001—2010 十年期支援最不发达国家行动纲领》(简称《行动纲领》)在伙伴关系框架部分强调,南南合作对于最不发达国家在人力和生产能力建设、技术援助和交流最佳做法等领域有着重要作用,尤其是在卫生、教育、培训、环境、科技、贸易、投资和过境运输等领域。第三次联合国最不发达国家问题会议的一个重要成就是推动国际社会认可和支持发展中国家充分利用南南合作和三边合作的各种方式。②2002 年 3 月在墨西哥蒙特雷举办的发展筹资问题国际会议再次提出鼓励包括三边合作在内的南南合作。联合国作为三边合作的重要平台,为新兴发展中国家扩大多边发展援助的力度提供了动力。

南南合作对于国际发展合作的重要意义体现在 2003 年 12 月联合国大会通过的关于发展中国家间经济和技术合作的第 58/220 号决议。决议正式决定将"发展中国家间技术合作高级别委员会"改为"南南合作高级别委员会",并提出加强 UNDP 南南合作特设局,使之成为联合国系统内南南合作协调中心。决议还呼吁联合国各基金和方案及联合国发展系统其他实体努力将南南合作纳入主流。③为了凸显南南合作的重要性,决议还决定将每年的 12 月 19 日(联大认可《布宜诺斯艾利斯行动计划》的日子)定为联合国南南合作日。④

为了纪念《布宜诺斯艾利斯行动计划》签署 30 周年和 40 周年,2009 年 12 月和 2019 年 3 月,联合国分别在肯尼亚首都内罗毕和阿根廷首都布宜诺斯艾利斯召开南南合作问题高级别会议。其中,内罗毕成果文件强调南南合作及其议程必须由发展中国家设定,呼吁国家政府、地区实体和联合国机构应在支持和执行南南合作和三边合作中发挥更大的作用。⑤2019 年的第二届南南合作问题高级别会议成果文件指出,南南合作以及传统捐助方和多边组织促进南南倡议的三

---

① 联合国,《联合国南南合作日背景信息》,https://www.un.org/zh/events/southcooperationday/background.shtml。

② 《第三次联合国最不发达国家问题会议报告》,2001 年 5 月 14—20 日,布鲁塞尔,A/CONF.191/13。

③ 联合国文件,A/RES/58/220。

④ 2011 年 12 月,联大决定将南南合作日的纪念日期改为 9 月 12 日(联合国发展中国家间技术合作会议通过《布宜诺斯艾利斯行动计划》的日子)。

⑤ 联合国文件,《联合国系统内的南南合作和三角合作》,JIU/REP/2011/3,2011。

边合作有助于落实"2030 年可持续发展议程",强调鼓励联合国发展系统将南南和三方合作纳入政策、方案、战略框架和其他规划工具。①这两次会议对南南合作作为发展中国家应对共同的全球挑战的框架提供了重要的政治动力。

在发展中国家的推动下,南南合作和三边合作在全球发展议程中正在逐步实现主流化。将南南合作纳入发展规划和具体实践的倡议得到联合国发展系统的响应。例如,联合国工业发展组织 2006 年以来在中国、巴西、埃及、印度、南非成立了南南工业合作中心(UNSSIC)。2008 年以来,联合国开发署一直通过其全球、区域和国家方案并通过各种战略伙伴关系以及与中国、南非、印度等国共同举办的各种论坛,包括与中国合办的"国际扶贫中心",在所有的重点领域采用南南合作的方针。因此,21 世纪以来,南南合作成为全球发展合作体系中不可或缺的组成部分,深刻地影响着联合国等国际组织的发展议程。

二、 中国对联合国南南合作的参与和贡献

新中国成立 70 年来,中国始终致力于促进发展中国家的团结合作,在联合国等多边机制积极维护发展中国家群体的正当权益。中国与发展中国家在多边机制中的合作,是基于在全球经济秩序中的弱势地位,也是基于中国同广大发展中国家致力于完善全球治理体系,构建更加公正合理的国际政治经济新秩序的共同诉求。广大发展中国家是中国在国际事务中的天然同盟军,是中国走和平发展道路的同路人。随着国力的提升,中国已成为联合国南南合作的重要参与者和贡献者。

(一) 理念和组织贡献

中国始终支持发展中国家的团结一致和联合自强,在南南合作的思想理念和组织建设方面作出重要贡献。早在 1955 年,周恩来总理率领的中国代表团就对万隆会议的成功举行作出了重要贡献。"和平共处五项基本原则"在万隆会议上得到响应,成为国际关系的重要指导思想。恢复在联合国的合法席位后,中国积极支持发展中国家建立国际经济新秩序的诉求,在联合国显示出与亚非拉国

---

① 联合国文件,《第二次联合国南南合作高级别会议布宜诺斯艾利斯成果文件》,A/CONF.235/3, 2019 年 3 月 11 日。

家明显的立场一致性。即使在 20 世纪 80 年代南南合作陷入低潮时期,中国依然坚定地支持发展中国家间开展经济和科技合作。中国政府在分别在 1983 年 11 月和 1986 年 11 月在北京举办亚太和全球发展中国家政府间技术合作协商会议。进入新世纪以来,南南合作也已成为中国参与联合国事务的重要形式和核心内容之一。中国积极推动与 77 国集团、不结盟运动组织、金砖国家等发展中国家群体在联合国开展政策磋商协调,提升了发展中国家合作的机制化水平。

中国积极引领南南合作的发展理念和发展方向。2015 年 9 月,习近平主席在纽约联合国总部主持由中国和联合国共同举办的南南合作圆桌会,对新时期南南合作提出建议:一要致力于探索多元发展道路;二要致力于促进发展战略对接;三要致力于实现务实发展成效;四要致力于完善全球发展架构。①在推进南南合作的过程中,中国秉持正确义利观,坚持"平等互利、注重实效、长期合作、共同发展"的原则,坚持当事国对发展合作议程的主导权,尊重各国自主选择的发展道路和社会制度,所提供的援助不附加任何政治条件。这些理念被发展中国家普遍接受。

尤其重要的是,中国提出的"人类命运共同体"理念和"一带一路"倡议,为联合国南南合作注入了新的活力。中国的理念和倡议得到世界很多国家和联合国机构的响应。2017 年以来,人类命运共同体已多次写入联合国相关决议,显示了这一理念反映了大多数国家的共同愿望,也彰显了其对国际议程的重要指引意义。例如,2017 年 2 月 10 日,联合国经社理事会下的社会发展委员会通过"非洲发展新伙伴关系的社会层面"决议,"呼吁国际社会本着合作共赢和构建人类命运共同体的精神,加强对非洲经济社会发展的支持"。同时,中国也积极加强与联合国机构共建"一带一路",目前已经与 UNDP、环境规划署(UNEP)、世界卫生组织(WHO)等联合国机构签署了共建"一带一路"的备忘录。2019 年 4 月在第二届"一带一路"国际合作高峰论坛上,联合国南南合作办公室成为"一带一路"倡议的重要伙伴。2017 年秘书长古特雷斯向联合国大会提交的《南南合作情况报告》表示,"中国倡导的'一带一路'倡议将为包括南南合作在内的国际合作提供新的机遇和动力。"②

---

① 新华网,《习近平阐述新时期南南合作倡议》,2015 年 9 月 27 日,http://www.xinhuanet.com/world/2015-09/27/c_128272353.htm。

② A/72/297,第 5 条。

(二) 财政贡献

中国通过联合国发展系统机构为发展中国家,尤其是最不发达国家提供了大量的援助,通过技术合作、人员培训、援外医疗、人道主义援助等多种方式推进了南南合作。据统计,在 1983 年 11 月至 1992 年 7 月,中国政府先后承担了 350 多个多边技术援助项目,投入了 1 000 多万元人民币,向亚、非、拉美、大洋洲和东欧近 80 个发展中国家的数百名来华学员传授了实用技术,派出了 100 多名专家到受援国进行现场培训或技术考察。[1]此外,为了提升多边援助在国家对外援助中的地位,1989 年,中国政府在外经贸部对外援助司内设立"多边援外处",专门负责通过联合国等国际组织开展对外援助工作。

进入 21 世纪以来,中国进一步加大了对联合国南南合作的资助力度。中国长期是联合国南南合作信托基金和 77 国集团佩雷斯—格雷罗南南合作信托基金(PGTF)的捐助国。联合国南南合作基金根据大会第 50/119 号决议于 1996 年在开发署内设立,是促进和支持南南合作和三角合作的联合国主要信托基金。中国是该基金最大的捐助国。根据联合国南南合作办公室公布的数据,2009—2016 年,基金共收到捐款约 2 101 万美元,其中中国捐款达 950 万美元,约占 45%。[2]佩雷斯—格雷罗南南合作信托基金根据联大 1983 年 12 月第 38/201 号决议设立,由南南合作特设局和 77 国集团按照其确定的优先事项共同管理,目的是支持会员国间经济和技术合作活动。2007 年以来,中国累计向该基金捐款 24.2 万美元,占该基金总额的6.2%。[3]

中国还是最早参与联合国粮食署(FAO)"粮食安全特别计划"框架下南南合作的国家之一。2006 年 5 月,中国农业部与 FAO 签署《中国政府与 FAO 关于开展南南合作的意向书》,成为首个与 FAO 建立南南合作战略联盟的国家。[4]中国是联合国粮农组织南南合作信托基金的最大出资国。2008 年 9 月,中国向粮农组织捐

---

[1]　杨树增:《中国多边援助成效显著》,《国际援助》2015 年第 1 期,第 8 页。

[2]　UNOSSC, " United Nations Fund for South-South Cooperation: 2017 Report," https://drive.google.com/file/d/1e6hmP8Jio6Hro1gjNH1wZgI8prO-Pr1A/view.

[3]　The Group of 77, "Status of Contributions to the Perez-Guerrero Trust Fund for South-South Cooperation," As of 8 July 2019, http://www.g77.org/pgtf/contribution.html.

[4]　祝自冬:《中国参与农业多边南南合作的成效、面临的困难和前景》,《世界农业》2012 年第 11 期,第 112 页。

款3 000 万美元设立"粮农组织—中国南南合作信托基金"。2015 年 6 月,双方又签署 5 000 万美元的信托基金协定,以支持基金第二期的运作。此外,2018 年 2 月,中国向 IFAD 捐资 1 000 万美元设立中国—IFAD 南南合作及三边合作基金。

2015 年 9 月,习近平主席在联合国总部宣布中国设立总额为 200 亿元人民币的中国南南气候合作基金,以及首期 20 亿美元南南合作援助基金以促进南南合作和帮助发展中国家落实 2030 可持续发展议程。此外,2016 年 5 月,中国政府同联合国正式签署协议,中国承诺在未来 10 年向联合国捐赠 2 亿美元,由联合国托管,以联合国和平与发展基金形式运作。①

三、 南南合作与中国对联合国外交的筹划

中国一贯将多边机制视为外交的重要舞台,积极推进全球治理,支持联合国在国际事务中发挥更大作用。南南合作在中国对联合国外交筹划中居于关键地位。新时期,中国需要合理确定外交目标及实现的途径以回应新的不确定性和新的挑战。

(一) 中国对联合国外交面临的新挑战

一是如何在加大对全球治理的投入、提升在国际组织中的制度性话语权的同时有效控制既有的主导力量的过度反弹和实施预防性打压。近年来,中国对联合国等国际组织增加财政贡献的做法被西方污名化。例如,OECD 2018 年发布的《多边发展筹资》报告就认为:"中国正在通过向'传统多边机构'提供更多资金和施加更大影响确立在多边体系中的领导地位。"②一些西方智库的报告更是指责中国正在越来越利用经济、政治和制度性权力从内部改变全球治理体系,包括对人权、民主等概念进行不同于西方国家的重新界定,对国家主权原则的推崇,以及推广包含中国价值观和外交政策目标的全球共识。③中国亟需向国际社

---

① 联合国和平与发展基金,https://www.un.org/en/unpdf/index.shtml。

② OECD, *Multilateral Development Finance: Towards a New Pact on Multilateralism to Achieve the 2030 Agenda Together*, Paris: OECD Publishing, 2018, pp. 81, 59, https://doi.org/10.1787/9789264308831-en.

③ Kristine Lee and Alexander Sullivan, "People's Republic of the United Nations: China's Emerging Revisionism in International Organizations," Center for a New American Security, 14 May 2019, https://www.cnas.org/publications/reports/peoples-republic-of-the-united-nations.

会表明中国是国际秩序和国际规范的支持者和建设者。

二是如何看待和处理国际力量的再集团化问题。进入 21 世纪以来南南合作的动力发生了重大变化,从强调以集体力量参与同北方国家的谈判从而推动建立国际经济新秩序,转向更加注重通过经济、社会等诸多领域的合作帮助发展中国家,尤其是最不发达国家落实国际性发展议程。对此,有学者认为,南南合作的共通性诉求,不再是全球范围内尽可能广泛的大团结,而是接受了多个国家、多重力量竞相影响发展进程的现实;不再是革命与相互排斥,而是开放性的探索。[1]然而,也有学者认为新兴国家的崛起增强了发展中国家的力量,为推动建立国际经济新秩序提供了更大的可能性。[2]此外,还有研究者认为,国际社会需要管控在全球治理格局中以发达国家为一集团、以新兴国家和发展中国家为另一集团的"集团化"倾向,以防"集团化"对抗局面的再现。[3]中国应努力避免陷入到集团对抗的思维和格局之中。

三是如何应对美国等西方国家对多边主义的热情消退对联合国的消极影响。当前阶段,一些西方国家片面强调国家的自主性,公开质疑多边主义的有效性,对联合国等国际组织的支持力度下降。第二次世界大战后以联合国为核心的国际秩序受到极大冲击。受此影响,联合国内大国竞争更加突出,加剧了联合国决策陷入僵局的风险。在美国特朗普政府任期的头两年,联合国安理会表决失败的决议草案分别达到 7 项和 10 项,显著高于之前 8 年的数量。联合国应对恐怖主义、难民危机、气候变化、传染性疾病等全球性挑战的能力受到极大削弱。在国际和地区冲突形势更加复杂、联合国可持续发展议程进入落实阶段的关键时期,如何更好地维护联合国的权威是中国对联合国外交的一项重要任务。

四是如何在新一轮科技革命和产业变革中为发展中国家争取有利地位。以自动化、人工智能、物联网、大数据等为代表的新一轮科技革命正在深刻地改变

---

① 查道炯:《南南合作运动历程:对"一带一路"的启示》,《开发性金融研究》2018 年第 3 期,第 3 页。

② 徐崇利:《新兴国家崛起与构建国际经济新秩序——以中国的路径选择为视角》,《中国社会科学》2012 年第 10 期。

③ 王毅:《全球治理体系的改革及基本思路》,中国国际问题研究院研究报告,2016 年 9 月 29 日,http://www.ciis.org.cn/chinese/2013-07/18/content_6131097.htm。

着国际产业格局、创新格局和投资格局。对于发展中国家而言,这既是机遇,也是挑战。2017 年 9 月 5 日,习近平主席在厦门举行的新兴市场国家与发展中国家对话会上指出:"新一轮科技和工业革命催生新的发展动能,也带来千载难逢的发展机遇。抓住这个机遇,新兴市场国家和发展中国家就可能实现'弯道超车'。失去这个机遇,南北鸿沟、发展失衡将进一步扩大。"南北数字鸿沟不断拉大将削弱发展中国家实现产业升级的潜在能力,并导致国际产业分工格局固化的风险。如何通过联合国南南合作使发展中国家在新一轮科技革命和产业变革中获得有利的地位,从而真正实现群体性崛起,将是中国联合国外交需要面对的考验。

（二）中国对联合国外交的目标设定

中国对联合国外交目标体系的构建,应当立足于和平与发展的时代主题及大发展大变革大调整的国际背景,坚持推动构建人类命运共同体思想的指引,积极回应中国参与联合国所面临的新形势和新挑战。

其一,中国对联合国外交的核心目标应当是致力于提升联合国应对全球性威胁和挑战的能力。中国参与联合国具有多重目标,包括维护联合国的权威和地位、服务于国家的重要倡议和主张、树立良好的国际形象、提升制度性话语权、推动全球治理转型等等。在诸多目标之中,提升联合国应对全球性威胁和挑战的能力应成为构建中国对联合国外交的目标体系的核心。一方面,从中国与联合国关系的角度讲,联合国在全球治理中发挥积极作用符合中国的利益,且作为联合国安理会常任理事国,中国的政治大国地位与联合国紧密联系。中国的国家形象和制度性话语权的提升,依赖于联合国作用的发挥。另一方面,致力于提升联合国的有效性也有助于缓解西方对中国扩大在联合国影响力的防范和打压,且站在国际社会需求的角度来阐述中国参与联合国的核心目标,更有利于外交理念的传播和接受。

其二,多边主义是中国开展联合国外交的指导理念。尽管国际社会关于多边主义内涵的理解各有侧重,但总体而言,是指以普遍接受和认可的国际规则为基础并通过民主决策程序制定政策的国际关系组织和运用方式。多边主义是中国长期坚持的外交主张,理应成为中国看待和处理国际关系的基本原则。2017年 1 月,习近平主席在联合国日内瓦总部的演讲中就表示:"多边主义是维护和平、促进发展的有效途径。"①2018 年 7 月在金砖国家约翰内斯堡峰会上,习近平主席再次指出,"现行国际秩序并不完美,但只要它以规则为基础,以公平为导向,以共赢为目标,就不能随意被舍弃,更容不得推倒重来"。②多边主义是我国同其他国家合作的最大公约数。尤其是在美国对外奉行具有浓厚单边主义色彩的"美国优先"战略的背景下,多边主义有助于我国团结包括发达国家在内的世界上绝大多数国家,从而维护和平稳定的国际秩序。

其三,应将创新南南合作形式作为中国对联合国外交的重要内容。联合国在促进全球科技进步方面发挥着积极的作用。2017 年,中国专家首次当选联合国科技促进发展委员会(UNSCTD)主席。2018 年 9 月,中国与 UNSCTD 共同举办了"面向可持续发展的科技创新政策与管理培训班""科技创新政策管理与孵化器规划班"。这是中国首次与联合国系统在科技创新领域面向发展中国家开展联合培训。未来,我国应通过联合国等多边平台完善技术转让和技术合作相关规范,并与联合国合作开展技术创新交流和培训,加强与发展中国家共同应对新一轮科技革命和产业变革,努力缩小南北数字鸿沟,使南南合作在推动发展中国家崛起中发挥更大作用。

其四,南南合作应继续成为中国开展联合国外交的战略基础。发展中国家是中国开展联合国外交可以借重的力量。不应否认的是,南北分野仍然是全球治理的基本特征,加强南南合作有利于发展中国家在国际事务上开展政策协调,从而以集体力量表达诉求和影响国际组织决策。发展中国家在维护国家主权原则、反对干涉内政、坚持自主选择发展道路等一系列重要问题上的相互配合和支持,是维护自身发展权益和构建更加公平合理的国际经济新秩序的重要保障。事实上,进入 21 世纪以来,中国等新兴国家在全球发展合作中的地位不断上升,有力地维护了发展中国家在全球发展议程中的利益,并成为促进全球发展合作规范朝着更加反映发展中国家的主要关切和优先发展目标的方向演进的重要力量。

---

① 习近平:《共同构建人类命运共同体——在联合国日内瓦总部的演讲(2017 年 1 月 18 日,日内瓦)》,新华网,http://www.xinhuanet.com//2017-01/19/c_1120340081.htm。

② 习近平:《顺应时代潮流　实现共同发展——在金砖国家工商论坛上的讲话(2018 年 7 月 25 日,约翰内斯堡)》,新华网,http://www.xinhuanet.com/politics/2018-07/26/c_129920773.htm。

其五,应积极推动南方国家和北方国家在全球性挑战上的对话,努力促成南北共识。我国应当致力于通过联合国等多边机制营造稳定协调的国际关系。南南合作在 20 世纪 80 年代和 90 年代遭遇的挫折显示出,国际经济新秩序的建立必然是一个漫长的过程,吸引发达国家参与国际新秩序的磋商和谈判对于发展中国家诉求的表达和实现至关重要。面对全球性的威胁和挑战,南北双方需要以更加包容的态度看待彼此的关切和差异,坚持以结果为导向,努力提升全球治理的有效性。随着国力持续提升,中国在联合国维和行动、发展议程等领域的影响力必然将会越来越大,面对的质疑也会随之增加。为此,中国应更加主动地与西方国家开展对话,包括参与西方国家设置的一些开放性的磋商平台,同时在推动南北共识方面发挥更加积极的作用。

四、 结　　语

21 世纪以来,随着新兴国家和发展中国家的群体性崛起,南南合作的地位不断上升,深刻地改变着全球发展合作格局。作为发展中国家大家庭中的一员,中国积极推进南南合作在联合国发展议程中的主流化。南南合作是中国对联合国外交的重要方式和核心内容之一。中国不仅是联合国南南合作重要的财政贡献国,而且提出的人类命运共同体理念和"一带一路"倡议对推动南南合作具有重大的意义。

新时期,中国对联合国外交面临着多方面的机遇和挑战,特别是应对传统主导国对中国参与全球治理的污名化和打压,维护联合国的权威和地位,以及积极引导联合国南南合作的发展方向,提升发展中国家参与新一轮科技革命和产业变革的能力,以及避免联合国陷入南北集团化的对抗局面。为此,我们需要积极倡导多边主义,致力于提升联合国应对全球性威胁的能力和创新联合国南南合作的内涵,并在坚持将南南合作作为参与联合国事务的战略基础的同时,积极推动南北对话。

（作者为上海国际问题研究院副研究员）

新中国成立以来中国周边外交战略的
历史演变及思考

刘海泉

中国被称为"是世界上邻国数目最多的国家"。①中国周边外交战略是国家
战略的重要组成部分。自中华人民共和国成立起,中国周边外交的实践就离不
开战略思想的指导。以毛泽东同志为核心的党的第一代中央领导集体就十分重
视周边外交,形成了一系列外交战略思想,如和平共处五项原则等,这成为贯穿
中国周边外交战略的主线。改革开放以来至今,随着中国国内外环境的变化,中
国周边外交又提出了许多新理念、新战略、新思想。本文就新中国成立以来中国
周边外交战略的演变,以及未来中国周边外交战略的发展趋势展开探讨。

一、 新中国 70 年以来中国周边外交战略的演变

(一)毛泽东时期的中国周边外交战略

这一时期的中国周边外交战略随着周边环境的变化乃至整个世界局势的变
化而不断进行调整。新中国成立之初,面临着复杂的内外部环境。新中国在成
立之初的主要任务是,继续完成新民主主义革命遗留的任务,恢复国民经济,巩
固新生的人民民主政权。这需要一个真正的独立自主地和平建设环境。但第二
次世界大战后的两极格局使新中国所需要的和平外部环境面临着严重的挑战。
中国在制定周边外交战略时,都是以两极格局作为背景,中苏关系与中美关系始
终是重要制约因素。

从新中国成立到改革开放前,中国周边外交战略随着中国的宏观外交政策

---

① 江泽民:《同周边国家发展睦邻友好关系》(2001 年 8 月),《江泽民文选》第 3 卷,人民出版社
2006 年版,第 313 页。

进行了三次大的调整。第一阶段是新中国成立到 20 世纪 50 年代末,由于美国对新中国实行军事上包围,政治上孤立以及经济上封锁等政策,所以当时依靠以苏联为首的社会主义阵营,防范以美国为首的资本主义阵营的威胁是当时唯一的选择。在这一时代观的引导下,新中国制定了"一边倒"的外交政策,与此相对应的,重点发展同苏联的关系,1950 年 2 月中苏签订《中苏友好同盟互助条约》,使得新中国获得了北方的安全保证。在此期间,中国同周边国家交往中确立了"和平共处"与"独立自主"两项原则。1953 年周恩来总理在接见印度政府代表团时,第一次完整地提出了和平共处五项原则:互相尊重领土主权、互不侵犯、互不干涉内政、平等互利与和平共处。这一时期中国周边外交战略分成了三个方向,即北方、西南方向和东方,而关注点在东部,防范来自美国的威胁。1957 年毛泽东在与缅甸客人谈话时指出:"我们同印度、缅甸、老挝、柬埔寨都是友好的邻国,所以我们对我国的西南部很放心。对北部也很放心,因为有苏联、朝鲜和蒙古人民共和国。现在我们不放心的是东部,当然我们不害怕日本、菲律宾、台湾和香港,而是害怕美国,美国利用这些地方搞我们的鬼。"①

第二个阶段是 20 世纪 60 年代。随着中苏两党两国在意识形态和国家利益上出现分歧,最终导致了中苏关系的恶化与破裂。两国从理论论战发展到军事对峙和边界武装冲突,并形成了一种战略对抗的关系。而且这一时期,中国与邻国关系的结构和性质发生了重要变化,中国与印度、蒙古的关系也伴随中苏关系逐渐恶化,甚至转向敌对。与此同时,中美之间的对抗也在加剧。美国政府继续延续敌视中国的政策,不仅保持了在台湾和台湾海峡的军事存在,还从南面威胁中国的安全。面对这些情况,1960 年底、1961 年初毛泽东明确提出了反帝、反修的"两条战线"和"两条统一战线"的思想。毛泽东改变了他在 20 世纪 50 年代做出的"世界大战可以避免"的估计,认为"新的世界大战危险依然存在","当前的世界主要倾向是革命"。②基于这种判断,中国周边外交战略主要是,在大力支援周边国家的民族解放运动的同时,做好应对战争的准备,以防止来自美国、苏联和印度的威胁。

---

① 中共中央文献研究室编:《毛泽东外交文选》,中央文献出版社 1994 年版,第 302—303 页。
② 同上书,第 584 页。

第三个阶段是 20 世纪 70 年代。从 20 世纪 60 年代末开始，中美苏大三角关系出现了调整，中苏关系进一步恶化，成为中国周边最大的安全威胁，中美关系在尼克松当选总统后，双方在 20 世纪 70 年代走向和解。1974 年，毛泽东会见日本客人时说，"我看，美国、日本、中国，连巴基斯坦、伊朗、土耳其、阿拉伯世界、欧洲都要团结起来，一大片的第三世界要团结"。①这样，中国的周边外交战略就确立了以联美抗苏为基本特征的"一条线""一大片"的战略。在这一时期，中国与周边属于西方阵营的邻国，如日本、泰国等都实现了关系正常化。

总的来说，这一时期的中国周边外交战略，相对于意识形态，相对于第三世界的战略思想，显然这一战略是比较模糊的，在指导中国外交的实践作用还是比较小的。

（二）邓小平时期的中国周边外交战略

1978 年，中国国内开始了改革开放的历史进程；同时 20 世纪 80 年代初，国际形势发生了很大的变化，对中国周边外交有着重要影响的美苏两国关系出现"有限缓和"与激烈争夺并存的局面，两国战略态势从 70 年代的苏攻美守阶段转向 80 年代的互有攻守、相互僵持的局面。此外，中国周边广大第三世界国家在争取民族独立运动接近取得全面胜利，多数国家面临着维护独立和发展经济的主要任务。以邓小平为代表的中国共产党人敏锐地觉察到这些变化，对时代主题、世界战争与和平形势有了重新认识和判断。改革开放后，邓小平鲜明地提出和平与发展是当今世界两大问题的新的判断。1985 年 3 月 4 日，邓小平在会见日本商工会议所访华团提出，"现在世界上真正大的问题，带全球性的战略问题，一个是和平问题，一个是经济问题或者说发展问题。和平问题是东西问题，发展问题是南北问题。概括起来，就是东西南北四个字。南北问题是核心问题。"②与此同时，对中国的周边外交战略做出了重大调整，即改变了改革开放之前的维护和巩固政权，发展到服务国内的经济建设上来。具体表现为以下几点：

第一，战略服务于国内的改革开放和社会主义现代化建设，努力争取一个较

---

① 曲星：《中国外交 50 年》，江苏人民出版社 2000 年版，第 376 页。
② 《邓小平文选》第 3 卷，人民出版社 1993 年版，第 105 页。

长时期的周边和平环境。1982 年 9 月,邓小平在中共十二大的开幕词中提出:
"加紧社会主义现代化建设,争取实现包括台湾在内的祖国统一,反对霸权主义、
维护世界和平,是我国人民在八十年代的三大任务。在这三大任务中,核心是经
济建设,它是解决国际国内问题的基础。"①

第二,独立自主的路线和政策是战略的重要组成部分。这主要是针对美苏
两大超级大国出现的新态势,中国采取谁搞霸权就反对谁的方针,在两霸之间适
度保持平衡。我们以实际行动向全世界表明:中国决不依附于任何大国或者国
家集团,决不屈服于任何大国的压力。②

第三,主张从国家战略利益出发、按照和平共处五项原则处理与周边国家之
间的关系。1989 年 10 月 31 日,邓小平在会见美国前总统尼克松时说,"考虑国
与国之间的关系主要应该从国家自身的战略利益出发。着眼于自身长远的战略
利益,同时也尊重对方的利益,而不去计较历史的恩怨,不去计较社会制度和意
识形态的差别"。③

这一时期中国周边外交战略随着国际环境的变化而作了相应的变化。美苏
两个超级大国在 20 世纪 80 年代以来虽然还存在着战略利益与政策方面的分
歧,但通过对话、协商与合作的方式寻求建立伙伴关系,这为中国的周边国家处
理它们与华关系开辟了更大的空间,相应地,中国在发展与邻国的关系也有了更
为广阔和灵活的空间。

(三) 江泽民时期与胡锦涛时期的中国周边外交战略

20 世纪 80 年代末 90 年代初,东欧剧变,苏联解体,世界社会主义事业遭受
到从未有过的严重挫折。两极格局以苏联的解体而告终,国际上各种力量重新
分化组合,世界格局进入新旧格局交替的大变革时期。面对风云突变的国际形
势,中国外交出现了大调整,邓小平提出"冷静观察,稳住阵脚,沉着应对"的指导
性思想。几年后,时任国务院副总理兼外交部长的钱其琛在回顾这一段历史时,
用高度凝结的 20 个字概括了邓小平在这一历史关头为国家制定的外交战略:

---

① 《邓小平文选》第 3 卷,人民出版社 1993 年版,第 3 页。
② 胡耀邦:《全面开创社会主义现代化建设新局面——在中国共产党第十二次全国代表大会上
的报告》,《人民日报》1987 年 11 月 4 日。
③ 《邓小平文选》第 3 卷,人民出版社 1993 年版,第 330 页。

"冷静观察、沉着应对、稳住阵脚、韬光养晦、有所作为。"①而战略思想的核心是"韬光养晦"和"有所作为"。

同时，经过20多年的改革开放，进入21世纪中国的综合国力有了很大的提高，这时各种形式的"中国威胁论"也日益抬头，在国际关系领域明确中国未来将如何运用不断增强的国力，这成为中国周边外交战略必须回答的问题。2003年12月10日，温家宝总理在哈佛大学发表了题为《把目光投向中国》的演讲，首次用"和平崛起"描述中国的未来形象，强调中国的发展"必须也只能把事情放在自己力量的基点上"。在2004年4月24日的博鳌亚洲论坛开幕式上，胡锦涛主义作了题为《中国的发展，亚洲的机遇》主题演讲，明确指出"中国将坚持和平发展的道路，高举和平、发展、合作的旗帜"。②这又对中国的周边安全战略具有指南针作用。2005年以来，中国国家主席胡锦涛在多个国际场合，提出了"和谐世界"的一系列主张，这是国内和谐社会的执政理念在外交领域的自然延伸。

这一时期的周边外交战略内容可以概括为：

第一，提出了一些周边外交新理念。1997年3月，江泽民在东盟地区论坛会议上，就维护亚太地区的安全首次提出了"新安全观"。1999年3月，江泽民在联合国日内瓦裁军谈判会议上第一次全面阐述了中国的新安全观，指出："我们认为，新安全观的核心，应该是互信、互利、平等、协作。各国互相尊重主权和领土完整、互不侵犯、互不干涉内政、平等互利、和平共处五项原则以及其他公认的国际关系准则，是维护和平的政治基础。互利合作、共同繁荣，是维护和平的经济保障。建立在平等基础上的对话、协商和谈判，是解决争端、维护和平的正确途径。"③

2005年4月，胡锦涛在雅加达亚非峰会上第一次使用了"和谐世界"的理念。在推动建设"和谐世界"的过程中，毫无疑问，首先必须从周边地区、从亚洲

① 钱其琛：《深入学习邓小平外交思想，进一步做好新时期的外交工作》，在外交部举办的"邓小平外交思想研讨会"上的讲话，1995年12月12日。转引自王泰平主编：《邓小平外交思想研究论文集》，世界知识出版社1996年版，第7页。

② 郑启荣主编：《改革开放以来的中国外交（1978—2008）》，世界知识出版社2008年版，第23页。

③ 《江泽民文选》第2卷，人民出版社2006年版，第313页。

做起。2006 年 6 月,胡锦涛主席在哈萨克斯坦阿拉木图举行亚信会议成员国领导人第二次会议上提倡建设"和谐亚洲"。他指出,"办好亚洲的事情,必须依靠亚洲各国和各国人民的团结协作。中国将坚定不移地走和平发展道路,同所有亚洲国家携手建设一个持久和平、共同繁荣的和谐亚洲"。①在之后的 2011 年 4 月的博鳌亚洲论坛开幕式上就共建"和谐亚洲"提出了五点建议。"和谐亚洲"理念的提出,符合亚洲的发展形势和亚洲人民的需要,深化了中国周边外交战略,表明了中国高度重视亚洲的和平发展和周边各国的综合发展、整体发展。

第二,全面推进周边"伙伴外交"。在这一时期,中国周边外交着力于改善改革开放和现代化建设的外部环境,努力构建一个全方位伙伴关系网络。首先,中国与周边大国构建"战略伙伴关系",减少与大国之间的矛盾。1996 年中俄建立平等互信、面向 21 世纪的"战略协作伙伴关系",1998 年中日建立"面向 21 世纪致力于和平与发展的友好伙伴关系"。其次,中国与邻国建立"睦邻伙伴关系",从 1989 年到 2002 年,中国同许多周边国家建立了各种形式的伙伴关系。在东北亚,中国除了与朝鲜巩固和发展了传统友好合作关系外,于 1998 年与韩国建立了面向 21 世纪的中韩合作伙伴关系;在南亚,1996 年江泽民访问南亚三国,中国与巴基斯坦建立面向 21 世纪的全面合作伙伴关系,与尼泊尔建立世代睦邻友好伙伴关系,与印度建立面向 21 世纪的建设性合作伙伴关系。在东南亚,1997 年中国与东盟建立面向 21 世纪的睦邻互信伙伴关系,在 2003 年的中国—东盟政府首脑非正式会议上中国正式签署了《东南亚友好合作协定》,双方还签署了《中华人民共和国与东盟国家领导人联合宣言》,宣布建立"面向和平与繁荣的战略伙伴关系"。

第三,进一步拓展了"与邻为善、以邻为伴"的周边外交方针。2003 年 10 月,时任国务院总理温家宝在首届"东盟商业与投资峰会"时所作的《中国的发展和亚洲的振兴》的演讲中,第一次明确提出了"睦邻"、"安邻"和"富邻"的周边外交政策,并阐述了其具体内涵。"'睦邻',就是继承和发扬中华民族亲仁善邻、以和为贵的哲学思想,在与周边国家和睦相处的原则下,共筑本地区稳定、和谐的国家关系结构;'安邻',就是积极维护本地区的和平与稳定,坚持通过对话合

---

① 胡锦涛:《推动建设持久和平　共同繁荣的和谐亚洲》,《人民日报》2006 年 6 月 18 日。

作增进互信,通过和平谈判解决分歧,为亚洲的发展营造和平安定的地区环境;'富邻',就是加强与邻国的互利合作,深化区域和次区域合作,积极推进地区经济一体化,与亚洲各国实现共同发展。"①这是中国周边外交政策的一次历史性飞跃。"安邻"政策强调了要实现同周边国家的共同安全,"富邻"政策则强调要实现同周边国家的共同发展。"安邻"政策和"富邻"政策的提出,表明"中国正在把自己的利益同周边国家的利益紧密地联系在一起以实现共同发展,这意味着中国开始更多地把周边国家看成是自己的伙伴和朋友"。②

这一时期,中国保持了经济高增长率,逐渐成为了地区经济中的增长引擎,对周边国家提供了越来越多的机遇,经济利益的进一步共享和相互依赖程度的加深,使中国与邻国之间的关系日趋紧密。同时,在中国周边出现了多层次的机构和开放的地区主义,如在东亚出现的"10+"框架,在中亚出现的上海合作组织等。不可否认,这一时期中国周边也出现了一些新问题、新挑战、新威胁,如非传统安全威胁、地区不稳定以及地区热点问题。

(四) 新时代中国周边外交战略

进入新时代以来,国际形势发生了广泛而深刻的变化,但和平与发展仍然是时代主题,和平、发展、合作、共赢成为不可阻挡的时代潮流。世界多极化、经济全球化、文化多样化、社会信息化深入发展,全球治理体系和国际秩序变革加速推进,各国相互联系和依存日益加深,国际力量对比更趋平衡。在此背景下,中国与周边国家合作持续推进,深入开展了形式多样、内容丰富的各项活动。

同时,世界面临的不稳定性、不确定性突出,人类面临许多共同挑战。反映到周边层面而言,中国经济超越日本成为区域第一大经济体,并成为区域内许多国家最重要的贸易伙伴,一些国家开始担心经济上过于依赖中国。这引发了周边国家的疑虑,从而使得中国与周边国家的摩擦进入到一个"高发期",除了传统安全领域的领土(海)权益争夺外,非传统安全领域的摩擦也频频出现,如中国在周边国家的大型投资项目受阻,中国推进区域合作的阻力越来越大。中国与部分周边国家的双边关系受特定事件影响出现波动,给双边正常交往带来了许多

---

① 温家宝:《中国的发展和亚洲的振兴》,《人民日报》2003 年 10 月 8 日。
② 王光厚:《从"睦邻"到"睦邻、安邻、富邻"——试析中国周边外交政策的转变》,《外交评论》2007 年第 3 期。

负面影响。这样的背景赋予了中国周边外交战略的新内涵。

第一,给予了周边外交更高的地位。新一届中央领导集体对周边外交给予了异乎寻常的高度重视。如 2013 年中国国家主席和总理先后出访了中亚与东南亚国家,提出了进一步发展与这些国家之间关系的新政策。①2013 年 9 月 7 日,习近平在哈萨克斯坦提出了与中亚打造"利益共同体"和全面提升关系的政策主张;10 月 3 日在印度尼西亚提出与东南亚建设"命运共同体"的新政策。随后在 10 月 24 日召开了周边外交工作座谈会,这是专门就周边外交工作召开的一次重要会议。国务委员杨洁篪在会上表示:"中央就周边外交工作专门召开座谈会,充分体现了中央对周边外交工作的高度重视。"②

第二,构建与周边国家新型国家关系。习近平在周边外交工作座谈会上的讲话,强调外交工作应坚持正确的义利观,有原则、讲情谊、讲道义,多向发展中国家提供力所能及的帮助;在处理周边外交问题上,应做到"亲、诚、惠、容"。在这一理念中,"亲"是目的,"诚"和"容"是主要手段,"惠"是基础。"惠"主要指经济方面,而"诚"和"容"主要指安全和政治方面,这是"睦邻、安邻、富邻"的进一步提升,具体而言,经济上应"使我国发展更多惠及周边国家,实现共同发展",安全上推进"区域安全合作"和"增进战略互信",人文方面实现"命运共同体意识在周边国家落地生根"。③

区别于中国与其他大国总体稳定、均衡发展的关系框架构建,新时代中国周边外交创新推动中国与周边陆海相邻的中小国家间构建更为公平、互惠、平等、包容的新型周边国际关系。④当前,中国周边除了长期局势动荡的阿富汗外,总体随着东北亚半岛局势的好转而进入稳定周期,中国在周边倡导走对话而不对抗、结伴而不结盟的国与国交往新路。

第三,构建周边命运共同体。在这一时期,习近平吸收了"和谐世界"理念,以命运共同体理念引领周边区域治理,成为人类命运共同体的重要组成部分。

---

① 《中国周边外交步入新一轮活跃期》,《人民日报》2013 年 11 月 13 日。

②③ 《为我国发展争取良好周边环境,推动我国发展更多惠及周边国家》,《人民日报》2013 年 10 月 26 日。

④ 卢光盛、田继阳:《习近平周边外交思想:理论渊源、时代意义和实践方向》,《当代世界》2018 年第 8 期。

作为人类命运共同平台载体的"一带一路"建设,在构建周边命运共同体过程中,发挥着至关重要的作用。这是中国在周边地区由过去的被动应付,改为积极主动出击,逐步提升在中国周边地区战略主动性的重要表现。中国在周边以"六大走廊"①陆海统筹推行"一带一路"倡议,以"和平合作、开放包容、互学互鉴、互利共赢"的开放姿态促进各经济体间政策沟通协调,凝聚共识,淡化分歧,强化彼此经济合作和依赖关系。

总而言之,新时代中国周边外交战略是习近平外交思想的有机组成部分,是根据当前中国所处的国内外局势以顶层设计谋划周边外交格局,明确了周边外交是服从服务于"两个一百年"奋斗目标和中华民族伟大复兴的"中国梦",并以"一带一路"来"更多惠及周边",在注重经济效益的同时提高与周边国家关系的质量,以"让利"为新常态,是对"着眼于自身长远的战略利益""不去计较社会制度和意识形态差异"的务实外交观的创新继承。

二、 新中国 70 年中国周边外交战略的经验与未来展望

(一) 70 年中国周边外交战略的经验

第一,党的领导。党的领导是中国周边外交最根本的政治保障。新中国成立以来,中国周边外交一次次面临严峻的挑战,之所以能够正确面对并解决这些问题,主要在于中国共产党与时俱进,不断丰富发展具有中国特色的周边外交战略,并以此为指导实践,走出了一条中国特色社会主义大国周边外交之路,取得巨大成就。70 年来,在党中央集中统一领导下的中国周边外交,保证了在基本理念、主要政策及其执行上的连续性、稳定性和确定性,这是中国周边外交取得重大成就的根本制度保障和宝贵制度经验。中国的周边外交制度体系有效避免了一些国家因政党频繁轮替而导致的外交政策多变,也有效避免了一些国家因否决政治而对国际合作造成的消极影响。中国共产党集中统一领导下的中国周边外交制度具有高度连续性和稳定性,保证了中国周边外交理念和政策的一以贯

---

① 六大走廊包括:中巴经济走廊、中蒙俄经济走廊、新亚欧大陆桥经济走廊、中国—中亚—西亚经济走廊、中国—中南半岛经济走廊、孟中印缅经济走廊。

之,为周边国家同中国打交道增强了信心。

第二,独立自主的和平发展。对于任何国家而言,从事国际活动、开展国际交往的首要目标都是为了实现和维护本国的国家利益。中国周边战略目标的确定也是取决于我们对当前中国国家利益的认识。中国与周边国家的交往始终奉行独立自主的外交政策,就是把国家主权和安全放在第一位,坚定地维护我国的国家利益,①反对任何国家损害我国的独立、主权、安全和尊严。中华文明的深厚渊源要求中国必须走和平发展道路,中国寻求改变国强必霸的观念。新中国成立 70 年以来,中国虽然综合国力有了很大提升,但从没寻求称霸。中国坚定支持多边主义的国际共识,并认为其是改革开放以来国际秩序的基石。通过多边主义可以实现国际关系民主化和世界政治多极化。

第三,坚持地区公平正义。中国往往都是从中国人民和地区各国民众的根本利益出发,对于一切地区事务,都要根据事情本身的是非曲直决定自己的立场和政策,秉持公道,伸张正义,不屈从于任何外来压力;坚持各国的事务应由本国政府和人民决定,地区事务由各国政府和人民平等协商,反对一切形式的霸权主义和强权政治,坚持在国际法下依法行事;主张通过和平的方式解决地区争端和热点问题,反对动辄诉诸武力或以武力相威胁,反对颠覆别国合法政权,反对一切形式的恐怖主义。公平正义是中国周边外交的坚守。

第四,追求区域互利共赢。新中国成立 70 年以来,特别是改革开放以来,中国的周边外交战略一直在追求互利共赢,希望中国自身在发展强大时,也能够让周边国家搭上中国的快车,共同发展,这样会有利于地区的稳定。

同时,中国还在不断推动周边合作的机制化建设,实现中国与周边国家的利益共同体。这就会使得中国与周边国家的关系是建立在共同利益的基础上的,而不会随着领导人的更换、重大事件的发生而出现动荡,并可以加深各国利益交

---

① 习近平在 2013 年 1 月 28 日十八届中共中央政治局就坚定不移走和平发展道路进行第三次集体学习时指出,"我们要坚持走和平发展道路,但决不能放弃我们的正当权益,决不能牺牲国家核心利益。任何外国不要指望我们会拿自己的核心利益做交易,不要指望我们会吞下损害我国主权、安全、发展利益的苦果。"参见《更好统筹国内国际两个大局夯实走和平发展道路的基础》,人民网:http://politics.people.com.cn/n/2013/0130/c1001-20367778.html。

汇和相互依存程度,让合作互惠变得让各国看得见、摸得着,确保周边国家的合作能够稳定、健康和可持续地发展。

(二) 未来中国周边外交战略的思考

中国在未来发展过程中,依然需要维持一个相对宽松与缓和的周边环境,与周边国家的互动在很大程度上制约着自身发展的平稳性与持续性。

1. 坚持顶层设计,强化战略布局

2018 年中央外事工作会议确立了习近平外交思想的指导地位,这是新中国外交理论建设具有划时代意义的重大成果,这也为进入新时代的中国周边外交提供了根本遵循,也为探索解决当今周边地区各种复杂问题指明了方向。以此为指导思想,未来中国周边外交的布局是,继续坚持和平发展道路,进一步拓展合作共赢的内涵,坚决维护现有的地区秩序体系,同时勇于承担更多的国际责任,提供更多的地区公共产品。

2. 构建周边大国关系框架,管控分歧

中美关系。中美关系过去的经验归结为一条,合则两利,斗则俱伤。未来国际、周边形势以及两国如何变化,这条启示仍然是金科玉律。中美需要共同去坚持和维护,保持定力。就目前形势来看,双边关系将会面临严峻挑战,中国应该做好两手准备,一方面继续推进以协调、合作、稳定为基调的双边关系,另一方面主动寻找两国的最大公约数,聚焦扩大合作,理性看待双方的竞争与摩擦,通过一轨、二轨等渠道积极发展人文交往,争取实现互利双赢。

中俄关系。在目前双边日臻稳定、成熟的基础之上,坚持正确的相处之道。两国继续政治上彼此信任,经济上互利合作,国际事务中相互支持,为两国人民带来巨大福祉的同时,也为地区以及世界的和平稳定作出贡献。就主要任务而已,双方可以"一带一路"对接欧亚联盟为框架,进一步拓展双边经济与贸易合作,夯实全面战略协作伙伴关系的基础,减少一些不必要的摩擦。

中日关系。尽管双边关系重回正轨,呈现出改善发展的良好势头,但未来随着地区以及世界发展的不确定性增加,双边还可能出现波动,中国在增强自身实力的同时,与日本共同努力排除各种障碍和干扰,特别努力构建各种沟通渠道,让更多的民众了解对方,最终做到诚实对待历史,客观认识现实,积极开创未来。此外,双边努力提升经贸合作作为政治关系的重要保障。

3. 努力实现周边领土(海)争端"维权"与"维稳"的平衡

就中印领土争端而言,现有的经验表明,沟通谈判至关重要。随着中印双边、多边关系的推进,将现有的领土谈判机制纳入到更高层级的双边或多边对话机制中去,确保双方的政治引领。更为重要的一点是,中印双方需要合作探索如何将两国领导人的战略共识扩展为两国社会各界的共同认知,转化为两国人民的自觉行动。对于未来有可能出现的争端危机,中国一方面需要表明维护领土完整的决心之外,另一方面努力管控要危机层级,以保证危机影响到双边关系的大局稳定。

就南海争端而言,未来中国需要与相关东盟以及相关国家共同努力,按照已有的"路线图",加快"南海行为准则"的磋商进程,以更好适应这个地区的需求,更有效规范各方的行为,更有力维护南海的航行安全和自由,为中国和东盟各国之间增进互信、管控分歧、促进合作、维护稳定发挥应有作用。其中保持必要的谈判的透明度是需要的,这样便于减轻相关国家国内的民意压力,还能够排除一些域外大国的干扰,为解决争端提供良好的舆论环境。一旦"准则"完成签署,中国必须做出遵守的表率,但同时也必须保证拥有惩罚违反者的战略手段,从而实现地区稳定的目的。

就与周边国家的领土(海)争端的零和性质,中国未来可以与相关国家加强非传统安全合作,如加大与周边国家在金融、能源、环境、气候变化、食品安全、反恐、打击国际犯罪、防治跨国传染病等方面的合作,加强在相关问题上的危机防范与管理,并以此为着力点,将合作"外溢"到传统安全领域。

4. 积极关注周边热点问题,履行必要调解责任

面临世界以及地区未来发展的不确定性,周边国家也对中国充满了期待,希望中国发挥重要的作用。

就东北亚朝鲜半岛稳定,中国提出的解决路径是,坚持无核化的目标,共同制定出实现半岛无核化和建立半岛和平机制的总体路线图,在此基础上,按照分阶段、同步走的思路,明确每个阶段相互联系、相互促进的具体措施,由易到难,循序推进。中国始终必须保证作为负责任的一方,与东北亚地区各方一道,朝着既定目标继续作出自己应有的贡献。改革开放四十年的经验表明,只要国际社会鼓励朝美双方保持耐心,沿着推进半岛无核化、建立半岛和平机制的正确方向

继续前行。但半岛局势,特别是核问题是冰冻三尺,非一日之寒,因此中方不仅自己,而且要说服各方对此应有理性预期,不能设置过高的门槛以及单方面提出不切实际的要求,夯实互信的基础。

就南亚印巴竞争而言,中国作为巴基斯坦的全天候战略伙伴,以及落实"一带一路"的窗口地区,理所当然的需要扮演积极的角色,与此同时,履行责任也是展示推进中印关系,以及解决双边敏感问题信任的机会。中国需要积极推动双方在各自主权和领土完整应当得到充分尊重的基础之上,以对话代替对抗,以善意化解分歧,以合作共创未来。

5. 处理好目标与手段二者的关系

当前周边的局势是复杂的,未来还可能演变的更加复杂,相应地,未来中国周边外交战略的目标将会不断调整,因此,中国需要冷静观察所处的国际环境,明确周边外交战略所要要应对的问题、风险和威胁,可行的目标以及对结果的衡量。未来中国周边外交的重心在于"经营",正如英国著名国际关系学者巴里布赞所说,虽然中国反复宣称"永不称霸、永不扩张",但面对中国的快速发展和实力的相对上升,周边中小国家难免不时产生畏惧或猜疑声音。[1]这就涉及有一个如何将战略手段与战略目标有效匹配的问题,在战略手段使用上,中国在处理诸多周边议题时较多地依靠某种单一资源,使用这些资源的方式较为单调,而可供借助的外部力量也不多。比如,中国在发展与周边国家关系时多强调经济关系,试图通过经济合作和经济援助等正面激励方式稳定与相关国家的战略关系,较少使用经济制裁等负面激励手段,这种现象直到最近一段时期才有所改变。[2]

此外,在战略实施过程中还需要不断协调和统一国内多个部门的立场,减少不必要的消耗。

(作者为上海对外经贸大学马克思主义学院副教授)

---

① 巴里布赞认为,对中国崛起心存顾虑的国家,会认为"和平崛起"是中国的战略欺骗之辞,并不能确保中国实现崛起之后会延续"和平崛起"时期的政策,因而中国的实力增长必然会引发猜疑。参见 Barry Buzan and Michael Cox, China and the US: Comparable Cases of "Peaceful Rise"? *Chinese Journal of International Politics*, Vol.6, No.2, 2013, pp.109—132。

② 参见阎梁:《中国对外经济制裁:目标与政策议题》,《外交评论》2012 年第 6 期。

中国终身教育体系构建的"最后一公里"*

——基于老年教育发展现状的调查

史清华　高晶晶　卓建伟

　　20世纪60年代,联合国教科文组织从教育者的角度正式提出了终身教育(lifelong education)的理念,很快在全球各国得到了广泛认可和积极响应,以此作为制定教育制度、实施教育改革的指导思想。事实上,中国古代先贤们早在2 000多年前就从学习者的角度表达过类似的思想。战国思想家荀子的《劝学》开篇即为"君子曰:学不可以已";西汉礼学家戴圣也在《礼记·学记》的编纂中写道"博学而不穷,笃行而不倦",均表达了学习应贯彻终身、永无止境的理念。在现代中国,政府也意识到终身教育对于实现"人的自由而全面的发展"这一马克思主义和科学特色社会主义最高价值追求(俞可平,2008)的重要性。1995年出台的《中华人民共和国教育法》明确规定"国家适应社会主义市场经济发展和社会进步的需要,推进教育改革,促进各级各类教育协调发展,建立和完善终身教育体系",以教育领域基本法律的形式明确了其法理意义并予以保障,是对终生教育发展的最为有力的支持。

　　关于终身教育的具体内涵,目前全球已有很多经典的阐述。虽然至今还未有统一的定论,但达成共识的是,从时间维度看它应是贯穿人生全程的教育历程,包括从婴幼儿到老年阶段的全部教育活动。因此,作为人生最后一个阶段——老年阶段的教育活动应是终身教育体系中不可或缺的重要组成部分。值得注意的是,老年教育在中国当前终身教育体系的发展构建中并未受到足够的重视,仍是相对薄弱的一个环节。从迄今为止中央到地方(福建、上海、太原等)出台的多部重要的专项政策文件、法令条例①中可以看出,老年教育仅被视为成

　　*　感谢上海交大老年大学倪浩校长、龚诞申研究员及各参与调查的老年大学负责人为调研给予的支持与帮助。【基金项目】国家自然科学基金项目(71773076、71673186和71473165)。

　　①　《中国教育改革和发展纲要》(中发〔1993〕3号)、《国家中长期教育改革和发展规划纲要(2010—2020年)》、《福建省终身教育促进条例》(2005)、《上海市终身教育促进条例》(2011)、《太原市终身教育促进条例》(2012)等。

人教育或继续教育板块中的一小部分,处于相对边缘的地位。

然而,根据国际上老龄化社会的标准①,中国从 2000 年起已正式步入老龄化社会。2016 年全国 65 岁以上人口数已有 1.5 亿人,占总人口比重达 10.8%, 60岁及以上人口则已有 2.3 亿,占比为 16.7%。随着近年来总人口数渐趋平稳,老年人口的比重呈持续增长的态势(如图 1 所示)。中国目前已面临非常严峻的人口老龄化问题,老年人的健康、生活等问题将越来越不容忽视,如何保障老年群体积极健康的生活将成为一个关系千家万户和社会和谐稳定的重要命题。老年教育无疑是应对和解决这一问题的一个关键抓手,对于帮助老年群体更好地适应和融入快速发展的社会、身心舒畅、乐享生活具有直接且深远的意义。

对于个体而言,如何安度晚年也是每一个人当前乃至未来必须面对的考虑和选择。在传统的养老观念或方式中,不管是居家养老,还是社区或机构养老,均以保障老年人的物质生活水平为主,主要关注的是老年人的生活保障与健康护理。但随着社会经济的发展与进步,养老保障体制的逐步完善,越来越多的老年人对晚年美好生活的愿景已不再停留在物质需要上的老有所养、老有所依,还包括精神生活中对老有所乐、老有所安的追求。"文化养老"悄然兴起并变得越来越普遍,成为当代老年人一项新的养老方式。

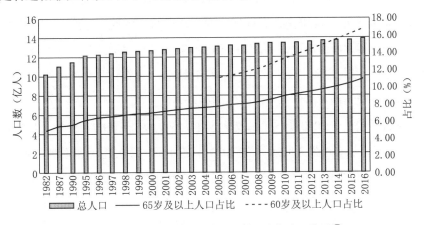

图 1　1982—2016 年中国总人口数及老年人口比重②

数据来源:中国统计年鉴(2017)

---

① 1956 年联合国《人口老龄化及其社会经济后果》确定的老龄化标准:一个国家或地区 65 岁及以上老年人口数量占总人口比例超过 7%;1982 年维也纳老龄问题世界大会,确定 60 岁及以上老年人口占总人口比例超过 10%,意味着这个国家或地区进入老龄化。

② 中国统计年鉴中关于"60 岁及以上老年人口数"的记录始于 2005 年。

2012 年 11 月,党的十八大提出"完善终身教育体系,建设学习型社会",再次强调了终身教育的重要性,并为其提供了新的发展契机。由此,面对当前中国现实国情,进一步重视、加强老年教育的建设,不仅是进一步完善、健全中国终身教育体系构建的重要举措,更是时代背景下迫切的现实需要。

一、 中国老年教育的供给现状

中国第一所老年大学为山东省红十字老年大学,创办于 1983 年,它标志着中国老年教育的正式兴起和起步(杨佳、陈瑶,2007)。2004 年中国首次开启老龄事业数据统计时已有老年学校 3.6 万个,至 2016 年底,全国老年学校数量增至 5.4 万个,增长了 50.00%,年平均增速达 3.44%。然而具体来看,2011 年以前,老年学校的总体数量虽起伏较大,但保持波浪式增长,2011 年持续两年小幅增长后,自 2013 年起近四年却基本保持不变,始终维持在 5.4 万个的数量再未有增加。与此同时,老年学校在校学习人员数却始终保持着相对平稳的增长,从 2004 年的 313.8 万人增至 2016 年的 710.2 万人,12 年间增长了近 1.26 倍,年平均增速达 7.04%,是老年学校增速的 2.05 倍(如图 2 所示)。可见,在校学员的增长速度远远高于老年学校的增速,一方面表明近年来越来越多的老年人选择了学习型的养老方式,另一方面也反映出面对空间庞大且不断膨胀的社会需要,中国老年学校当前发展的相对滞后和资源供给的相对不足。

我们以成立于 2000 年的上海交大老年大学为例,该校的在校学员规模近年来持续大幅增长(如图 3 所示),从 2010 年的 4 009 人次逐年递增到 2017 年的 9 817 人次①,8 年间增长了 1.46 倍,虽然学校开设的班级数、课程数也相应保持着持续增长,从 2010 年的 109 个班级、69 门课程增至 2017 年的 219 个班级、144 门课程,但从相对数值来看,2010 年的班级平均容纳人次和课程平均容纳人次分别为 36.78 和 58.10,而 2017 年分别增至 45.07 人次/班、68.55 人次/课,各增长了约 10 人次,可见,学员人次的增长速度仍高于班级、课程设置数目的增速。从学校运营收支情况来看,在上海交大领导的高度重视下,上海交大老年大学除由交

---

① 该人次为年度人次数,即一年春、秋两学期的人次总和,后文班级数、课程数与此相同。

大无偿提供的十多间(2 300多平方米)办学场地外,在其他人力、物力、财力等各方面均得到了大力支持。在此前提下,2010年上海交大老年大学用于包括硬件设施建设、教学条件改善等在内的投入支出约为69万元,2017年这一数字增长为125万元,7年支出接近翻番。而相比之下,上海交大老年大学的学费收入可谓微乎其微,2017年大多数课程的收费为180—190元(包括一学期16次课,32课时),平均6元/每课时。可见,老年大学的办学近乎于公益性质,以丰富学员生活、增强社会和谐幸福为主要办学目的,因此上海交大老年大学的学习名额呈现一种"僧多粥少、一座难求"的景象。

2017年10月18日,习近平总书记在十九大报告中强调"中国特色社会主义进入新时代,社会主要矛盾已经由原来日益增长的物质文化需要同落后生产力之间的矛盾转化为人民日益增长的美好生活需要和不平衡不充分的发展之间的矛盾",而当前对老年教育资源的迫切需求与社会供给现实、政府发展意识之间的巨大落差就是这一矛盾在老年教育、终身教育问题上的鲜明体现。

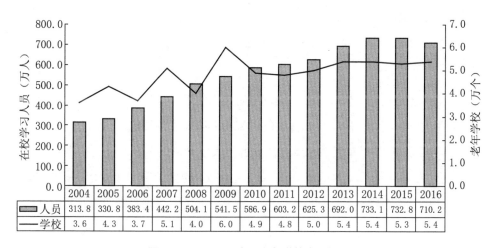

图2 2004—2016中国老年学校发展概况

数据来源:《中华人民共和国民政部社会服务发展统计公报(2004—2016年)》

2016年10月,国务院出台了《老年教育发展规划(2016—2020年)》,旨在开创和建立中国特色老年教育发展新格局,为中国老年教育发展树立了新的里程碑。规划明确提出,到2020年,要使以各种形式经常性参与教育活动的老年人占老年人口总数的比例达到20%以上。而2016年,中国老年学校的在校人员数与 65 岁及以上人口总数的比例为 4.73%，与 60 岁及以上人口总数的比例仅为 3.08%①，可见，老年教育体系的构建、老年学校的建设已刻不容缓，迫在眉睫。

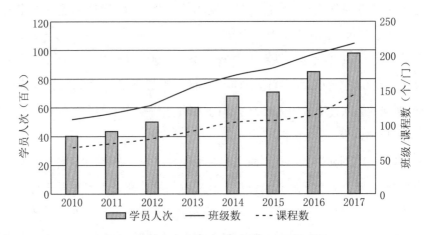

图 3　2010—2017 年上海交大老年大学发展概况

数据来源：上海交大老年大学

二、　中国老年教育的需求现状

当前各地对老年教育的真正调查与研究仍处于起步阶段，鉴于此，在上海交大老年大学倪浩校长的支持和首席研究员龚诞申先生的提议下，我们于 2016 年底开始思考，2017 年春着手开展对在校老年大学学员的调查。在一次老年教育研讨会中，多地老年大学负责人听说龚先生在交大进行此项调查，纷纷积极踊跃参与。由此调查样本最后涉及的范围远超预期，包括上海、上海周边及其他地区（包括天津、山东、陕西、吉林、福建和广东）共 9 个省市的 17 所老年大学，调查的主题：《老年教育与社会主义文化建设》。

样本区域的选择：基于数据获取的便利性和研究目的，我们选择以上海为中心，逐层向外围拓展、往南北延伸，最终共回收有效问卷 3 046 份（详见表 1）。本调查以老年大学学员为单元，以老年教育情况及老年学员认知为核心，调查内容

---

① 　根据后文的调查数据，2016 年中国老年学校的在校人员中还应当包括了一定比例的生于 20 世纪 50、60 年代、当前年龄 60 岁以下的人员，故严格意义上的实际比例应比这一数值更小。

分为四个部分,一是老年学员的个人特征,二是具体学习情况,三是日常生活状况,四是对课程的期望。现将调查情况分析如下。

表1　老年教育调查样本分布　　　（单位：个、%）

样本区域		样本数量	占比	样本区域			样本数量	占比
上海	上海交大老年大学	1 007	33.06	其他	津	天津市老年人大学	114	3.74
	上海老年大学	224	7.35		鲁	山东老年大学	94	3.09
	上海师范老年大学	217	7.12			齐鲁石化老年大学	94	3.09
	华东师大老年大学	110	3.61		陕	陕西老年大学	82	2.69
	闵行区老年大学	215	7.06		吉	吉林老年大学	100	3.28
	徐汇区老年大学	115	3.78		闽	三明永安老年大学	158	5.19
	松江泗泾镇老年学校	91	2.99		粤	江门市老干部大学	99	3.25
上海周边	浙 宁波老年大学	150	4.92	总　　体			3 046	
	苏 金陵老年大学	82	2.69					
	徐州云龙区老年大学	94	3.09					

（一）样本的基本情况

1. 性别结构

表2　样本年龄、性别的区域交叉分布　　　（单位：%）

区域	上　　海							江　　浙						
年龄	50岁-	50—55岁	56—60岁	61—65岁	66—70岁	70岁+	合计	50岁-	50—55岁	56—60岁	61—65岁	66—70岁	70岁+	合计
男	0.36	2.71	7.96	32.73	29.29	26.94	28.55	0.00	0.79	15.08	31.75	32.54	19.84	38.89
女	1.01	11.63	27.24	29.48	17.77	12.86	71.45	2.02	17.68	28.28	27.27	16.16	8.59	61.11
合计	0.83	9.09	21.73	30.41	21.06	16.88	100.00	1.23	11.11	23.15	29.01	22.53	12.96	100.00

区域	其　　他							总　　体						
年龄	50岁-	50—55岁	56—60岁	61—65岁	66—70岁	70岁+	合计	50岁-	50—55岁	56—60岁	61—65岁	66—70岁	70岁+	合计
男	0.49	3.88	16.02	33.01	22.82	23.79	28.40	0.34	2.71	10.85	32.66	28.25	25.20	29.63
女	1.15	20.77	28.85	22.88	16.35	10.00	71.60	1.14	14.46	27.74	27.64	17.27	11.75	70.37
合计	0.96	15.98	25.21	25.76	18.18	13.91	100.00	0.90	10.98	22.73	29.13	20.52	15.73	100.00

从表 2 可以看出,总体上本次调查样本中女性数量较多,占总样本的 70.37%。分区域的情况亦然,女性样本的数量均远多于男性,即使在差距最小的江浙,男女比也达到了 1∶1.57。有趣的是,这一点与某些学者对日本老年大学进行相关调查得出的结果相反。在对日本部分老年大学的调查中,研究者发现男性学员数量远多于女性,二者比例基本为 2∶1,他认为这一结果与日本国情相符,因男性为日本家庭的顶梁柱,对于退休后由忙碌转变为空闲的生活情况十分不适,加之老年大学的各种要求,男性成为带头人的欲望相对较高,所以男性学员数量较多(陈思彤,2009)。至于为何本次调查的结果与之有如此大的差别,是由于样本选择造成的偶然偏差还是基于中国国情的普遍情况,有待于后续进一步的调查研究。①

2. 年龄结构

从老年大学学员的年龄结构来看,样本平均年龄为 63.72 岁,其中最大者有 92 岁高龄。年龄分布以 61—65 岁为主,占总样本的 29.13%,其次为 56—60 岁,占 22.73%,第三为 66—70 岁,占 20.52%,三者合计为 72.38%。可见,样本中的老年学员主要集中在 56—70 岁的年龄段。具体来看,男性学员的平均年龄为 67.02 岁,主要分布年龄段为 61—70 岁(人数占比为 60.90%),女性学员的平均年龄则为 62.34 岁,主要以 56—65 岁为主(人数占比为 55.38%),说明样本中女性学员相对于男性更年轻化一些。这一情况与中国男性 60 周岁退休、女性 50 周岁或 55 周岁退休的退休制度相符,故样本中男性学员年龄相对偏大。分区域来看,各地区的年龄、性别分布情况均与总体分布趋势一致,只是与江浙和其他省市相比,上海样本年龄整体稍偏大一些。上海 70 岁以上的学员占比为 16.88%,而江浙和其他省市的这一比例分别为 12.96% 和 12.91%,具体来看,上海样本中男性学员和女性学员 70 岁以上的人数比例均超过平均水平和其他地区的水平(如图 4 所示)。

---

① 可能的解释有:与中国相比,日本女性的地位相对更低。据 2017 年 11 月世界经济论坛发布的《2017 年全球性别差距报告》显示,中国的性别平等程度在全球排名第 100 位,日本排名第 114 位,中国女性平均每天花在照顾家庭等无报酬工作上的时间占总劳动时间的 44.6%,而日本的这一数值为 59.2%。

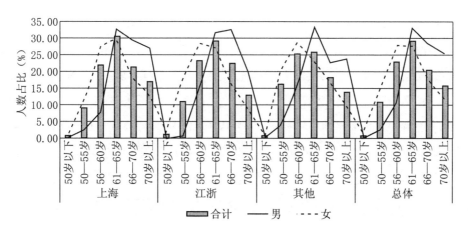

图4 样本年龄分性别的区域分布

3. 文化背景

表3 样本文化程度分性别、分年龄的区域分布 （单位：%）

区　域	上　　海			江　　浙			其　　他			总　　体		
文化程度	小学-	中学中专	大专+	小学-	中学中专	大专+	小学-	中学中专	大专+	小学-	中学中专	大专+
男	0.54	29.86	69.60	2.36	40.16	57.48	1.49	43.28	55.22	1.00	34.40	64.60
女	0.51	39.71	59.78	4.06	58.38	37.56	2.31	53.37	44.32	1.30	44.80	53.90
50 岁-	0.00	18.80	81.30	25.00	75.00	0.00	0.00	57.10	42.90	3.70	37.00	59.30
50—55 岁	0.00	43.10	56.90	5.60	75.00	19.40	0.00	54.80	45.20	0.60	50.80	48.60
56—60 岁	0.50	38.90	60.70	5.30	49.30	45.40	1.10	46.40	52.50	1.20	42.10	56.70
61—65 岁	0.30	39.30	60.40	1.10	43.00	56.00	2.20	46.40	51.40	0.80	41.20	58.00
66—70 岁	0.70	40.50	58.70	1.40	53.40	45.30	2.30	56.30	41.40	1.20	45.40	53.40
70 岁+	0.90	24.30	74.70	4.80	45.20	50.00	5.10	51.50	43.40	2.10	32.00	65.90
合　计	0.50	36.90	62.50	3.40	51.20	45.30	2.10	50.70	47.20	1.20	41.80	57.00

　　从教育背景来看（如表3所示），样本学员的文化程度以大学本专科及以上为主，占比为57.00%，其次为中学、中专，二者合计占比达到了98.80%。可见，参与学习活动的老年人有很大一部分拥有高等教育背景，普遍达到了中等教育水平。从区域来看，上海市样本中，大学本专科文化程度以上的比例为62.50%，而江浙和其他地区的这一比例分别为45.30%和47.20%，说明上海市老年大学学员

的文化水平整体相对更高一点。相比较,男性学员的大学本专科文化程度以上的占比(64.60%)显著高于女性(53.90%)。就年龄结构看(如图 5),总体上各年龄段中具备"大学本专科及以上"的高等教育文化水平样本所占比例的分布趋势呈一种"W"形状,即各年龄段样本的高等文化水平并不是随着年龄的增加而简单的增加或减少,而是两极年龄段(70 岁以上和 50 岁以下)和中间的 61—65 岁样本群体的文化水平相对更高。具体来看,这一结果的产生主要是因为上海地区样本文化程度的分年龄分布呈两极化"U"形趋势,即 70 岁以上和 50 岁以下年龄段高文化学员比重远高于其他年龄段及其他地区的该年龄段数值。

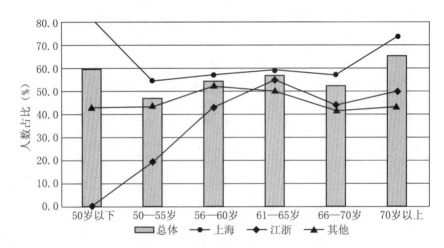

图 5　样本高等教育文化程度(大专+)的分年龄、分区域分布

4. 收入水平

表 4　样本收入分性别、分区域分布　　　　　　　　　(单位:%)

收入	3 千元-	3—4 千元	4—5 千元	5—8 千元	8 千元+	不便填写
男	11.00	22.50	26.10	30.80	6.80	2.80
女	20.00	32.10	19.30	21.50	3.10	3.90
上海	8.80	31.00	23.40	27.80	5.10	4.00
江浙	20.20	29.50	22.40	21.70	4.00	2.20
其他	38.90	24.80	15.30	15.80	2.10	3.10
合计	17.50	29.20	21.30	24.20	4.20	3.50

从退休收入来看(如表4所示),样本的月可支配收入在3—4千元的人数最多,占比为29.20%,其次为5—8千元,占24.20%,第三为4—5千元,占21.30%。可见,绝大部分样本(74.70%)的收入在3千元以上,说明大部分老年学员的经济状况均不错,退休后月可支配收入较高。分性别来看,样本中男性人数占比最多的收入区间为5—8千元,人数占比为30.80%,其次为4—5千元(26.10%),可见样本中超过半数的男性学员收入在4千元以上,甚至有很大一部分在5千元以上。而女性学员人数占比最多的收入区间为3—4千元,比重为32.10%,5—8千元收入段的人数比例仅为21.50%,比男性学员的这一数值少了近十个百分点,说明样本中男性学员的收入水平整体比女性要高。分区域来看,样本中上海和江浙地区人数占比最多的收入区间仍为3—4千元,但上海老年学员月可支配收入在5—8千元水平的人数占比达到了27.80%,高于江浙和其他地区的这一数值(21.70%和15.80%)。而其他地区人数比例最多的收入段为3千元以下,人数占比为38.90%。可见,样本中上海老年学员整体的月可支配收入水平最高,江浙次之,其他地区老年学员整体的月可支配收入水平最低,且各区域间差异较大。

(二) 样本的学习情况

1. 通勤概况

从上学所用的通勤时间来看(如表5所示),总体上58.59%的老年学员可以在30分钟内抵达学校,32.85%可在31—60分钟内到达。可见,90%以上的样本学员均可在一小时内到校。从选择的交通工具来看,人数比例最多的出行方式为"公共交通"(包括公交车、地铁、出租车),占比为57.48%,其次为"步行"(21.38%),排名第三位的出行方式为"自行车助力车"(19.92%)。分年龄来看,随着年龄的增长,选择公共交通和步行的老年学员比例明显增加,而上学通勤时间也相应延长,表现为30分钟内可到校的人数比例随年龄增长而减少,31—60分钟甚至60分钟以上时间段人数比例则有所增加。可能的解释是随着年龄的增长,出于身体素质和出行安全等考虑,还能够或者愿意选择"自行车助力车"的人数逐步减少,改为相对更安全的步行和公共交通方式,因此通勤时间也相应的有一定程度的延长。综合通勤时间和方式来看,老年学员所选的老年大学均位于距离住所较近或公共交通便利之处,一定程度上可以说明到校的便捷程度可能是老年人选择老年大学时会考虑的一个重要因素。

表5　样本上学通勤概况的分区域分布　　（多选择,单位:%）

变 量	通勤时间			交通工具				
	30 分钟-	31—60 分钟	61 分钟+	步行	自行车助力车	自驾车	公共交通	其他
上海	55.12	35.40	9.48	22.96	18.39	3.06	60.22	0.43
江浙	68.08	26.71	5.21	10.90	42.37	2.80	48.60	0.93
其他	63.58	28.78	7.64	22.00	13.71	12.00	54.29	0.57
50 岁-	72.00	24.00	4.00	23.08	19.23	7.69	50.00	0.00
50—60 岁	61.14	31.94	6.92	20.07	20.79	6.37	55.21	0.72
61—70 岁	58.78	32.04	9.18	21.48	22.16	2.92	57.00	0.52
70 岁+	52.48	37.16	10.36	27.17	15.37	0.89	63.47	0.67
总体	58.59	32.85	8.57	21.38	19.92	5.21	57.48	0.52

2. 学习兴趣

当前,中国老年大学的科目设置基本上可分为人文社科类、体育健身类、生物类、医疗类、工程技术类、艺术类和其他等七大类。从表6中可以看出,样本中学习人数比例最多的为艺术类,选择人数占比高达72.24%,远远超过选择排名第二位的人文社科类(22.74%)。排名第三和第四位的科目依次为体育健身类和医疗类,占比分别为21.90%和19.46%。可见,艺术类课程以其休闲娱乐、放松身心和全民化参与度高等特性在老年大学的众多可选择科目中一枝独秀,受到绝大多数老年学员的青睐。此外,老年大学学员的学习兴趣仍比较广泛,除艺术类之外的其他几大主要科目均有较多人参加,且学习人数比例相对较平均,呈多极化均衡分布。具体来看,艺术类科目中选择人数比例最多的课程为"音乐",占总人数比重的50.47%,人文社科类科目中选择人数比例最多的为"文学历史地理旅游",体育健身类和医疗类科目中参与人数比例最多的课程则分别为"健身"和"养生"。分性别来看,虽然男女学员在大类别科目选择上的整体趋势基本一致,但在具体课程的选择上,男性更偏好于知识型、技能型课程,而女性则更偏好于休闲类、养生类课程,如在艺术类科目中,女性选择"音乐"的人数比例远大于男性,而男性则更多的选择"美术"和"摄影";女性选择"健身""养生"课程的人数比例略高,而男性则选择人文社科类和工程技术类各科目的人数整体略多。分年龄来看,随着年龄段的增长,选择"音乐""舞蹈"等动态型课程的人数比例逐步减少,相应的诸如"美术"、人文社科类各科目等静态型课程的人数比例逐步增加。同时,年纪越大的老年学员显然也更关注自我的身体健康和调理,选择"养生"类课程的人数比例显著增加。总体来看,老年学员们最感兴趣和最青睐的课程类别一种为放松心情、陶冶情操的休闲娱乐类科目,另一种则为关注健康、锻炼身体的健康保健类科目。而且随着社会的发展、经济水平的不断提高,当前中国老年人的关心焦点已不仅仅局限于只注重自我身体机能的健康状况,而是同时追求身心两方面的充实、丰盈、满足和健全。

表6 样本学习科目的分性别、分年龄分布　　（多选题,单位:%）

学习科目		男	女	50岁-	50—60岁	61—70岁	70岁+	总	体
人文社科类	政治经济	3.72	2.82	7.40	2.63	2.59	5.70	3.08	22.74
	社会伦理	4.06	3.63	0.00	3.54	3.41	5.70	3.75	
	文学历史地理旅游	19.19	16.99	11.10	13.55	18.08	25.50	17.65	
体育健身类	竞技项目	3.72	3.77	0.00	3.64	3.82	3.90	3.75	21.90
	健身	15.80	20.14	25.90	17.09	20.33	18.30	18.82	
生物类	植物动物	1.81	1.15	3.70	0.61	1.57	2.00	1.34	5.06
	食品	3.05	3.91	0.00	2.93	4.09	4.40	3.65	
	生态	0.45	0.62	0.00	0.51	0.68	0.40	0.57	
医疗类	临床	2.37	3.20	3.70	2.93	2.66	3.90	2.95	19.46
	护理	1.69	2.29	7.40	2.12	2.05	2.00	2.11	
	养生	15.01	17.85	7.40	12.13	17.33	26.40	17.01	
工程技术类	自然科学	1.13	0.48	0.00	0.40	0.68	1.30	0.67	6.30
	电子通讯	4.74	2.86	0.00	1.62	3.96	5.70	3.42	
	家用电器机械	2.37	0.72	0.00	0.51	1.36	2.40	1.21	
	其他	2.26	1.05	0.00	0.71	1.64	2.40	1.41	
艺术类	音乐	38.71	55.37	59.30	56.72	50.61	37.30	50.47	72.24
	美术	20.65	12.12	18.50	9.00	16.10	22.40	14.63	
	舞蹈	6.88	15.04	18.50	15.57	11.60	8.70	12.66	
	摄影	18.74	9.21	0.00	12.13	12.69	10.70	12.02	
其他类		9.82	10.64	11.10	8.90	10.64	12.40	10.38	10.38

3. 学习效果

在考察老年大学的学习效果之前,需先了解老年学员初期的学习动机。从表 7 中可以看出,有 78.90% 的学员是出于"渴望学习"的原因进入老年大学的,有 12.75% 的则是"朋友相约",而选择"打发时间""纯属偶然"和"子女推荐"为动因的分别仅有 6.80%、4.30% 和 2.10%。可见,绝大部分学员参与老年大学是因为本身即带有非常强烈的主观愿望和学习渴望,而并非仅仅是为了"打发时间"或受他人影响和建议。进一步分年龄来看,若除去 50 岁以下年龄段①,随着年龄段的增长,学习动机中选择"渴望学习"的人数比例由 77.23% 提升至 81.98%,选择"打发时间"的人数比例也有所增加,而选择"朋友相约"和"纯属偶然"的人数比例则逐步减少。一定程度上可以说明老年学员的学习渴望和学习热情并未随着年龄增长而下降,而是保持着"老而好学,如炳烛之明"的态度逐步提高,可谓"老骥伏枥、壮心不已"。同时,年纪越大的老年人空闲时间或许越多,但相应地他们参加老年大学的主动性和目标性也更强。

表 7　样本学员学习动因及学习后认识的分年龄分布（多选择,单位:%）

年　龄	学习动机					学习后认识						
	渴望学习	打发时间	朋友相约	子女推荐	纯属偶然	接受继续教育	接触新事物的渠道	交友平台	展现才华的机会	广泛参与社会	老年人自我价值体现	其他
50 岁-	84.62	3.85	11.54	0.00	7.69	51.85	29.63	18.52	11.11	18.52	18.52	3.70
50—60 岁	77.23	5.74	14.56	2.46	5.23	50.87	38.13	26.72	7.50	21.58	27.03	2.06
61—70 岁	78.95	6.88	12.93	1.79	3.99	58.28	38.71	26.42	4.33	24.81	28.16	2.52
70 岁+	81.98	9.01	8.35	2.42	3.08	58.71	41.74	24.33	3.79	18.97	25.00	2.23
总体	78.90	6.80	12.75	2.10	4.30	55.78	38.90	26.12	5.38	22.75	27.20	2.33

从通过学习后对老年大学教育的认识来看,总体样本中认为"接受继续教育"的人数比例最高,所占比重为 55.78%,其次为"接触新事物的渠道",占比为 38.90%,可见大部分老年学员都认为参加老年大学的课程学习后是学有所得的,

---

① 一方面因 50 岁以下人群严格意义上讲并不属于老年人,另一方面本次调查中 50 岁以下的人数很少,故不予考虑,下同。

回顾之前的入学动机,说明老年大学的课程一定程度上较好的满足了老年学员的入学需求。此外,27.20%的样本学员认为参加学习后有助于"老年人自我价值实现",26.12%的人选择了"交友平台",还有22.75%的人选择了"广泛参与社会"这一选项。可见,老年大学不仅满足了学员最初对其的主观印象、自我设想和要求,而且使他们有了更多、更丰富的认识和理解。除了帮助他们学习新知识、拓展视野之外,老年大学也是一个重新让老年人发光发热、实现自我价值的场所,一个可以再次拓展人际关系的平台,一个将老年人和社会重新连接的桥梁和纽带。

4. 学习评价

从图6中可以看出,对于所参加老年大学最满意的内容,样本中选择最多的选项为"教师讲授",点击率为50.56%,其次26.14%的样本学员点击了"身心状况(愉悦)",23.95%的点击了"学习氛围",还有16.64%的点击了"课程设置"。可见,样本中大部分学员对自己所在老年大学的师资力量是比较认可的。而对于所参加老年学习最不满意的这一问题,仅有约三分之一的样本学员做出了回答。有内容的回答也比较分散,除去53.37%选择"其他"之外,相对较多的回答为"课程设置"(11.18%)和"校方服务"(10.79%)。综合来看,一定程度上可以认为学员们对老年大学整体的办学情况、教学质量等软、硬件环境条件还是比较满意的,并没有十分突出、显著的缺陷和问题。但值得注意的是,老年学员对课程设置的满意度并不高,说明老年大学在课程内容、时长、频次等设置安排上还

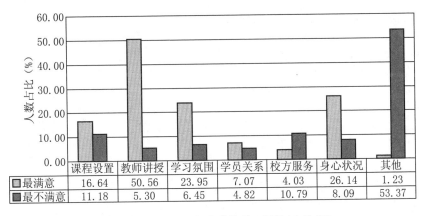

	课程设置	教师讲授	学习氛围	学员关系	校方服务	身心状况	其他
最满意	16.64	50.56	23.95	7.07	4.03	26.14	1.23
最不满意	11.18	5.30	6.45	4.82	10.79	8.09	53.37

图6 样本学员对老年大学的学习评价(多选择)

有很大的优化调整空间。

（三）样本的日常生活情况

从表 8 可以看出,学员对于日常主要活动选择人数最多的为"家务劳动",点击率 56.29%,其次为"朋友交往"(36.31%)和"上网或微信"(31.83%)。可见,对于大部分老年人来说,家务劳动为其最主要的日常活动,但老年人并没有因此而全部被家务所累,仍会分出较大时间与朋友交往或者通过网络、微信等工具增强社会连接,以此丰富自己的日常生活。需要注意的是,在全部样本中仅有16.50%的人在日常主要活动中选择了"抚育下一代",这一比例甚至低于选择"唱歌跳舞"的比例(17.64%),一定程度上说明参加老年大学的学员都有相对较为丰富的老年生活,他们非常注重自我需求的满足和提升,并不像一般大众想象中那样将抚育后辈作为自己日常活动的主要部分,这一点也可能与参加老年大学的老年人普遍具有较高文化程度和教育背景有关。分性别来看,虽然"家务劳动"均为男女样本最主要的日常活动,但女性选择的比例远高于男性。分年龄来看,随着年龄段的增长,选择"家务劳动"的比例并没有下降,反而有小幅增长。同时,选择"唱歌跳舞"和"仍在工作"的比例下降明显,而选择"家中休养"的人数比例有逐步增加。说明年龄越大的老年人可能由于身体或精力的原因,会逐渐减少外出参与群体活动而选择在家静养,居室整理等家务劳动将占据他们日常生活的主要部分。

表 8　样本老年学员日常主要活动的分性别、分年龄分布

（多选择,单位:%）

变　量	仍在工作	家务劳动	抚育下一代	朋友交往	炒股	上网或微信	唱歌跳舞	家中休养	其他
男	9.43	47.05	17.57	34.79	4.83	30.31	12.74	17.92	10.61
女	9.17	60.15	16.05	37.02	4.44	32.54	19.51	14.34	9.22
50 岁–	32.00	44.00	8.00	40.00	4.00	32.00	16.00	8.00	12.00
50—60 岁	11.40	53.06	10.78	39.38	5.39	28.91	21.35	12.85	9.43
61—70 岁	8.67	57.86	21.14	35.94	4.51	34.11	17.27	14.24	9.51
70 岁+	5.10	59.20	14.63	31.04	3.10	31.26	10.42	24.39	10.20
总体	9.27	56.29	16.50	36.31	4.55	31.83	17.64	15.36	9.61

而对于日常生活中的最大困扰(如表9所示),样本中选择最多的两项为"看病难"(38.70%)和"广告推销诈骗"(30.60%)。可见,对于文化程度相对较高、个人月可支配收入也相对较高的老年大学学员来说,看病难仍是日常生活中最大的困扰。说明看病难已成为一个较普遍、较严峻的社会问题,亟待解决和改善。此外,"广告推销诈骗"成为困扰老年学员的第二大问题也反映出另一个社会现象,即广告推销诈骗活动屡禁不止且愈演愈烈,尤其是各种专门针对老年人的推销式诈骗案件近年来层出不穷,令人防不胜防,严重破坏了社会秩序,很大程度上影响了老年人晚年生活的和谐和幸福程度。分年龄来看,随着年龄段的增长,选择"现代科技应用"的人数比例增长明显,说明飞速发展更新的现代科技给老年人带来的困扰越来越大。

表9 样本老年学员日常困扰的分年龄分布(多选择,单位:%)

年 龄	看病难	住房	广告推销诈骗	家务劳动	出行不便	现代科技应用	经济拮据	其他
50 岁-	26.09	0.00	21.74	0.00	4.35	26.09	4.35	21.74
50—60 岁	38.25	6.02	32.35	8.51	3.06	10.44	2.84	9.76
61—70 岁	40.21	5.87	30.21	8.72	4.52	15.38	2.22	7.93
70 岁+	34.86	6.36	28.50	10.69	8.40	20.10	1.27	5.60
总体	38.70	5.90	30.60	8.80	4.70	14.40	2.30	8.20

(四)样本对课程内容的期望

对于"老年人应加强了解的内容"这一问题(如表10所示),样本中选择最多的为"老年知识",选择比例为35.89%,其次为"传统道德文化"(28.34%),第三为"护理知识"(27.16%)。对于剩余内容选项,样本学员的选择相对较分散和平均。可见,与老年相关、与健康相关的知识是学员最想了解、最感兴趣的内容,今后老年大学的课程内容设置与安排可以据此往相关方面侧重和加强。分性别来看,男性学员对"国事分析"相对更有兴趣,选择人数比例为25.31%,远远超过女性学员的这一比例数值(10.79%),而女性学员则更希望了解"护理知识""生命教育""社交礼仪"等类别的内容。分年龄来看,对"老年知识"的学习期望是随着年龄段的增长显著增加的,与之趋势相同的还有"国事分析"和"现代科技动态"。可见随着年龄的增长,一方面老年人与社会动态、现代科技间的脱节客观上会不可避免的越来越严重,而老年人自身的学习热情是不随年龄增长而衰减的,相反,他们渴望跟上时代发展、科技进步的步伐,希望可以增加对国情时事、科技动态的了解,而我们有必要、有责任和义务帮助他们在晚年生活中更好的了解、适应和参与现代生活。

表 10 样本学员对课程内容期望的分性别、分年龄分布

（多选择,单位:%）

变 量	国事分析	经济现象解说	传统道德文化	文史经典	老年知识	现代科技动态	社交礼仪	护理知识	生命教育	其他
男	25.31	14.29	30.08	25.31	36.72	17.54	10.03	21.18	14.04	3.51
女	10.79	14.89	27.63	21.63	35.42	16.00	19.89	29.74	20.37	4.95
50 岁–	12.50	25.00	25.00	16.67	20.83	4.17	12.50	29.17	37.50	12.50
50—60 岁	11.03	14.55	25.69	20.73	29.22	13.45	20.73	31.42	19.40	6.06
61—70 岁	15.62	14.64	28.68	23.92	39.85	18.19	15.32	25.96	18.34	4.00
70 岁+	22.91	16.01	33.25	23.89	39.16	17.98	13.05	22.66	15.27	2.71
总体	15.06	14.72	28.34	22.68	35.89	16.43	17.02	27.16	18.46	4.51

三、 总 结 及 建 议

按照《国家中长期教育改革和发展规划纲要(2010—2020 年)》的发展目标,到 2020 年中国要构建体系完备的终身教育,《老年教育发展规划(2016—2020 年)》也要求到 2020 年要基本形成覆盖广泛、灵活多样、特色鲜明、规范有序的老年教育新格局。从本次研究和对各地老年大学的调研结果来看,目前中国终身教育体系的构建中仍存在很大一块短板——老年教育的建设问题。为了打通中国终身教育道路上的"最后一公里",补齐终身教育体系板块中的最后一块拼图,我们提出以下建议:

1. 转变传统观念,重视老年教育的重要地位,完善终身教育体系的建设。当前中国终身教育体系的架构思路中主要分为基础教育和(成人)继续教育两大部分,老年教育仅被视为(成人)继续教育中的一个小类别,发展规模、覆盖范围都十分有限,早期甚至目前许多的老年学校仍以面向老干部为主。而从前文对老

年学员学习兴趣、动机等的分析中可以明显看出,老年教育与(成人)继续教育除了教育对象的年龄差别外有着本质的不同。(成人)继续教育是对基础教育的追加,以职业发展为导向,以获得直接性的技能为目的,解决和满足的主要仍是受教育者的生存发展需要,更多的是一种应对社会生存的被动选择。而老年教育则应以满足老年群体的精神情感需求为主,是老年群体以极大的自主、自愿积极性进行的主动选择,以增强社会融入度、促进与亲友情感交流、充实自我为目的。同时,老年教育不仅是"终身学习"的重要载体和实现手段,也是提高社会和谐度、增强人民幸福感的重要举措。面对新时代下社会发展的新要求,我们应及时转变传统观念,调整建设思路,重新定位老年教育的地位,将其提升至与基础教育、(成人)继续教育并重的位置上来,着力构建"三足鼎立"的、与当前人口老龄化形势相适应的终身教育体系结构。因此,各级政府应将老年学校的建设纳入全社会福利保障体系构建与完善的范畴,增强在老年人精神文化领域社会管理和服务的意识。

2. 加快高校老年教育建设,发挥先锋带头作用。高校是老年教育开办的重要场所,也是目前国内老年教育办的相对较好的基地(倪浩,2007)。但从当前的进展情况看,高校在这方面的努力空间还远远没有得到发挥。仍有不少高校尚未为自己的退休职工老年教育去努力,更谈不上对社会其他退休职工的老年教育服务。从这个角度看,高校老年教育建设步伐亟待进一步加快。一方面,各地高校应积极发挥先锋带头作用,勇于承担社会责任,在不影响自身教学和发展任务的前提下,尽可能的充分利用自身优势和特色,提供依托于自身资源的老年教育服务,与老年学校适当共享场地、课程与教学资源等,为当地老年教育事业积极提供更多的支持服务。另一方面,进一步充分开发利用高校师资力量,通过相应的制度设计鼓励开展针对老年教育领域的"支教"帮扶活动,结合自己的专业优势提供相应的教育援助以满足老年教育的课程和学习需要。必要时可通过教育立法,由高等教育教师或科技人员予以一定义务课时的法定援助。进一步提升高校老年大学的办学规模、办学质量以及开放度,是解决终生教育"最后一公里"问题的重要支撑。

3. 优化老年教育机构体系,拓展运营模式。本次调查中各老年大学主要为高校、市级和区级老年大学,在未来老年教育的发展中,我们应逐步构建多层级、多形式的终身教育体系和支持服务网络。一方面,应进一步扩大老年教育资源供给总量和覆盖范围,广泛吸引社会力量的加入,联合企业和社会资本的力量着重加强社区和基层办学点的建立和设置,构建不同层级的老年大学网络,以服务和满足不同区域老年人的学习需求。另一方面,不断拓展老年学校的运营模式,应用互联网等现代技术,根据实际情况有计划的发展远程教育,以解决广大地区因师资力量等客观条件限制无法开展教学的问题,从而进一步增强老年教育的吸纳能力。

4. 丰富课程资源,优化课程设置结构。一方面,基于与基础教育、继续教育截然不同的教育性质,老年大学的课程设置应突出短期专题性、即时性的特点,而非长期持久性深入学习。从调研结果中可以看出,不同性别、年龄老年人的内容偏好各有侧重,而艺术类、健康类课程是普遍感兴趣的内容。因此各老年大学未来应根据学员年龄特征、兴趣期望进一步优化教学内容和教学形式,适当增加音乐、美术等艺术休闲类课程的开设比例与课程内容,在突出侧重点的前提下,拓展内容的丰富性、特色性,以满足不同年龄段、不同文化程度老年人的多元化需求。

5. 加强财政支持力度,充分调动社会力量。一方面,各级政府应积极发挥政府的主导作用,加大财政投入力度,根据实际需要酌情设立相应的老年教育专项支持项目,以支持当地老年学校的基础建设、师资补贴等。另一方面,通过市场运作,广泛吸引社会资本参与老年大学的建设当中,最终建立以各级地方政府为主导,高校、企业、社区、集体多主体、多渠道筹措经费,协办单位、受教育者合理分担的"众筹"办学、开放办学的长效机制,从而为老年大学的合理必要的支出提供充足的经费支持以保障机构的可持续发展,改善办学条件以提供丰富多彩的教育服务,提升教学质量,扩大办学规模,使更多有需求的老年人得以加入终身学习的体系中来。

6. 加强农村老年教育建设,填补乡村空白。农村老龄化与空心化使得农村凋敝,贫困问题加剧。以习近平同志为核心的党中央,对此看在眼里,记在心上。在其任上推出精准扶贫的脱贫攻坚战略,提出乡村振兴与区域联动战略,其中有一个重要任务就是农村老人的教育提升问题。尽管他们学历大多只有小学及以下程度,但他们对新时代的知识渴望并不比城里人差。为了社会主义新农村的长远发展,如何结合广大农村地区的现实需要弥补农村老年教育这一短板,也是当下需要考虑的一个重要问题。

(第一作者为上海交通大学安泰经济与管理学院教授,第二作者为上海交通大学安泰经济与管理学院博士生,第三作者为上海交通大学安泰经济与管理学院副教授)

中国经济发展道路的政治经济学解释

乔兆红

中国 70 年的成就是通过中国社会主义的自我完善和发展得来的,这对于理解评价中国现代化道路的合理性进步性将产生积极作用,也极大地丰富了中国政治经济学话语体系的内容。发展是现代化的永恒主题。目前,世界各国均处于变革、调整和转型的重要历史时期。作为发展中大国,中国经历 40 年改革开放的经济社会发展,取得了成就也付出了代价。如何实现经济社会全面协调可持续发展,成为当前社会发展的重大理论和实践问题,也是当代中国特色社会主义政治经济学逻辑体系构建必须进一步深入思考的问题。

一、"为现实而历史":中国特色社会主义政治 经济学建构的传统思想资源

中国历史发生的实际过程对构建中国道路具有重要意义,只有基于对这些基本史实的确切了解,才可能形成对中国发展进程的"中国式思维",为学术界深化中国问题研究打开思考的大门。构建中国话语,要促进传统文化的创造性转化和创新性发展。中国学术若能对发生在中国的故事给出科学的解释,将"中国经验"上升为理论和知识范畴,为人类面对的共同问题贡献中国智慧,那么,国际话语的中国时代必将来临,中国的发展优势也终将转化为话语优势。

中国政治经济学体系具有中国本土化文化根基,应该是民生本位的经济学话语体系。作为古典词的"经济",均指经世济民、经邦济国。"经济"转义为社会生产关系的总和,始于近代日本。日本经济史学家山崎益吉就说:"众所周知,经济就是经世济民、经国安民,是《大学》八条目之治国平天下论……近代以后,经济的真实意义被遗忘,单纯讲追求财物和合理性,而失去

了本来面目。"①由此观之,中国传统的经济学皆有经邦济世、强国富民之意,具有厚生惠民的人文主义思想。如果进行创造性转化,应该可以成为现代治国理政的源头活水。

传统思想的现代转化,是一个偕时而进、不断深化的进程。习近平总书记的两创命题所提出的一个重大问题就是,传统的人文思想、人文主张、人文追求、人文理念,能否直接指导一个现代国家的治理。现代治国理政的基本思路和具体措施,必须依赖现代社会科学,而不是传统人文理念,但需要返回源头汲取活力,进行创造性转化。就此而言,现代的经济学、政治学、管理学、法学等知识,应该是当下治国理政的基本资源和主要政策依托。而传统的"经世济民、经邦济国"等经济学之要义,以及儒家的"义"与"利"等,对今天的经济学仍然具有极大启示,应该成为构建中国特色社会主义政治经济学的思想资源。

近代中国被迫接受西方文化的冲击并先期从"器物上感觉不足",因而经济问题得以在时代的潮流中首先凸显。而经济问题凸显,被认为是符合历史的客观发展规律的。

面对现实与历史、过去与现在的关系问题,经济学界也不乏"为现实而历史",注重史学与现实、生活和社会的联系者。早在 20 世纪初,著名学者唐庆增就提出中国经济学理论的创新必须从中国传统经济思想中吸取营养,认为中国经济思想史有助于解决现实复杂的经济问题,有助于创建适合中国国情的经济学理论。

研究中国道路,无论就学术本身还是改革与建设的需要而言,最重要的是透彻理解我国的国情。我们反对庸俗的经济唯物主义,特别是要反对经济直接决定一切的机械观点。但是,我们必须学会从经济的角度探索历史上人们言行的最终社会动因。

中国特色社会主义政治经济学的建设有着自身的逻辑与理路。中国正处于"三期叠加"阶段,现代化与改革同步进行,西方发达国家用几百年时间完成的任务和历程,却要在中国社会发展过程中用几十年的时间来实现。这虽然给中国带来了突出的后发优势,但也使中国面临很多问题。以往在制定具体的经济发

---

① 山崎益吉:《横井小楠の社会经济思想》序章,东京多贺出版株式会社 1981 年版。

展战略和政策时,无形中可能陷入西方经济学的"概念陷阱",而且关于"中国模式""中国道路"的分析也往往是在西方经济学范式的框架内进行的,以至于无形中导致马克思主义经济学话语体系的边缘化。

对于此,中国学者为构建中国自身的经济学"话语体系"一直在努力尝试。从 60 多年前王亚南倡导建立中国经济学,到 20 世纪 80 年代后期和 90 年代中期,樊纲对"苏联范式"经济学理论的批判,再到 21 世纪林毅夫倡导中国经济学本土化规范化国际化,和程恩富总结中国经济学要"马学为体、西学为用、国学为根"。从这三次大讨论中,可以一窥中国学者为构建中国自身的经济学"话语体系"所做的努力。随着中国的发展,世界对中国的关注日益提高,不同学科领域内的中国研究呈现爆炸式增长。构建中国自身的经济学"话语体系",需要打破文化、国界和学科的多重壁垒,沟通古今中外,抓住域外理解和阐释中国的核心议题、概念工具和话语逻辑。

总之,要以周正的态度认识文化的古今转换与中外对接,明辨优劣,把握异同,努力谋求二者在各种不同层面的互补互动,达成整合与涵化,方有可能探寻健全的新文明路径。因此,中国经济学体系的构建,还需要确立符合人类长远发展要求的价值判断标准。习近平总书记说,要用中华民族创造的一切精神财富来"以文化人""以文育人"。根据荀子的主张,还可以加上"以文成人"。这是中华优秀传统文化创造性转化和创新性发展的目的和目标。中华民族五千年的发展史形成了一系列的核心价值观,通过创造性转化和创新性发展,可以作为我们今天社会主义的核心价值观。而"经世济民""经邦济国"这一中国传统的价值判断,与马克思主义经济学强调的"以人为本"应该是一致的。

二、"中西融通":借鉴国外经济学与当代中国特色社会主义政治经济学的发展

费孝通先生指出,西方学术的话语系统是西方"名"与"实"的统一,若将西方话语嫁接到中国经验之上,很可能是西方之"名"与中国之"实"相悖。费孝通以中国儒家思想中的"差"和"序"对中国社会结构及其衍生的道德系统予以概括和阐释,是对中国文化传统的创造性转化和创新性发展。其"差序格局"概念

是以实地调查为基础,对中学与西学经过整合而涵化的成果,完成了一个社会学学者的学术超越。其意义对于经济学等其他科学的建设不言而喻。

(一)吸收西方经济学的积极方面,以解决中国社会主义建设问题

学术本应回报社会回报时代,应该关注思考国家和民族的命运,但改革开放后的很长时间,学术独立思潮却一步步地走向学术拒绝社会拒绝现实拒绝时代的道路。一方面是经济学成为热门专业,另一方面是政治经济学理论逐渐被边缘化;一方面是"为经济学而经济学""和时代完全脱节",另一方面是"经济学与时代绾合得过分密切"。经济和经济学的作用及其重要性是显见的,但是,当代中国社会对经济的认识与社会发展对经济理论的需求之间差距还比较大。对经济的应用理论研究并不少见,但从政治经济学和世界观方法论的层面进行马克思主义政治经济学的研究还是不够的。我们过多地把经济学作为一种工具来对待,忽视了很多关系只有用马克思主义政治经济学的理论才能阐明。要完成经济学创新与发展这一宏大的实践,明确确立马克思主义政治经济学的意识是必要的。这里的关键在于,需要明确学科的存在是为了解决问题,是养成解决问题的能力。学科的设置和建构是为了更好地解决问题,分科治学是为了研究问题。经济学逐渐忽视对独特的中国市场经济和中国道路的探究。对于以学术对话和理论积累为目的的学理研究来说,因为缺乏厚重的学术经验积累,学术研究缺少相应的中国现实关怀,使得中国社会变为西方理论的延伸和注脚。

"理论自觉"是对经济学理论或经济理论进行"建设性反思"。理论自觉是提高中国特色社会主义政治经济学理论地位的有效途径。最关键的是把中国改革的成功经验抽象为一种内外都能接受的学术话语体系,从个性知识转化为共性知识。胡钧教授就强调:"构建中国特色社会主义政治经济学,不要偏向搞经济运行、竞争层面的研究。马克思《资本论》不研究资本主义社会的经济运行方式,而是着重揭示经济发展规律本身,偏向运行机制会削弱对经济规律的探索;也不要把政治经济学导向应用经济学,这就是取消了政治经济学,而是要依据《资本论》提供的基本路径和基本方法去做。"[1]中国政治经济学,应从实践上,创

---

[1] 胡钧:《以马克思主义为指导构建中国特色社会主义政治经济学》,《改革与战略》2017年第5期。

造一个克服自由主义缺陷或高于自由主义的以传统价值观为基础的中国特色社会主义政治经济学;从学术上,创造一种立足于中国传统与历史,又汲取自由主义合理内核的中国学派;从理论上,建构一个基于本土经验的中国化的马克思主义经济学的概念范畴框架。而所有这些工作的总目标,就是创造一种从中国经验出发、回答中国问题、尊重中国特点的哲学社会科学的新范式。

改革开放以来,中国社会各领域经历了深刻的社会变迁。变迁的时代要求相应的社会科学理论和研究方法来分析、解读这些林林总总的变化。但是,目前中国的社会科学为认识社会变迁所提供的理论范式和分析工具还比较苍白。当我们自己的理论不能解释自己的现象时,引进和借用外国的理论就成为必然。一定程度上讲,这在当时是必要的,为我国经济体制改革和经济政策的制订提供了经验和借鉴。因为西方理论不仅是建基于这一复杂系统的事实之上,而且是对于这一复杂系统的深刻把握凝缩而成。这并非指要抛开中国的国情,而是将西方理论中国化,以西方理论为借鉴,形成对西方理论的超越①。问题是我们应该怎样学习和借鉴。

中国特色社会主义政治经济学研究对象需要拓展。范畴创新、术语革命和理论体系构建是开辟新境界的重要方向。如果对自己所处时代国际学术界出现的社会经济史和社会科学化等最新潮流缺乏感受和回应,则是很大的局限。无论怎样,在实现经济学特别是中西经济学的结构性转换上,在全局性和方向性的影响上,这体现了对基本的学术史线索和环节的尊重。

20 世纪初中国学界对欧美学科体系自觉不自觉地全盘接受,是中国学术从传统向现代的结构性转换,这一来自西方的人文社会科学体系迄今仍有巨大价值,问题是,我们现在能否把社会科学的困境变成机遇,对"西方学说"做出自己的理论借鉴。历史学家王学典指出,上述问题的解决完全可能,出路就是本土化②。社会学家郑杭生自 20 世纪 80 年代始就以理论自觉意识确定了以"社会运行"为主导观念的社会学定义,衍生出"社会转型论"等四论,更形成以"社会运

---

① 笔者认为吴敬琏这话当时之所以被批判,大概是"指导"一词比较敏感而引起的歧义。——作者按

② 王学典:《把中国"中国化"——人文社会科学的转型之路》,《中华读书报》2016 年 9 月 21 日。

行"主导观念为导向的有自己话语体系的学术群体。理论自觉的提出标志着郑先生在探索中国特色社会学理论方面的一次重要升华，同时又是他对自己社会学学术历程的精辟总结。而经济学界也早就开始倡导中国经济学的本土化。20世纪 90 年代，林毅夫教授就指出，"21 世纪将会是中国经济学家的世纪"，因为经济学研究的学术中心是随着世界经济中心的转移而转移的，中国将成为未来世界经济的中心，所以，经济学的学术中心将会转移到中国[1]。随着中国的发展，中国不能继续被置于既有的国际政治经济秩序之中。因此，构建我们自己的政治经济学学术话语体系不仅非常必要，而且可以用来指导中国的改革实践。

也就是说，当前占主流地位的这一学科体系仍有自己的巨大发展空间，关键是调整方向，这个方向就是中国经验。从较长时段来看，这些学科的生命力和出路，就是把自己的注意力和精力集中到对中国经验和中国转型问题的探讨上，合理借鉴并发挥西方理论，进而指导和诠释中国的经济社会转型，向全世界提供对这种转型的说明和概括。

中国是一个发展中的社会主义大国，具有悠久的历史文化传统，我们的目标是建设富强民主文明和谐美丽的社会主义现代化国家，实现中华民族伟大复兴。只有把市场经济一般规律与中国具体实际结合起来，才能找到切实可行的改革发展之路，才能理解和把握中国经济发展经验的实质和内在逻辑。

中国经济学的理论创造需要立足于中国经济实践，解决中国经济问题，并形成统一的理论体系。杨承训教授指出，纵览历史，按实践第一的标准来衡量，应当明确中国经济学的根本方向是，"马学"为魂，"中学"为体，"西学"为用[2]。孟捷教授指出经济学的主要门派有三类：一是马克思经济学，二是新古典经济学，三是包括演化经济学在内的非主流经济学或异端经济学[3]。改革开放以来，随着世界和中国形势的变化，中国政治经济学面临着范式创新的重大任务。中国社会主义建设的历史经验表明，教条主义地照搬马克思主义和马克思主义经济学，是有害的；苏联东欧的教训表明，迷信式地照抄西方主流经济学，更是灾难性

① 林毅夫：《本土化、规范化、国际化——庆祝〈经济研究〉创刊 40 周年》，《经济研究》1995 年第 10 期。

② 杨承训：《历史选定中国经济学主流》，《中国改革报》2004 年 12 月 20 日。

③ 孟捷：《当代中国社会主义政治经济学的两大理论来源》，《西部论坛》2016 年第 3 期。

的。在如何对待马克思主义经济学和西方主流经济学的问题上,中国经济学界存在三种不同的态度和观点:一是认为马克思主义经济学是古典的或传统的经济学,已经过时,西方主流经济学就是现代经济学、惟一科学的经济学;二是认为西方主流经济学是一种庸俗经济学,是资产阶级的意识形态,必须予以彻底的否定和抵制;三是认为必须既超越前人,通过"综合创新",努力创建或重建中国经济学,实现马克思主义经济学的中国化。程恩富教授被公认为"是第三种观点的较早提出者、坚定主张者和积极实践者"。"'重建中国经济学'是其学术研究的中心任务与目标"①。

上述研究表明,中国经济学的理论自觉与学术创新取决于,既要研究社会主义市场经济运行中体现出的现代市场经济一般规律,又要运用马克思主义政治经济学的立场观点方法,从中国经济运行现阶段的实际出发进行总结与概括,从而不断彰显中国特色社会主义政治经济学对于经济运行规律的解释力和话语优势。

(二) 把马克思主义基本原理同中国改革发展具体实践相结合

善于借鉴西方经济学有用的方法,其根本的要求在于凸显中国化的马克思主义特质和创新品格,解决中国经济发展中的实际问题,把马克思主义基本原理同中国改革发展具体实践相结合。

与中国历史学界在 20 世纪 80 年代把马克思主义史学看作整个中国史学发展的归宿,意即给予了马克思主义史学在整个中国史学发展中的正统地位不同,中国经济学界关于马克思主义经济学还是西方经济学在中国占主导地位,当时还没有明确。但党的十一届三中全会以来,中国共产党就一直把马克思主义政治经济学基本原理同改革开放相结合,并在改革开放的实践中不断丰富和发展马克思主义政治经济学。1984 年 10 月《中共中央关于经济体制改革的决定》通过之后,邓小平评价这个《决定》:"写出了一个政治经济学的初稿,是马克思主义基本原理和中国社会主义实践相结合的政治经济学。"②

马克思主义需要不断丰富和发展,用马克思主义对中国国情的认识与再认

---

① 邱海平:《重建中国经济学的探索与创新——〈程恩富选集〉评介》,《光明日报》2011 年 6 月 10 日。

② 《邓小平文选》第 3 卷,北京人民出版社 1993 年版,第 93 页。

识永无尽期,适合中国国情的社会主义现代化道路的理论与实践有待于不断探索与不断完善。"马克思主义经济学比西方经济学视野要广阔。"我们只有依靠马克思主义经济学的分析范式,才有可能抓住其要害与本质,提出真正有效的解决办法。

2015年11月,习近平总书记在中共中央政治局第二十八次集体学习时强调,"要立足我国国情和我国发展实践,揭示新特点新规律,提炼和总结我国经济发展实践的规律性成果,把实践经验上升为系统化的经济学说,不断开拓当代中国马克思主义政治经济学新境界。"2016年习近平同志在哲学社会科学工作座谈会上的讲话指出:"当代中国的伟大社会变革,不是简单延续我国历史文化的母版,不是简单套用马克思主义经典作家设想的模板,不是其他国家社会主义实践的再版,也不是国外现代化发展的翻版,不可能找到现成的教科书。"①

理论的扩展或建构需要引进一些新概念。社会现实的变化必然催生新的理论术语,以便做出与其自身运动相适应的逻辑概括。马克思主义经济学说是一门不断前进的关于经济活动及其发展规律的科学,但作为一门"历史科学",它的一些概念、术语、范畴、命题以及某些具体的论断和意见,却也在随着时间的推移逐渐发生变化。中国共产党人不断推进马克思主义中国化理论创新的一个重要经验,就是不断提炼具有中国特色的概念术语,形成自主性的理论创造。以颜鹏飞、顾海良、刘伟、张宇、金民卿、侯为民等学者为代表,他们对马克思经济学"术语的革命"与中国特色"经济学说的系统化"进行了研究。认为中国特色的马克思主义经济学的话语体系应该是具有马克思主义遗传基因、元素和话语的话语体系。这是明显地区别于反映资本主义意识形态的西方市场本位的话语体系。经济学理论只有适合自己的民族传统和国情,才能产生深刻的影响②。

---

① 习近平:《在哲学社会科学工作座谈会上的讲话》,《人民日报》2016年5月19日。

② 颜鹏飞:《政治经济学"术语革命"或者话语革命——兼论"社会主义调节经济"新话语体系》,《政治经济学评论》2015年第1期;顾海良:《马克思经济学"术语的革命"与中国特色"经济学说的系统化"》,《中国社会科学》2016年第11期;刘伟:《在马克思主义与中国实践结合中发展中国特色社会主义政治经济学》,《经济研究》2016年第5期;张宇:《概括形成开放融通的新概念新范畴新表述 积极推动"术语的革命"》,《人民日报》2015年7月24日;金民卿:《马克思的术语革命与习近平理论创新的话语建构特色》,《前线》2017年第1期;侯为民:《历史新方位、术语革命和政治经济学理论创新——从新时代中国特色社会主义看政治经济学研究对象的拓展》,《晋阳学刊》2018年第1期。

随着我国经济改革和发展进入新的阶段,马克思主义经济理论发展也到了一个新的发展时期,即从以苏学东渐、西学东渐为标志的引进阶段,转向以建构中国化马克思主义经济学、占领话语权制高点为特征的"术语革命"和创新阶段。在这一新的历史背景下,颜鹏飞教授提出了"社会主义调节经济"这一新话语体系。顾海良教授指出,中国特色社会主义政治经济学的发展,最显著的就在于"术语的革命",在于中国话语体系的阐释之中。从马克思提出的贯通于唯物史观和政治经济学的基本原理,到改革开放之初邓小平提出的"应该把解放生产力和发展生产力两个讲全了"的思想①,再到党的十八大以后,习近平对科学技术转化为现实生产力的当代意义做出的"社会生产力水平总体跃升"的新论断,刻画了中国经济改革实践发展的基本脉络,是对生产力范畴的"术语的革命"②。

世界现代化经历了从农业文明向工业文明、从工业文明向后工业文明(知识经济)转化的两个阶段。在第一次现代化尚未完成之际,又身历第二次现代化大潮,这是改革开放40年及今后几十年中国现代化进程的一大特色。其间,中国经历了从国家统制的计划经济体制向市场经济体制的转型。今后几十年中国仍将更加深刻地接触到第二次现代化诸课题,"可持续发展"命题已上升到战略高度,"以人为本""和谐社会""科学发展观""人类命运共同体""大众创业万众创新"等理念的倡导,都是向后现代文明转换的产物。40年来中国社会的现代转型,不仅是传统意义的现代化或工业化,而且是上述几个层面转型的集合。

习近平总书记指出:我国哲学社会科学应该以我们正在做的事情为中心,从我国改革发展的实践中挖掘新材料、发现新问题、提出新观点、构建新理论。中国特色社会主义政治经济学只能在实践中丰富和发展,又要经受实践的检验,进而指导实践。习近平总书记提出学习政治经济学,要为社会主义经济发展实践服务。如果根据中国特色社会主义发展实践提供的丰富经验,揭示整个生产关系体系怎样推动生产力的强大发展的过程并进行科学总结,输入中国智慧,就可以为构建中国特色社会主义政治经济学确立基本框架。

事实上,我们的路线、方针、政策和理论都是运用马列主义、毛泽东思想的基

---

① 《邓小平文选》第3卷,人民出版社1993年版,第370页。

② 详见顾海良、王天义主编:《读懂中国发展的政治经济学》,中国人民大学出版社2017年版,第10—11页。

本原理,从中国实际出发,在实践中创造的,从而也极大地丰富了经济学理论,形成中国特色社会主义政治经济学的基本架构。由此可见,历史已经作出选择:中国经济学的主流只能是中国化的发展着的马克思主义经济学。

三、"中国奇迹":中国经济发展道路的政治经济学解释

列宁在《俄国资本主义的发展》第一版序言中,明确指出这本名著存在着四个方面的局限:(一)"只是从国内市场的角度来研究俄国资本主义发展的问题,而不涉及国外市场的问题和对外贸易的资料"。(二)"只谈改革后的时代"。(三)"采用的主要是而且几乎完全是内地纯俄罗斯省份的资料"。(四)"只专门研究过程的经济方面。"①据理解,列宁在研究俄国资本主义发展的过程中,逐步认识到四个问题的重要性:(一)应该把国内市场与国外市场联系起来考察。(二)应该把资本主义的研究向上延伸到它的胚胎萌芽时期。(三)应该注意搜集利用边疆和少数民族地区的有关资料。(四)应该把研究领域从经济扩大到政治、文化以至社会生活的其他方面。

列宁在指出这本名著存在局限的同时也指出:"对俄国资本主义全部发展过程整个地加以考察并试作一番描述,是必要的。""要阐明俄国资本主义国内市场的问题,指出社会经济一切部门中所发生的这个过程的各个方面的联系和相互依存的关系是绝对必要的。"这对于中国特色社会主义事业的研究应该具有历史与现实的双重启示。"中国奇迹"是中国改革进程中多种因素"合力"的结果,顺应了客观历史的要求。随着中国经济的高速发展和政治相对稳定,"中国模式""中国道路""中国经验""中国特色"等话语逐渐成为热门议题。中国现代化的道路是怎样走过来的,它又将如何通过现实走向未来,这是我们整个民族都在思考的时代主题,也是关乎国家前途和命运的重大课题。理论界、学术界应该回答这个问题,这是我们共同的社会责任。

《俄国资本主义的发展》对于中国经济发展道路的启示主要有三点:一是要

---

① 列宁:《俄国资本主义的发展(大工业国内市场形成的过程)》(节选),第一版序言。见刘长军:《列宁〈俄国资本主义的发展〉研究读本》,中央编译出版社 2014 年版,第 327 页。

全面深化改革;二是要促进区域协调发展;三是要进一步加强开放。

（一）关于全面深化改革

十八大以来党中央对全面深化改革做出系列部署,"五位一体"共同发展,"四个全面"协调推进。中国现代化道路越走越宽广,代表了社会主义生命力所在,代表了和平与发展的新时代新潮流和人类在新时代的演进方向。一定程度上讲,中国的全面深化改革可以用"新时代我国社会主要矛盾变化与可持续发展"来概括。改革开放之初的中国是"摸着石头过河"。之后中国的发展被称为"中国奇迹"。这表明,中国人用自己的办法解决问题,得到了世界公认。十九大立足新时代历史方位对我国社会主要矛盾的历史性转化作出全新研判,认为新时代我国社会主要矛盾是人民日益增长的美好生活需要和不平衡不充分的发展之间的矛盾。精确定位新时代主要矛盾的革命性意义就在于,能够为国家发展战略的调整、发展质量的提升、人的全面发展和社会全面进步作出正确指引。

马克思恩格斯运用辩证唯物主义和历史唯物主义的基本原理,创立了社会基本矛盾学说。在《〈政治经济学批判〉序言》中,马克思对此作过精辟的论述。毛泽东发展了马克思主义关于生产力和生产关系、经济基础和上层建筑矛盾运动的学说,并将其明确地概括为社会基本矛盾理论。毛泽东还阐述了社会主义社会基本矛盾的性质和特点,提出了正确认识和处理人民内部矛盾的重大问题。在新的历史条件下,邓小平在继承毛泽东社会基本矛盾学说的基础上,结合国内外现代化建设的经验教训,深入具体地研究了社会基本矛盾在社会主义初级阶段的特殊表现,创造性地提出改革是解决社会主义社会基本矛盾的方法和途径。

改革的过程,就是不断解决社会基本矛盾的过程。马克思、毛泽东、邓小平关于社会主义社会基本矛盾问题的论述,对我们今天正确认识和处理构建社会主义和谐社会过程中出现的社会矛盾,仍然具有重要的指导意义。

生产力和生产关系,经济基础和上层建筑之间是否相互适应的问题是社会发展中的基本矛盾。马克思主义经典作家也强调从现实的人的角度来研究历史,把唯物主义历史观理解为"现实的人及其历史发展的科学"。没有发展,就没有中国特色的和谐社会和"全面小康"社会。继续大力发展生产力。这是马克思的"新的历史观"的精髓。但这种发展是可持续发展。必须创新发展模式,以人为本,实现科学发展。改革的目的是为了实现社会主义更高水平的发展与稳定。

因此,在社会主义经济建设实践中,中国共产党始终以人民利益为中心,将改革、发展、稳定有机统一起来。社会主义公有制度的优越性在于党和政府坚持发展为了人民、发展依靠人民、发展成果由人民共享的原则。十九大报告关于我国社会主要矛盾变化,其实质仍在于社会发展的核心是"以人为本",这就促使我们进一步思考马克思主义经典作家中的有关思想,更加全面深入地把握马克思主义的"现实的人及其历史发展的科学",更加全面把握马克思主义关于社会发展中的两个尺度的思想。在这里,中国特色社会主义政治经济学分析方法立足于马克思分析方法的批判性,在不断调整生产关系以适应社会生产力发展的改革实践中获得了自身的建设性内涵。应该指出,当前我国社会主要矛盾的变化,是在追求社会模式绩效的价值评判标准上,竭力避免导致以环境污染、资源耗费、忽视公平,即以牺牲相当一部分劳动者利益为代价的"李嘉图推进"。而是更加注重生产力发展与实现社会公平与正义、效率与公平之间的对立统一的辩证关系,更加注重追求经济效益、政治效益、文化效益、生态效益和社会效益的辩证统一,以满足人民日益增长的美好生活需要。

(二) 促进区域协调发展

区域分工是由自然差异、社会生产力进步、区域利益博弈、宏观经济划分等因素综合而成。马克思指出:"把特殊生产部门固定在一个国家的特殊地区的地域分工,由于利用各种特点的工场手工业生产的出现,获得了新的推动力。在工场手工业时期,世界市场的扩大和殖民制度(二者属于工场手工业时期的一般存在条件),为社会内部的分工提供了丰富的材料"①。

马克思和恩格斯对区域经济的研究主要集中在"生产力布局(生产地域分工)"和"城乡关系"方面。他们在研究生产力与生产关系地域化的历史发展规律时提出了生产地域分工思想。马克思和恩格斯在考察资本主义生产的基础上,对如何实现社会主义社会生产力平衡与协调发展,提出了许多生产力布局的思想。

列宁在《俄国资本主义的发展》中对国内生产地域分工的形成、特点、发展和意义做了详尽论述。列宁总结区域分工的特征是"各地区专门生产某种产品,有

---

① 马克思:《资本论》第1卷,人民出版社2004年版,第409—411页。

时是某一类产品,甚至是产品的某一部分,它与一般的部门分工有着直接的联系"。①通过对俄、英、美等资本主义国家发展的分析,列宁指出"经济和政治发展的不平衡是资本主义的绝对规律"。在《俄国资本主义的发展》等著作中强调社会主义国家生产力应平均布局,进而促使社会主义经济"普遍高涨"。

区域经济发展协调在实践中主要取决于区域政策的协调化发展,这是区域一体化的重要手段。适合区域经济的政策可以优化改进区域的效用水平,破除区域要素流动障碍,帮助区域形成自身强大的内生经济增长力。不适合的区域政策可能导致社会资源的流失浪费,掣肘区域整体实力和社会发展水平的提升。

围绕改革开放以来中国经济增长的模式,海外出现"斯密型增长"和"熊彼特型增长"两种观点。我国经济学界则将经济增长分为三种类型:一是"斯密型"增长,特征是"斯密动力",即分工和市场规模的深化与扩大,是总产出与人均产出增长的推动力量;二是"熊彼特型"增长,即总产出与人均产出增长是技术和制度创新与扩散的产物;三是"粗放式"增长,意即只注重产出总量增加而不甚关心人均拥有量提高的增长②。但由于我国经济增长效率存在显著的区域差异,且不存在某种占据主导地位的模式。因此,不能笼统地断定我国经济增长模式属于"斯密型"还是"熊彼特型"。而要实现经济增长方式的转变,必须分区域实施针对性战略,同时强化市场制度建设以提高全国市场的统一程度。

改革开放以来,我们走出了一条从区域非均衡发展到非均衡协调发展,再到区域协调发展的道路,这是适合我国实际的一条中国特色的区域发展之路,也是对马克思平衡协调发展理论的现代解读与实践探索。马克思主义关于协调发展的辩证性论断,则进一步丰富了现代协调发展思想。"一带一路"不仅是对新中国成立以来的区域均衡、协调发展观的全新释义,更是在开放态势下发挥区域优势,整合国内国际资源,运用市场规则,统筹区域合作的全局推进,以打造政治互信、经济融合、文化包容的利益共同体、命运共同体和责任共同体为目标的区域经济合作将开创国际经济合作新模式。

---

① 列宁:《俄国资本主义的发展》,人民出版社 1986 年版,第 389—390 页。

② 张宇燕、高程:《海外白银初始制度条件与东方世界的停滞:关于中国何以错过经济起飞历史机遇的猜想》,载华民、韦森、张宇燕、文贯中等:《制度变迁与长期经济发展》,复旦大学出版社 2006 年版。

（三）进一步加强开放

列宁首创了社会主义国家对外开放的理论,他在吸收马克思、恩格斯"世界历史"理论后,发展实践了对外开放理论。列宁关于经济文化落后国家通过对外开放利用资本主义建设社会主义的战略思想,不仅为经济文化相对落后的国家建设社会主义提供实践和理论上的指导,而且对我国的对外开放事业有着深刻的启示。列宁指出,要实现社会主义,就必须"对资本主义的西方在经济上要千方百计地加以利用"①。在列宁看来,社会主义虽然否定剥削制度,但是他的产生需要以资本主义为前提才能够发展,"不利于资本主义的遗产,就不能把社会主义建立起来。必须利用资本主义为反对我们而创造的一切文化珍品……只有这样才能建立社会主义。"②

"二战"后,西方资本主义国家经济文化的发展为我们提供了学习借鉴的内容。邓小平认为,中国历史上落后,就是因为闭关自守,他指出"中国的发展离不开世界"。在新的历史条件下,邓小平关于改革开放的思想也给列宁的对外开放理论注入了新内涵。邓小平指出:"一切有利于发展社会生产力的方法,包括利用外资和引进先进技术,我们都采用。""现在的世界是开放的世界","关起门来搞建设是不行的,发展不起来"③。

当前,我国进入全面建成小康社会决胜阶段,十九大报告明确提出推动形成全面开放新格局。如何推动形成全面开放新格局,首先要解决的就是列宁在研究俄国资本主义发展的过程中,逐步认识到问题的重要性的第一点:应该把国内市场与国外市场联系起来考察。

开拓国内外市场是商品经济大发展的内在要求。列宁敏锐地把握了"一战"后的国际国内形势,把科学社会主义理论与苏维埃俄国的基本国情和人民群众的实践创造相结合,调整和制定了符合俄国先进生产力发展要求的政策措施,在此基础上进行创造性的理论提升,推进了科学社会主义俄国化。列宁晚期对科学社会主义俄国化的探索是,列宁领导苏俄从战时共产主义转向新粮食政策,再到新工业政策,最后扩大到整个新经济政策。在此过程中,新经济政策的历史定

---

① 《列宁全集》第 41 卷,人民出版社 1985 年版,第 185 页。
② 《列宁全集》第 35 卷,人民出版社 1985 年版,第 416 页。
③ 《邓小平文选》第 3 卷,人民出版社 1993 年版,第 130 页,第 64 页。

位发生变化,完成了从新经济政策措施到新经济政策战略,再到新经济政策体制的逐级跃升,而这个体制就是市场体制。市场关系被认为是列宁晚期将科学社会主义俄国化的伟大发现。

十一届三中全会后,邓小平向全世界宣布中国的对外开放政策,指明对外开放战略是长远大计,是我国的一项长期的基本国策。1984 年中共中央作出"关于经济体制改革的决定",强调"我们一定要充分利用国内和国外两种资源,开拓国内和国外两个市场,学会组织国内建设和发展对外经济关系两套本领。"这是新的历史时期、新的宏伟任务向全党全国人民提出的新的时代要求。党的十九大报告提出"坚持推动构建人类命运共同体","实现中国梦离不开和平的国际环境和稳定的国际秩序。必须统筹国内国际两个大局"。新中国成立以来,党中央在治国理政的方略上,都是基于"两个大局",利用"两个大局",紧紧抓住战略机遇,积极创造条件,稳步而坚定地融入国际社会,逐步形成了中国特色社会主义政治经济学的新理念新思想新论断。改革开放的伟大实践与中国社会主义经济发展前所未有的成就,也支持着中国特色社会主义政治经济学不断深入探索的理论自信。在当前的形势下,唯有更好地统筹国内国际两个大局,才能全面理解和把握党中央治国理政新理念新思想新战略。

(作者为上海社会科学院世界中国学研究所研究员)

新中国七十年中国共产党的城市理论思想研究

王晓静　周　枣　刘士林

对以"农村包围城市"取得革命胜利的中国共产党,如何管理好城市、推进中国的城市化进程,是一个十分重大又缺乏系统研究的问题。特别是1949年以后,在中国共产党的领导下,新中国的城市化既有足够多的教训与曲折,同时也在改革开放以后取得了举世瞩目的成就,基本上实现了从"乡土中国"向"城市中国"的现代转型,并在人类城市发展进程中探索出一条在共产党直接领导下、有中国特色的城市化道路。当前,我国正迅速卷入全球性的以大都市和城市群为中心的都市化进程(Metropolitanization Advance),这是一个比传统的城市化进程层次更加复杂、矛盾更加集中的历史进程。在这一历史背景下,总结我党在城市政策、城市规划、城市管理、城市经济、城市社会、城市文化等方面的经验与思考,不仅有助于反映与展示中国共产党在城市化进程中的智慧与创造,对中国当下的城市化进程也是一种重要的理论总结和实践财富。

一、 新中国成立 30 年来中央关于中国城市化理论与政策研究

从城市传统而言,中国古代城市主要可分为以都城为代表的政治型城市和以江南城市为代表的经济型城市,其中前者在历史上一直占据着主流地位。近代以来,尽管受西方资本主义发展潮流的挟裹与冲击,以现代工商业为主要职能的中国经济型城市有所发展,但由于从鸦片战争到解放战争持续不断的战火,特别是新中国成立后东西方的军事对峙与意识形态冷战以及后来的中苏关系恶化,使政治需要在很长时间内仍是新中国建设的头等大事。在各种强大的政治需要支配下,以新中国成立初期变"消费型城市"为"生产型城市"以及很快出台的"户籍管理制度"和"计划经济体制"为象征,新中国城市在近代积累下来的经济功能出现了一定程度的萎缩,表现为从"经济型城市"向"政治型城市"的历史退步。

农民是城市化进程的主力军。"农民——这是中国工人的前身。将来还要有几千万农民进入城市,进入工厂。如果中国需要建设强大的民族工业,建设很多的近代的大城市,就要有一个变农村人口为城市人口的长过程。"①

初步意识到城市工商业管理与农村生产生活管理的差异,但在政治型城市化的总体背景下,一切均要服从国家政治利益和意识形态的根本需要。"在领导方针上。应当预先防止将农村中斗争地主富农、消灭封建势力的办法错误地应用于城市,将消灭地主富农的封建剥削和保护地主富农经营的工商业严格地加以区别,将发展生产、繁荣经济、公私兼顾、劳资两利的正确方针同片面的、狭隘的、实际上破坏工商业的、损害人民革命事业的所谓拥护工人福利的救济方针严格地加以区别。"②"大城市目前的中心问题是粮食和燃料问题,必须有计划地加以处理。"③

城市管理取代乡村管理是新中国成立后的首要工作,学习城市管理和建设成为党的工作重心。"从现在起,开始了由城市到乡村并由城市领导乡村的时期。党的工作重心由乡村移到了城市","党和军队的工作重心必须放在城市,必须用极大的努力去学会管理城市和建设城市。"④

新中国成立之初面临的最大问题是物质和经济的贫困,这在城市中表现得最为突出,成为当时国家领导人最关心的重大现实问题。

面对在战争中被严重破坏的城市经济和大量城市失业人口,周恩来提出对救济政策进行全国统一部署的策略与思想。"目前失业现象最为严重的上海、南京、武汉、重庆、广州五城市应即组织救济失业工人委员会和失业工人救济处,拟定救济计划和预算,报告本院批准实行。"⑤以制度和游戏规则制定解决城市面临的危机与难题,显示出中国共产党领导人高度的政治智慧和强硬的治理城市举措。

出于对城市发展重要性的充分认识,新中国领导人利用所掌握的国家机器,采取了多项措施以减少城市资源不足的压力。如 1962 年国家压缩城市人口以

① 《毛泽东选集》(第二版)第 3 卷,人民出版社 1991 年版,第 1077 页。
② 《毛泽东选集》(第二版)第 4 卷,人民出版社 1991 年版,第 1285—1286 页。
③ 同上书,第 1323—1325 页。
④ 同上书,第 1426—1427 页。
⑤ 《建国以来周恩来文稿》第 2 册,中央文献出版社 2008 年版,第 510—512 页。

保证粮食的供给,以及在全国实施统一的粮食等生活物资供应计划。①如果说,以人口管理为重点压抑了城市规模的扩张,那么在计划经济这一以政治需要为中心的资源配置方式中,则顺利实现了对固有城市资源的控制和管理,这两方面结合起来,尽管对新中国的城市化进程产生若干不利影响,并留下诸多的后遗症,但显而易见的是,正是通过运用政治手段有效地控制了城市人口的增长,才使得新中国成功地克服了来自内外的挑战和压力,并具有历史的合理性。

二、 改革开放至十八大期间中央关于中国城市化理论与政策研究

新中国成立以来确立的城市发展政策,直接影响了我国城市经济的发展。如解放前的上海曾集中了全国一半以上的工业,但在政治型城市化模式的影响下,这个工业中心城市开始了严重的退化,以至于在新时期开始的很长一段时间内,上海的经济状况依然积重难返,②城市生活本身也受到极大的影响。从 1978 年党的十一届三中全会开始,以社会主义市场经济模式的确立、城市经济的改革开放、城市商业与服务功能的全面复兴以及城市建制与城市人口的迅速扩张为代表,我国城市经济迅速发展,成为我们今天回顾和总结中国城市化历史进程和中国城市发展经验的又一重要理论资源。

解放政治型城市化观念对社会主义城市发展的束缚,充分肯定和鼓励经济效率在城市发展中的核心作用,奠定了经济型城市化模式。"我们建立特区,实行开放政策,有个指导思想要明确,就是不是收,而是放。这次我到深圳一看,给我的印象是一片兴旺发达景象。深圳的建设速度相当快。其中蛇口更快,原因是给了他们一点权力,五百万美元以下的开支可以自己做主。他们的口号是'时间就是金钱,效率就是生命。'"③

---

① 《陈云文集》第 3 册,中央文献出版社 2005 年版,第 388—389 页。

② 熊月之、周武主编:《上海:一座现代化都市的编年史》,上海书店出版社 2007 年版,第 569—570 页。

③ 邓小平:《关于经济特区和增加对外开放城市问题》,载《建设有中国特色的社会主义》(增订本),人民出版社 1987 年版。

　　在城市发展类型规划上区分出特区城市、沿海开放城市等不同形态,以吸收外资或其他国际经济要素来促进国内城市经济发展。"除现在的特区之外,可以考虑在开放几个点,增加几个港口城市,如大连、青岛。这些地方不叫特区,但可以实行特区的某些政策。这样做,肯定是利多弊少。我们还要开发海南岛,如果能把海南岛的经济发展起来,那就是很大的胜利。"①②

　　初步注意到城市经济和城市文化的同步建设与发展问题,以深圳为例,"在深圳那里现在至少有两件事情可以搞,一个是建核电站,一个是吸引华侨投资办所大学。华侨在那里办大学,由他们聘请国外水平高的教授,从国外购买教学设备,这样可以给我们培养一批人才。"③

　　优化城市产业结构,转变城市经济增长方式。"从产业结构调整来说,上海和沿江各大城市要放手发展第三产业,调整提高第二产业,稳步发展第一产业。建设资金应该重点用于交通、能源、通信等基础设施和高新技术产业,努力改善投资环境,发展壮大主导产业和支柱产业,缓解交通、能源紧张的局面。"④

　　洞悉世界城市发展的都市化进程,确立了以上海为龙头的长三角城市群发展战略。强调"长江三角洲和沿江地区的开发,要作为一个整体统筹规划,联合协作。"⑤

　　对经济型城市化中的城市病已提出警示和批评。"在城市化过程中要防止产生'城市病',这是一个大问题。"⑥

　　在城市发展中特别重视城市就业。"西方国家的失业问题是在已经完成城市化的情况下发生的,主要受经济衰退和产业升级的影响。而我国城市化程度还不高,随着经济的发展和城镇化的推进,农村劳动力向非农转移的数量会越来越大。在城市下岗失业人员问题相当严重的情况下,大量农村富余劳动力进城务工,必然会使就业工作难度加大。"⑦

　　走中国特色的城镇化道路。"推进城镇化的同时面对着实现经济增长、社会

---

　　① 邓小平:《关于经济特区和增加对外开放城市问题》,载《建设有中国特色的社会主义》(增订本),人民出版社 1987 年版。

　　②③ 邓小平:《建设有中国特色的社会主义》,载《邓小平文选》第 3 卷,人民出版社 1987 年版。

　　④⑤ 《江泽民文选》第 1 卷,人民出版社 2006 年版,第 206—209 页。

　　⑥ 《江泽民文选》第 3 卷,人民出版社 2006 年版,第 408—409 页。

　　⑦ 同上书,第 506 页。

发展和解决人口众多、资源紧缺、环境脆弱、地区差异大等许多问题和矛盾。这就决定了我们必须贯彻落实科学发展观,坚持走中国特色的城镇化道路。"①党的十七大报告中提出推进城镇化进程的"十六字"方针,其原则是"统筹规划,合理布局,完善功能,以大带小",其中深刻地蕴含了要在城镇化建设中统筹好城与乡的发展、统筹好城市发展与城市问题以及注意在发展过程中统筹好公平与效率之间的关系等科学发展观。

城市群作为推进城镇化的主体形态。"提高城镇化水平,增强大城市以及城市群的整体实力,可以更好地配置各种资源和生产要素,进一步发挥城市对经济社会发展的重要推动作用。"②后来,在"十一五"规划中正式把城市群作为推进城镇化的主体形态,对我国城市建设提出了创新性提议,充实了我国城镇化建设思想的内涵,此后,以大城市为中心的城市群成为区域经济发展的领头羊,为推进我国城镇化建设发挥了巨大作用。

把生态文明的理念不断纳入城市建设中。"要基本形成节约能源资源和保护生态环境的产业结构、增长方式、消费模式。"③"城市建设是一个系统工程,必须统筹安排,兼顾经济建设和社会发展,以及人口、资源、环境各个方面,实现可持续发展。"④

建设社会主义文化强国是对文化型城市化模式的探索。"文化是民族的血脉,是人民的精神家园。"⑤"我们必须高度重视经济中的文化因素。在现代经济中,文化因素越来越重要,经济与文化越来越融为一体。"⑥"在城市现代化建设中,必须高度重视和切实保护好自然遗产和文化遗产。……各城市都应根据自己的地理环境、历史文化和民族风情等,明确发展方向和特色定位。"⑦

①② 《坚持走中国特色的城镇化道路,推动我国城镇化健康有序发展》,《人民日报》2005年10月1日。

③ 胡锦涛:《高举中国特色社会主义事业伟大旗帜,为夺取全面建设小康新社会而奋斗》,人民出版社2007年版。

④ 温家宝:《关于城市规划建设管理的几个问题》,载人民网,2001年7月25日。

⑤ 《坚定不移沿着中国特色社会主义道路前进　为全面建成小康社会而奋斗》,《人民日报》2012年11月9日。

⑥ 温家宝:《关于发展社会事业和改善民生的几个问题》,《求是》2010年4月1日。

⑦ 温家宝:《关于城市规划建设管理的几个问题》,载人民网,2001年7月25日。

中国城市在改革开放后的高速与持续发展，不仅极大推动了中国传统农业社会向其现代形态的结构转型与本体创新，同时也为中国、亚洲与世界的可持续与更高水平的发展作出了巨大而不可替代的贡献。但是还要看到，以发展工业经济为主题的经济型城市化模式，不仅从一开始就存在，而且在当下正暴露出越来越严重的问题。首先，经济型城市化是一种建立在对能源、资料恶性损耗基础上的畸形经济结构和粗放型经济增长方式。而在未来的经济增长中，中国有限的资源与环境已不可能再支持这样消耗巨大的经济增长。

三、 全面深化改革以来中央关于中国城市化理论与政策研究

1. 全面深化改革的关键是城市全面深化改革

1978 年，党的十一届三中全会终结了"以阶级斗争为纲"，实现了全党工作重心向经济建设的转移。2013 年，党的十八届三中全会研究部署全面深化改革重大问题，提出经济体制、政治体制、文化体制、社会体制、生态文明体制五大改革任务。对于中华民族的现代化进程而言，两个"三中全会"无疑都具有划时代的重大历史意义，不同的只是改革的环境、主体和任务。1978 年，我国城市化率仅为 17.92%，当时的中国还是一个"乡土中国"，所以党的十一届三中全会的重点是"尽快把农业搞上去"。2013 年，我国城市化率已达到 53.73%，"乡土中国"已变为"城市中国"，城市成为落实深化改革的"主体"和"主战场"。为此 2015 年中央城市工作会议明确提出"城市是我国经济、政治、文化、社会等方面活动的中心，在党和国家工作全局中具有举足轻重的地位。"城市既是全面深化改革的"主体"，也是全面深化改革的"对象"，全面深化改革的关键就是城市全面深化改革，城市全面深化改革的质量和成败决定着国家全面深化改革的质量和成败。

2. 国家治理和发展新理念扭转城市发展总体战略思路

新中国的城市化进程，大体上走过了两个阶段，即新中国成立以后的 30 年以政治型城市化为主导的发展模式和改革开放以后以经济型城市化为主导的发展模式。平心而论，这两种模式各有各的历史合理性，同时也有各自的局限性。政治型城市化成就了社会主义新中国，这是后来一切事业和奋斗的基础和母体。但其问题在于"政治"压抑了"经济"，导致了城市人口减少、生产凋敝、城乡分化

加剧、人民物质和精神生活普遍窘迫与贫困。经济型城市化最大的"得"是我国GDP总量跃升世界第二,极大地提升了综合国力和城市竞争力。但最大的"失"是愈演愈烈的环境资源问题和社会人文问题,前者严重威胁到城市可持续发展"物质条件",后者严重威胁到城市健康发展的"主体条件"。

这些长期累积、错综复杂的问题和矛盾,不可能以"头痛医头脚痛医脚"的方式解决。党的十八大以来,以习近平同志为核心的党中央在治国理政新实践中,深刻把握住影响中国城市发展的主要矛盾和关键问题,并以建构国家治理和发展新理念的方式寻求我国城市问题的根本解决之道。首先,以理顺和协调"政府"和"市场"关系为核心,解决政治型城市化的后遗症。2013年中央城镇化工作会议指出,推进城镇化要注意处理好市场和政府的关系,并确立了"既坚持使市场在资源配置中起决定性作用,又更好发挥政府在创造制度环境、编制发展规划、建设基础设施、提供公共服务、加强社会治理等方面的职能"的大政方针。其次,以生态文明建设和文化强国建设为抓手,全面应对经济型城市化造成的各种顽疾和并发症。党的十八届三中全会提出加快建立系统完整的生态文明制度体系。2015年5月,中共中央、国务院发布《关于加快推进生态文明建设的意见》,首次提出"绿色化"概念,并将其与新型工业化、城镇化、信息化、农业现代化并列。在文化建设上,习近平总书记近年来相继主持召开文艺工作、社会科学工作等多个座谈会,极大地推进了我国文化领域在全面深化改革中形成共识、统一思想和协调发展。再次,2015年党的十八届五中全会提出"创新、协调、绿色、开放、共享"五大发展理念,同年召开的中央城市工作会议明确提出在我国城市工作中贯彻五大发展理念,走出一条中国特色城市发展道路。五大发展理念是改革开放以来我国发展观念和发展方式的系统集成与理论自觉,为城市全面深化改革、实现健康发展提供了总体战略思路和科学评价标准。

3. 以重建干部政绩考核标准引领城市发展方式转换

改革开放以来,在全党工作重心转向经济建设的大背景下,我国城市迅速走上了一条经济型城市化发展道路。"以GDP论英雄"成为考察干部工作政绩及评价城市竞争力的主要标准,并在激烈的市场竞争中走向极端,由此造成了越来越严重的负面影响,既导致各级干部把单纯的经济目标作为唯一追求,忽略了经济、社会、文化、生态的协调发展,同时又使得在改革开放中逐渐淡出的政治型城市化卷土重来,相关城市管理部门和各级领导干部不愿意放权,甚至出现"该管的不管,不该管的乱管"。因此,建立科学的符合我国城市规律的干部政绩考核体系,以此为"指挥棒"引领城市管理者改变思维方式和政绩观,进而推动粗放型城市发展方式的转型,实际上已成为全面深化改革的必由之路。

党的十八大以来,以习近平同志为核心的党中央在治国理政新实践中,透过城市管理的复杂表象,洞悉其错综复杂的内在机制,旗帜鲜明地提出"不以 GDP 论英雄"。党的十八届三中全会明确要"纠正单纯以经济增长速度评定政绩的偏向"。2013 年底,中组部印发《关于改进地方党政领导班子和领导干部政绩考核工作的通知》,规定各类考核考察不能仅把地区生产总值及增长率作为政绩评价的主要指标,同时明确要求加大资源消耗、环境保护等指标的权重。把政绩考核从单一的经济指标拓展到环境、民生、文化等方面,对于纠正一个时期以来以"惟GDP 化""房地产化"和"政绩工程化"为代表的城市粗放发展方式起到重要作用。

4. 以"知行合一"的弘毅精神力推中国城市全面深化改革

中国古代向来有"知易行难"之论,西方也有"理论上的巨人,行动上的矮子"的说法。可知比"知"更重要的是"行",比"理论"更重要的是"实践"。历史上的任何伟大事业,从一开始都会面临三个问题:一是时间问题,它的本质是"来不来得及做"或"有没有时间去完成某件事";二是空间问题,它的本质是"有没有条件和资源做"或"具备不具备做某件事的历史条件或社会土壤";三是人的问题。这个问题的本质是"有没有合适的人去做"或"这样一群人能否完成历史赋予他们的艰巨任务"。历史经验告诉我们,无论现实条件怎样的贫瘠和恶劣,只要有一大批不辱使命的"主体",就可以创造任何奇迹。因此要彻底解决我国城市化各种久治不愈的顽疾,关键是要有一大批能够承担使命、无往不胜的人,因此,党的十八大以来,以习近平同志为核心的党中央在提出五大建设目标之后,又特别提出了第六个建设目标——党的建设。

围绕人这个核心中的核心,以习近平同志为核心的党中央从严治党、从严整肃干部队伍,以扭转先锋队工作作风为抓手,迅速在整体上提升了我国城市建设者的战斗力。很多长期以来相互推诿扯皮的"老大难"问题出现转机或被彻底解决。如京津冀的一体化进程。在过去,落后地区有热情但没有能力,而发达地区有能力却没有热情。但 2014 年以来情况正在发生"质"的变化。如天津自贸试验区的京津冀海关区域通关一体化、检验检疫通关业务一体化改革等。再如城市规划问题。在过去,各部门为了各自的利益,一直是"自说自话""互不买账",重复规划和各种规划相互打架的情况十分普遍,对很多城市已造成无法挽回的破坏与损失。2014 年 2 月,习近平同志在北京考察工作时强调:"规划科学是最大的效益,规划失误是最大的浪费,规划折腾是最大的忌讳。"在 2015 年的中央城市工作会议提出促进"多规合一"后,不仅各部门纷纷响应,同时相关的试点工作已迅速展开。

5. 以"人"为核心是新型城镇化理念的关键

新型城镇化发展理念始终贯彻以"人"为核心的基本思路,习近平同志多次指出"城镇化不仅仅是物的城镇化,更重要的是人的城镇化,城镇的发展终究要依靠人、为了人,以人为核心才是城市建设与发展的本质"。[1]并指出"推进人的城镇化重要的环节在户籍制度",[2]要保证未落户的城镇常住人口平等享受基本公共服务。早在党的十八大报告中就明确指出"加快改革户籍制度,有序推进农业转移人口市民化,努力实现城镇基本公共服务常住人口全覆盖",在 2019 年 3 月 31 日国家发展改革委印发的《2019 年新型城镇化建设重点任务》中,再次提出要"坚持新发展理念、坚持推进高质量发展,加快实施以促进人的城镇化为核心,提高质量为导向的新型城镇化战略"。

推进以"人"为核心的新型城镇化建设,习近平同志认为要"更加注重提高户籍人口城镇化率,更加注重城乡基本公共服务均等化,更加注重环境宜居和历史文脉传承,更加注重提升人民群众的获得感和幸福感",[3]"城镇化不是土地城镇化,而是人口的城镇化",始终坚持以"人"为核心,关注民生,是新型城镇化建设的基本准则,也是最终目的所在。

---

① 《习近平:以人的城镇化为核心》,《学习中国》2016 年 2 月 28 日。

② 《习近平论城镇化工作:倡导"四个注重",坚持以人为核心》,载人民网—中国共产党新闻网,2016 年 2 月 26 日。

③ 《习近平对深入推进新型城镇化建设做出重要指示》,新华社,2016 年 2 月 23 日。

四、党的十九大：开启从城镇化到城市现代化的新征程

党的十九大报告中与城镇化直接或间接相关的内容透露出新型城镇化战略在新时代的重要信息和信号。

1. 党的十九大报告中"新型城镇化"的地位

首先，在党的十九大报告中并不是没有提到城镇化或新型城镇化，在"新时代中国特色社会主义思想和基本方略"的"坚持新发展理念"中，清楚地写道："推动新型工业化、信息化、城镇化、农业现代化同步发展，主动参与和推动经济全球化进程，发展更高层次的开放型经济，不断壮大我国经济实力和综合国力"。这里的"城镇化"，完全可以理解为"新型城镇化"，因为和新型工业化、信息化、农业现代化同步发展的，不可能是过去以大拆大建、房地产开发、GDP 主导为基本特征的旧城镇化。

其次，党的十九大报告"实施区域协调发展战略"中写道："以城市群为主体构建大中小城市和小城镇协调发展的城镇格局，加快农业转移人口市民化。以疏解北京非首都功能为'牛鼻子'推动京津冀协同发展，高起点规划、高标准建设雄安新区。以共抓大保护、不搞大开发为导向推动长江经济带发展。"这里的"以城市群为主体""疏解北京非首都功能""高起点规划、高标准建设""共抓大保护、不搞大开发"等，集中了 2014 年《国家新型城镇化规划》、2015 年中央城市工作会议、2015 年《京津冀协同发展规划纲要》、2016 年《长江经济带发展规划纲要》、2017 年中央关于雄安新区的相关文件的精髓，既显示出党的十八大以来区域与城市发展政策的延续性和稳定性，同时也都是未来五年我国新型城镇化的重大战略举措。2019 年李克强总理在作政府工作报告时，再次强调"促进区域协调发展，提高新型城镇化质量。围绕解决发展不平衡不充分问题，改革完善相关机制和政策，推动区域优势互补，城乡融合发展"。①

再次，新型城镇化在本质上是"一条中国特色城市发展道路"。《国家新型城镇化规划》明确提出"把城市群作为主体形态"，也是经历了长期的探索才得

---

① 《李克强说，促进区域协调发展，提高新型城镇化质量》，载新华网，2019 年 3 月 5 日。

出的科学判断和道路自觉。中国城市化应该走什么道路,改革开放以来一直有两种声音:一是走小城市发展道路,以夏书章的超微型城市论和费孝通的微小城市论为理论代表,以1989年国务院制定的"严格控制大城市规模,合理发展中等城市,积极发展小城市"(俗称"三句话方针")为大政方针。二是走大都市发展道路,在理论上以2002年"大上海国际都市圈"研究报告首次提出走"以大城市为主的城市化发展道路"为代表,在现实中以2004年全国183个城市提出建设"国际化大都市"为象征。但实践证明,它们各有偏颇。前者看不到大都市的带动和辐射作用,基本上属于"穷过渡"城市化思维。后者加剧了城市之间的"同质竞争",造成区域内资源、资金和人才的巨大浪费和低效配置。因此,从2005年国家"十一五"规划首次提出"把城市群作为推进城镇化的主体形态"开始,到2014年《国家新型城镇化规划》明确"把城市群作为主体形态",到党的十八大报告提出"科学规划城市群规模和布局",我国新型城镇化的发展模式尘埃落定,以城市群为主体形态的新型城镇化道路,体现了时代的必要趋势和根本要求。

2. 乡村振兴战略与"城市"的关系

党的十九大报告"五、贯彻新发展理念,建设现代化经济体系"提出"实施乡村振兴战略",有人以为这体现了党的十九大对乡村建设的高度重视,和城市没有什么关系,甚至由此导致了未来会"重农村轻城市"的猜测和误判。

首先,有什么样的现实,就有什么样的观念。中国城乡长期二元对立的现实,造就了把城市和乡村对立起来的思维方式和价值态度。在理论上的典型表现是,把城市研究和农村研究、城市规划和农村规划、城市建设和农村建设截然分开。其实,农村研究本就是城市化研究的四大对象之一。如果我们能破除这种思想观念上的"城乡对立",就不会觉得"实施乡村振兴战略"和城市建设发展了无干系了。

其次,今天的城市和乡村,比历史上任何时期都难以分开了。乡村振兴战略不只是给农村承包制等"吃了定心丸",同时也为城市带动乡村发展、城乡一体化指出了新方向。在中央和国家的一系列政策文件中,从来都没有把城市和乡村发展分开过。在党的十九大报告中,不仅"城乡区域发展和收入分配差距依然较大"被作为民生领域的"短板"之一,"实施乡村振兴战略"更是明确提出"建立健全城乡融合发展体制机制和政策体系"。从历史上看,城市和乡村有两种关系,一是旧城市化中"城市征服、剥夺、虹吸农村"的对立关系,二是在城市群语境中大中小城市协调、城乡共生发展关系。如果我们今天还从城乡二元对立的角度去理解"乡村振兴战略",不仅在观念上是偏颇的,在实践中也是有害的。

3. 智慧城市建设是创新型国家建设的重要途径

2014 年,国家发展改革委等八部委联合印发了《关于促进智慧城市健康发展的指导意见》,国家"十三五"规划纲要明确提出"建设一批新型示范性智慧城市",党的十九大报告再次提出要"建设创新型国家",建设"网络强国""数字强国""智慧社会"等,建设智慧城市已经成为新型城镇化建设的重要任务之一。

习近平同志多次强调建设智慧城市的重要性,提出要发挥"数据的基础资源作用和创新引擎作用,加快形成以创新为主要引领和支撑的数字经济","要以推行电子政务、建设智慧城市为抓手",用"大数据提升国家治理的现代化水平"。①推进我国智慧城市建设,要加强国际合作,借鉴国外优秀经验,李克强总理在2015 年中欧城镇化伙伴关系论坛上,强调要深化中欧智慧城市合作,"中欧双方要利用好现有的物质、信息和治理资源,加强智慧城市规划设计、核心技术研发、标准应用推广等方面的交流借鉴,促进城市管理信心化、基础设施智能化、公共服务便捷化、社会治理精细化"。②

4. 党的十九大报告指出的城市发展主题

十九大报告中的城市发展主题需要结合十九大的总体战略部署去找寻。温饱、小康和现代化,是改革开放总设计师邓小平为中国现代化规划的三大战略目标。在党的十八大报告明确提出到 2020 年全面建成小康社会之后,现代化的目标已遥遥在望,同时在苏南、珠三角等发达地区,已开始探讨区域现代化的框架与标准。在这些基础上,党的十九大报告提出:"从十九大到二十大,是'两个一百年'奋斗目标的历史交汇期。我们既要全面建成小康社会、实现第一个百年奋斗目标,又要乘势而上开启全面建设社会主义现代化国家新征程,向第二个百年奋斗目标进军。"十九大报告将这个新征程划分为两个阶段,"第一个阶段,从二〇二〇年到二〇三五年,在全面建成小康社会的基础上,再奋斗十五年,基本实

---

① 《习近平:实施国家大数据战略加快建设数字中国》,载新华网,2017 年 12 月 9 日。
② 《李克强:中国城镇化要解决好"三个 1 亿人"问题》,《京华时报》2015 年 7 月 1 日。

现社会主义现代化。第二个阶段,从二〇三五年到本世纪中叶,在基本实现现代化的基础上,再奋斗十五年,把我国建成富强民主文明和谐美丽的社会主义现代化强国。"

现代化在本质上是指以经济现代化为主导生产方式、以政治现代化为国家主体构架、以文化现代化为精神文明形态、以社会现代化为主流生活方式、以环境现代化为可持续发展目标,以人的现代化和全面发展为战略重心的人类历史和文明进程。当今世界是城市世界,城市在"决胜全面建成小康社会,开启全面建设社会主义现代化国家新征程"中承担着中流砥柱的作用。这就使得"现代化"和"城镇化"的关系更为紧密,简单说来,"现代化"是"城镇化"的内在机制与内容,"城镇化"是"现代化"的空间载体和形式,两者在很大程度上相互叠合、同步发展。这是因为,现代化意味着传统农业文明向现代工业文明的转型,其最突出的特点是以基于现代科学技术的工业生产方式为基本手段,深刻改变了人类传统的空间环境、社会形态和生活方式,使城市成为人类生产生活的核心和主流。因此可以得出未来的城市化,必将是在中国特色社会主义新时代背景下开启的城市现代化的新征程。从城市化到城市现代化,从城市基础设施现代化到城市功能的现代化,是我国新型城镇化最需要研究和关注的"国之大事"。

(第一作者为上海交通大学城市科学研究院院长助理、城市战略规划部主任、媒体与传播学院助理研究员,第二作者为上海交通大学媒体与传播学院博士研究生,第三作者为上海交通大学城市科学研究院院长、首席专家,媒体与传播学院教授、博导)

中国文化对外传播的话语构建

许正林　曾庆江

20 世纪 90 年代以来,中国经济持续高速发展,"中国道路"成为西方热议的话题。21 世纪以来,世界经济面临着更加复杂的局面,复苏乏力,但是中国经济依然是持续向好。因此,国内外都有人惊呼,21 世纪是中国的世纪。同时,随着中国经济文化的发展,实现中华民族伟大复兴的"中国梦"成为国内外华人的共识。要真正实现中华民族伟大复兴,中国经济发展进而带动世界经济复苏是一个重要因素,此外,中国文化的加强对外传播,积极参与人类命运共同体构建显得尤为重要。只有真正做好中国文化的对外传播,让中国话语走向世界话语,从而使中国文化真正意义上成为世界文化不可或缺的重要组成部分,才是真正地实现中华民族的伟大复兴。

一、 背景：从经济强国到文化强国

随着经济发展和综合国力的提升,中国在 2010 年超越日本成为世界第二大经济体,经济结构不断优化,从经济大国走向了经济强国,国际政治地位也得以不断提高,逐步走向世界中央舞台。但是,与之相应的是,文化竞争实力与日益增强的综合国力、经济实力很不相称,中国文化在全球交往中仍未占据主流文化的地位,中国国际话语体系尚未能建构起来,中国优秀传统文化虽然源远流长,但是当前中国距离文化强国仍有不小距离。从经济强国走向文化强国,这是中国未来努力的重要方向。

2013 年 8 月 19 日,习近平总书记在全国宣传思想工作会议上强调,"要精心做好对外宣传工作,创新对外宣传方式,加强话语体系建设,着力打造融通中外的新概念新范畴新表述,讲好中国故事,传播好中国声音。"①这是我国第一次以

---

① 习近平:《把宣传工作做得更好》,《习近平谈治国理政》,外文出版社 2014 年版,第 156 页。

官方视角提出"加强话语体系建设",并在此基础上将"讲好中国故事,传播好中国声音"作为对外传播的目标与策略。"加强话语体系建设"成为文化强国的重要内容和衡量标准。

2013 年 11 月 12 日,党的十八届三中全会通过了《中共中央关于全面深化改革若干重大问题的决定》,这是新的历史时期中国未来发展的纲领性文件。《决定》中提出,要提高中国文化对外开放水平,加强国际传播能力和对外话语体系建设。一个多月后,中共中央政治局就提高国家文化软实力研究举行第十二次集体学习,习近平总书记在主持学习时强调,"提高国家文化软实力,要努力夯实国家文化软实力的根基,要努力传播当代中国价值观念,要努力展示中华文化独特魅力,要努力提高国际话语权。"①可见,增强国际传播能力,完成对外话语体系构建,进而提高国际话语权成为国家今后一段时间内的重要任务。

2016 年 5 月 17 日,习近平总书记主持召开哲学社会科学工作座谈会并发表重要讲话,在道路自信、理论自信和制度自信的基础上,深刻阐述"文化自信",并且首次用"三个更"形容文化自信:"坚定中国特色社会主义道路自信、理论自信、制度自信,说到底是要坚定文化自信,文化自信是更基本、更深沉、更持久的力量。"②这充分说明文化自信在国家、民族的发展道路上具有十分重要的意义,是比道路自信、理论自信和制度自信更高的一种力量,是构建中国话题体系、建立国际话语权的基础保证。

2017 年 1 月,习近平主席在瑞士达沃斯世界经济论坛年会开幕式上发表题为"共担时代责任,共促全球发展"的主旨演讲。③同月,习近平主席在联合国日内瓦总部的演讲中提出了"共同构建人类命运共同体"的理念。④党的十九大报告明确强调:"中国将继续发挥负责任大国作用,积极参与全球治理体系改革和

---

① 习近平:《提高国家文化软实力》,《习近平谈治国理政》,外文出版社 2014 年版,第 162 页。

② 习近平:《加快构建中国特色哲学社会科学》,《习近平谈治国理政》第 2 卷,外文出版社 2017 年版,第 339 页。

③ 习近平:《共担时代责任,共促全球发展》,《习近平谈治国理政》第 2 卷,外文出版社 2017 年版,第 476—487 页。

④ 习近平:《共同构建人类命运共同体》,《习近平谈治国理政》第 2 卷,外文出版社 2017 年版,第 537—549 页。

建设,不断贡献中国智慧和力量。"①

到目前为止,我国已经向世界提出了一系列话语理念,比如"一带一路"倡议,"人类命运共同体"理念,"共商共建共享"原则,"中国特色全球治理","合作共赢","新型国际关系"等,这些成为习近平新时代中国特色社会主义思想的重要组成部分,也是中国政府立足于中国传统文化价值,为世界和谐发展奉献的"中国智慧"和"中国力量"。但是,"中国智慧"被世界接纳、"中国力量"被世界认可、中国话语建构起完备的体系,不光需要时间,更需要我们在对外传播中体现相应的技巧。

为应对当前大国竞争与全球治理挑战,以及西方国家时而歪曲事实指责的严峻现实,拥有中国自身关于中国国际责任的话语权,显得尤为重要。我国应当在理论上完善人类命运共同体理念下的国际责任话语体系,全面梳理中国国际责任观念的建构过程及其演变轨迹,在实践上全力推进"一带一路"倡议,在政策上构建与当前形势发展相匹配的国际责任话语体系,形成有别于西方路径的新型中国国际责任战略,从而更为有效地提升中国全球治理的话语能力、实践能力、领导能力和舆论影响力,真正意义上提升中国的国际地位,建构国际话语权。

二、 历史:从集体失语到建构话语

20 世纪之前的一百多年里,西方列强不断向东方扩张,但清政府依然沉浸在"天下体系"的传统思维中,采用闭关锁国政策,军事经济落后,国家穷困,民生凋敝。曾经领先于世界的中国已经大大落后于西方,甚至被西方讥讽为"东亚病夫",国际地位低下,在西方船坚炮利的侵袭下不堪一击。这使得 20 世纪是西方发达国家的话语世纪。

进入 20 世纪,国门大开,"西学东渐",西方推崇的价值观诸如"自由""平等""民主"等诸多现代概念如潮水般被睁眼看世界的知识分子先后引入中国,并成为重要的思想启蒙。整个 20 世纪,中国人民一方面在民族独立、人民解放、

---

① 习近平:《决胜全面建成小康社会　夺取新时代中国特色社会主义伟大胜利——在中国共产党第十九次全国代表大会上的报告》,人民出版社 2017 年版。

国家现代化等方面进行了艰苦卓绝的斗争,另一方面又在不断探索融入世界文化之林的民族文化价值取向,从而凸显当代中国的文化内涵。

从 19 世纪中期到 20 世纪上半叶,中华民族一直在忙于解决自立问题。从洋务运动到戊戌维新,从辛亥革命到"五四"运动,从红军长征到十四年抗战等,无不表现出近代以来在民族危亡、国家危难之际,中华民族"坚忍不拔、自强不息、勇往直前"和"自力更生、艰苦奋斗"的品格,以及寻求国家民族独立、人民自由解放所做的种种努力。

经过艰难探索,到 20 世纪 90 年代,中国开始全面接触西方发达国家建立的现代性体系与全球话语体系。一方面,全力致力于寻求国家与民族经济、科技、政治的独立发展,建立全能型的民族工业体系和国民经济体系,加速社会主义国家的文化建设;另一方面,全面建立健全真正本土化的中国思想文化特色的话语体系,当代建设社会主义文化强国和实现中国梦的强国精神慢慢凸显出来。

中国经济的持续、快速、健康发展,并在亚洲"金融风暴"中成功应对,让世界认识到中国经济的强大生命力。中国的社会主义改革正处在不断的发展深化中,全方位的有序改革将继续注入新鲜力量。积极寻求社会稳定、人心安定的社会局面,探索走向民主化和法制化、人性化的有效路径;继续不断扩大开放,积极加入全球化发展行列,积极融入国际社会,全面参与新国际秩序建构。向世界还原一个真实的中国,传递一个不断进步、发展中的中国形象。在这种情况下,寻求中国在世界民族之林的话语权才被重视起来。

从一百多年的发展历史来看,中国走过了从民族缺乏话语权到如今积极建构话语的艰难历程。民族缺乏话语权,是国家经济文化实力乃至国家综合实力低下的一种体现。在古代,由于完备的政治体制以及丰富的自然环境,使得中国在很长时间内处于世界领先的地位,因此建构起以自我为中心的天下观。随着东西文化的碰撞,中国传统的天下观逐步解体,取而代之的是去中心化的"万国观"。在这一历程中,中国要么是被动挨打,备受屈辱,要么是以西方为圭臬,试图以西方的价值理念来重塑中国,从而完成自救,总体上属于国家和民族缺乏话语权的状态。

但是,缺乏话语权作为一种现象并不意味着是一种静止状态。在缺乏话语权的时代,依然蕴含着中华民族不断抗争、不断追求自身话语构建的过程。尤其是 20 世纪 80 年代以来,随着中国经济文化的快速发展,在不断扩大对外交流开放的时代语境中,在"古为今用,洋为中用"的指导思想下,中国加快了自身话语构建的步伐。

自身话语建构并不是墨守成规,在既有的文化价值构成中一成不变,否则的话就只能重蹈历史覆辙,继续在国际竞争环境中失去自我,进而被动挨打。同时,自己话语建构也不是在西方先进文化面前亦步亦趋全盘克隆,那种做法一方面是自降身价失去民族原创力,另一方面则是迷失自我,隔离传统最终陷入"无我"。当前,中国话语构建就是需要在充分厘清传统优秀文化资源的基础上,充分吸纳西方先进文化,在结合中国历史特点以及当前国情的基础上,提出富有自身民族特色的经济发展道路和文化建设道路。

21 世纪以来,我国秉承中华优秀文化传统以及国际社会责任,提出了一系列国际话语体系。但是,从独具中国特色的国际话语体系的提出,到真正意义上被国际社会认可或者接纳,最终完成话语体系建构,需要一个相对比较长的时间过程,同时,方式策略也非常重要。

三、 问题:西方话语垄断与我国话语体系缺失

要真正意义上完成国际话语体系的构建,谈何容易。我们需要正视话语建构面临的国际环境和自身策略上存在的种种问题,才能真正意义上取得实质性效果。

20 世纪 90 年代以来,中国经济实现了快速发展。21 世纪以来,中国政府大力实施文化"走出去"战略,使中华文化的国际影响力进一步扩大。美国著名学者约瑟夫·奈认为,"近年来,中国通过广泛传播独特的文化来提高吸引力和影响力,使中国软实力一直处于上升趋势。"①但是,一个不容忽视的客观事实是,中国文化国际影响力依然相对有限,国际话语权不强,与其综合国力以及国际地位很不相称。"中国已成为世界经济发展的重要引擎,对国际社会所作的贡献越

---

① 转引自欧阳雪梅:《中华文化国际影响力的现状及制约因素》,《毛泽东邓小平理论研究》2014年第 3 期。

来越大,但没有受到相应的礼遇,相反各种负面声音持续不断,给中国的和平发展和现代化建设造成了极大困扰。"①之所以出现这种尴尬局面,大致可以从以下几个方面进行反思。

第一,在当前世界文化大格局中,西方资本主义文化占据绝对的主流,西方价值观居于主导地位,并积极向世界拓展和渗透,进而增强其控制权,从而形成一家独大的局面。中西方在文化和价值传统上存在明显的差异。比如西方文化崇尚个人价值的理念,崇尚个人主义;中华文化却推崇"和合"思想,重视求同、中庸、仁义、和谐等整体性诉求,强调个人对整体的义务、责任与担当。②欧洲民族主义认为,一个拥有自己独特文明的民族,应该建立一个属于自己民族的国家;中国有着鲜明的民族融合,体现出多元一体的特色。中国的传统政治理念中,个人德行重于法律制度;西方则注重法治和理性。自由、民主、人权是人类共同的价值追求,也是人类在长期奋斗中共同创造的文明成果。但是,不同的国家、不同的文化传统、不同的历史发展阶段,自由、民主、人权的实现形式和途径各不相同,不能一概而论。但是,以美国为首的西方国家一方面把西方制度模式说成是"普世价值",是人类世界发展的不二选择,另一方面把中国一切负面的或者有待发展的东西都归咎于制度和体制,具有强烈的排他性,鼓吹中国只有接受西方的"普世价值"才有前途。其实他们所宣扬的"普世价值"根本不是一般意义上的人类共同价值,而是专指西方政治理念和制度模式,推行的不过是一种文化霸权、思想征服。这反映了文化在本质上是无法摆脱意识形态的。在冷战时期形成的传统意识形态观中,西方的语境里的"共产主义"是恐怖、专制、集权的代名词。由于我国政治制度和文化传统与西方国家不同,虽然冷战已经结束二十多年,"西方媒体至今仍惯用冷战思维来看待中国,他们往往从一些政治性文化问题入手,频频发起攻势。"③人权、宗教、环境等问题一直是某些西方国家向中国施压的砝码和对中国进行攻击的主要内容。在一些西方政客眼中,不顺从西方的发展道路,中国坚持"搞自己的一套",只能走入死胡同。

①② 欧阳雪梅:《中华文化国际影响力的现状及制约因素》,《毛泽东邓小平理论研究》2014年第3期。

③ 张西平:《掌握思想文化领域国际斗争主动权》,《光明日报》2013年10月23日。

第二,西方主流国家的话语权建构与支撑有着相对完整的体系。这个相对完整的体系,大致由三部分构成,一是政界高官,二是媒体舆论,三是学术贩卖。以政界高官为例,2005 年,时任美国副国务卿佐利克在纽约的美中关系全国委员会发表政策演讲,他提出了中国要成为"负责任的利益攸关方"的观点,自此,中国国际责任问题成为国际话题。这在西方世界引起关注。特别是在 2010 年,当中国的经济发展超过日本成为世界第二大经济体的时候,几乎全世界都在"炒作"中国责任问题。以美国为首的西方国家站在道德的制高点上,抢占了中国国际责任的话语权。在某种程度上说,"中国责任论"只不过是"中国威胁论"的变种而已。再以媒体为例,以《纽约时报》为代表的西方主流媒体,其叙事策略既包含宏观的、长期的报道框架,又有微观的写作技法作为支持,在世界舆论界有很大影响力。在对中国投资行为和经济状况的报道方面,通过长期倾向一致的话语构建,《纽约时报》呈现给世界一个不遵守"游戏规则"的新兴超级大国的形象。在叙事的层面上,《纽约时报》通过有倾向性地选择消息源、建立围绕中国的负面词群、渲染中国强势负面形象,突出欧美国家正面形象等策略,形成与报道框架相符、与政府叙事并行的话语结构。学术方面,美国学者缪塞尔·亨廷顿提出"文明冲突论",约翰·米尔斯海默提出"大国悲剧论",一定程度上完成了"中国威胁论"的理论建构,使得"中国威胁论"在西方世界几十年里盛行不衰,甚至有向全世界蔓延的趋势,而且以多种变体出现。这无疑使得中国以"和平崛起"为前提的国际话语构建面临着更大的压力。

第三,在国际舞台上,中国的话语体系还存在缺失的问题。新中国成立后,以毛泽东为代表的中国共产党人对百年来的中国道路探索进行总结,并提出了"洋为中用"的理念,但由于处在冷战的复杂国际环境中,没有真正实践的机会,最终只能以"自力更生"来摆脱困境。改革开放后,中国开展全方位的对外文化交流,主动融入了西方主导的世界体系之中,学习和引进发达国家的现代观念和文化成果。中国再次掀起大规模学习西方文化的高潮,一方面丰富了中华文化的养料,有力地推动了中国当代文化的发展;另一方面,在西方的话语垄断下,中国经典被遮蔽,中华文化被忽视。不少人在学习西方时,迷信"西学",对中华民族自身的优秀传统文化渐渐生疏,不关注中国的现实。中国当代通行的文化理论大多从西方"拿来",照搬西方的话语框架和研究方法,缺乏本民族的东西,缺乏文化理论创造的心态,由于生吞活剥,缺乏自主创新,也缺少本土化的过程,流行用西方的概念和理论解读中国,找不到文化自信;更有甚者,一些人"挟洋自重","言必称希腊",将西方的价值观视为决定中华民族前途命运的"治世良方"而大肆渲染。在运用马克思主义的思想、观点和方法上,又一定程度上存在简单化、概念化和公式化倾向。结果"一是至今尚未更深入有效地利用西方现有的文化价值体系中所包含的合理成分为我所用,展开我们的文化价值解释;二是我们所说的一套文化价值大都仍不被西方接受"。①中国话语体系的缺失,使得这种情况在某些时间段甚至有愈演愈烈的状态。

第四,我国对外传播在内容选择和策略方式上存在明显问题。其一是只注重事实输出,缺少意义输出。国家对外传播所要构建的世界,是一个事实与价值缠结的世界,两者都不可或缺。事实世界着眼于国家之间在利益上的互蒙其惠,具有显在的量化标准,在短期内可能凸显其效果;价值世界则强调意义分享和共同体观念的构筑,是一种隐性存在,需要更长时间来经营。在对外传播中,中国一直注重对外传达"事实议程",而"价值议程"的输出则明显不足。中国的价值意义在对外传播中属于弱势甚至被忽略不计,这无疑会使传播效果大打折扣,事倍功半。其二是存在话语体系不对称、语言习惯不合适、叙事方式不得当等行为。主流媒体在对外传播中所体现出的包容和认同,并不是消极迎合国外对中国的想象性印象(这种做法只会进一步强化西方对中国的"刻板印象"),而应当通过自身优秀的传统文化构成充分展示文化自信,在"中国故事"的讲述中全面展现人、物、思想、精神的融合,彰显中国文化积淀和思想厚度,传递出中国传统价值观和生活哲学与世界的融通之处,展现中国人的勤劳和善良等品格;以柔性价值传播策略,在中国故事的接触与阅读过程中,积极主动地促进世界对中国思想文化、价值观念的认同,从而达到润物无声的效果。中国主流媒体所讲述的中国故事本身,就是世界故事的有机构成部分,尤其是当下中国发展变化的故事更需要通过各种方式讲述给全球各国的民众,在互动对话中实现价值观的普遍认同。

---

① 张西平:《掌握思想文化领域国际斗争主动权》,《光明日报》2013 年 10 月 23 日。

四、 对策：从中国话语走向世界话语

中国文化走向世界，一个核心内容是讲好"中国故事"。讲好"中国故事"，主题是阐述好中国道路、中国经验。讲好"中国故事"，必须注意讲述的方式，做到"中国立场，国际表达"。用外国人听得懂、易于接受的方式来表述（同时还需要考虑到，世界各国也不是铁板一块，需要根据地域和民族特色区别对待），不断增强中国故事、中国文化在国际上的亲和力、感染力和影响力，以利于中国文化走向世界，最终实现中国话语走向世界话语。话语权不是仅仅依靠经济强势或者武力争夺就可以实现的，通常是在文化交融、对话中以自身的文化优势得以实现的。要增强话语权，应当自觉参与文明对话，在对话中显示和提高中国文化的影响力。中国话语走向世界话语，并不是要用中国话语替代西方话语，或者用中国话语统领全世界，而是要通过对话，使中国话语成为世界话语的重要组成部分，从而打破西方话语一家独大的局面。要使对话卓有成效，至少要遵循以下话语原则。

其一，话语体系建构要通过群体建构才能得以完成。索绪尔认为，"人们说话的机能——不管是天赋或非天赋的——只有借助于集体所创造和提供的工具才能运用"。①话语交流的可能，必须依赖于群体，对话必须发生在群体共建的话语系统中，这样呈现的信息才更加立体、客观，才能收到更好的传播效果。从这个意义上看，话语权的获得是需要通过群体建构得以完成的，一家独大的"话语霸权"并不是真正意义上的"话语权"。目前，我国对外传播格局相对失衡，这种失衡既体现在内容选择上的失衡，也体现为传播观念的失衡，从总体上看并没有形成群体建构。要改变这种失衡局面，需要根据实际情况着力打造对外大传播格局。所谓对外大传播格局，就是要变先前单纯依靠官方机构和官方主流媒体进行对外传播的做法，进而利用一切可以进行对外传播的平台、载体、介质等，从而更好强化对外传播效果的做法。打造对外大传播格局，实际就是完成对外传播的群体建构。打造对外大传播格局，在充分发挥官方传播优势的同时，应当努

---

① ［瑞士］索绪尔：《普通语言学教程》，高名凯译，商务印书馆2003年版，第32页。

力挖掘民间传播的作用,从而真正完成对外传播的群体构建。对于民间传播,如何进行合理引导、有效利用,使其为对外传播添砖加瓦,是亟须思考的。

其二,话语体系建构是要在交往中实现的。哈贝马斯承认语言的媒介性质,并认为主要语言交往的主体,是主体间性中的主体,而非一个仅仅面对客观世界的主体,主客关系使他承认语言成了主体性关系。"在这种主体之间的语言交往中,哈贝马斯特别指出应符合三个规则:真实性,规范性,真诚性。在这三个前提下,语言交往才不是虚假的骗局,才符合大家共同遵循的规范,才应有它的严肃性和认真性,在这三个前提下,语言才能进行,共识才能达成。"①在国家主体外交中要频繁的"走出去"与"请进来",同时还要多考虑对方的相应需求,这样才能做到有的放矢。"外国人说我们什么,不要着急去辩解,也不要着急到自己身上去验证或者指责什么。中国梦和尊严相关,但真正的尊严从来不来自争辩。要理解中国国际形象的问题,首先要试着更深刻地去理解外国人的想法。而我们对外部世界的了解,往往不是太多,而是太少了。"②在目前的话语构建中,由于心态过于急切,因此更多地呈现为"我为世界表达",很少考虑到世界如何思考如何接受的相关问题,这只能使得话语建构无法体现相应的交往性。鉴于目前我国传媒实力相对较弱的现实,单靠"自我表达"很难达到对外传播实效,如果适当"借力打力",充分发挥西方传媒优势,在交往关系中实现西方国家和媒体"为我表达",则可能为我国对外传播打开新的局面。

其三,话语体系建构要具有仪式性。在话语大师福柯那里,话语是具有仪式性的。福柯把这称为话语主体的控制,他将之分为仪式、话语社团、思想原则和社会性占有四种情况。"话语教育就是话语的礼仪化,是说话主体具有资格的手段,是科层组织的重要原因,教育知识的选择受权力因素的支配,教育制度是一种政治手段。"③当话语传播时,教育成为话语的分配和占用。构建话语体系,必须要有强力的教育体系和媒体传播的配合与释放,才能最终保证其实际效果。

---

① 李晓蓓、刘开会:《理想与现实的对话——谈福柯和哈贝马斯的争论》,杨大春、尚杰主编:《当代法国哲学诸论题——法国哲学研究》,人民出版社 2005 年版,第 302 页。

② 周鑫宇:《尊严维度下的"中国梦"》,《中国,如何自我表达》,人民出版社 2014 年版,"自序"第 7 页。

③ 陈建华:《论知识/权力关系及其对教育知识价值取向之影响》,《比较教育研究》2006 年第 3 期。

在国际交往日益密切的今天,每个个体都可能对对外传播产生相应的影响,正如麦克卢汉所说"人人都是媒介"。尤其是随着对外开放力度的加大以及人民生活水平的大幅提高,个人出国旅行或者交流越来越频繁,他们虽然只是以民间个体的身份出境,一旦出现在境外,就某种程度上代表了中国的一分子,会对国家形象构建产生或大或小的影响。这一群体数量庞大且松散,进行统一管理是不可能的,但是通过适当途径提醒他们在境外"入乡随俗"、尊重当地风俗习惯、适当约束自我言行还是非常必要的。但是,仅仅停留在这一层面还不够。事实上,在国民教育中,通过适当的方式让他们更好地了解国家传统优秀文化,建构起真正意义上的文化自信,从而在对外传播中担当起更好的角色。比如,海外孔子学院作为中国对外文化传播的重要平台,以传播中国文化为重要任务,但是在实际工作中却将中国文化简单化,比如京剧、剪纸等传统艺术、长城等历史遗迹或者包饺子等民俗,事实输出大于意义输出。这实际上并没有本质上抓住中国的文化内涵,也不能真正彰显中国的文化构成,不能建构起中国的文化自信,更不能真正完成对外传播中国文化的重任,进而完成中国话语体系的构建。从这个意义上讲,话语体系必然通过一定的仪式性才能完成相应的构建。当前,我国从国家高层战略层面,通过各种国际公共场合力推"一带一路"倡议、"人类命运共同体"理念、"共商共建共享"原则等,在国际话语构建上迈出了坚实的步伐。

总体而言,要解决中国文化对外传播的根本问题,就在于立足中国文化自信的基础上,以中国传统价值构成为基本前提,努力建构起中国的话语体系,和世界进行交往对话,并实现中国话语与世界话语的顺利对接。这是"和平崛起"中的中国的理想愿景,更是全世界人民的共同福祉。

(第一作者为上海大学新闻传播学院教授、博士生导师,第二作者为海南师范大学新闻传播与影视学院教授)

新时代中国共产党服务型治理的逻辑分析[*]

翟桂萍　田志轩

在推进国家治理体系和治理能力现代化进程中,政党在治理中的功能定位至关重要。运行在国家治理轨道上的执政党,不仅是治理的领导者、主导者,也是治理体系的服务者、合作者。在这样的背景下,如何适应并推动国家治理现代化,如何在治理现代化进程中更好地发挥执政党的功能,成为执政党面临的新课题。通过服务各治理主体来实现党的领导,更好地推进治理现代化,成为治理现代化进程中执政党建设的重要内容。

一、　中国共产党服务型治理创新的历史逻辑

随着人类社会秩序的建构和现代政党政治的发展,社会治理的方式不断演进,政党治理的进程也随之变化。特别是在政党政治时代,社会治理离不开政党,政党成为推进国家治理体系和治理能力现代化的核心主体,而服务型治理则是政党治理逻辑发展的必然。

从社会发展的历史逻辑看,在人类社会发展的不同阶段,通过制度建构秩序至关重要,在现代社会更是如此,这也是为什么制度主义在资本主义兴起时流行的原因所在。在这一阶段,要建构一种以资本为基础的新型社会秩序,统治型治理成为必然选择,因为涉及制度的根本属性问题。随着资本主义统治秩序的确立,需要更加关注制度的运行情况,于是行为主义就成为时尚,行政管理、公共管理等成为焦点,管理型治理成为社会的普遍现象。随着现代政治向生活政治的转型,公民对公共服务的需求成为普遍现象,新公共服务应运而生,服务成为社

＊　本文是国家社会科学基金一般项目"马克思主义的社会治理理论及其对当代中国的启示研究"(项目批准号:15BKS004)的阶段性成果。

会发展较为盛行的价值,服务型治理成为社会发展逻辑演进的必然。当然,强调服务型治理并不否定统治和管理存在的必要性,相反,治理是以统治秩序的建构为前提的,以管理的日常化运作为基础的,也就是说,治理是以政治秩序的确立和政治制度的运行为前提和基础的,治理内含着统治和管理,并不否定自上而下的权力运行。对中国而言,新中国成立之初,为了建立和巩固新生的社会主义政权,我们确立了以行政权力高度集中的统治型方式进行国家治理,较好地发挥了上层建筑的反作用,推动了国家秩序的建构。改革开放以来,随着国家与社会关系的不断调整和变革,一方面是国家权力需要不断下放,另一方面是经济社会的不断成长,使国家与社会之间的共同治理成为可能和必须。原有的单纯的以行政权力为核心的统治型治理难以适应新的治理需求,推动着统治型治理的式微和转型。

从政党政治发展的历史逻辑看,在西方现代政治的发展进程中,其政党治理主要体现为以选举为核心的政治活动和政治建构,逐渐形成了以选举政治为核心的治理模式,可以称之为选举型治理。随着选举政治的缺陷越来越多地被认识到,协商治理作为民主治理的一种特定形式,重新受到人们关注,协商治理成为公共治理的新焦点,甚至被视为公共事务管理的新范式。对于政党政治而言,无论是选举治理还是协商治理,一个不容忽视的价值倾向就是要通过服务于治理对象来实现对社会秩序的建构,因此,服务成为治理的一个重要价值选择。但在西方的政党政治中,政党依然是以上台执政为目标的,政党服务的目的是争取选民的选票支持,而并非真正地服务于社会。对于执政的中国共产党而言,则具有完全不同的价值意蕴。中国在向治理现代化转型的过程中,执政党以服务为核心的性质宗旨和执政理念,使服务成为中国政治生活的根本价值取向,是中国政党治理的一个重要特点。因此,服务型治理成为国家治理体系和治理能力现代化进程中执政党建设的重要目标取向。

从中国共产党执政的历史逻辑看,中国共产党立足长期执政,实现了由革命党向执政党的转变之后,不断进行执政方式的实践探索,提出了推进党的执政方式转变的任务,推动党的执政方式不断随着时代的变迁而变迁。党的十八届三中全会把"推进国家治理体系和治理能力现代化"作为全面深化改革的一个重要目标,把治理上升到国家层面,是党执政方式的一次深刻变革。这既是中国社会发展的承续,又体现了政党治理的时代回应和阶段性特征。特别是随着我国社会主要矛盾的转换,如何更好地在满足人民群众对美好生活追求的过程中发挥政党的价值引领,服务型治理成为契合时代的积极选择。但需要注意是,我们党强调的治理与西方治理的一个根本性差别在于有无中心,其实质是如何看待政府和政党在治理中的地位和作用问题。也就是说,在中国发展的现阶段,治理理念的中国语境,依然强调的是有中心的治理,强调政府和政党在治理过程中主导作用的发挥,当然并不排斥在某些情况下其他主体发挥主导作用的可能。也就是说,治理强调多元和平等,但并不排斥权力和权威。因此,对于政党建构社会秩序、推进社会治理而言,可以把治理分为统治型治理、管理型治理、服务型治理,服务型治理是治理发展的一种新形态。特别是对于执政的中国共产党而言,要在现代社会转型和快速发展的进程中,更好地巩固执政地位,需要寻求与自身性质宗旨相一致的治理方式,以更好地契合社会发展的现实需求,服务型治理就成为政党治理的必然选择。

二、 中国共产党服务型治理创新的理论逻辑

中国共产党长期保持政权稳定和长期执政的一个奥秘,是善于根据社会发展和人民需求不断进行政党调试,展示了强大的政党回应性与调试性。[①]服务型治理较好地实现了党的性质宗旨和执政理念与治理的有效对接和融合,体现了新时代中国共产党对推进国家治理体系和治理能力现代化的回应与调试。

(一) 价值逻辑:服务型治理符合党的性质宗旨

服务是中国共产党性质宗旨的核心理念,为人民谋利益始终是中国共产党的价值追求。伴随着改革开放的不断深入,更加凸显了"服务"的政治价值和社会价值。

服务型治理凸显了人民主体性。对于执政的中国共产党而言,要解决的一个核心问题是"为谁服务、怎样服务"的问题,"为谁服务"的问题要求党要始终

---

① [美]沈大伟:《中国共产党:收缩与调适》,吕增奎、王新颖译,中央编译出版社 2011 年版,第121 页。

把为人民谋利益作为经济社会发展的目标和价值,把人民群众作为服务的主体对象,讲求服务的人民性。"怎样服务"的问题要求党要始终坚持人民利益标准,通过不断地提升"为人民服务"的能力和水平推动人的全面发展。党的十九大报告指出:"必须坚持以人民为中心的发展思想,不断促进人的全面发展、全体人民共同富裕。"①"以人民为中心"是发展、改革与治理的价值取向,是中国共产党治国理政的根本遵循,彰显了党"服务人民"的内在价值追求,也是服务型治理的核心理念。

服务型治理丰富了党为人民服务的科学内涵。毛泽东在党的七大政治报告中指出:"全心全意地为人民服务,一刻也不脱离群众;一切从人民的利益出发,而不是从个人或小集团的利益出发;向人民负责和向党的领导机关负责的一致性;这些就是我们的出发点。"②在新时代中国特色社会主义的主要矛盾已经转化为人民日益增长的美好生活需要和不平衡不充分的发展之间矛盾的情况下,如何真正做到从人民利益出发向人民群众提供更加公平优质的公共服务,如何更好地回应人民群众对公共服务的差异性需求,成为新时代执政党为人民服务的重要内容。而服务型治理提供了有效的媒介,执政党与其他社会主体作为治理中的平等一员,对不同利益诉求和价值取向保持客观的吸纳态度,更易于把握真实的社会实践生活,获取真实的社情民意。执政党通过服务型治理可以更加有效地实现人民群众与公共权力的沟通,能够确保党始终成为最广大人民群众利益的代表者,实现为人民服务的价值追求。同时也能更好地通过服务凝聚共识,有效实现党对各项事务的领导。因此,公共服务的价值理念是对党"服务"宗旨的时代拓展,使之具有了鲜明的时代特色,进一步丰富了为人民服务的内涵,也使服务型治理具有了现实的思想依托。

服务型治理是对人民公仆角色的回归。当好人民公仆是马克思主义政党的一贯主张。但一段时间以来,一些领导干部忽略了"党性"与"人民性"的逻辑关系,背离了人民公仆的角色定位。服务型治理的建构有助于推动执政党在掌握国家权力的过程中,实现由强制性公共权力的"统治者"角色向以社会和公众为

---

① 习近平:《决胜全面建成小康社会 夺取新时代中国特色社会主义伟大胜利——在中国共产党第十九次全国代表大会上的报告》,人民出版社 2017 年版,第 21 页。

② 《毛泽东选集》第 3 卷,人民出版社 1991 年版,第 1094—1095 页。

中心的"服务者"角色的转变,进一步畅通党与人民群众利益联系的桥梁和纽带,体现执政党角色的回归。服务型治理转型将推动党执政方式的式微,要求执政党不再是权力中心的统治方式,而转向以人民需求为中心的服务型治理方式。特别是由于党所处的历史方位发生了根本性变化,面对新的挑战,党需要通过服务型治理,更好地增强人民群众的获得感、认同感,进一步密切党与群众的联系,更好地获得人民群众的拥护和支持,巩固党的执政基础。服务型治理凸显了党与人民角色关系的回归,使党真正回归了人民公仆的服务角色。

(二) 行政逻辑:服务型治理契合服务型政府的行动理念

在中国语境下,党与政府的关系决定了政府公共服务功能的拓展必然带来执政党服务性的提升。也就是说,服务型政府的建构必然引起执政党的适应性变革,①即与服务型政府相对应的一个服务型政党建设的问题。在中国,执政党嵌入了社会生活的方方面面,一定程度上讲,建设服务型政府的目标也是政党服务型治理的目标所在,对于执政的中国共产党而言,推进服务型治理是为服务型政府建设提供更加有力的思想指导和制度保障的必然选择。在社会实践中,服务型治理与服务型政府相得益彰,执政党通过服务型治理最大限度地整合民意、凝聚共识,为服务型政府建设提供有效支撑。

当前,在治理已经成为国家话语体系的背景下,服务型治理更好地吸纳和借鉴了公共服务的价值理念,实现了党的宗旨与公共服务的有机结合。党要不断拓展自己为人民服务宗旨的内涵,就需要不断地进行思想吸纳和价值借鉴。新公共管理强调,政府要不断提升公共服务水平,提供更多、更便捷的公共产品和公共服务,以更好地满足公众日益增长的社会需求,这是现代社会发展的内在要求。随着现代民主意识的增强,公民不仅对权力共享的需求提高了,而且对共商公共利益的诉求也增加了;不仅对公共服务共享的需求提高了,而且对公平正义地共享服务的诉求也增强了。在中国这样一个政党推动型的现代化国家,回应这些新时代的新要求,需要执政党树立正确的公共服务理念,有效提升和改善公共服务,而服务型治理则较好地实现了服务与治理的结合。因为公共服务的要义在于强调以人民需求为核心的服务理念,在不断拓展治理参与的基础上最大

---

① 王韶兴:《服务型政府视域中的政党治理》,《理论探讨》2007 年第 2 期。

程度地尊重和体现公共利益,也就是把公共服务建立在公共利益之上。由此可见,服务型治理与建立在公共利益需求基础上的公共服务是一致的,较好地实现了理念与行动的协调,实现了服务与治理的结合。

(三) 时代逻辑:服务型治理回应了国家治理现代化的现实需求

国家治理体系和治理能力现代化的推进,需要政党的治理转型与之相协调,一个统治型的政党难以产生出治理型国家。需要以党的执政理念执政方式的治理转型更好推动国家治理体系和治理能力现代化。服务型治理体现了治理现代化对执政理念的新要求。实现国家治理能力和治理体系的现代化,作为制度制定者的执政党必须首先确立治理的执政理念。面对复杂的国际国内环境,中国共产党必须清醒地意识到执政理念和执政能力的极端重要性,有效回应各种风险和挑战的根本方法,就是要始终保持制度自身的调适性和灵活性。在推进治理现代化建设的背景下,中国共产党又一次体现了自身的优越性,彰显了其先进性。一方面,不仅使治理成为党的话语体系,在社会生活中全面推行治理实践;更重要的是,中国共产党善用治理理念,把握治理适用的中国特点,始终把党自身作为推进国家治理现代化的主导变量,始终把握和适应了新时代治理现代化建设的要求。

服务型治理体现了治理现代化对执政方式的新要求。根据时代变化的不同特点不断进行执政方式调试,是政党长期执政的必然选择。中国共产党作为制度的供给者,在促进制度不断稳定和成熟的同时,伴随着人民主权地位的不断凸显,也要逐步实现由统治到治理的转变,更加凸显以人民为中心的执政方式。在彰显政党主导性的同时,服务型治理更关注治理主体的多元化,关注了人民主体的真实参与。因此,执政党执政方式向服务型治理的转变不仅需要执政党自身的主动作为,同时还需要执政党加强对其他社会治理主体的培育和塑造。比如,我们党做出建立社会主义市场经济体制的决定后,市场主体的地位和作用日益得到发展;在做出以加强和改善民生为重点,推进社会主义和谐社会建设的决定后,社会主体的作用日益得到重视和发挥。这些既是执政党治理方式转换的体现,同时也有效推动了服务型治理进一步的发展,适应了治理现代化对执政党的新要求。

服务型治理体现了治理现代化对执政能力的时代要求。党的执政能力现代化是国家治理体系和治理能力现代化命题的应有之义。习近平同志强调:"只有以提高党的执政能力为重点,尽快把我们各级干部、各方面管理者的思想政治素质、科学文化素质、工作本领都提高起来,尽快把党和国家机关、企事业单位、人民团体、社会组织等的工作能力都提高起来,国家治理体系才能更加有效运转。"①阐明了执政能力现代化在国家治理中的地位和作用,明确了执政能力现代化的具体内容,为执政党向服务型治理转变指明了方向。事实上,执政党执政能力的现代化是与我国社会主义现代化建设紧密联系在一起的。服务型治理模式的转变,对于提升制度执行力和治理能力现代化,都起到了积极的推动作用,有利于发挥我国社会主义制度优势,推动善治的实现。

三、 中国共产党服务型治理创新的实践逻辑

"中国现代国家的建设和成长完全依赖于政党的领导与支撑作用,政党是中国现代国家建设的决定力量。"②作为国家政治生活的决定性力量,中国共产党是推动国家治理体系变革的主要动力,因此,其在国家治理体系中的首要功能依然是领导作用的发挥,但这并不能否定党在治理实践中其他作用和功能的发挥。治理作为一种社会秩序建构方式,是以多元参与、共同协调、平等互动为主要特征而展开的秩序生成、维系与革新的过程。作为一个后发现代化国家,中国的执政党对于国家发展起着决定性的关键作用,这种关键作用通过不同的角色和功能来实现。服务型治理是党在国家治理体系中的角色定位和功能体现,党通过服务功能实现对国家的有效领导和治理,同时在治理过程中提供有效服务,实现了价值追求和执政功能的有机统一,从而推动着执政党由"统治型"向"治理型"的转变。

(一)在民意整合中推进政党治理创新

社会利益的分化、价值观念的多元、传播方式的多样,带来丰富的思想信息资源的同时,也加剧了社会的离散化,增加了凝聚社会共识的难度。治理的实现

---

① 习近平:《不断提高运用中国特色社会主义制度有效治理国家的能力》,《人民日报》2014 年 2 月 18 日。

② 林尚立:《中国共产党与国家建设》,天津人民出版社 2009 年版,第 3 页。

就是要减少离散化,增强整合性。服务型治理的实现过程,就是执政党不断提取和整合民意,不断为人民利益供给服务的过程。

服务型治理实现了复杂信息环境下民意整合和服务供给的有效统一,是执政党治理创新的新取向。利益诉求的多元多样使民意整合成为了一项复杂工程。马克思早就说过:"发表意见的自由是一切自由中最神圣的,因为它是一切的基础。"①利益诉求是政治活动的开端,因此利益整合就是政党的重要职能之一。改革开放四十多年来,伴随着我国社会结构和经济结构的不断变化,社会利益结构也发生了深刻变化,在这一过程中如何整合民意,如何提高民意整合的科学有效性,关系到党的执政根基和国家政权安全。

现代信息网络社会,虽然大数据等技术手段的挖掘和利用为政党民意整合提供了更加现代化的方法和途径,但在中国这样一个大国,如何把握一定发展阶段社会普遍关心的重点问题和具有战略性的关键问题,依然是执政党面临的难题。服务型治理实现了服务与治理理念的互联互通,实现了服务机制与治理机制的互动融合,使得执政党在服务过程中不仅能够有效把握社会需求,而且可以通过多元主体公共服务供给机制实现对多元利益需求的满足,在服务过程中实现了对社会需求的引领,又反过来通过服务供给机制实现了对多元利益的有效治理。这一模式下,执政党实现了从传统意义上的领导者到治理理念下引导者的转变,其主导作用是引导各主体共同实现公共服务,事实上又在潜移默化中使各治理主体贯彻落实了党的执政要求和执政理念。这就使得各级党组织在治理理念的指导下,通过更好发挥党的服务功能而实现了党的领导,体现了对党的本质的回归和党的地位和作用的充分发挥。

(二)在合作治理中推进政党治理创新

服务型治理的实质是通过执政党提供服务供给,推动实现社会合作治理。这种合作治理以互惠为前提条件。在党的领导下,社会多元主体借助科层制、市场机制、组织网络、自组织制等多种机制,实现社会公共事务的共同服务和公共管理。也就是说,服务型治理通过合作方式实现对社会公共服务的有效供给。由此可以看出,这种共同治理的实质在于互惠基础上合作关系的建立。

---

① 《马克思恩格斯全集》第 11 卷,人民出版社 1975 年版,第 573 页。

合作治理实现的关键是要有"互惠"机制的启动者。互惠规范的确立,有利于建立多元主体之间的伙伴关系,这就要求执政党要为这种伙伴关系的建立提供有效制度供给和服务保障,使每一个参与者都能在一定的服务供给体系中获得利益满足,从而获取进一步合作的参与动机。服务型治理强调的是各主体之间互惠行为的产生,并且体现为各主体对活动责任的共同承担。这样一种合作治理的实现,事实上为执政党的服务功能提出了很高的要求。在国家治理体系和治理能力现代化进程中,执政党的服务功能是治理现代化的有力支撑,一定程度上说是治理现代化的前提。特别是全面加强党的领导的新进程中,凸显执政党的服务治理功能,对于推动治理现代化进程中实现党的全面领导具有凝聚性、引领性价值。

中国基层社会丰富的治理实践,充分体现了服务型治理的基层创造。其中区域化党建是一个较为成功的基层治理载体,并在此基础上形成了区域合作治理的架构。一般而言,区域化党建的目的最初是加强党组织建设,去除基层社会中特别是两新组织中党建"空白"。但随着区域化党建的日益成熟,它逐渐成为基层社会以区域化党建为牵引的区域治理载体。简单言之,就是以地域为界限,将一定地域范围内的各类组织,包括企事业单位、社会组织、市场组织等,通过党组织的方式进行资源整合,联动合作,共同参与区域治理的一种基层社会实践。这样,就在中国基层社会有效发挥了党组织的设计和建构功能,在体制机制的创新中,充分挖掘政党的服务功能,促进基层社会的有效治理,促进了服务型治理的社会实现。

(三)在凝聚共识中推进政党治理创新

现代化进程是复杂多变的,这一过程中如何有效凝聚共识成为执政党面临的重要挑战。信息网络社会的发展,为利益表达提供了多样化便捷化的媒介和载体,信息网络社会的发展,为利益的表达提供了多样化的媒介和载体,利益表达方式的便捷性、多样性,使社会更难以达成共识。中国特色社会主义进入新时代,在决胜全面建成小康社会的关键期,如何最大限度地凝聚共识,是执政党面临的治理难题。

在服务治理中求解社会思想最大公约数。人类发展历史规律一再表明,社会越是分化多元,越是需要凝聚社会共识。复杂多样的社会思潮和多元价值观念背景下,执政党供给"服务"的一个重要原则就是要坚持尊重差异、包容多样,以开放包容的心态接纳多元和差异。一方面,最大限度地团结人,争取广泛支持,把各方力量和智慧都凝聚到中国特色社会主义建设事业中来;另一方面,要坚持百花齐放、百家争鸣,使多元多样的思想观念和价值观念互动交流,执政党要善于利用政权的优势,通过各种服务,增强包容性。特别是伴随着意识形态斗争的尖锐化和复杂化,凝聚共识是一项异常艰巨的任务。党通过信息网络技术的运用为广大公民提供更加优质的公共服务,把宣传、教育群众与提供公共服务供给、维护群众正当权益结合起来,真正发挥凝心聚力、整合社会的核心主导作用。

在服务社会组织中凝聚共识。社会主义市场经济和基层社会的快速发展,带来社会发展活力的同时,也消解和离散了社会的组织化程度。因此,动员社会力量参与社会治理,利用社会组织参与和弥补政党和政府治理的盲区和不足,满足不同利益群体的需要,就显得尤为重要,社会基层组织和社会民间组织也因此获得了治理的空间。改革开放以来,伴随着社会的多元化发展和流动交互的加快,改变了原有的单位体制格局,社会的组织化功能式微,国家与社会的关系随之调整,社会运行的失序风险随之增加。社会自治能力的提高则有助于良好社会秩序的建构,因此,社会组织的发展有助于提高社会自我管理的能力和改善社会治理的质量。对于执政党而言,一方面要改变那种认为社会组织与国家对立的观念,要确实认识到社会是国家治理的根基;另一方面要把握社会发展规律,通过政策扶持和资金支持等服务措施,促进各种社会组织的有序发展,为基层社会的组织化发展提供有效载体,为党的基层组织提供强大支撑。由此推动政治权力与社会权利的关系由对立向合作互补转变,这也是服务型治理创新的重要目标之一。

在服务民众中凝聚共识。作为一种治理理念,服务型治理的重要内容就是由管理控制转向提供服务。执政党的服务不仅仅是针对社会组织的,还应该通过服务让人民群众个体拥有实实在在的"获得感",精准扶贫的深入推进就充分体现了执政党服务型治理的价值取向,体现了通过政党服务让每个社会成员看到成功的机会,让每个社会成员感受到体面和尊严的价值关怀。正是执政党的服务型治理,打通了国家秩序建构与个人价值追求之间的路径,从而使社会共识的形成有了纽带和平台,使"善治"成为可能。因此,政党的服务型治理不仅仅限于宏观层面,微观层面的人性化、个性化的具体服务是必不可少的,这种服务维护了每一个个体过上有尊严生活的权利,体现了服务型治理的价值,有助于凝聚社会共识,增强社会认同,为中国特色社会主义伟大事业提供思想基础。

(第一作者为国防大学政治学院教授,第二作者为国防大学政治学院教务处参谋)

关于对新中国成立以来基层党建发展的 "历程—目标—功能—文化" 的多维思考

常　俊　段佳佩

新中国成立 70 年来,基层党建在党的建设和治国理政的进程中,让广大群众感受到党"全心全意为人民服务"的根本宗旨,深切体会到了"党组织就在我们身边",并从一代代共产党人的无私奉献中汲取信仰的力量。基层党建作为党建工作的基石,不仅与我国迈向现代化强国的历史和现实逻辑相联动,而且内蕴着"新时代"党的建设的基本组织形态、政治功能和文化生态。基层党建在历史进程的发展方位,目标功能的性质特征,质量文化的提高升华方面,有其自身系统化科学化的规律。

一、 时空环境: 新中国成立以来基层党建发展的历史进程

重视基层党的建设是共产党的优良传统和政治优势,新中国成立后,党的建设继承党的七大提出的党支部"战斗堡垒"思想,注重加强党组织建设。从新中国成立到社会主义改造的初步完成,中国共产党作为执政党,在基层党的建设方面进行了稳步探索。保持继承建党初期的建党传统,用马克思主义思想的基本精神武装全党,将思想教育与思想领导放在首位。同时正确分析形势,着重于整顿与发展,党的七届三中全会强调发展党员要注意地区分布和阶级分布的平衡,克服党员发展工作中的盲目性。毛泽东同志认为,对于那些"在组织上入了党,思想上并没有完全入党,甚至完全没有入党"①的同志,首先要从思想上进行整顿,运用"团结—批评—团结"的基本方针,展开党内斗争。这些党建思想和方法,在很大程度上纯洁和巩固了党的组织,为此后的党组织发展奠定了良好的基

---

① 《毛泽东选集》第 3 卷,人民出版社 1991 年版,第 875 页。

础。1956年9月,中共八大通过的党章中对包括支部在内的基层党组织明确规定了8项任务,也首次明确规定企业党组织在企业中的领导地位。

1958年以来,人民公社化运动的迅猛发展,使农村的管理体制和党的基层组织设置发生了很大的变化。农村党组织在取得很大发展的同时也出现了诸多严重的问题。有的地方为了追求党员数量,采取突击的方法发展党员,严重降低了党员的质量。在"文化大革命"中,党的建设是在以"无产阶级专政下继续革命"的理论为标志的"左"倾错误方针的指导下,党的政治路线转到"以阶级斗争为纲"的轨道上来的特定历史条件下进行的。由于"左"倾错误的原因,"文化大革命"所谓"重建党"的"革命"是有严重问题的,党的建设也受到很大程度的影响。

党的十一届三中全会以来,社会主义进入现代化建设新时期,对党的建设也提出了新要求,中央明确提出加强基层服务型党组织建设的重大任务,凸显了基层党委作为党组织神经末梢的重要性。通过全面推进农村、企业、城市社区和机关、学校、新社会组织等的基层党组织建设,优化组织设置,扩大组织覆盖,创新活动方式,充分发挥了基层党组织推动发展、服务群众、凝聚人心、促进和谐的作用。改革开放以来,党的基层组织建设不断创新,基层党内民主取得明显的成效。特别是通过开展保持共产党员先进性教育、科学发展观教育和创先争优活动,推进学习型党组织建设,激发了党的基层组织的活力。

党的十八大以来,党的建设向基层全面延伸,基层党的建设进入全面提升阶段。这一时期,国际国内形势发生深刻变化。在国际上,多边贸易冲突不断,意识形态更加多元化。在国内,社会主要矛盾发生转化,人民日益增长的美好生活需要和不平衡不充分的发展之间的矛盾日益突出,社会不安定因素仍然存在。在党内,"四风问题"突出,"四个意识"不强。新问题带来新需求,新形势带来新任务,基层党组织建设也与时俱进地进行调整。在农村,针对基层党组织带领群众脱贫致富奔小康能力不强的问题,习近平总书记提出,要把扶贫开发同基层党组织建设有机结合起来,把基层党组织建设成带领群众脱贫致富的坚强战斗堡垒。在城市,健全市、区、街道、社区党组织四级联动体系,推进街道社区党建、单位党建、行业党建互联互动,扩大商务楼宇、各类园区、商圈市场、互联网业等新兴领域党建覆盖,把加强基层党的建设、巩固党的执政基础作为贯穿社会治理和基层建设的一条红线,更深入地探索党建引领基层治理的有效路径。

二、动力方向：基层党建的问题导向及目标定位

问题导向是党的建设的重要特质。马克思曾经指出："问题就是公开的、无畏的、左右一切个人的时代声音。问题就是时代的口号，是它表现自己精神状态的最实际的呼声。"①问题是矛盾的迸发，是辩证唯物主义的重要特征，也是事物前进的基本动力。

党的工作最坚实的力量支撑在基层，最突出的矛盾问题也在基层。新中国成立以来特别是改革开放以来，在经济发展水平不断提高的同时，我国的社会结构也在剧烈变动。各项因素的共同作用使得传统的社会结构发生了结构性变革，造成了诸如社会阶层分化、社会组织兴起、思想文化多元、民众参政意识提高以及网络信息化等现象的出现。在这种情况下，传统的基层党建方式同市场经济背景下人才、资源高度流动的新型社会很难相适应。在实际工作开展中，基层党的建设存在的主要问题有两方面：

一是部分基层党组织弱化、虚化、边缘化，消减了基层党建的内生权威和外生权威。这里，基层党组织内生权威消减包括党的宗旨意识和信仰淡化、党内纪律松弛。基层党组织外生权威消减，一方面指由利益诉求的多元化引发的意识形态领域各种思想文化的相互激荡，客观上导致了基层群众对党的意识形态的认同度下降，另一方面，一些基层党组织不能很好地代表基层群众的利益，也不能很好地服务群众，致使群众利益受损、党的形象受到损害。没有将民主观念、服务意识和服务理念作为基层党建的核心。基层党组织内生权威和外生权威消减，基层党组织的战斗堡垒作用被一定程度地削弱，基层党组织在社会治理中的凝聚力、创造力等也会受到不良影响。

二是部分党员政治意识不强，政治立场不坚定，影响了先锋模范作用的发挥。马克思在创建共产主义者同盟时就指出"共产党员是最具有共产主义觉悟的、最不知疲倦的无所畏惧的和可靠的先进战士。"在革命时期和社会主义建设初期，加入中国共产党成为一名全心全意为人民服务的党员，是件无上光荣的

---

① 《马克思恩格斯全集》第 40 卷，人民出版社 1982 年版，第 289—290 页。

事。这个时期,做一名合格的共产党员,就是意味着具有牺牲精神、服务意识、有责任感,是党员的象征和写照。他们在日常的生活当中能够自觉发挥模范带头的先锋作用,能够带领群众,为群众做实实在在的事。随着改革开放和市场经济不断深入,人们的观念也发生巨大变化,社会的利益格局更加多元化,人们对财富、地位、自身利益的重视和维权意识的强烈度,其程度也愈来愈增强。而基层党组织中的工作人员要么仍然沿用传统的行政化观念,要么只关注经济发展而忽视以党建引领社会治理,产生了基层党的领导弱化,党的建设不力,党员意识薄弱等现象,影响了先锋模范作用的发挥。

基层党建的目标定位的高度,影响着战斗堡垒作用和党员先锋模范作用的程度。面对当前基层党建面临的新情况新问题,要从推进"四个伟大"的历史使命高度,从巩固党的执政地位的高度,明确基层党建的目标定位。当前党的主要工作是以习近平新时代中国特色社会主义思想为指导,团结带领人民进行伟大斗争、建设伟大工程,推进伟大事业、实现伟大梦想。"四个伟大"是新时代我们党治国理政的根本,为新时代中国共产党人不忘初心、继续前进明确了方向和目标。基层党建工作始终同党所领导的事业和民族复兴的中国梦同步推进,不言而喻,"四个伟大"统摄了基层党建的目标定位。基层党建有了这样明确的目标定位,其生机活力就为党巩固执政地位提供必要的条件。如果缺乏目标定位,也就难以凝聚起实现"两个一百年"奋斗目标、实现中华民族伟大复兴中国梦的磅礴伟力,更难以提升基层党组织的组织力,基层党组织的战斗堡垒作用和党员先锋模范作用不仅得不到发挥,进而影响党的凝聚力、战斗力和创造力。

基层党建的目标定位始终与"四个伟大"相适应,与时俱进、创新发展,夯实党的建设伟大工程的基础工程。建设伟大工程是进行伟大斗争、推进伟大事业、实现伟大梦想的根本政治保证,是新时代我们党发展壮大的"核心密码"①,是党提高政治领导力、思想引领力、群众组织力、社会号召力的必然要求。从工作着力点看,基层党建要以提升组织力为重点,发挥坚强战斗堡垒作用。从工作职责看,基层党建担负教育党员、管理党员、监督党员和组织群众、宣传群众、凝聚群众、服务群众的职责,引导广大党员发挥先锋模范作用。从工作机制看,基层党

---

① 颜晓峰、顾喆:《"四个伟大":新时代党的历史使命》,《江西日报》2017 年 10 月 30 日。

建要推进党的基层组织设置和活动方式创新,加强队伍建设,扩大基层党组织覆盖面,扩大党内基层民主,推进党务公开,增强党员教育管理针对性和有效性。针对基层党组织弱化、虚化、边缘化问题,必须加强党的自身建设,按照党要管党、全面从严治党要求,使基层党建工作始终同党所领导的事业同步推进,不断增强创新发展的内在动力。

三、 形态属性: 基层党建的组织支撑及政治功能

恩格斯曾经说过:"历史进程是受内在的一般规律支配的……历史事件似乎总的说来同样是由偶然性支配着的。但是,在表面上是偶然性在起作用的地方,这种偶然性始终是受内部的隐蔽着的规律支配的,而问题只是在于发现这些规律。"从唯物史观的角度,说明人的有意识的活动并不能否定历史发展的规律性。[①]毛泽东在《〈共产党人〉发刊词》中提出的党的建设必须与党的政治路线密切结合的建党规律和原则,"党的建设必须密切联系党的政治路线""统一战线和武装斗争,是战胜敌人的两个基本武器。统一战线,是实行武装斗争的统一战线。而党的组织,则是掌握统一战线和武装斗争这两个武器以实行对敌冲锋陷阵的英勇战士。"[②]这是毛泽东关于党的建设的基本指导原则,是建党思想的基本理论观点之一,不仅在民主革命时期指导了党的建设,对于在改革开放和社会主义现代化建设中加强党的建设,仍然具有重要的现实指导意义。

基层党组织是基层党建的组织形态,其作用定位为"坚强战斗堡垒"。基层党组织作为党组织中最贴近基层生产生活的组织形态,不仅是广大党员组织生活的归属,更是党千秋伟业百代风华发挥强大领导力的组织支撑。党的十九大报告指出,"把企业、农村、机关、学校、科研院所、街道社区、社会组织等基层党组织建设成为宣传党的主张、贯彻党的决定、领导基层治理、团结动员群众、推动改革发展的坚强战斗堡垒"。由此可见,党中央对于基层党组织坚强战斗堡垒的定位,是基于党组织担负的党务工作、治理工作、群众工作和发展工作而确定的。

---

① 《马克思恩格斯选集》第 4 卷,人民出版社 1995 年版,第 247 页。
② 《毛泽东选集》第 2 卷,第 605、613 页。

基层党组织的属性为政治组织,其功能表征着党建的政治功能在基层的实践形态,并同一于基层党建功能。中国共产党执政以后,随着高度集中的计划经济体制的建立,包括其基层组织在内,曾一度超越了政党本身的功能,出现了以党代政、高度集权的不正常现象。党的基层组织与行政权力相结合,包揽了政治、经济、社会一切事务,成为"超政治"组织。所以,解决基层党组织的功能定位问题,首先必须把党组织从与行政权力的结合中分离出来,体现或复归政党在社会中、群众中的政治功能。当然,中国共产党的基层组织同西方政党的基层组织的功能又有所不同。西方政党为竞选型政党,其基层组织的一切工作,都是为竞选这一唯一目标服务。中国共产党是长期执政的党,因此,基层党组织必须从维护党长期执政地位的高度确定其要承担的功能。

具体来说,基层党组织的功能主要体现在以下三个方面:

一是政治归属功能。在传统社会管理模式下,由于组织化依附关系的存在和现实可能的管理惩戒,党员群众的政治归属在技术表征上往往是通过对"身体"的物理控制方式表现出来的。但是,伴随着党员群众政治归属的体制性特征的淡化和党员群众主体意识的自我性特征的凸显,基层党建面临着"体制—意识"双重矛盾:即行政体制组织容纳的有限性与社会公众认同选择的多样性之间的矛盾。如何在破解这一矛盾的过程中,通过基层党组织的积极作为,增强党员群众对党组织的政治归属,无疑成为新形势下基层党建应该着力加强的重要功能。就基层党组织而言,就是要强化政党组织的政治意识、政治特征,要有严肃的组织生活、严明的组织纪律、严密的组织体系,不能把组织生活庸俗化、娱乐化、商品化,不能想来就来,想走就走,不受任何约束。

二是政治示范功能。政治示范功能既具有抽象化的意识形态意象表达内涵,更具有实践化的个体行动意义。决定基层党组织能否发挥政治示范作用就有两个不可忽视的因素:一个因素就是基层党组织政治实践的政治道德符号的神圣性与纯洁性。一般来说,"意识形态主要通过现实的符号结构起作用。而语言就像'牢房'一样铸造个人意识"。①同理而言,政党对群众在社会心理上也会

---

① [美]丹尼斯.K.姆贝:《组织中的传播和权力:话语、意识形态和统治》,中国社会科学出版社2000年版,第81页。

形成"刻板印象"。比如,一提起"全心全意为人民服务",就能自然而然地联系到中国共产党。反之,只要说起中国共产党,就会想起"全心全意为人民服务"。这一心理交换的过程,实际上就使"全心全意为人民服务"这一政治宗旨成为中国共产党的核心政治符号。另外一个影响因素就是基层党组织或个体党员的个体行为对群众形成积极印象的作用。作为马克思主义政党,对党员政治实践的个体作用有着比其他政党更为严格的要求。正是在党员个体的道德修养、工作能力与实践活动中,党的路线方针政策才能更好地为群众所感受,并进而增强群众对党的政治认同。党的历史上诸如焦裕禄、孔繁森等先进代表就是这种个体政治功能的具体体现。但是,社会多元化的深刻发展以及消费主义的泛娱乐化评价却在不断地销蚀和破坏着这些符号。因此,必须强化法律意识,采取法律措施制止造谣者。

三是政治凝聚功能。在传统社会管理模式下,中国共产党主要是通过共青团、工会、妇女组织以及其他形式的群众性组织来实现对社会的分类管理和层级控制。这种管理的有效性,既得益于意识形态的强大吸引力,也信赖于严密的组织体系,更离不开社会整体利益的一致性。在革命、建设和改革开放的相当长时段里,中国共产党保持了对社会的思想引领并能够为社会发展提供有力的理论预言和实践解释,从而保证了社会在整体利益上的一致性,并在相当程度上比较好地调和了个体利益与集体利益之间的张力。但是,工业化、信息化的发展在促进社会物质生活极大丰富的同时,其在社会心理和思想上所造成的物质主义、个人主义的影响不可避免地影响到政党的政治吸纳功能。而多元社会结构和经济利益至上的社会潮流也在更大程度上降低了公众对政治的热情。党的传统社会组织体系面临着前所未有的挑战。"在全球化的现代世界,时间和空间已经'丧失根基'。虽然所有的社会活动都发生在时空之中,但是时间与空间通过社会活动组织起来的方式,在现代社会和传统社会之间是有差别的"①深刻的社会变化要求中国共产党必须积极探索适应于多元社会环境中党的组织创新,提高各级党组织吸纳群众的能力就成为政党长远发展的战略举措。

---

① [英]安东尼·吉登斯:《现代性》,新华出版社2001年版,第14页。

四、 效能特质：基层党建的质量水平及党建文化

习近平总书记在党的十九大报告中明确指出，"要不断提高党的建设质量。标准决定质量，有什么样的标准就有什么样的质量，只有高标准才有高质量"。这深刻阐述了高标准高质量对党的建设的重要性和紧迫性。同样，党的基层工作只有用高标准严要求推动高质量发展，才能不断提高党的基层工作标准化、科学化、规范化水平，在此基础上，塑造出从理念和行为一致，制度和形象统一的党建文化。

首先，用组织理念内蕴基层党建文化内核。组织理念是中国共产党党员以及社会成员对中国共产党基本价值取向的认知、情感、态度和政治倾向的总和。它在一定程度上反映着广大共产党员和社会成员对共产党本身的归属感和认同感。归属感和认同感越高，共产党的执政地位越稳定；反之，社会将出现认同危机，共产党的执政地位就有可能受到威胁。"没有共产党就没有新中国"，"共产党像太阳，照到哪里哪里亮"，这些都是中国共产党组织心理的真切反映和写照。俗话说，"得民心者得天下"，中国共产党之所以能够从刚开始全国只有五十多个党员发展到目前拥有八千多万党员的世界第一大党，并且成为中国的执政党，就是因为中国共产党所倡导的社会主张、价值理念和共产主义远大理想得到了广大党员和社会成员的认同和拥护。同时，中国共产党的组织心理对共产党政党意识的形成，也有不可忽视的作用。

提升基层党建的质量效能，就是要树立领导、教育、服务的组织理念。一是坚持党的领导。习近平总书记指出："党是我们各项事业的领导核心，古人讲的'六合同风，九州共贯'，在当代中国，没有党的领导，这个是做不到的。"①当前，面对新时代中国特色社会主义的各种新问题、新情况、新任务，要将党的领导贯穿于基层党的建设的全过程，大力形成新兴领域与传统领域党建工作齐头并进的局面。二是贯穿思想教育。毛泽东同志曾指出："掌握思想教育，是团结全党进行伟大政治斗争的中心环节。如果这个任务不解决，党的一切政治任务是不

---

① 《十八大以来重要文献选编》(上)，中央文献出版社 2014 年版，第 772 页。

能完成的。"①当前,人民日益增长的美好生活需要和不平衡不充分之间的矛盾,日趋多元的社会利益主体也加大了政党协调社会利益与价值的难度,使党的思想整合功能面临挑战和压力,如何实现对各种社会思潮的引领,是党必须直面的问题。习近平总书记在《严肃党内政治生活》一文中指出:"抓好思想教育这个根本。'欲事立,须是心立。'加强思想教育和理论武装,是党内政治生活的首要任务,是保证全党步调一致的前提",②只有加强思想教育,才能强化党员干部的责任意识,提升基层党建工作科学化和民主化水平。三是增强群众服务。基层党组织必须增强为群众提供服务的社会能力。就基层党组织而言,就是要做到提高解决实际问题的能力。基层党组织战斗堡垒作用发挥得好不好,关键就在于能不能切实解决好群众的实际困难。随着多元社会的发展,基层党组织作为社会政治组织,已经不能完全像在计划经济时代一样,为群众提供解决问题的直接资源。这就要求基层党组织必须积极探索新方法、新渠道,与政府相关职能部门紧密配合,通过开展"组团式服务",合力解决群众关心的困难问题。

其次,用法规体系建构党建文化规范。制度规范是中国共产党在长期的革命斗争和社会主义建设中所形成的为全体党员所遵守的党内法规、条例、规则等,如革命战争时期的"三大纪律,八项注意",新时期《中国共产党章程》中规定的"坚持党和人民的利益高于一切,个人利益服从党和人民的利益,吃苦在前,享受在后,克己奉公,多作贡献",等等。制度是否完善,管理是否规范将关系到党在人民心目中地位的高低和良好政党形象的形成。"没有规矩,不成方圆",制度好可以使坏人无法任意横行,制度不好可以使好人无法充分做好事。邓小平曾经指出:"领导制度、组织制度问题更带有根本性、全局性、稳定性和长期性。这种制度问题,关系到党和国家是否改变颜色,必须引起全党的高度重视。"③因此,切实加强党的制度建设,对于党的正确路线的巩固和发展,对于党的决策的民主化和科学化,对于充分发挥各级党组织和党员的积极性、创造性,都十分重要。提升基层党建的质量能效,就是要建立开放、灵活、直接的组织机制。

---

① 《论联合政府》(1945 年 4 月 24 日),《毛泽东选集》第 3 卷,第 1094 页。

② 《习近平谈治国理政》第 2 卷,第 180—184 页。

③ 《邓小平文选》第 2 卷,第 332—333 页。

开放,主要是指当代中国社会结构的开放性,要求党的组织机制必须适应这一社会整体结构的发展要求,通过党的组织建设的自我完善,使党成为社会公众团结凝聚的政治核心。灵活,主要是指当代社会治理对象和治理力量的多元性,要求党的组织机制必须拥有灵活反应的组织动能,以充分满足各种情况下的社会治理需要。直接,主要是指在信息网络技术迅猛发展、网络社会已经逐渐生成的新情况下,党的组织建设必须适应这一社会治理新的生长点,充分利用信息网络技术的迅捷、互动、开放的社会特性,进一步加强党和群众的直接联系,倾听民意,了解民情,夯实社会治理的群众基础。

再次,用行为作风践行党建文化风格。行为作风是共产党政党意识的外在表现形式,它处于中国共产党政党文化系统的外层。由于党组织和党员的行为直接作用于它赖以生存的阶级和人民大众,因而有时比居于深层的文化内容更具影响力。实践证明,党组织和党员行为的好坏直接关系到人民群众对党评价的好坏,关系到党的凝聚力、号召力、向心力的强弱。党的作风是党的组织和广大党员在思想上、工作上以及生活上所表现出来的行为和态度。党组织和广大党员干部作风的状况将关系到党的生死存亡,关系到国家的前途命运。习近平告诫全党:"我们要完成现代化建设必须要有好的作风,否则正确的路线不能得到很好的贯彻,党的工作也会受到严重影响";只有坚持不懈地抓好领导干部作风建设,不断教育和引导各级领导干部按照科学发展观的要求切实转变作风,真正做到为民、务实、清廉,自觉发扬党的光荣传统和优良作风,自觉抵御各种腐朽落后思想观念的侵蚀,才能形成实现中华民族伟大复兴的中国梦的强大行动力量。

最后,用政党形象提升基层党建文化品牌。政党形象是党的本质体现,是中国共产党党建文化系统的外部评价要素和品牌标志,是广大社会成员对共产党本身所形成的整体印象。中国共产党是中国的执政党,因此,共产党的政党形象也是政党执政能力的综合体现,是政党执政合法性的衡量标尺,它将关系到政治的稳定和国家、民族各项事业的兴旺发达。面对日益壮大的党员队伍和日益增多的基层党组织,面对党情的不断变化,为适应经济社会发展的需要,习近平总书记提出要"推动全面从严治党向基层延伸"。这不仅深刻体现我们党对经济社会发展的深层思考、对改革开放事业的深切关怀、对人民群众的良苦用心,更是我们党在基层党组织建设过程中的一个重大创新。正是由于我们党在基层党组织建设的过程中,不断创新发展,直面难题、矛盾、问题,以一种有问题就分析、有矛盾就化解、有难题就解决的姿态出现,塑造出了一个大国政党及其基层组织应有的形象和风范。

党建文化系统是一个动态的、开放的、富有活力的系统,而不是一个静态的、孤立的、僵化不变的系统。从它所处的环境来分析,可以分为系统内部和系统外部。系统内部是指组成党建文化系统的所有子系统,包括组织理念系统、制度规范系统、行为作风系统和政党形象系统等。系统外部是指中国共产党党建文化以外的所有文化及其所处环境,如:中国传统文化、西方文化、东亚文化等。中国共产党党建文化从其产生、发展到成熟,整个系统一直处于一种输入和输出不断变化、发展的状态。输入的过程就是中国共产党党建文化系统从系统外部汲取其他文化的合理成分,去粗取精,从而不断地发展和完善自己的过程。输出过程就是中国共产党党建文化政治社会化的过程,亦即通过家庭、学校、社会、网络、多媒体等多种社会化途径进行宣传教育,使党员和广大社会成员逐步接受和认同的过程。

在国际国内形势深刻变化的历史条件下,中国共产党要完成执政使命,巩固执政地位,必须坚持和加强党的全面领导,坚持党要管党、全面从严治党,以加强党的长期执政能力建设、先进性和纯洁性建设为主线,以党的政治建设为统领,以坚定理想信念为根基,以调动全党积极性、主动性、创造性为着力点,有针对性地创新党的基层组织设置形式和活动方式,不断增强党的阶级基础,扩大党的群众基础,整合执政资源,融入党建活力,输出红色能量,淬炼出党组织强大的凝聚力、战斗力和生命力,在更大视野和格局下助力基层党建高质量发展,赢得广大人民群众的衷心信任、支持和拥护,提升和塑造出科学化高质量的党建文化生态。

(第一、第二作者为中共长宁区委党校教师)

图书在版编目(CIP)数据

庆祝新中国成立70周年学术论文集/上海市社会科
学界联合会编.—上海:上海人民出版社,2019
(东方学术文库;第53卷)
ISBN 978-7-208-16109-2

Ⅰ.①庆…　Ⅱ.①上…　Ⅲ.①社会科学-文集　Ⅳ.
①C53

中国版本图书馆 CIP 数据核字(2019)第 211749 号

责任编辑　罗　俊
封面设计　范昊如

东方学术文库(第五十三卷)

庆祝新中国成立70周年学术论文集
上海市社会科学界联合会 编

出　版　上海人民出版社
　　　　　(200001 上海福建中路 193 号)
发　行　上海人民出版社发行中心
印　刷　常熟市新骅印刷有限公司
开　本　720×1000　1/16
印　张　29
插　页　5
字　数　453,000
版　次　2019 年 10 月第 1 版
印　次　2019 年 10 月第 1 次印刷
ISBN 978-7-208-16109-2/D·3496
定　价　128.00 元